ミネルヴァ日本評伝選

武威天下無双、下民憐愍の文徳は未だ

毛利元就

岸田裕之著

ミネルヴァ書房

刊行の趣意

「学問は歴史に極まり候ことに候」とは、先哲荻生徂徠のことばである。この歴史を探り、歴史に学んでこそ、人間はようやくみずからの正体を知り、いくらかは賢くなることができる。新しい勇気を得て未来に向かうことができる。徂徠はそう言いたかったのだろう。

「ミネルヴァ日本評伝選」は、私たちの直接の先人について、この人間知を学びなおそうという試みである。日本列島の過去に生きた人々の言行を、深く、くわしく探って、そこに現代への批判を聴きとろうとする試みである。日本人ばかりではない。列島の歴史にかかわった多くの異国の人々の声にも耳を傾けよう。

歴史のなかにこそ人間の智恵は宿されている。人間の愚かさもそこにはあらわだ。

先人たちの書き残した文章をそのひだにまで立ち入って読み、彼らの旅した跡をたどりなおし、彼らのなしとげた事業を広い文脈のなかで注意深く観察しなおす——そのとき、はじめて先人たちはいまの私たちのかたわらによみがえってくる。彼らのなまの声で歴史の智恵を、また人間であることのよろこびと苦しみを、私たちに伝えてくれもするだろう。

この「評伝選」のつらなりのなかから、列島の歴史はおのずからその複雑さと奥ゆきの深さをもって浮かび上がってくるはずだ。これを読むとき、私たちのなかに新たな自信と勇気が湧いてきて、その矜持と勇気をもって「グローバリゼーション」の世紀に立ち向かってゆくことができる——そのような「ミネルヴァ日本評伝選」にしたいと、私たちは願っている。

平成十五年（二〇〇三）九月

上横手雅敬
芳賀　徹

毛利元就画像 永禄５年（1562）

（山口市豊栄神社蔵 山口県立山口博物館提供）

一二三ッ星の家紋の直垂姿で，元就66歳の寿像。賛は仁如集堯による。

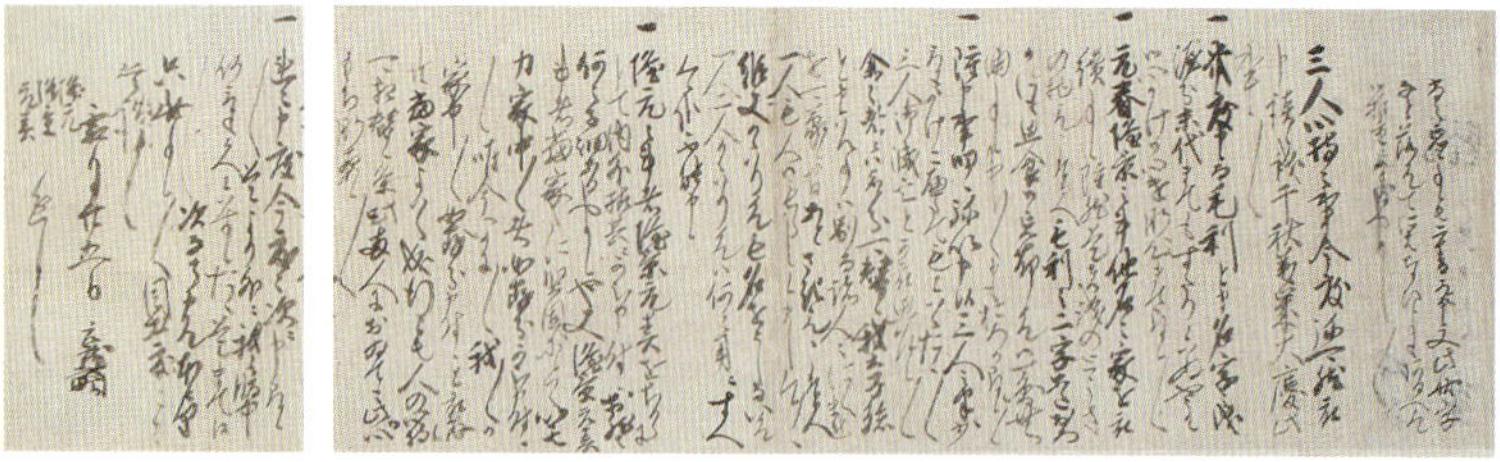

毛利元就自筆書状 巻首と巻末 弘治３年（1557）（毛利博物館蔵 毛利家文書）

毛利隆元画像

（山口市常栄寺蔵 山口市文化財保護課提供）

小早川隆景画像（広島県三原市米山寺蔵）

吉川元春画像（山口県岩国市吉川史料館蔵）

郡山城跡（安芸高田市歴史民俗博物館提供）南方から撮影。

郡山合戦頃までは南東の支尾根の要害（通称本城）に拠った。その後普請を行い全山城郭となる。麓には町が形成された。

厳島神社（廿日市市役所提供）

本社本殿は毛利元就による元亀2年（1571）の再建。

朱漆雲龍鎗金印箱（毛利博物館蔵）

鎗金（沈金）の技法である。錠前・鍵には金象嵌で雲龍文様が施されている。

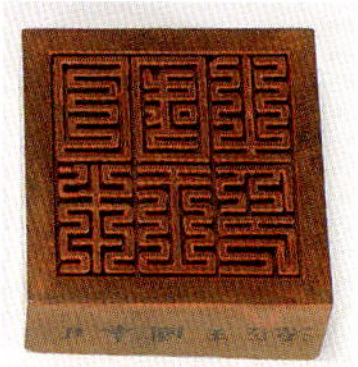

木印日本国王之印（毛利博物館蔵）

印面は10.1cmの正方形。側面に「日本国王臣源」の墨書がある。

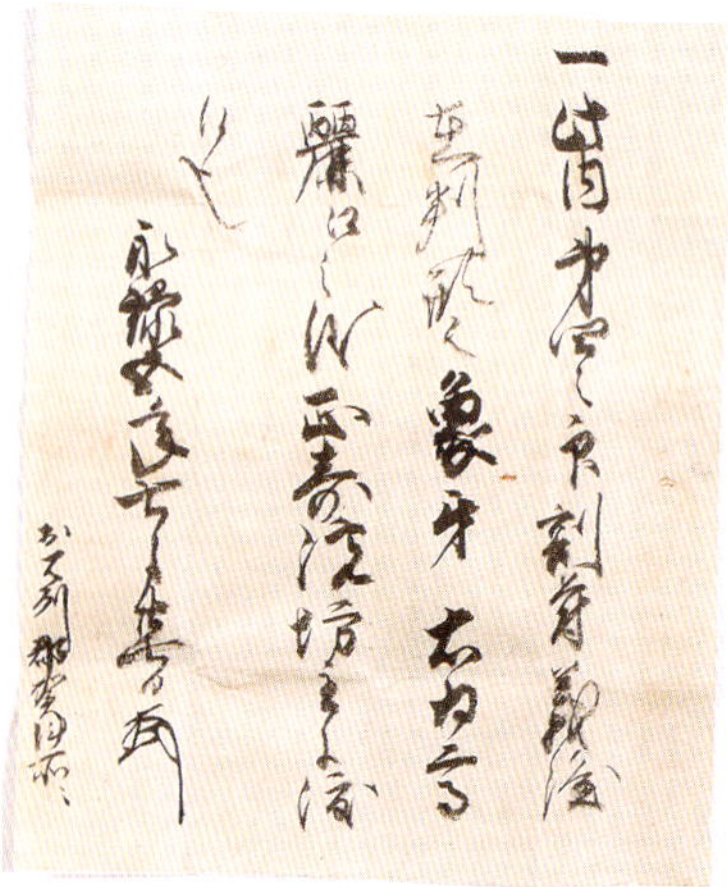

毛利隆元自筆覚書（毛利博物館蔵）

永禄5年（1562）に毛利隆元は正寿院坊主に大内義隆の外交印を渡し，高麗との貿易に備えた。

銅印朝鮮国通信符（右符）

（毛利博物館蔵）

朝鮮の景泰4年（1453）造。黄銅六花文印箱に収める。印面は縦5.5cm　横1.7cm。側面に「朝鮮国賜大内殿通信右符」「景泰四年七月造」と陰刻がある。左符は朝鮮国に保管され，勘合に備えたものと思われる。

はじめに

戦国時代は全体的な構造的変革が進められた時期である。拡大する国際関係にともなって国内経済は大きく変動し、地域社会の経済的権益の争奪が繰り広げられるなかで領主・大名ら政治権力は多くのものが滅び、また勝ち抜いたものもいた。

時代の構造的変革は、そう簡単に行われるものではない。近いところでみても、幕末から明治、昭和の戦前から戦後は、長期間にわたっており、その間における人的、物的、そして精神的に厖大な損害という諸階層の耐えがたい惨禍と苦痛のうえに築きあげられている。

それなら中世社会においても、この戦国時代から近世の豊臣政権・徳川政権下の社会への構造的変革を考えるにあたっても、同様の視点は欠かせない。そこでは、たとえば在地領主制に基づく権力編成が断ち切られ、いわゆる鉢植え大名へと、いわば地域主権から中央集権の社会へと移行する。その流れのなかで戦国時代の戦争の意味を考えてみると、時期に多少のずれはあるが、日本列島の各地域において多くの敗者が生まれた結果、最終的な勝者の大領国が形成されるという、地域の大名支配が広域化したことがあげられる。いわば秀吉の統一政権の樹立を地域ごとの集権化の進行によって準備したという意味をもつ。

毛利元就（一四九七〜一五七一）は、この変革期を生き抜いた。守護・守護代からではなく、安芸国衆から戦国大名化した。その領国は、支配機構を担う毛利氏家中の統制を強め、また国衆と連合し、その統合者となっていくことによって拡大・維持された。この過程で元就は、断ち切るべきものと継承すべきものを見極め、選別し、また新たに創造すべきものを判断した。これは権力形成であるから、その営みは、法的機構的仕組みの整備に向けられた。

元就は、大永三年（一五二三）に家督を相続する。その勢力拡大の契機は、享禄二年（一五二九）に大内氏と幕府・細川氏両勢力の境目地域にあたる安芸国において、大内氏方の国衆連合の盟主である高橋氏を討滅したことにある。盟主の役割は、大内氏の命を受けて行う国衆への軍勢催促であり、また戦陣であげた国衆の軍忠を大内氏へ吹挙するとともに、その褒賞としての土地給与等を国衆へ伝達することなど、固有の権能を行使することにあった。その高橋氏を討滅し、所領を奪取し、地位と権限を継承して行使したのである。

こうした現状変更を踏まえ元就が重要な課題としてすえたのが、毛利氏家中においても、また国衆との間においても、そして双方間において連動するあり方としても、共通する法的秩序、すなわち新しい法制度を創出することであった。それは、時間をかけて少しずつ進められた。元就は、現下の動態を直視する厳しい姿勢をそなえており、家中の凄まじい事件や戦争をきわめて的確にとらえ、それを好機として家中の仕組みや国衆との関係を法制度的に整備しようと行動した。

新しい大名権力にとって政治構造の創出は不可欠である。それまでのあり方のままでは、公的な支配を実現しようとしてもうまくいかない。元就は為政者であるから、彼を問うには、新しく創出した法制度の実態を問う、これは基本である。

こうした動きは、諸業が未分離の在地社会を基盤に婚姻に基づいて横の連合を軸とする在地領主制を展開する家臣や国衆たちに対して、広域的な統治者として臨むわけであるから、彼らの主権や主権的権利を統治目的に即して一部否定したり奪取する形をとる。それは、統治者側から言えば、集権化である。

こうした具体的な事例を解析していけば、元就が政治的・軍事的動態を経てそれを絶好の機会ととらえて、支配の仕組みを創出し、家中・地域社会・時代をどのように変革しようとしていたか、その構想や方向性を明らかにできる。多様な可能性、利害関係が錯綜・変転する流れのなかから選択された方向性は、関係する諸階層の動きを束ねた形で打出される限り、全体としてほぼ現実のものとなる。

そうしたことから統治者の法制度づくりに注目して人物を語ることは、本書のような場合には第一の課題といえる。元就は戦国大名権力として大領国を統治したのであるから、こうした視点は重要かつ不可欠である。

それに関係することであるが、新しい法制度を適正に運用するためには、それを担う支配機構に然るべき能力を有した人材をすえなければならない。統治権力全体としてその意識を共有することこそが、危機に臨んでも適正な対応を保障する。ところが、戦国時代の在地領主たちはいわば血縁・地縁ぐるぐる巻きの状況にあり、家中評定が偏頗・贔屓によって著しく曲げられる事態も生じた。それゆえに譜代の家臣は頼りにならず、元就は新しい法制度をその本来の趣旨にそって適正に運用できる人材を育成し、登用し、彼ら直臣団を重要な任務に就かせた。そして自ら直臣たちを思うさま動かし、また政務の公正・公平な運営をはかろうとしたのである。

こうした法制度の創出と運用を実態的に描くことによって、いわゆる分国法を制定することなく領国支配を行った非分国法系大名としての毛利氏の法的機構的仕組みが明らかになる。そこからは、家中の各種の服務規律に関わる家中法、ならびに刻々と動く政治的・軍事的情勢に対応した領国法の制定と運用のあり方を確かめられる。

第二の課題は経済基盤である。これを問うことなくして、軍事力や輸送力等に基づく戦争の実態は問えない。それは、自領や自国の経済基盤を問うだけではない。他領や他国へ侵攻して勝利し、新たに他領や他国を統治することになった毛利氏が、その過程においてどのように新たな経済基盤を確保していたか、そのことを問わなければならない。在地領主制下であるから、具体的にはその地域土着の有力な商人的領主を味方に引き込み、その協力を得ることによって領国の拡大・維持をはかったのであるが、こうした実態はきわめて注目される。元就はその時どう動いたか、政治的・軍事的情勢に相応する形で述べてみたい。

第三の課題は、意識の問題である。細分すれば、家中統制、国衆との盟約、戦争の遂行、領国統治上の意識など、さまざまあろうし、それにも時代の推移のなかで変化があらわれる。これらについては、時間軸をやや長くとって元就死没後の実態についても書き加え、元就の位置づけを容易にし、その意義を問いかけたい。

何よりも主君と家臣の一体化がはかられなければ、他領や他国への侵攻などはむずかしい。基本的には家臣が戦陣において軍功をあげ、その褒賞として主君が相応の土地給与等を行う、こうした主従間における双務性が保証されれば一体化は進み、権力体は安定するし、そうでなければ不安定化する。したがって、統治制度の本質とその運営の展開は、基本的には元就と家臣、元就と国衆の間における軍役と褒賞の双務性、ならびにその連鎖による満足度というところにある。打ち続く戦争によって軍事費が増大し、毛利氏の財政構造は借銭・借米に依存する状態に陥っていたが、そうしたなかで双務性は均衡を欠き、その運営は厳しい現実に直面していた。それを問うことは権力体の実態を考えるうえで大きな課題である。

為政者の人物評伝にはこうした政治・経済・意識からの問いかけは不可欠の要素であると考えられ、本書ではこうした視点から毛利元就の人物像を三部構成にして叙述することにしたい。

戦国大名についてはそれぞれ多くの著作があり、毛利氏についても同様である。毛利元就については、三卿伝編纂所がその事績を詳細にたどった『毛利元就卿伝』（マツノ書店、一九八四年）もある。

本書は、右のような視点を踏まえ、通史的体裁を考慮して第Ⅲ部の四章・五章、終章は新たに立てたが、ほとんどはこれまで著わしてきた筆者の大名領国研究の三部作（『大名領国の構成的展開』〈吉川弘文館、一九八三年〉、『大名領国の経済構造』〈岩波書店、二〇〇一年〉、『大名領国の政治と意識』〈吉川弘文館、二〇一一年〉）の内容を基本にすえ、論述の展開上に欠かせない事実は適宜補足し、地域や時代の制約のなかで機をとらえて社会の仕組みを改め、たえざる構造的変革に取り組む毛利元就の人物像を描き出したい。

これまでも毛利元就について叙述することを考えなかったわけではないし、何度かそうした機会もあった。しかし私としては、全体構造を抜きにしては地域や時代を生き抜いた人物の活動ぶりも、その評価も、的確に行うことはむずかしいと考えていた。政治は権力編成などの縦の関係を語り、経済は個別の権力編成を越えて広域的・国際的広がりをもって展開する横の関係を語り、意識はそうした縦横の動きが交叉するなかでの当事者たちの心性を語る。こうして刻々と動く社会状況のなかに為政者毛利元就の営みの基本的なところを位置づけて総合的にとらえることが重要であろうと思い、先行して三部の著作の叙述と刊行につとめた。ただ、社会の構造的変革は、政治面・経済面・意識面それぞれがいつもまたどこにおいても同時併行的な動きをするとは限らない。そこで三部の著作のうちの個別の研究対象の時間軸は南北朝・室町時代から江戸時代初頭、地域範囲は山陽道筋、中国地域・瀬戸内海地域と長くかつ広く設定して取り組み、それぞれの研究成果を総合した地域社会像・大名領国像が構築できるよう仕上げた。

しかしながら、それでも懸念が払拭されるものではなかった。人物評伝の対象となった人物は、それぞれその分野においては傑物である。まして毛利元就は自らの才覚でもって中国地域に大領国を形成した戦国時代の傑出した為政者である。

人間はそれぞれ生活の営みの分野も、単位も、目的等も異なるし、あるいはその思考に深浅が生じることも否定できない。さらに経験の積み重ねから日常の行動にも粗密が生じる。そうした差異は、同時代の異業種間においてのみならず、同業種間においても起こりうることであるから、いま遡って歴史上の人物を描くとなると、その営みの濃さを共有することはもちろんむずかしい。

毛利元就は実質五〇年にわたり為政者としての立場でたびたび壮絶な事件や戦争に正面から向き合った。全権の掌握者といえば響きはよかろうが、個々の局面の判断や舵取を誤れば即滅亡という弱肉強食の時代状況のなかで抱いた緊張感、切迫感、不快感、恐怖心等々は、比類ない厳しいものであったと思われる。こうした元就の心持にどこまで迫り切れるか、個々の極限に近い状況のなかで下した判断、それに基づいた行動、その前提にあった深い思考、それらの関係性を突込み不足にならないよう叙述する、そう自覚を迫られた。そのためには、元就の諸体験を解析するにあたって自らの営みの常態に合せる形で主観的思考に陥る危険性を避けることはもちろんであるが、それでも想像が及ばぬこともあるとしたら、と思慮すると、懸念をなお払拭し切れるものではなかった。

そうしたためらいにもかかわらず、取り組む思いを強く支えてくれたのは、前掲の三部の著作であった。そこには長年にわたる史料調査によって発見・蒐集した多くの貴重な新出文書をはじめ、他大名に比して質量ともに抽んでて豊富な毛利氏関係史資料を用いて検証した私なりの戦国時代史像・戦国大名像があった。

その骨格を体系的かつ平易に紹介し、元就が行った構造的変革を総合的かつ系統的に提示する責任もある。そこには、戦争の世紀をどのようにして生き抜き、次の世代に何を渡し伝えようとしたかという避けて通れない問題がある。元就が達成したり、目標として示した個別的価値や普遍的価値などについて明らかにすることができれば、それらはこの列島において同時代を生きた他大名や国衆たちの動き、またそれとの異同を考えるにあたって、有効であると思われる。

元就は戦国時代を生き抜いた勝者であるから、その現実直視力、状況分析力、判断力、交渉力、決断力、実行力等々を指摘することは比較的容易である。しかし、いずれの危機も現実的具体的に対応するしか方法はないのであり、そうした危機にあたって重要なことは、何よりも全体を見わたし、全体を把握し、全体を動かす統率力とその態勢であろう。個々の力を兼ね合せた総合力がそなわっているかどうか、それらを元就がたえず繰り出すオリジナルな行動の実態から見究めたい。

なお、一つことわっておきたいことがある。元就は大永三年（一五二三）に家督を相続し、天文十五年（一五四六）頃に隆元に譲与している。隆元は永禄六年（一五六三）に急死したため、孫の輝元（一五五三〜一六二五）が相続することになる。こうした経過と形式からみると、元就はいわゆる隠居のように思われるかもしれないが、発揮した政治的力量からして実態的には当主といってよいし、また本人もそう思って行動していた。その呼称は、「大殿」「かさ（嶝）」「上」などであった。

この隠居と家督の関係については、第Ⅲ部の四章・五章で新しく述べることにするが、たとえば、弘治三年（一五五七）に大内氏を討滅したのを機に元就が政務から退くとした際、隆元がそれなら自分も退き、あとは幼少の幸鶴丸（輝元）に譲与し、その結果として毛利家が滅亡してもかまわないと言い張ってそれを阻止したこと、また輝元は、永禄九年（一五六六）の尼子氏討滅後に元就が引退の意向を示したのに対し、父隆元は四〇歳まで元就に任せていたのに自分はまだ一五歳だと訴え続けてそれを阻止したことから、元就の存在がいかに大きかったか、十分にうかがわれる。

元就は家督を譲与したあとも生涯、大事・小事にかかわらず日常的にあらゆる政務・軍事等の案件に関与し、家督の隆元・輝元に数多の指令・指示を発しており、元就なくして毛利氏の家中統制や領国統治は不可能であるといっても過言ではない状況をつくりだしていた。そうした元就の存在の大きさは領国内外に広く認められていたのであり、本書ではその生涯を通して現役の為政者として描くことにした。

本書で用いる史料と引用方法に関わることについて触れておきたい。

毛利氏関係史料は、全国的にみて他の戦国大名に比べて質量とも桁ちがいに飛び抜けて豊富である。そして特徴的なことは、たとえば、『大日本古文書　毛利家文書』にみられるように、そのなかにある元就書状の存在である。元就は個別の命令や指示、約束などを書状で宛てており、その内容はきわめて個別具体的である。その書状のうちにも、右筆《ゆうひつ》に書かせて元就が花押をすえたいわば右筆書状もあるが、相当数の元就自筆書状がみられる。この自筆書状の多さもまた比類がない。しかも、この自筆書状は隆元との間で交わされたものによく表われているように、当該事案について心中の本音を率直に述べている。そのために慮って、末尾に他見させるな、読んだあと火中へ、あるいは返却せよ、などと取扱いを厳重に行うよう明記しているものもある。領国の形成・拡大過程において、為政者が本音をあからさまに語った内容はきわめて貴重であり、そこからは個別の現状認識や政策基調、いわば政治社会思想、将来構想も見出せる。ただ、権力としての最終意思を示す判物と異なって年も月日も記されていないため、慎重な手続によってその推定年代を狭めたり定めたりしなければ、使用することはむずかしい。

本書では、こうした元就自筆書状を有効に活用してその心中の本音を語らせる方法をとった。もちろん元就と交わされた隆元自筆書状も同様であるので合せて読み取り、そこに父子が大小の課題について認識を共有していく過程をみた。

元就は毛利氏家中また地域社会に対してたえず何かを過剰に背負っていたかのようである。時代の動きのなかで元就が何を考え、どう生きたか、豊富な史料から説き起こし、その典拠史料については、自筆書状も具体的に引用し、解析し、読者もまた再検証しながら読み通せるよう叙述することにした。なお、本書では、いわゆる軍記物は引用しないことにする。

萩藩は、毛利吉元時代に永田瀬兵衛政純を御什書御用掛として享保五年（一七二〇）に『閥閲録』の編纂に着手し、同十一年に完成させた（山口県文書館編『萩藩閥閲録』一～四、遺漏〈幕末期の編纂〉、一九六七～七一年）。『閥閲録』は、家臣から伝来文書の写本を録上させるにあたってその編纂基準の重点を縦の主従関係、その権益保障においたため、「判物」中心の選別となり、戦国時代の領主家（国衆や家臣）の全体像にとって欠かせない領主家同士の関係、港町や流通等々の横の広がり、また家内部の実態を解明するに資する多くの中世文書が録上されなかった。そうした事情はあるが、宝庫の重書（毛利家文書）と合せ、元文三年（一七三八）から寛保元年（一七四一）にかけて編纂された元就の軍記『新裁軍記』の基本史料となった（田村哲夫校訂『毛利元就軍記考証新裁軍記』〈マツノ書店、一九九三年〉）。

その序文に次のように記されている。

> 世ニ毛利ノ軍記ト称スル者其数多シ、今其書共ヲ検スルニ、或ハ年月相違、或ハ人代不合、凡姓名称号合戦ノ事実、十ニ五モ証拠ナシ、其内耳伝ノ正説モ有ヘケレト、多分ハ作者ノ心ニテ人ノ耳目ヲ悦シメ、世ニ行ハシメン為ニ不足ヲ補ヒ付会シ、闕漏ナキ様ニ杜撰セルナリ、（中略）今此書ハ御家現在御重書証文等印記押字手跡等ヲ正シ、支証トシテ謬誤ヲ去テ実説ヲ記スル所ナリ、

（中略）の部分には一四、五の軍記をあげる。なかには寛文年間頃に大坂で毛利家の軍記として板行された『関西記』について「無証ノ虚説多キ故、其時大坂御屋敷ノ留守居役井上六郎右衛門就相沙汰トシテ滅板料銀百枚遣之、於御屋敷焼棄其板タリ」とあり、また「陰徳太平記ハ岩国ノ香川某記シタリ、諸家他家混雑シ其誤殊ニ多ク、採録スルニ足サレトモ、書ノ体実録ノ様ニ信仰スル人多キナレハ異説ヲ挙テ論駁シ、誤リヲ正スナリ」と記されている。

『新裁軍記』は、本文（文書の裏付けがあるもの）、論断（正誤を判断して事実を論証）、参考（異説の諸軍記など）の三構成になっており、厳密な凡例に基づいて編修されている。

約三〇〇年も以前に永田政純が無用とし、あるいは異説として論駁を加えて退けた諸軍記が、一次

史料である文書の裏付けをもった事実と混用されると、読者にはそれが史実かどうか見分けがたく、そのため虚像を増幅させることにもなる。

また、『毛利三代実録』と題する元就・隆元・輝元の事績、明応六年（一四九七）の元就誕生から寛永二年（一六二五）の輝元死没までを編年体にまとめたものもある。天保六年（一八三五）に着手し、明治三年（一八七〇）に成稿した。その凡例にも次のように記す。

此篇ハ、宝庫秘府蔵スル所ノ什書ヲ以テ根拠トシ、之ヲ証スルニ諸家ノ旧記・感状・古文書等ヲ以テス、其意他書ノ謬誤ヲ正シ、真伝ヲ後世ニ遺スニ在リ、故ニ其証拠無キハ一モ之ヲ収録セス、

なお、この実録の綱文について論拠たる史料を引用して考証論断を下した『毛利三代実録考証』は、明治二十五年に完成している（秀就を加えた『毛利四代実録』、同考証論断も編纂された。いずれも山口県文書館蔵）。

このように萩藩は、諸軍記によって元就についての謬説が創作され、それが重なって虚像が広まることを強く警戒していた。原文書による実証を重視したいわば近代的な歴史観に基づき厳密な史料批判を行った永田政純以来の萩藩編纂事業史が刻み付ける姿勢と方法を一層鍛えるべき現代に学ぶ者として、それらを又候引き出して用いることは、厳に自戒しなくてはならない。

萩藩編纂事業による多くの中世文書の写本は、いまに価値ある優れた遺産であるが、花押や封、筆

跡等々、原文書の形態も正確には伝えておらず、まさに写本であることからくる限界をもつ。遺存する原文書は、その限界を克服するとともに、「判物」中心とは異なるより広い歴史的世界を構築できる。多くの史料集の刊行によって、一次史料による研究条件はかつてなく整ったが、それでも刊本・写本・原文書の史料上の価値の差異は大きい。本書では、こうした点に留意しながら原文書の重要性を十分に認識して叙述したい。

毛利元就――武威天下無双、下民憐愍の文徳は未だ

目次

図版一覧

毛利氏略系図

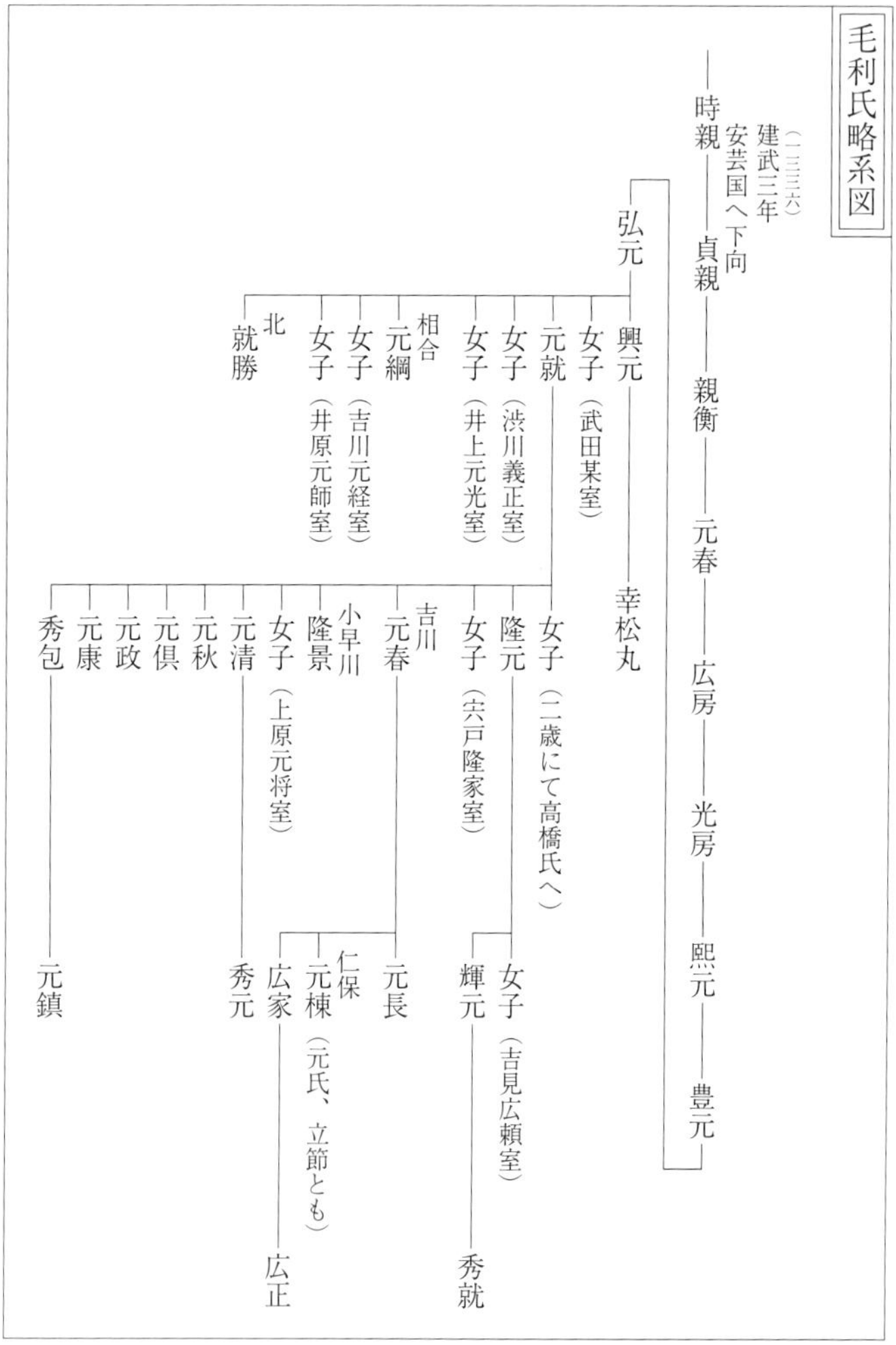

時親
建武三年（一三三六）安芸国へ下向
貞親
親衡
元春
広房
光房
熙元
豊元
弘元
興元
幸松丸
女子（武田某室）
元就
女子（渋川義正室）
女子（井上元光室）
相合 元綱
女子（吉川元経室）
女子（井原元師室）
北 就勝
女子（二歳にて高橋氏へ）
隆元
女子（吉見広頼室）
輝元
秀就
女子（宍戸隆家室）
吉川 元春
元長
仁保 元棟（元氏、立節とも）
広家
広正
小早川 隆景
女子（上原元将室）
元清
秀元
元秋
元倶
元政
元康
秀包
元鎮

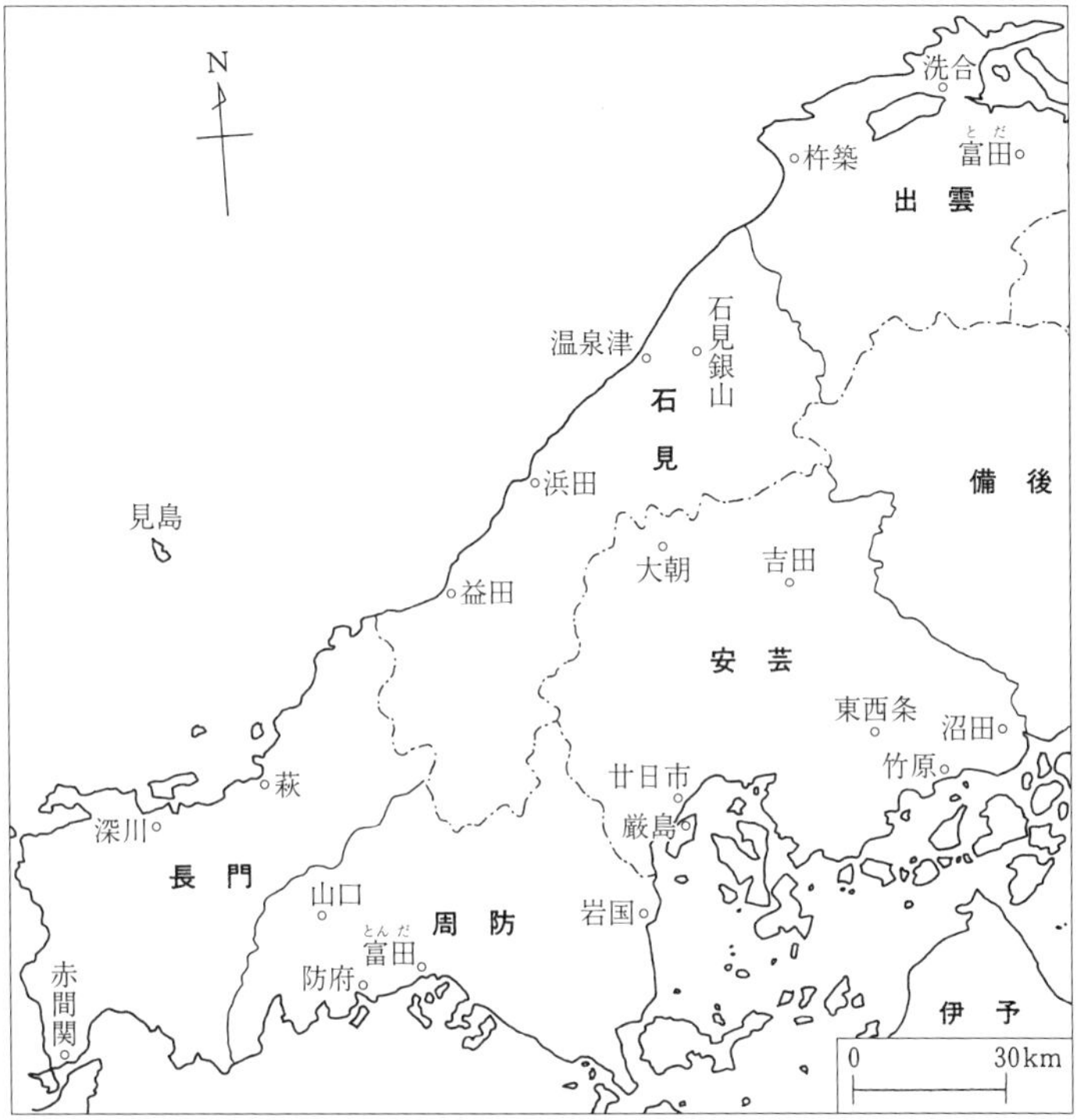
N
洗合
杵築
富田《とだ》
出雲
石見銀山
温泉津
石見
浜田
備後
見島
大朝
吉田
益田
安芸
東西条
沼田
竹原
萩
廿日市
深川
厳島
長門
山口
周防
岩国
富田《とんだ》
防府
赤間関
伊予
0
30km

毛利元就関係地図

序章　境目地域の領主連合

本章では、戦国時代の毛利元就を語る前提として毛利氏が領主制を展開した安芸国の南北朝・室町時代における地域性と時代性について概略を述べておきたい。

「中国」の成立

足利尊氏が京都に幕府を開いたからといって、それが即座に全国を支配できる政権になるわけではない。京都政権の西国支配は全く不均質なものであった。たとえば、任じられた守護も、その出自や経緯等によって、幕府への求心性が強い守護から、逆に強い遠心性を有する守護まで多様であった。そしてそのことが、広域的にみると当該地域にきわだった政治的地域差を生じさせた。

足利尊氏は建武二年（一三三五）に建武政権に反旗を翻し、劣勢のなかで鎌倉時代には六波羅探題が兼ねていた摂津・播磨両国の守護に盟友の赤松円心を任じ、海路鎮西へ遁れた。帰洛後の政権内部では、尊氏・高師直と尊氏の弟直義の関係が悪化し、尊氏の子息で直義の養子となっていた直冬を含め、観応の擾乱期には、尊氏方、直義・直冬方、南朝方の間で鼎立、あるいは合従連衡による複雑な政治情勢が展開される。各地域社会は動乱に巻き込まれ、国人たちは一族・惣庶相分れて戦った。

毛利氏の場合、安芸国へ下向した時親から貞親―親衡―元春の四代の系譜のなかで親衡は直冬方、南朝方となり、元春は尊氏方に属した。若干の異動はあったが、元春は将軍足利義詮から吉田荘を安堵され、毛利氏惣領としての地位を確保する。

こうした情勢のなかで「中国」という地域呼称は成立した。従来「西国」と総称されていたなかから「中国」が独立したのである。

たとえば、貞和五年（一三四九）四月に備後国鞆に来津した直冬は、備中・備後・安芸・周防・長門・出雲・伯耆・因幡の八箇国を成敗する「中国探題」としてあらわれる。これは、現在の中国地方をほぼおおう広域的な官職と考えられる。ただ、直冬は九月には追討される立場となる。また、文和三年（一三五四）に足利義詮が細川頼有（頼之弟）に「中国凶徒退治」に従うよう命じたり、延文元年（一三五六）には直冬や彼を庇護する山陰の山名時氏、防長両国の大内弘世らの南朝方勢力を打倒する「中国討手」のことが議せられたり、その命令をうけて下向した細川頼之は「中国管領」などと呼称された。細川頼有は文和五年に備後国守護に任じられ、中国管領細川頼之は、下向にあたって国々における闕所宛行権を自専することを所望し、備前・備中・備後・安芸の四箇国において軍事指揮、押領の停止、下地の遵行、所領の預置などの広域的支配権を行使している。

幕府は細川頼之の尽力で貞治二年（一三六三）になって山名時氏・大内弘世を服属させ、直冬を石見国へ没落させている。

「中国」は、現在の中国地方をおおう広域的な地域呼称として、南北朝時代中頃に京都の支配者層に認識された。しかも、「中国凶徒」「中国討手」のように、京都政権に敵対するものがいる地域とされた。

この呼称の由来は、地理的には九州との中間という意味であるが、政治的には、京都の足利政権と、南朝を奉じてそれに対抗する九州の領主、山陰の山名氏や防長両国の大内氏との支配上の〝中間〟として成立した。したがって、足利政権からみると、細川頼之・頼有兄弟の任務が反幕府の地域大名の打倒・服属を目的としていたように、東部は味方地であるけれども、西部は敵方地、中部はその境目にあたるという構図であった。

大内氏は、幕府方に転じたものの、朝鮮・中国・琉球などの東アジア諸国との貿易に基づく経済力を基盤にして独自性・主体性を発揮した。大内弘世は、貞治五年（一三六六）には石見国を制圧し、また安芸国へ入って国人領は避けながらも、東寺修造料所に付せられていた安芸国衙領を激しく押領し、それを支配下の軍勢に預置いた。また安芸国では九州探題今川了俊が守護を兼ねたため、国人らによる本領周辺の国衙領や厳島社領の押領も激しく行われた。

こうした山陽道筋・中国地域における政治権力の配置の構図は、京都政権の不均質な支配のあり方をあらわしているが、これ以後も続く。そのなかで安芸国は石見国とともに境目地域として特色ある動きを示すのである。

安芸国人一揆と山陽道筋の動向

地域性についてさらに深めるとともに、在地領主制の時代性を考えるために、二件の安芸国人の一揆契状を取上げて比べたい。

一つは、応永十一年(一四〇四)九月二十三日に安芸国人三三名が五箇条の契約を結んだものであり(毛利家文書二四)、二つは、永正九年(一五一二)三月三日に安芸国衆九名が五箇条について契約したものである(右田毛利家文書)。

一揆契約の背景等は後述するが、まず前者が三三名、後者が九名の署判者であることの意味を考えたい。

前者の場合、署判者のなかには同姓のものもあり、たとえば毛利氏は惣領である備中守光房を含めて五名が署判している。ところが、一〇〇年余を経た後者の場合には毛利氏は惣領興元が一名、他の八名は天野興次・天野元貞・平賀弘保・竹原小早川弘平・阿曾沼弘秀・高橋元光・野間興勝・吉川元経であり、この九名はいずれも大内氏から安芸国衆として遇されていた有力国人である。なぜ惣領一人の署判なのかというと、この時期になると惣領による統制がより強化され、一門・庶子家らを親類衆として家臣上層に位置づけるようになっていたからである。

在地領主制は、この一〇〇年でとりあえず惣領家が庶子家に対して優位性を築きあげた。ただ、それは惣庶間において激しい抗争が繰り返された結果であり、そのことも後述する。

こうしたあり方は、在地領主制の時代性、すなわち室町時代におけるいわば横並びの惣領・庶子関係から、戦国時代における縦の関係への構造的移行を明確に示している。

それでは、二件の一揆契約の背景等について述べ、地域性について深めたい。

幕府・細川氏と地域大名の両勢力が相拮抗するなか、将軍義満は、明徳の乱において山名氏清を討ち、つづいてそれに大きく貢献した大内義弘を応永六年（一三九九）に和泉国堺に攻め滅ぼした。いわゆる応永の乱である。その目的は、朝鮮や明との貿易に実権を有し、赤間関《あかまがせき》をおさえて瀬戸内海の支配も可能であった大内氏の勢力を削減し、それによって自らの基盤を拡大するところにあった。

その後に幕府は、大内義弘の弟盛見が守る防長両国の平定にのりだす。応永七年七月には大内弘茂（義弘弟）を下向させるとともに、八年には備後国守護に山名氏惣領の常熙、九年には石見国守護に山名氏利、十年には安芸国守護に山名満氏（氏清子）を任じ、大内氏攻めの包囲網を形成した。そして各国内において、たとえば山名常熙は幕府の命令によって高野山領備後国大田荘を守護請し、安芸国への戦略上の重要な基盤とし、年貢未進を重ねたり、また細川氏方の沼田小早川則平の協力を得たりしている。山名氏利は、周布兼宗の本領・新恩地・当知行地を区分して安堵したり、益田兼世知行分の公田数（段銭・諸役の賦課基準地積）を一四六町三反三〇〇歩から一〇〇町に減少を認め、その負担軽減をはかるなどして懐柔している。満氏は、守護代小林氏を入国させ、福原広世、吉川経見、竹原小早川陽満らをしたがえて、大内氏与党の安芸国人と激しい戦闘を行う。一揆衆の平賀妙章は、応永十年暮れの高屋における守護方との合戦で三人の子息を戦死させている。この時期における備石芸三国支配は、山名氏惣領常熙のもとで総合的に行われていた。

応永十一年九月に幕府は、山名常熙の申し出に応じ、守護方に抵抗する中心人物である平賀・武田

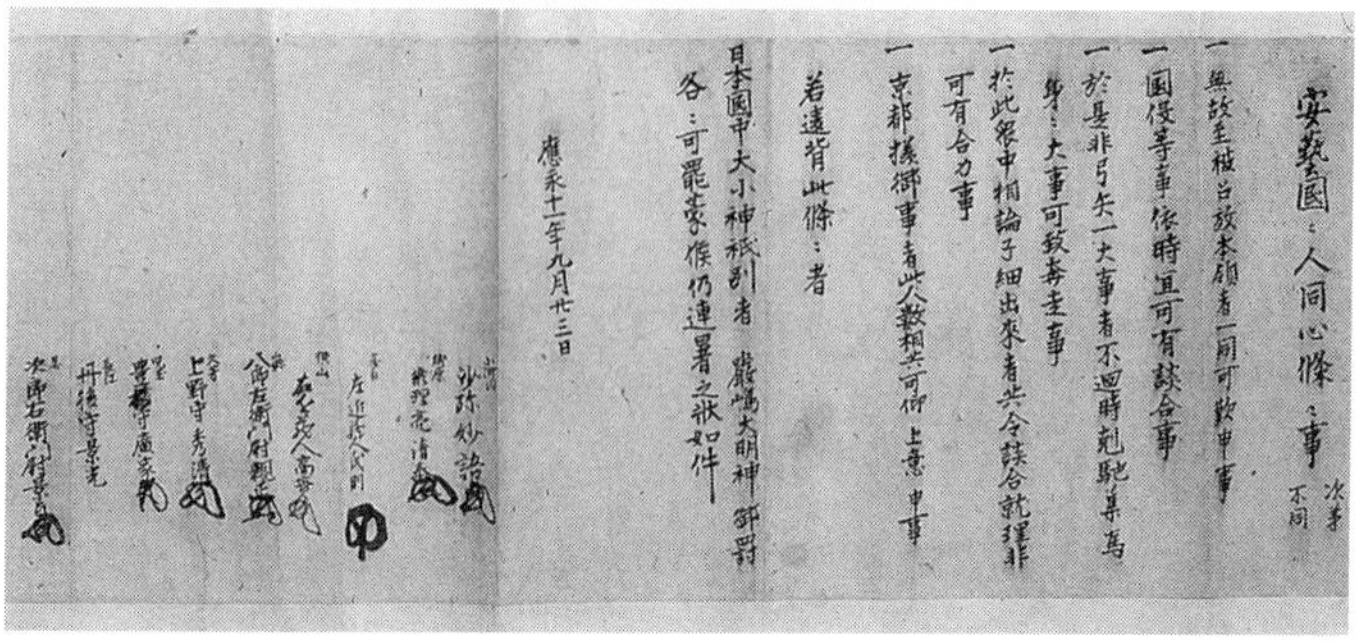
安芸国々人同心條々事 次第不同
一 無故至被召放本領者、一同可歎申事
一 国役等事、依時宜可有談合事
一 於是非弓矢一大事者、不廻時剋馳集、為身々大事可致奔走事
一 於此衆中相論子細出来者、共令談合、就理非可有合力事
一 京都様御事者、此人数相共可仰 上意申事
若違背此條々者、
日本国中大小神祇別者、厳島大明神御罰、
各々可罷蒙候、仍連署之状如件
応永十一年九月廿三日

安芸国人一揆契状 応永11年9月23日
（毛利博物館蔵 毛利家文書）

両氏に対して御使を下向させて調停をはかるとともに、なお抵抗する者は退治すべしとの将軍家の「治罰の御教書」を発している。

このような幕府・守護方の措置にもかかわらず、直後の九月二十三日に一揆契状が結ばれる。武田氏は署判していないが、庶子家の伴氏、武田氏支配下の佐東・安南・安北各郡内の香川・品河・金子・温科・遠藤・三須各氏は署判し、また造果保の窪角氏、久芳保の久芳氏のように国衙領地頭も加わっている。

契状の第一条は、理由なく本領を放たれた場合には一同で愁訴する、第二条は国役は一揆衆で談合する、第三条は合戦には即刻馳参する、第四条は一揆衆中で相論があった場合は談合して道理のあるものに合力する、第五条は将軍の命にはしたがう、とある。

南北朝時代中頃に大内氏が安芸国衙領を押領して以来、安芸国人のなかには大内氏から所領を給与されたり、また大内氏を庇護者とたのむものも少なくなかった。

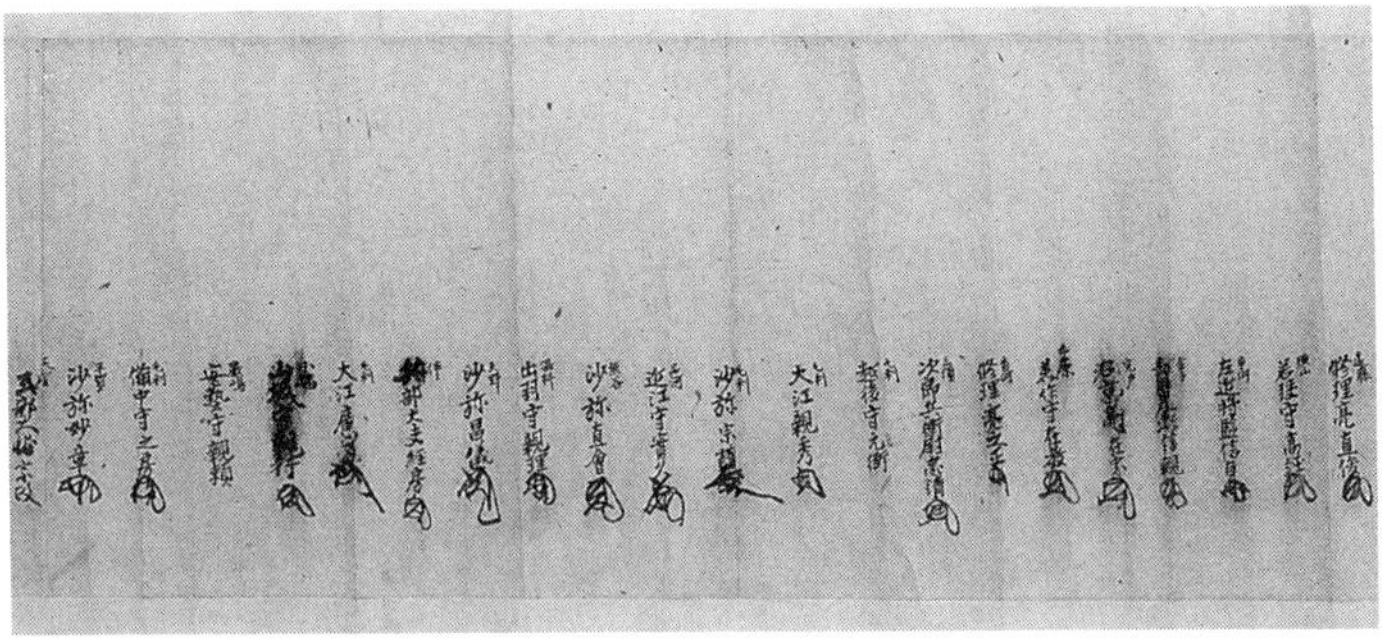

応永の乱直後に将軍義満は天野氏の本領志芳荘を闕所にしているし、また幕府は山名満氏に宛て安芸国内の地頭御家人以下の当知行・本領・新領の支証を提出させるよう命じており、満氏が吉川経見の当知行地を安堵している事例もある。この事実は、新守護が国人所領の安堵政策の実施のなかでそれまでに大内氏から給与された所領を整理・没収する可能性があったことを示している。

　このような歴史的背景を踏まえれば、契状の第一条はよく理解できる。それゆえに大内氏与党の国人の危機感は強く、その抵抗は激しかった。戦争は長期化し、守護山名満氏も国内を転戦して一揆衆の討伐にあたった。備後国からも石見国からも、「上意」として多くの軍勢や物資の援助が続けられた。応永十二年初めに石見国守護山名氏利は安芸国で不慮の死をとげ、山名熙重が守護代入沢八郎左衛門入道と発向している。山名氏側の犠牲も大きかった。

　応永十三年に入って事態は急展開する。山名常熙は、一揆衆の中心人物である毛利光房と平賀妙章との交渉のなかで、幕府討伐軍の派遣の決定を伝え、その返答を求めた。その結果、彼らはついに降伏することを決断し、閏六月十五日に起請文を提出した。これをうけて常熙は毛利光房・平賀妙章に宛て、幕府討伐軍の発向停止、一揆衆を赦免して「面々御免の御教書」を申請すること、そして安芸国守護は山名満氏から同熙重に交替させることを約束する。

応永十四年二月にはこの地域の守護的地位にあった武田信之が、幕府・守護方にしたがった熊谷在直に可部荘西方内の「品河跡」を預置いている。品河氏とは一揆衆の品河近江守実久と考えられ、この地はこれ以前に没収されていたのである。

一揆衆と幕府・守護方の最大の争点は契状の第一条にあったが、幕府・守護方は一揆衆の目的を具体的に打ち砕き、所期の政策目的を達成している。その意味では、一揆は政治的に崩壊したといえる。契状の第五条から考えて、一揆は将軍に直属し、衆中として地域秩序の維持を行うことを構想したのかもしれない。しかし、時代の諸条件は一揆衆中をいわゆる公権の受皿とするにはなおととのっていなかった。

将軍義満の大守護弾圧政策が、その与党の国人を軍事的に制圧し、守護と国人の関係を弱体化させようとするのは当然である。幕府・細川氏が後援する山名氏と、東アジア諸国との貿易を基盤に独自性・主体性を保持する大内氏とのまさに境目として、安芸国人らは人的・物的に大きな損害を蒙りながらも貴重な経験をした。国人の結集が安芸国の支配秩序の維持に力があることを示すとともに、それが境目地域が生きる道であることを宣言した意義は大きかったといえる。

歴史は中央と地方のいわば相互媒介的展開による。応永の乱は堺における合戦で終わったわけではない。それは皮相的な観方である。中国地域という広域的な視野をもって究明する姿勢が欠かせない。幕府の不均質な中国地域支配を前提におき、幕府の西方面へ向けた橋頭堡の確保がどこでどのように行われたか、その地域や国人らはどのように動いたか、具体的に究明することが重要である。

ともあれ大内盛見の防長両国支配は揺らがなかった。山名氏は備石芸三国の守護として大内氏包囲網を形成したが、乱後に幕府は、武田氏を佐東郡から安南・安北・山県三郡に支配を及ぼす分郡主として位置づけ、大内氏に対する最前線の防波堤としての役割を負わせた。こうして幕府は大内氏に対して二重の備えをとった。

ところが、幕府内部において細川氏と山名氏の対立が進行すると、情勢は大きく変化する。

永享三年（一四三一）の大内盛見死没後の持世と持盛の相続争いに端を発した合戦において、山名常熙は持世を積極的に援助した。また嘉吉三年（一四四三）には、山名氏惣領持豊は、嘉吉の乱の際に赤松邸で横死した前石見国守護山名熙貴の娘を猶子として大内持世の養嗣子教弘に嫁がせ、婚姻関係によってその結びつきを強化している。

山名氏が大内氏と結んだ情勢を踏まえ、幕府・細川氏は武田氏を大内氏に対する安芸国人層統合の中核とした。こうして武田氏の役割が高まると、大内氏は武田氏分郡の動揺を画策する。安芸国内では、大内氏とその先陣を切る厳島神主家、その侵攻を防ぐ武田氏らの間で軍事衝突が繰り返され、そうした構図で応仁・文明の乱になだれこむ。

一方、嘉吉の乱後に赤松氏の領国であった播磨・備前・美作三国は、但馬・備後両国守護山名持豊の領国となる（備前国は山名教之、美作国は山名教清）。播磨国内は、大内氏と盟約した山名持豊、細川氏の後援をえて旧領国の回復をねらう赤松政則の間で激しい動乱にみまわれる。

武田氏分郡内略地図

足利氏と赤松氏は、幕府創設以来きわめて緊密な関係を保持してきた。将軍足利義教は、自らが企てた赤松満祐追討の報いとして嘉吉の乱で生命を断たれたが、それは赤松氏領国の没収を招き、その結果として、幕府創設以来歴史的に形成されてきた幕府の西方面へ対する押えとしての赤松氏の存在を否定することになった。このことは、赤松氏が受け持っていた幕府が山陽道筋・中国地域へ勢威を進出させる基盤、逆に言えば地域大名の攻勢に対する強固な防波堤を失ったことを意味する。

このようにして現出された地域大名側が幕府側を押し上げていく構図が、幕閣の分裂を加速し、応仁・文明の乱への基本的対立軸となって展開していく。そして山名氏や大内氏の軍勢は、こうした政治状況下の山陽道筋を海陸とも大きな障害もなく上洛した。

毛利氏の惣庶関係と書違

毛利氏にとっても、安芸国人一揆後は苦難の時期であった。永享二年（一四三〇）の毛利煕元宛の毛利光房譲状には、その譲与地として吉田荘・内部荘・豊島郷・竹原郷・坂郷・麻原郷・有富郷・入江保が記されている。そして永享六年の一族の所領面積は、吉田惣領家が一七六町余、麻原氏一五八町余、坂氏一二四町余、福原氏九二町余、中馬氏八二町余、河本氏三五町余と六家の分割領有である。なお、それぞれの領有は、吉田荘は惣領家、麻原郷は麻原氏というように一円的なあり方ではなく、名字の地を中心にして他郷へも散在しており、その結果、各荘郷内において惣庶各家の所領が入り組んだ状態にあった。

また、吉田惣領家が直接支配して年貢を徴収できるのは一七六町余であり、ほかの各庶子家への割分地においては年貢は各庶子家が徴収した。惣領として庶子家に関与できるのは、幕府から賦課され

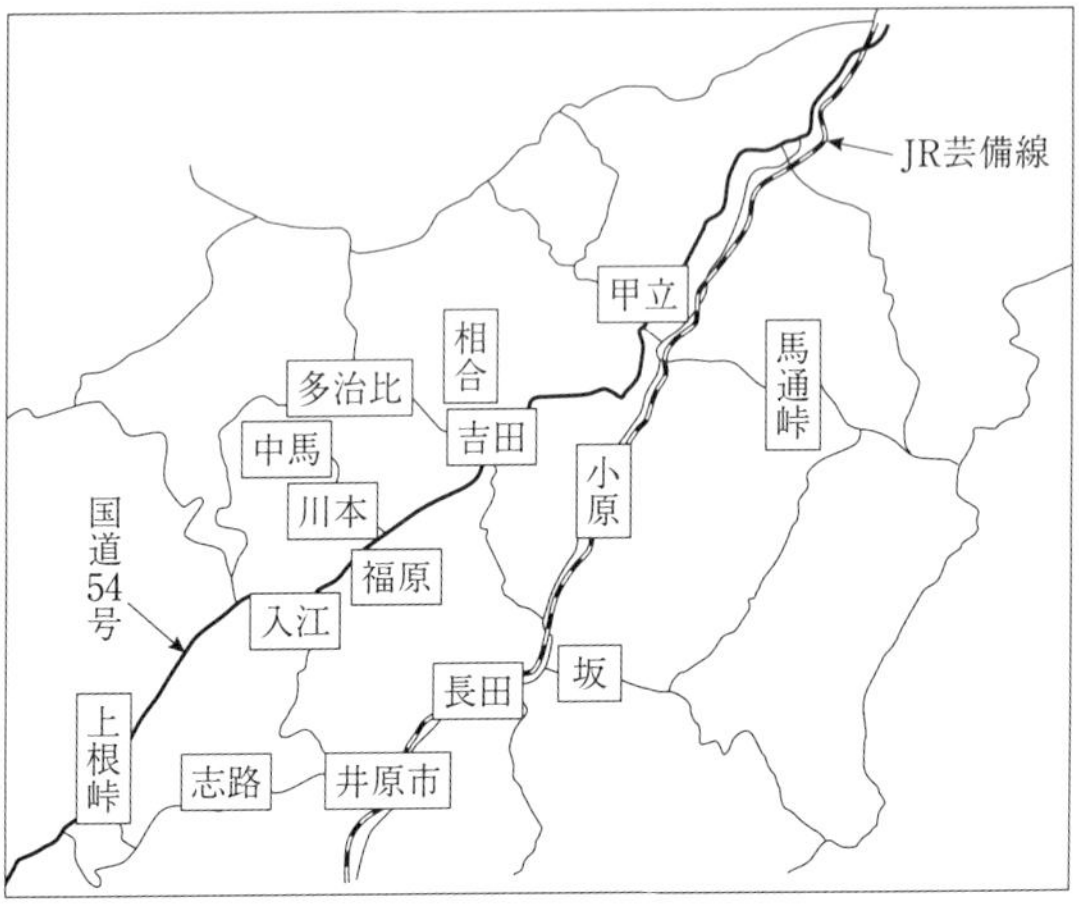

毛利氏関係路線略地図

る段銭などの公役を庶子家分について催促・徴集する惣領権の行使ぐらいしかなかった。惣領は公役を惣領家負担分と合せて弁済するのであるが、その基準となる公田面積は、毛利氏の場合、文安三年（一四四六）には二九町余であった。実際の所領面積と大きな数差が生じているのは、幕府や守護への軍功等の褒賞として減少を認められてきた結果であろう。ただ、こうした事情のもとでも、嘉吉二年（一四四二）に惣領煕元は、麻原・中馬・坂・福原・河本の五庶子家に各所有田数比率に応じて総額一〇〇貫文なりを負担させる段銭を成立させており、惣領権の一定度の進展はみてとれる。

　しかしながら吉田惣領家の直接支配面積が全体の約二六パーセントである現実からは、一族のなかにおいてその基盤や地位が強固であったとは言いがたい。事実惣庶間の紛争も激しかった。

　毛利氏領は地形的には大きく二つに分けられる。一方は可愛川流域の吉田惣領家・福原氏らであり、一方はその東側に連なる山陵を越えた戸島川・三篠川流域の麻原氏・坂氏である。応永二十五（一四一八）・二十六年のことであるが、庶子家にその拠城を攻められた惣領光房は福原氏父子の援助をえて戦っている。この合戦は、平賀頼宗・宍戸弘朝・高橋玄高の安芸国人三名が連合して調停し、以後もしこの調停に背いて無法を仕掛ける側があったならば、三名としては調停を遵守している側を援助することを双方に契約しており、以後の保障秩序としての機能もそなえていた。この調停は、のちの寛正七年（一四六六）三月に毛利豊元が「国傍輩の取合をもって和睦」したと記しているように（毛利家文書一一九）、まさに在地的なものであった。

このような不安定な惣庶関係は室町時代の国人領主が克服すべき課題であったが、幕府賦課の公役までを庶子家が緩怠する事態が続くなかで惣領権を制度的に機能させようと取り決められたのが惣庶間契約であった。

宝徳三年（一四五一）八月二十八日の毛利熙元譲状（毛利家文書九九）には、吉田荘以下の郷保を豊元に譲与すると記したあと、次のように述べる。

一家中において各別の野心を構え、公役等を異儀に及ぶ輩これあらば、上聞に達し、彼地を松寿丸（豊元）に相計うべき者也、殊ニ近年の書違の旨を守り、成敗致すべし、

物領が公役等を勤仕しない庶子家の所領を没収して成敗する根拠は、近年作られた「書違」であるとしている。

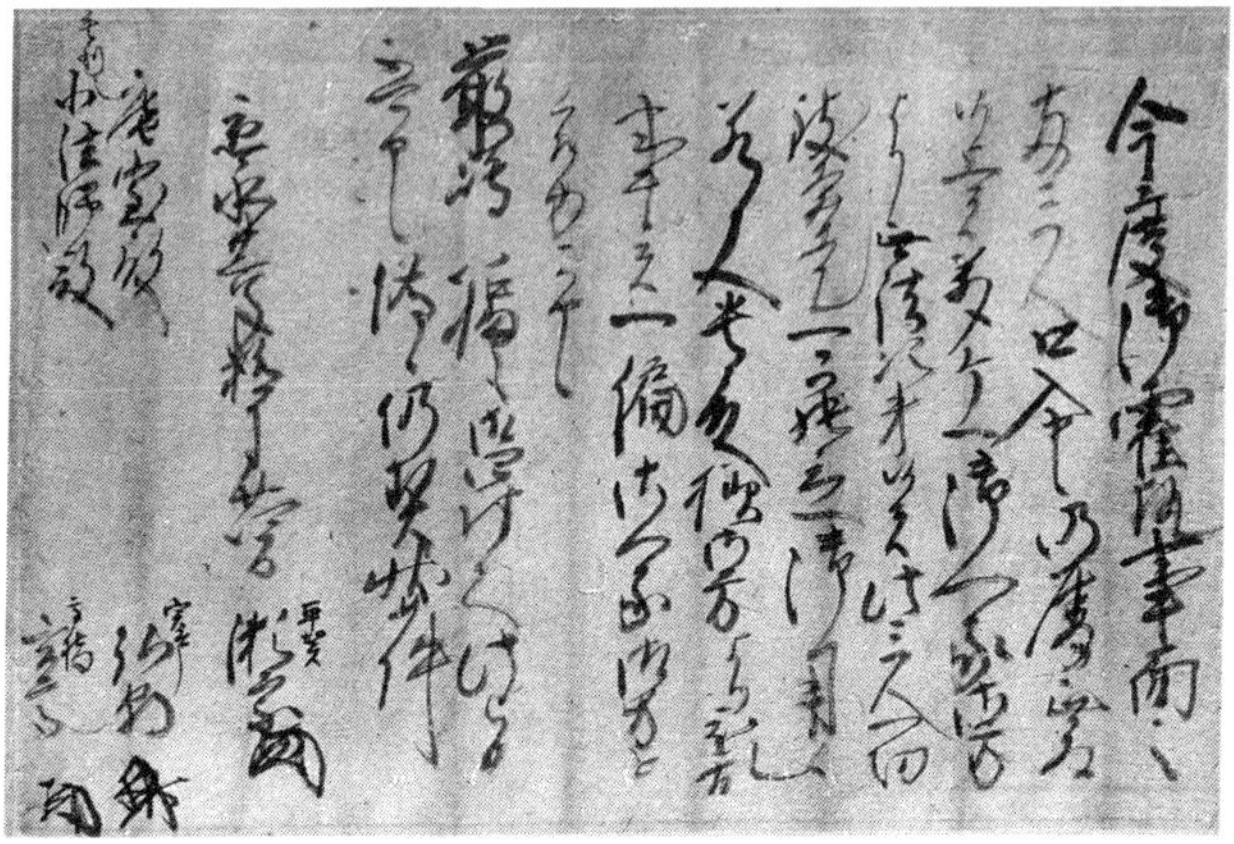

平賀頼宗・宍戸弘朝・高橋玄高連署契状　応永26年極月24日
（渡辺翁記念文化協会蔵 福原家文書 広島県立文書館提供）

書違は、室町・戦国時代に境目の安芸や石見国内の国人領主間契約に用いられた。書違は、落城時に刺違えて死ぬなどという場合と同じ用語法であり、当事者同士が同年月日（日付は多少ずれる場合もある）に契約内容を書き上げた起請文（誓約書）を交換して盟約した契状のことである。したがって二通でセットである。詳しくは第Ⅲ部一章で述べる。

書違が毛利氏惣領による庶子成敗権行使の法的根拠とされていることは、この時代の毛利氏惣庶が所領の分割領有を前提とする盟約関係にあったことをまさに示している。書違は毛利氏惣庶間に適用される領主法であった。

この書違が作られたのは文安元年（一四四四）閏六月のことである（同一一七）。

享徳四年（一四五五）には、毛利氏庶子家の公役の無沙汰が問題化し、幕府は分郡主武田信賢にも惣領熙元に合力するよう命じている。管領細川勝元は熙元に宛てた書状で次のように述べている。

急ぎ参洛をもって上意をえ、御成敗に任せらるべく候、然りといえども、私において無為計略候は、然るべく候、

細川勝元は、「上意」によるよりも、安芸国人の連合による調停・保障が有効であると、その機能を重視して判断している（同八二～八四）。

そして長禄四年（一四六〇）になって惣領豊元は庶子家麻原氏を「はう《法》にまかせ、よろつそうりやう《惣領》のぎにしたかうべきよし、きしやうもん《起請文》をもて申ながら、まいくくわんたい《緩怠》をいたすあいだ」罪科に行い、追放した（同一三一）。こうして南北朝時代以来惣領家に対抗してきた麻原氏は在地を離れ、麻原是広は上洛して将軍家に仕える（同一一九）。また惣領豊元は、文明三年（一四七一）に山名持豊・大内政弘の西軍側に転じ、地域大名の支配下に属したことによって、麻原氏旧領を実質的に確保した。

こうして吉田惣領家は、永享六年の所領面積でいえば、一七六町余に麻原氏旧領の一五八町余を加え、全体の約半分を直接支配下におさめ、経済的にも軍事的にも惣領権の基盤を強化した。

庶子家起請文、書違を法的根拠とした吉田惣領家による庶子家成敗権の行使は、幕府権力の介入にもかかわらず、在地において十分に機能した。その背景には、安芸国における領主連合の発展とそれ

を支えた大内氏の勢威があった。こうして安芸国人らは、現実の紛争処理を通して相互扶助の盟約とその機能を一層強めていく。

このようなあり方は、同じ境目の石見国においても同様であった。

石見国における書違の初見は、応永十二年（一四〇五）正月十八日に福屋氏兼・周布兼宗・三隅氏世・益田兼家・吉見頼弘が連署して結束して愁訴を行うことなどを記した四箇条の起請文、「面々かきちかへの文案の事」（吉見家譜別録）である。

この正月には周布兼宗への出陣催促、十一月には石見国守護代入沢四郎に属した益田兼家（兼世の嫡子）の出陣が確かめられるので、この書違は、安芸国人一揆の強勢によって幕府・守護側が不利となった情勢のなかで、五名の幕府・守護側の石見国人が「上意」として安芸国へ出陣するにあたってその結束を強める目的で結んだ盟約と考えられる。

正長二年（一四二九）に三隅氏と益田氏が合戦に及んだ。その原因は三隅氏らが益田氏被官人を取り込んだことにあった。永享十一年（一四三九）になって幕府や石見国守護山名熙貴の下知もあって益田氏被官人を帰郷させることで収拾されるが、この動きには吉見氏・福屋氏・周布氏も加わっており、それは西石見という広範囲に及ぶものであった。

この事件は、最終的には、永享十二年八月十五日に三隅信兼が益田兼堯に起請文を差出して落着するが、その冒頭には次のように記されている（益田家文書五四〇）。

右益田方と我々事、たとえ上意を下されず候といえども、無為無事本望の処、公方様忝く仰せ出され候の間、面目至極候、さ候前は、国中において如何躰の子細候とも、捨て捨てられ申すべからず候、

たとえ将軍の命令が下されなくても在地秩序のなかで解決がはかれたという意気もうかがわれる。そして盟約の一層の強化をはかっている。

また、益田兼堯の所領黒谷郷・美濃地村両地頭職を吉見頼世が押妨し、それを兼堯が幕府に訴えた事件は、文安六年（一四四九）三月八日に吉見頼世が益田兼堯に五箇条の起請文を差出して落着する。「益田吉見書違条々事」とあるこの起請文の第一条に係争地について次のように記している（同五四四）。

条々公方様御判明白に候といえども、能州御口入候の間、渡し進らせ候、

将軍の安堵状よりも、三隅能登守信兼による調停を優先して係争地を放棄するというのである。この起請文の第四条に「万一上意御とがめ、又は守護方（山名常勝）よりも自然意得《こころえ》がたき由、申す子細ありといえども、同心のうえは、一具歎き申すべく候」とあるのは、そのためであろう。第五条には「此のごとく条々申し定め候うえは、都鄙《とひ》共大小事申談じ、御役に立ち立たれ申すべく候」とあり、これを

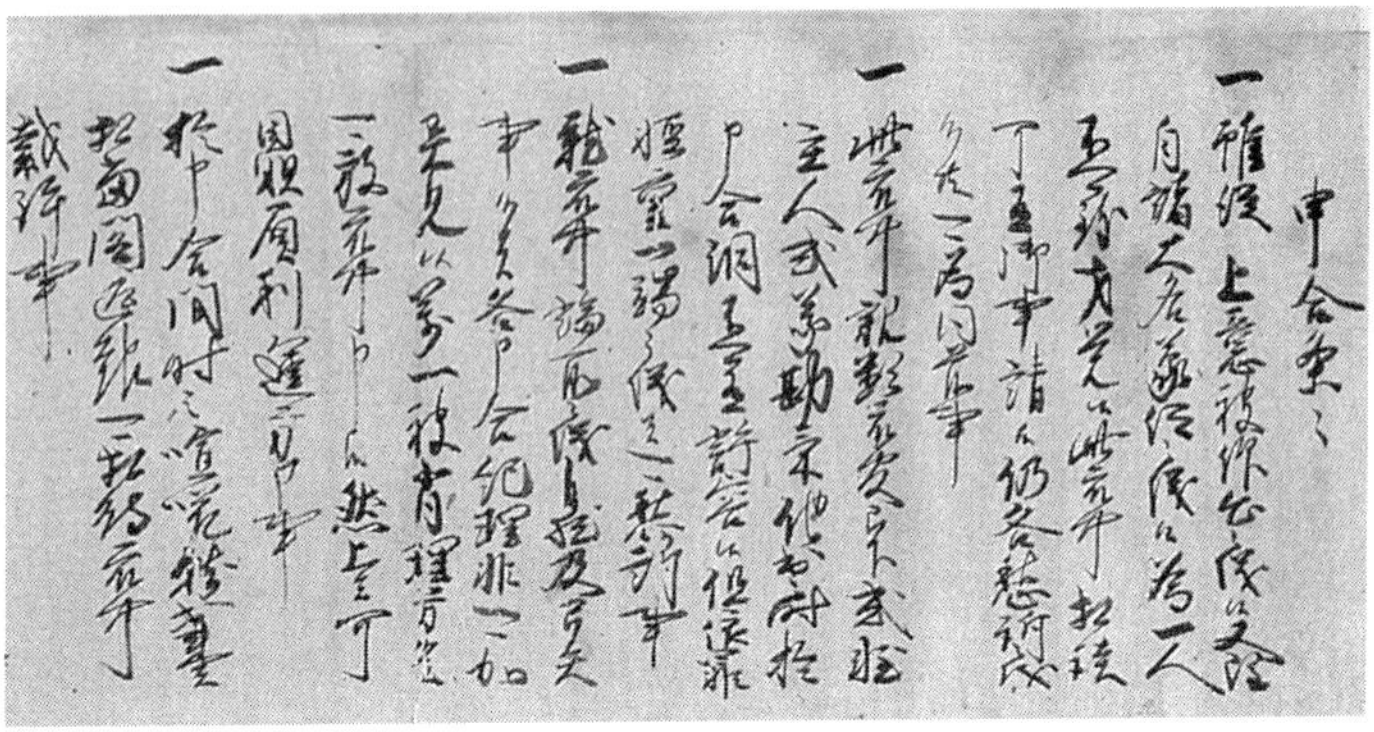

安芸国衆一揆契状　永正９年３月３日（山口県文書館蔵 右田毛利家文書）

機に盟約を一層強化しようとしていることが知られる。

さきの「捨被捨不可申候」、この「立御役被立可申候」という表現が、室町時代の書違のキーワードにあたる。

大内義興の上洛と安芸国衆一揆

それでは次に、永正九年（一五一二）三月三日の安芸国衆九名の一揆契約が形成された背景について述べる。

契状は五箇条からなる。第一条は、将軍あるいは諸大名から軍勢催促があっても、一人で判断しないでこの衆中で相談し、請けるか請けないかを決める。第二条は、衆中の親類被官以下が他出した場合、「申合う洞」（この衆中）において相互に許容しないとする。なお、神文以下は那智瀧宝印の裏を翻して書かれている。このことについては終章で述べる。

永正五年に大内義興は山口滞留中の前将軍足利義稙を擁して上洛し、将軍に復職させる。ところが同八年八月に細川澄元らの反撃にあい、同十六日に義稙・義興らは一時丹波国へ遁れたが、同二十四日の船岡山合戦において細川澄元らを破って再び京都に入った。こうした経過のなかの八月十四日に

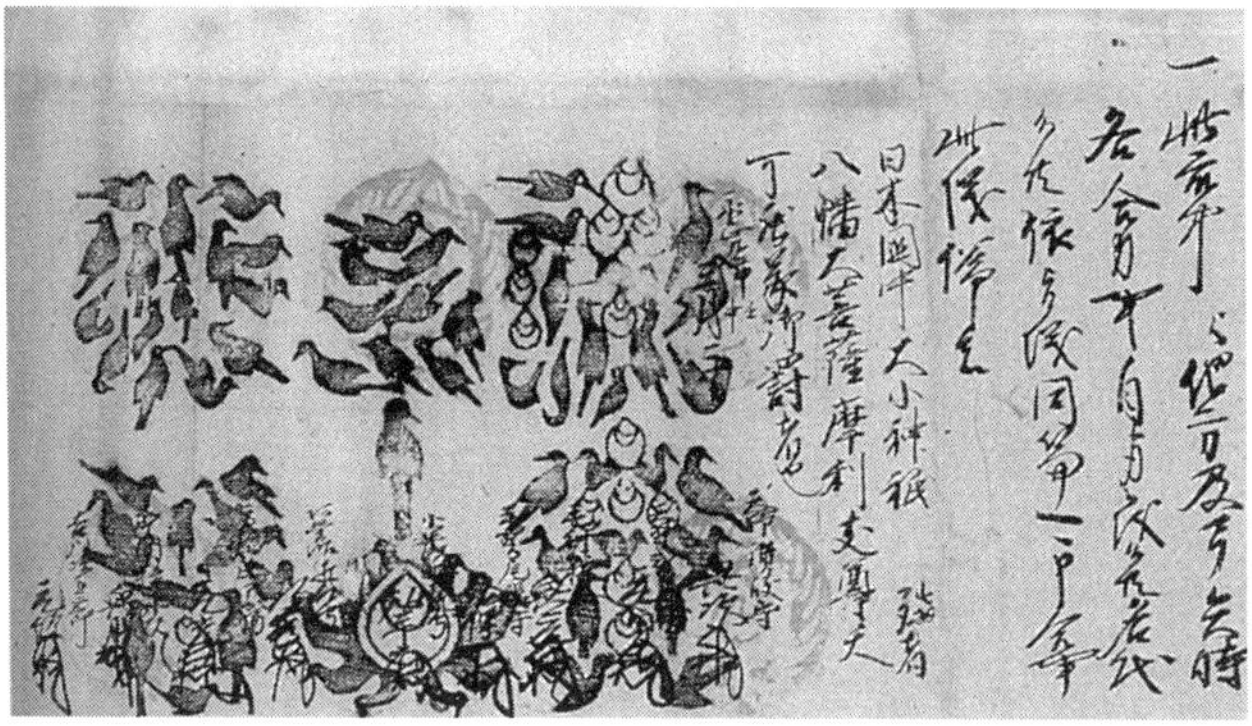

大内義興は益田宗兼に宛て、「芸石衆内少々闕落候の処、在洛を遂げられ候、弥御忠節を抽んずべきの旨、御覚悟無二の通、宝印を翻す罰文をもって承候」（益田家文書二〇七）と、その忠節を褒賞している。この芸石衆の「闕落」は、八月十六日に丹波国へ遁れる直前のことであるので、その実態は芸石衆が大内義興の形勢不利と判断して勝手に戦線を離脱して帰国した状態にあたる。

益田宗兼のように船岡山合戦に参戦した国衆には足利義稙御内書や大内義興書状が与えられている（同二五八・二五九）。契状に署判した安芸国衆九名のうち、こうした史料が確かめられるのは平賀弘保（平賀家文書一九）、竹原小早川弘平（小早川家証文四一五）、天野元貞（閥閲録一六四）のみであり、ほかは見あたらない。

永正八年の十二月二十三日に大内義興は益田宗兼に「長々在洛の条、芸石衆迷惑候により、少々境津に至り下向候、内々又誘引の方候哉」（益田家文書二六六）と述べており、八月二十四日の船岡山合戦によって京都を回復したあと和泉国堺に下向した芸石衆もいた。このなかには、大内氏の重臣弘中武長が益田宗兼に宛てた同九年正月二十三日の書状で「芸石御旁下国あるべきの由、内々案内を申さる御方候、又は所存に任さる方候」(同二六九)と述べているように、大内氏に事前に了解をとった者も、ことわらなかった者もいた。

永正九年の安芸国衆の一揆契状に署判した九名は、船岡山合戦の直前に大内氏側の形勢不利とみて戦線を勝手に離脱して帰国した者、船岡山合戦に加わって京都を回復したあと、大内氏の了解をとって下国した者、ことわらなかった者という三様の対応をしたことがわかる。

天野興次・毛利興元・吉川元経の家系はいまに多くの史料を保持するが、足利義稙御内書や大内義興書状が保存されていないことはいささか奇異な感がする。

のちの永正十二年に吉川経典は、大内義興から「去永正八年御敵出張の刻、惣領次郎三郎(吉川元経)闕落の砌、同心せしめず在京忠節の賞として」石見国邇摩郡久利郷市原村内四五貫文の地を与えられ(石見吉川家文書五二)、また天文十年(一五四一)の経典譲状のなかでそのことについて「船岡山において御合戦の砌、問田弘胤御一所において太刀討忠節を抽じ、ならびに元経・毛利・高橋両三人京都下向の刻、惣領に同心せしめず堪忍を遂げ候、両条御感として市原半分、京都において御判頂戴仕り候」(同一五)と、その由来を記している。

これによって、闕落したのは、吉川元経・毛利興元・高橋元光であったと特定できる。

したがって、この一揆契約の目的は、将軍ならびに大内義興に対してとった安芸国衆の分裂行動がもたらした相互の不信感を取り除き、上級権力からの諸種の要求に対して万事結束して事にあたること、尼子氏・武田氏対大内氏の争いのなかでその分裂行動が招来するであろう不利益を除去するところにあったと考えられ、これが衆中の結束を強調している第一条の歴史的背景と思われる。

　この直後には、毛利興元が高橋元光の娘と結婚し（嫡子幸松丸は永正十二年生まれ）、つづいて吉川元経が毛利興元の妹（嫡子興経は永正十五年生まれ）と、興元の弟元就が吉川元経の妹（嫡子隆元は大永三年生まれ。なお隆元には姉がいた）と、婚姻をめぐらしている。このことは、三家が、闕落した政治的・軍事的行動を理由として、大内氏から干渉や譴責を避けるため、その結束を強め、誇示した証である。大内氏に寄りかかりながらも、安芸国衆が家の存続を最優先して行動する有様をみてとれる。

　第二条に関していえば、丁度この頃志和盆地の天野興次（志芳荘東村）と天野元貞（志芳堀荘）の両国衆間において逃亡した悴者《かせもの》・中間の人返協約が結ばれている。合戦が多発し、各地へ出陣する移動のなかで逃亡が拡大する状況が生じていたと考えられる。

　永正九年の国衆一揆契状の原文書は「右田毛利家文書」（天野興次の家系）に保存されており、この立案者は日下に署判している天野興次であったのではないかと思われる。第二条は、まさに在地支配上当面する重要課題であり、両天野氏間における人返を多数の安芸国衆間協約に拡大し、一時的にしろ協調して解決をねらったものと考えられる。

　こうした国衆の主従制的支配権（主人権）に属する被官人層の逃亡の拡大は、国衆の軍事力編成に支障をきたすことになり、領主制としては時代の構造的課題として対応を迫られることになるが、その人返協約については、第Ⅰ部五章に詳しく述べることにしたい。

安芸国衆一揆の影響は、いろいろな形で現れる。毛利氏領をとりまく情勢には厳しいものがあった。備後国では、毛利興元は、永正九年十月に沼田小早川興平と盟約し、北部の国衆山内氏と南部の木梨氏の紛争を調停して四人の間で盟約することを決めたり、年未詳ではあるが四月五日には双三郡辺の上山《うやま》実広・敷名《しきな》亮秀・吉原通親と「備州外内郡味方中少々心替り候といえども、旁申合い、国中の儀、一度各本意のごとく押返すべく議定たるべく候、然るうえは、此衆中、大小事届け届け申さるべく候」と盟約して尼子氏方の攻勢に対抗している。毛利氏は、文明の乱中に山名政豊に属して東軍方の山名是豊追討に功績があり、その忠節によって伊多岐・重永・山中・横坂を給与されて以来世羅郡辺に基盤を有していたが、これによってさらに強化したのである。

西側の山県郡では、永正十二年六月に壬生《みぶ》元泰が毛利興元に起請文を提出し、懇願して宥免されたことを謝し、第一条で「自今以後、武田方、高橋方、其外何方へも知音すべからず候、御方様御与力として御手に属すべく候」とし、第二条で家来なみの公役を馳走すること、第三条で木次（旧千代田町）一〇〇貫文の地を譲ることを誓約している（毛利家文書二〇六）。

高橋元光は同年の三月二十九日に備後国（三吉氏か）攻めのなかで戦死した。そのため大内義興は、四月十四日に周布興兼、四月二十日に毛利興元に宛て、その所帯を高橋興光（弘厚の子）に相続させたので、「毎事興光に相談あり、御馳走肝要たるべく候」と命じ（閥閲録一二一。長府毛利家文書）、興光に大内氏方芸石国衆連合の盟主としての地位を継承させたことを示した。壬生元泰の服属はこの直後のことであり、毛利氏が武田氏・高橋氏と拮抗する山県郡において確実に軍事力編成を伸張させたことをみてとれる。

これよりやや遡る永正八年十月、中郡衆の秋山親吉・井原元造・内藤元廉らは、毛利興元に起請文、坂下総守（この時の毛利氏執権。広時か）には書状を差出して、興元の在京、在山口の時に賦課される役銭の負担と今後の忠節を誓約している（毛利家文書一九五～二〇三）。この日付は、興元が京都から闕落した直後であるので、中郡衆を引き付けることを意図していたと思われる。

また、これに関係するが、興元の上洛については領内に浮役（三七五〇貫文）が賦課されている（同二〇四）。郷・村単位内における配賦の状況は不明であるが、永正九年六月七日には民部丞筆の地下保不納衆日記が作成されている（同二〇五）。これには三八筆（人）、合計面積四五町四反分について、「是ハ御役京都にて御免とてならず候」とか、「是ハ御下の時御供とてならず候」とかの註記がある。なかには「是ハ和智《（備後）》陣にて討死候、其以後御役御免とてならず候」とかもあるが、これは興元の在京や闕落にしたがった各家臣の忠節を調査して役の免許を行ったことを示している。

志道広良と元就の盟約

さて、とりわけ注目しなければならないことは、永正十年三月十九日に毛利元就が志《し》道《じ》広良に五箇条からなる起請文を差出していることである（毛利博物館蔵　志道家文書）。志道広良（一四六七～一五五七）は、坂広時の甥にあたり、この直前に毛利氏執権の地位を継承していたと思われる。坂氏の本拠からは中郡衆の内藤氏・井原氏所領を越えた志路村を所領としていたが、吉田へは入江へ峠越えをして北上した方が近かった。

「御契約申条々事」と題した起請文は、神文以下は那智瀧宝印の裏を翻して書かれており、その様

毛利元就起請文 那智瀧宝印の部分　永正10年３月19日
（毛利博物館蔵 志道家文書）元就の花押の形状は３度
変わるが，これは最初のもの。

式・内容からして両人が交わした書違の一方にあたる（志道広良起請文は残っていない）。第一、第四条を次にあげる。

一（第一条）以後において相違なく、長久御扶持を得、奉公申すべき事、
一（第四条）御当家の趣、然るべく御座候様ニ申合い、興元様へ別義なく奉公忠節いたし、御奉公召さるべく候（以下略）、

第一条は、元就が広良の「扶持」をえ、広良に「奉公」するとする。これは、戦国時代における書違のキーワードである。この場合の「奉公」は当事者双方が言い合うわけであるから、縦の主従関係において家人が主人に奉公するという意味ではなく、対等の横の関係における用語法である。ところが、第四条の「奉公」は、元就と広良が毛利家が然るべく保たれるよう「申合」、すなわち盟約し、当主興元に奉公忠節し合おうという縦の主従関係における意味に用いられている。

第二条は、子細があれば直に尋ね合い、隔心しないこと、第三条は毛利氏内において無理をした時には異見、口才《こうさい》をし合うこと、第五条は、第一条と同様にそのほかの大小事共に「奉公申し、ひとへに御扶持を得べく候」と記している。

相互に盟約して当主興元を支えていこうという姿勢がよくわかる。この書違が結ばれた背景には、一族の坂氏の追討事件があったと思われる。

年未詳であるが五月十四日に安芸国衆宍戸弘朝は吉川氏（経基か）に返報し、坂氏の件についてその続報として、交渉して無為に収まったこと、逃げ込んできた修理進の子ら六、七人を帰宅させたこと、修理進は留めているが、これは毛利氏の面々や福原氏が強硬であるためであると述べている（吉川家文書三四一）。年の比定はできないが、坂氏が毛利氏惣領家・福原氏と抗争中の状況がうかがわれる。

坂氏当主のこの時期の系譜の明確なところを示すと、広正―広時―広秀―広昌となる。のちの弘治四年（一五五八）八月の元就書状には、家中執権として豊元代の坂古下総守、弘元・興元代のその子下総守、興元・幸松丸・元就代の志道広良の存在が確かめられる（毛利家文書四二〇）。広正は長享三年（一四八九）の兼時下総守広正（吉川家文書三四八～三五〇）、広時は既に指摘しているように永正八年に坂下総守としてあらわれる。広秀は、大永三年（一五二三）七月の元就家督相続時の重臣連署状に「坂長門守広秀」（毛利家文書二四八）、広昌は享禄五年（一五三二）七月の家臣連署起請文に「坂次郎三郎広昌」（同三九六）の署判がみられる。

坂氏の家文書で現存する最も古いものは、永正十年三月二十六日に毛利興元が「延常長門守」に宛てた給地の宛行状である（閥閲録四九）。延常は坂氏一族のうち坂の延常名を所領としていたことに由来するが、坂長門守広秀のことである。また興元は坂郷三〇〇貫文を分割し、この三月二十五日に渡辺木工助、三月二十六日に井上与三右衛門尉を各一五〇貫宛の代官に任じている（井上家文書）。これは、吉田惣領家が坂氏本拠領内に直轄領を設定したということを意味し、異常な事態である。おそらく、これまでの坂氏惣領家（広時系）は没落し、伝来の家文書もともに滅失したものと思われる。なお、井上与三右衛門尉は有景のことである。のちの元就家督相続時に重臣連署状を志道広良に命じられて多治比《たじい》の元就のもとに届けている。志道広良が信頼した人物であったと思われる。

この時期に毛利氏と宍戸氏は厳しい軍事的緊張下にあり、また吉川経基の娘は尼子経久室となっており、この坂氏事件には尼子氏の動きが背後にあったと察せられる。坂氏が宍戸氏のもとに逃げ込んだのもそうした事情によるものであろう。なお、坂からはすぐ北上するか、東の吉原か上山、敷名経由で迂回して北上すれば、毛利氏領を通ることなく宍戸氏領に入れる。

これで坂氏問題は落着したわけではない。坂広秀は、元就家督相続後に渡辺勝とともに誅伐される。元就の弟相合元綱の擁立をはかったとされる。その時期は、元就が大内氏方として旗色を明らかにする大永五年三月頃までのことかと思われる。

広秀跡を嗣いだ広昌は、執権志道広良の二男であった。こうして麻原氏追放のあと一族中で最大の所領を有していた坂氏もまた没落し、坂氏庶流ではあるが志道広良の系統がその名跡を襲った。ただし、その所領面積は、惣領家直轄領の設定によって激減したものであった。

この事件は、一連の動きからみて執権志道広良が主導したと考えられる。麻原氏との抗争、そして追放を現実に見聞していた広良は、その経験を踏まえ、安芸国衆一揆契約は成立したものの宍戸氏のように加わっていない国衆もあり、なお毛利氏惣領家を脅かす地域の不安定な情勢のなかで元就に自重を求めた。元就と広良の書違が坂への直轄領設定のまさに直前であることは、その深い関係性を示している。

書違は本来当事者間における対等の盟約であるが、この場合わざわざ第四条に主君興元へ奉公忠節を行うという誓約条項が加えられていることは、当事者が主君の弟と執権であることから考え、この時期の権力中枢の施策と緊密に関わるものであることは明らかであり、それが惣領権行使の基盤強化をねらうものであった事情をよく示している。

毛利興元はまもない永正十三年（一五一六）八月二十五日に二四歳で死没する。元就によれば、酒害であったとされる（毛利家文書五九九）。二歳の幸松丸が家督を継承するが、大永三年（一五二三）に尼子経久に随って大内氏の安芸国支配の拠点である東西条（東広島市）の鏡山城を攻略して吉田に帰った直後の七月十五日に死没する。そして、毛利氏家督元就の時代がくる。元就、この時二七歳であった。

境目地域ゆえに上級権力がたえず複雑な動きを示し、そのたびに大きな影響をうけ、重大な決断を迫られる安芸国において、毛利氏惣領家は、惣庶関係が盟約という構造的制約のもとにありながらも、国衆と盟約してその支援をえ、約一〇〇年をかけて麻原氏・坂氏を排除し、惣領権を強化してきた。元就が家督を相続したのは、そうした時期であった。元就はどのような舵取をしたのか、以下三部一八章、終章にわたって述べることにしたい。

第Ⅰ部　家中支配から領国統治へ

第一章　高橋氏の討滅と大宰府下向

元就の家督相続

元就の家督相続は、志道広良が主導している。大永三年（一五二三）七月十九日に渡辺勝・井上元兼、また志道広良の使者の国司有相・井上有景が多治比へ出向き、家督継承を請うている（毛利家文書二四六）。そして七月二十五日には一門・譜代重臣一五名（福原広俊・中村元明・坂広秀・渡辺勝・粟屋元秀・赤川元助・井上就在・井上元盛・赤川就秀・飯田元親・井上元貞・井上元吉・井上元兼・桂元澄・志道広良）の連署書状が作成され、元就の家督受諾を慶ぶとともに無沙汰なく仕えることを約し、近日の郡山入城を請うている。なお、各々の存分は、国司有相・井上有景が申上げるとしている（同二四八）。

また同日に満願寺栄秀・平佐元賢は、八月十日を郡山登城の大吉と卜定した結果を志道広良のもとに伝えている（同二四七）。なお、郡山はのち全山城郭化するが、この頃の郡山城は、現在本城と称されている、郡山東南部の独立峰であった。郡山山中には、高宮郡衙の時代以来、密教寺院があり、満

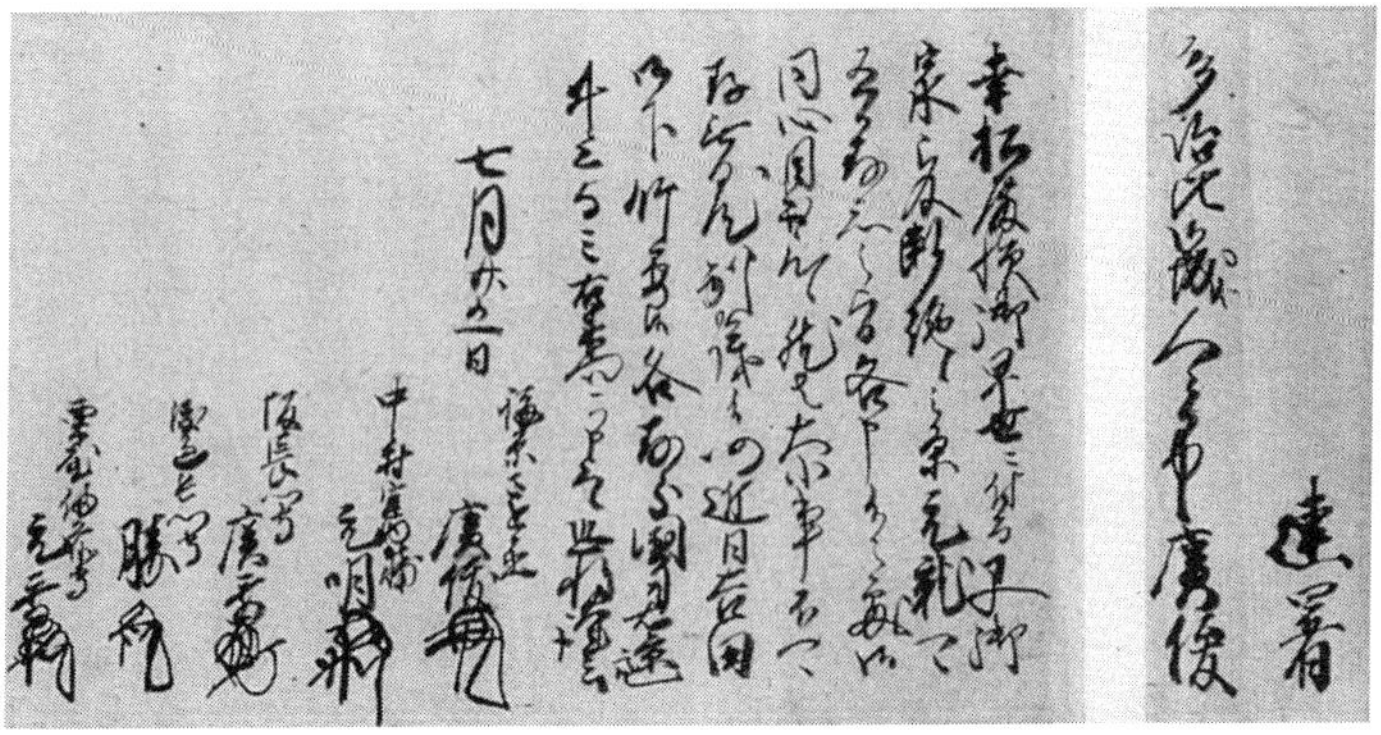

福原広俊外十四名連署書状　大永3年7月25日（毛利博物館蔵 毛利家文書）

願寺はそうした寺院であった。

こうした経過をへて、七月二十七日には志道広良は井上有景に宛て、昨日申したことを認めたとし「彼連署、加判相調い候て、これを進せ候、多治比へ持参あるべく候、来月十日吉日の由候、目出度く候」（同二四九）と、元就のもとへ届けるべく指示している。この連署書状は、執権志道広良が一門・譜代重臣に誓約させた確認の署判であった。元就としても、大内氏・尼子氏の両勢力が拮抗する情勢下の毛利氏運営にとって必要な方法と考えたのであろう。

毛利の家わしのはを次脇柱

これは、元就が家督相続にあたって詠んだ発句である（同二五〇）。鷲の羽に武門の家を象徴させ、次男から惣領家に入った決意を語った心境が読みとれる。

なお、この署判者のうちに井上氏が五名いる。井上氏の勢威がうかがわれるが、のちの天文十九年（一五五〇）に

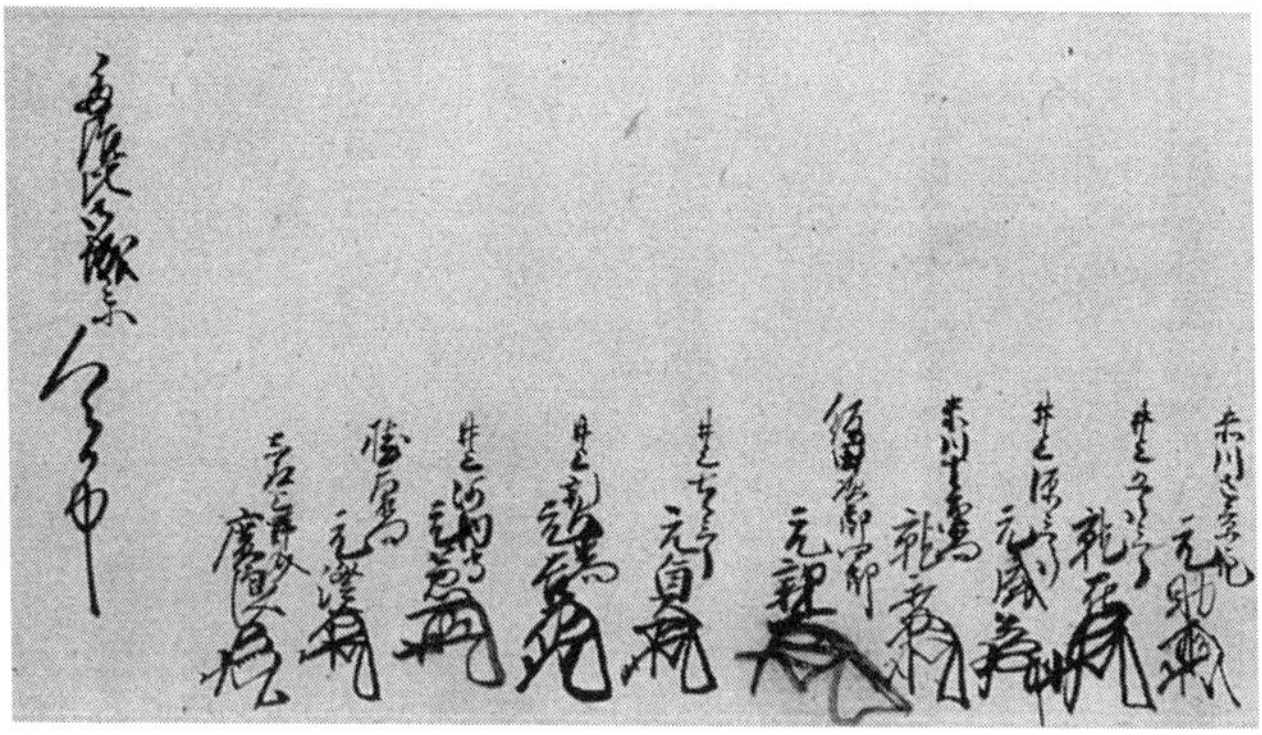

井上元兼一族が誅伐されることは第三章に後述する。

この大永三年には元就と妙玖の間に嫡子隆元が誕生しており、元就としてはあわせて大きな責任を覚えた年であった。

元就は、大永五年三月になって尼子氏方から大内氏方へ転じた。これは、志道広良が大内氏重臣陶興房と誼を通じていたことが大きい。同年六月二十六日に元就が大内氏に攻められていた天野興定と書違で盟約し、大内氏に服属せしめたのも、志道広良の調停によるものであった（右田毛利家文書。閥閲録二）。

高橋氏を討滅

そして元就の眼は、大内氏方の国衆連合の盟主の地位にあった高橋氏に向けられる。高橋氏は兄興元の正室の実家であり、また、元就の娘の一人は「高橋殿へ二歳ニて御座候」（毛利家文書一九一）とあるように（大永三年誕生の隆元より前のことと思われる）人質となっており、何かと深い関係にあった。

当主高橋興光は、家督相続の翌永正十三年（一五一六）

五月に石見国衆佐波氏の庶子家である出雲国西南部の赤穴久清と「相替らず御扶持を得、奉公致すべし」（閥閲録三七）と書違でもって盟約を固め、こうした周辺領主と協調して領域の安定をはかっていた。

享禄二年（一五二九）五月に毛利氏・和智氏・大内氏（東西条代官弘中隆兼）らの連合軍は、高橋氏の拠城である安芸国横田の松尾城、つづいて石見国阿須那の藤根（掛）城を攻略し、「大九郎《（興光）》ニ腹切せ」て討滅した。実父の高橋弘厚が尼子氏方に与したためである（閥閲録七三。毛利家文書二五一・二五二）。

高橋氏攻めは、この時期の尼子氏の攻勢と連動している。大永三年に東西条鏡山城を攻略し、また元就の家督相続を了承した尼子経久であったが、翌四年に大内義興が安芸国へ入って厳島社神主友田興藤を降伏させ、同五年には元就が大内氏方に転じ、大内氏方の国衆が次第に広がるなかで押返され、同七年（一五二七）八月には備後国和智細沢山の合戦で敗北して出雲国に退いていた。

しかし、翌享禄元年（一五二八）七月に厳島の対岸の門山に滞陣中の大内義興が重病のため山口へ帰国し、十二月二十日に死没する事態のなかで攻勢に転じ、再び侵攻したのである。

この九月頃から尼子氏は備後国北部の多賀山表に攻め込んだ（山内家文書二二一）。多賀山氏は、蔀山城（旧高野町）を本拠に国境を越えて出雲国南部にも所領を有する国衆であったが、山内直通・上山広信・杉原元士らの支援にもかかわらず（閥閲録四〇。同六七）、翌享禄二年七月に攻略された（山内家文書二〇二）。

大内義興の跡は義隆（一五〇七〜五一）が相続した。四月二十二日のものであるが、大内義隆は竹原小早川興景に宛て、次のような書状を認めている（小早川家文書四七八〈花押の図版がある〉）。

毛利家中錯乱に及ばんと欲するの処、即時静謐候の条、然るべく候、もしなお不慮の儀出来の時は、無二仰せ談じられ候は、肝要候、委細弘中々務丞申すべく候、

大内義隆は、安芸国東西条代官の弘中隆兼からの注進に基づいて、竹原小早川興景に毛利氏内で「錯乱」に及ばんとする事態があったが即時静謐したこと、もしなお「不慮の儀」が起こった時には支援をすること、委細は弘中隆兼から伝える、としている。この大内義隆書状は、その花押の形状が、その編年のなかでも『周防国分寺文書』の中の享禄二年五月三日の「周防介多々良朝臣」にすえられた花押の形状と一致する。この事態は、高橋氏攻めの直前に起こった毛利氏内部における激しい抗争、

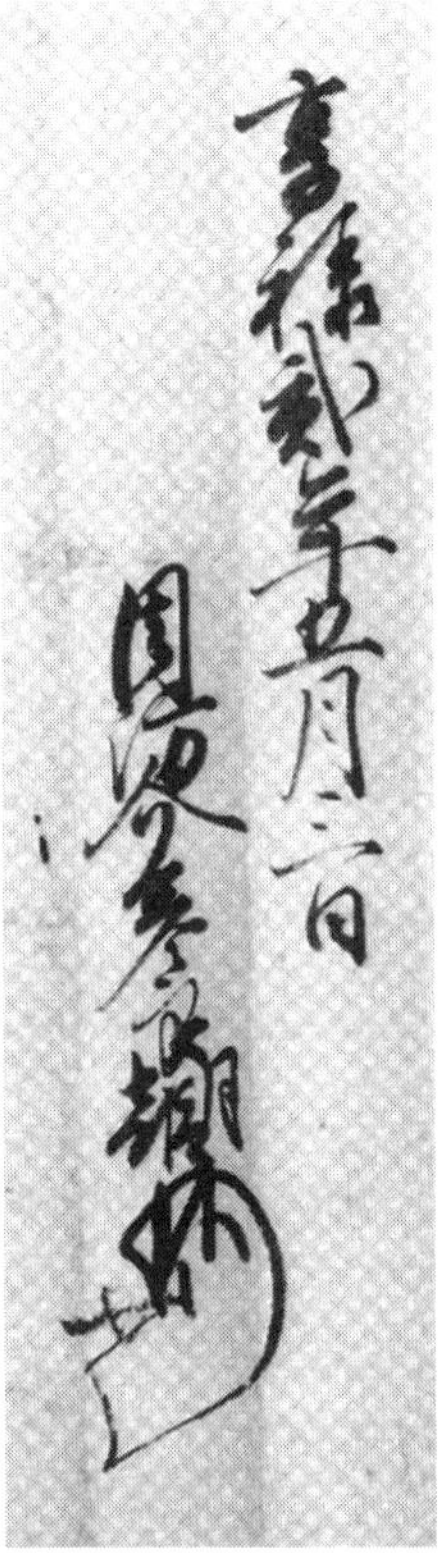

大内義隆書状 年月日と署判部分

享禄２年５月３日

（周防国分寺文書）

無年号の大内義隆書状でも，花押の編年を作成することによって，同形状の花押であれば年号が特定できる。

しかもそれは大内氏にとって他の安芸国衆をも動員して押え込む必要がある実態をもつものであったことを示している。

この事件を直接的契機として毛利氏らによる高橋氏攻めが行われるが、元就は後日大内氏に差出した知行注文のなかにその理由として次のように記している（毛利家文書二五一）。

> 上下《（吉茂）》の庄幷阿須那の事、是は凌雲院殿様《（大内義興）》門山ヨリ御下向候、陶尾州《（興房）》、是又御供候て御下候条、はや備芸石の事は、悉く雲州《（尼子氏）》利運ニ成行くべきと見かけ申候歟、高橋伊与守弘厚、莫太の御恩を捨置き、尼子一味候て、強敵致し候、然間、我等として備後和智を相語い、松尾要害を責崩候、この時西条弘中殿ヨリ御勢御合力候、その後高橋大九郎《（興光）》、阿須那藤根に楯籠候て、既に塩治衆引出すべきの由、催ニ候処、此方武略をもって是又仕果し候、高橋御重恩を捨置き、御敵致し候条、退治仕り、上下の庄、阿須那仕取候趣の事、

この文脈は、尼子経久が大内義興の門山からの撤退、その死を好機ととらえて攻勢に転じ、高橋氏を味方に引き込んだため起こった事態であることを的確に表わしている。この直前の毛利氏内における錯乱に及ばんとする事態の背後に尼子経久の存在があったことは疑いない。しかし、経久が目論んだ高橋氏を通じて毛利氏を与党に引き込む作戦は、元就の迅速・果敢な行動によって打ち砕かれた。

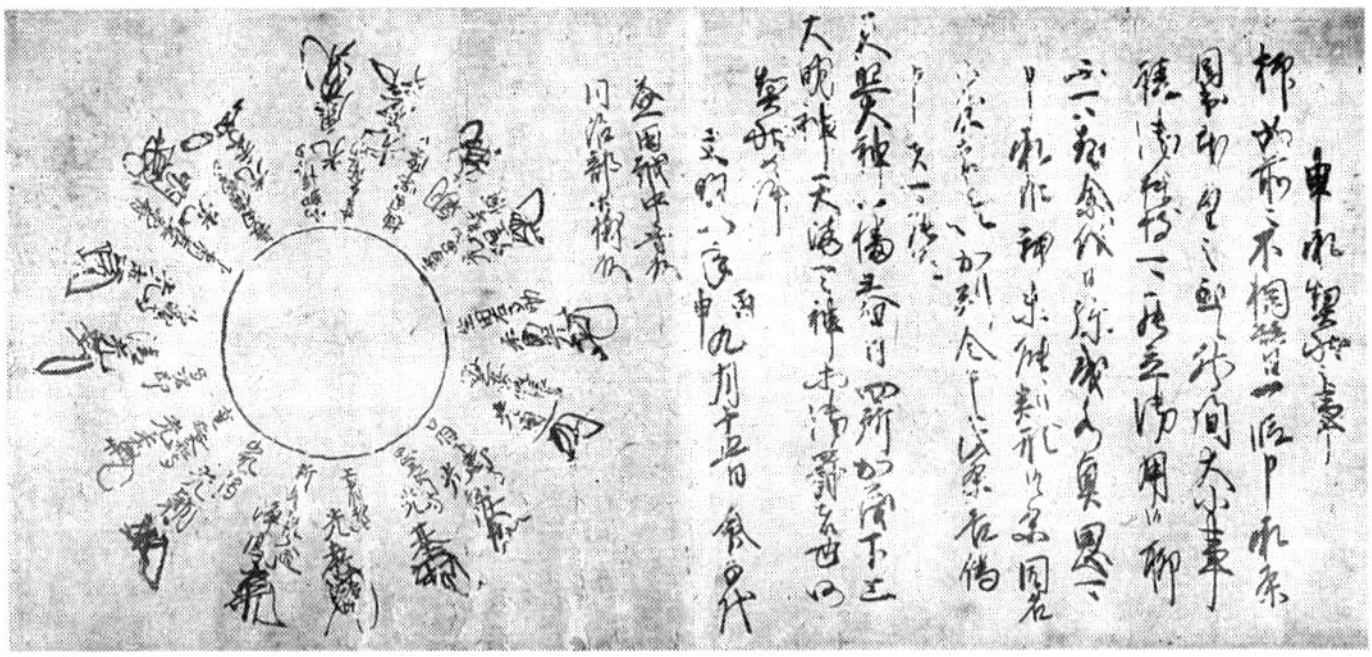

高橋命千代契状　文明８年９月15日（東京大学史料編纂所蔵 益田家文書）

さて、高橋氏の滅亡によって、この地域や毛利氏は何がどのように変わったであろうか。

高橋氏旧領と近辺の領主

高橋氏は、その領域が安芸・石見両国にまたがり、備後国や出雲国にも入り込む大きな国衆であった。このことは、やや遡るが文明八年（一四七六）九月十五日に高橋命千代が益田兼堯・貞兼父子に宛てた契状から知られる。この契状は、文明の争乱期に従来からの緊密な関係を踏まえて一層の結束強化をねらった益田氏からの要請をうけ、「大小事、御扶持を請け、御用に罷り立つべく候」と盟約した書違の一方にあたる（益田家文書八五七）。

いま注目すべきは、契状中に「我いまだ判形あたわず候の条、同名・被官の者共、加判をもって申せしめ候」とあることである。惣領の命千代が幼少であるため花押をすえられないので、同名・被官の者どもが加判したとある。そして一六名が傘連判形式に署判し、高橋氏として盟約の確認と保証を行っている。この署判者の名字は在地名と一致する事例が多く認められ、それによって高橋氏の領域と一族の分出の態様がうかがわれるの

高橋氏関係地名図

である。

その主だった者は、命千代の後見と思われる与次郎清光（阿須那の与次郎山に由来か）をはじめ、石見国側では口羽光慶・雪田光理・長田光季・下出《しもいず》羽《わ》光明・上出羽光教（君谷出羽氏は別族。君谷出羽氏領を押領していた高橋出羽氏）、安芸国側では生田《いけだ》秀光・北光康・横田朝光・重延光秀らである。

彼ら一族・譜代重臣の合意のうえに高橋氏の意思決定がなされていたことをよく示しているし、なかでも家の字「光」を下に付ける一門（高橋清光・生田秀光・横田朝光）の存在の大きさがうかがわれる。この領域は、滅亡時の城郭が横田の松尾城、阿須那の藤掛城であったことと符合する。

上下荘とは吉茂上荘・下荘のことである。長講堂領であったが、高橋氏の進出の過程はよくわからない。ただ、明徳元年（一三九〇）に高橋氏は君谷出羽氏領の出羽上下郷地頭職押妨を訴えられているので、南北朝の動乱期に入部し、周辺に勢威を拡大したものと思われる。また永享十二年（一四四〇）には、備後国守護山名持豊の守護代犬橋満泰のもとで守護領海裏《うつど》荘の代官として高橋泰光がみえるので、守護方とも良好な関係にあったようである。

高橋命千代については、同じ頃播磨国福井荘を拠点とした吉川是経が安芸国吉川氏に宛てた書状に「高橋毛利和与仕り候子細は、大九郎ハ隠居仕り、命千代高橋ニ成り候て、毛利被官ニなり候、おかしく候」（吉川家文書三八〇）と、その毛利氏との関係を述べている。毛利氏の家督は、文明七年（一四七五）十一月に豊元から千代寿丸に譲与され、同十年二月に大内政弘の偏諱を与えられて弘元と名乗る（毛利家文書一五一・一五二）。命千代は元服して元光と名乗るが、毛利氏と高橋氏の関係は、当主の年齢等も関わりその時々によって変化したのである。

高橋氏旧領がどうなったか、みてみたい。

享禄二年七月二十一日に大内氏奉行人は豊前国守護代杉重信に中津郡内の「高橋大九郎先知行」を同日の大内義隆の裁許の旨に任せて石見国衆周布彦次郎代に打渡すよう命じている（閥閲録一二一）。また、享禄二年九月三日に大内義隆は白井光胤に周防国玖珂郡楊井荘内二〇石地（「高橋大蔵小輔先知行」）と、豊前国築城郡広末名一二石地（「高橋伊与守先知行」）を給与し、前者については同月日に周防国守護代陶興房が遵行している（閥閲録九四）。

芸石両国内の高橋氏領は、享禄三年の七月十五日に大内義隆から毛利元就に上下荘（毛利家文書二五六）、十二月十一日に阿須那（「高橋伊与守跡」）・船木・佐々部・山県が与えられている（同二五七）。元就は、上下荘のうち五〇〇貫文地を宍戸氏に遣し（同二五二）、直轄領とした阿須那を除く石見国側は高橋口羽氏を志道才徳丸（通良）、安芸国側は高橋北氏を異母弟の就勝に襲家させて支配にあたらせることになる。ただ、高橋氏旧領は以後においても不安定な状態が続いている。

元就は、大永五年に大内氏に服属し、その褒賞として大内義興から深川《ふかわ》の上・下、可部・温科《ぬくしな》・玖村を給与され（毛利家文書二五三・二五一）、三篠川を下って広島湾頭に出ていた。高橋氏旧領をえて毛利氏領は石見国東南部にまで大きく拡大し、安芸国に太い南北軸を確保した。しかも南北交通の要路であった石州路や江《ごう》の川を口羽で押え、また鉄や銅（銀）などの地下資源も新たに掌握し、宍戸氏との関係改善も果たすなど、政治的にも経済的にも、したがって軍事力においても他の国衆よりも一歩抜ん出たのである。あわせて元就は、大内氏方国衆連合の盟主としての地位と権限を継承して行使することになるが、それについては後述する。

のちのことであるが、元就は隆元宛の自筆書状（毛利家文書五四四）において、宍戸隆家に嫁した娘（五竜局）に対して吉川元春の分別が行届いておらず無曲であると歎き、亡妻妙玖も同前の思いであろうとし、このことを隆元から元春に言い聞かせるよう述べている。そのなかで尼子氏来攻時（郡山合戦）における宍戸氏の功績をあげ、宍戸氏を敵にしていたら一大事であったとし、この婚姻を高く評価している。そして「それ弘元末期に、宍戸方と知音肝要たるべき由、申置かれ候つる」と、それが「弘元ゆい言」であったとし、興元はそれを無視して宍戸氏と合戦し、死んだと記している。こうしたことからすると、宍戸氏への五〇〇貫文地の給与は、弘元の遺言に元就の認識が重なって行われたものであった。こうした関係改善が天文三年（一五三四）の元就娘と宍戸元源の孫隆家との婚姻の合意にいたったと思われる。両家の盟約は、のち隆家夫妻の娘が毛利輝元に嫁したことで一層強固なものとなっていく。

もちろん高橋氏旧臣のなかにも岡氏や生田氏のように、毛利氏家臣となったものもいる（閥閲録八〇。毛利家文書四〇一）。また、南北朝時代以来その所領の出羽七〇〇貫文のうち四五〇貫文を高橋氏に押領されていた君谷出羽氏は、元就が高橋出羽氏の拠城である本城要害を攻略したことによって出羽一円を給与された。君谷出羽祐盛は、元就に起請文を差出し、毛利氏の「与力」として馳走することを誓約した（閥閲録四三）。

佐々部には佐々部氏がいた。元就が大内氏に服属した大永五年の十月二十五日に高橋興光は佐々部宮千代の家督相続を認めている。これについては、翌六年正月十一日に宮千代丸に宛てた祖父承世の証状があり、当主の通祐がその子光祐とともに尼子氏方に与したため悔返して次子の宮千代丸を立てて所領を譲ると述べ、「後日のため一筆ミやちよ丸に書渡し申候、同高橋殿御一行、毛利殿様の御一行取そろへ持候間、この上においては聊も他のさまたげあるまじく候」と記している（同八八）。佐々部氏の家督の安堵が高橋興光と毛利元就の一行（判物）をえて行われていることは、佐々部氏が高橋・毛利両氏に両属する形をとっていたことを意味する。

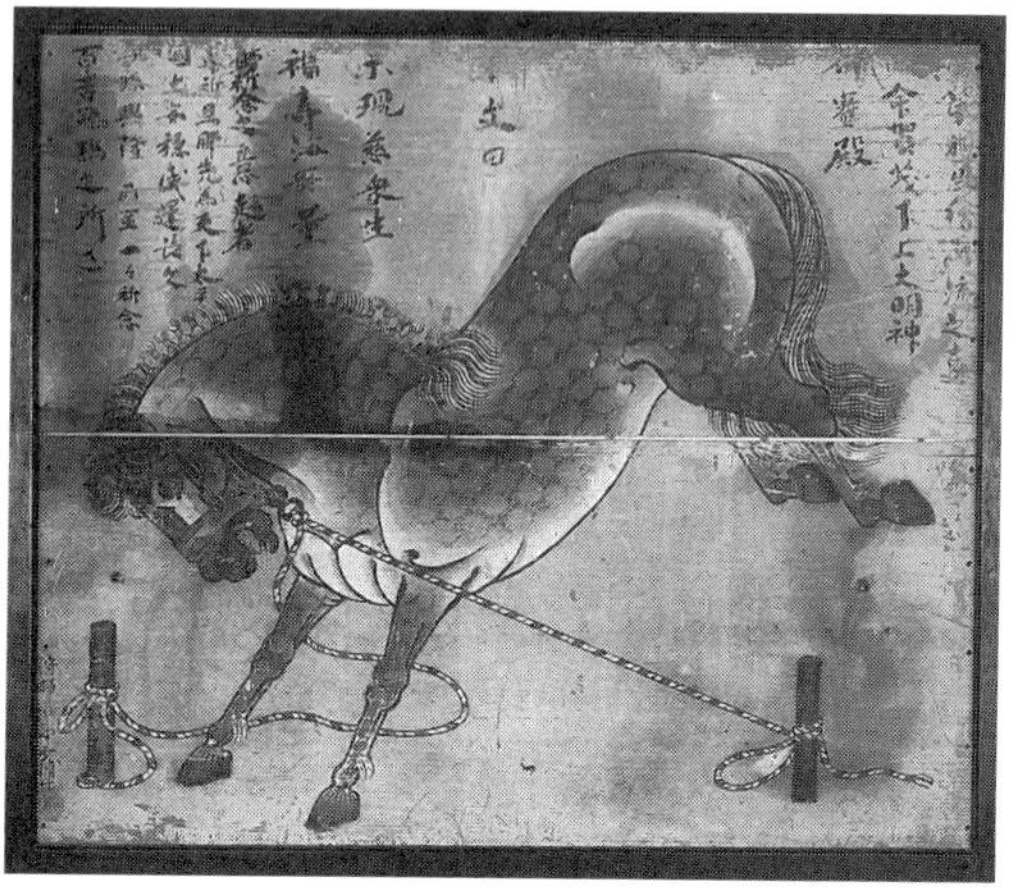

神馬図二面 狩野秀頼筆　永禄12年８月
（阿須那 賀茂神社蔵）

国衆の狭間に位置する中小の領主は、連合して力を高める方法もあったが、このように両属してその均衡のうえに家を守る方法もあった。きわめて中世的なあり方であるが、高橋氏の滅亡によって佐々部氏は毛利氏家臣として位置づけられる。

のちの永禄十二年（一五六九）八月に大宅姓の高橋就光（天文九年〈一五四〇〉生まれ）は、阿須

那の賀茂神社に狩野秀頼筆の神馬図二面（板絵著色）を奉納している。元就が、直臣として就光を取立て、高橋氏名跡を嗣がせていたことがわかる。

毛利氏家中の成立

さて、元就は高橋氏滅亡を機に毛利氏内における当主の地位の強化をはかる。

享禄五年（一五三二）七月十三日に福原広俊以下三二名の一門・家臣（志道広良・桂元澄・北就勝・佐々部式部少輔・中郡衆も署判）が連署起請文を差出している（毛利家文書三九六）。冒頭に「謹言上候」とし、三箇条のあとに、「右条々、自今已後、違犯の輩においては、堅く御下知を成さるべき事、各に対し忝かるべく候」とあり、神文がつづく。すなわち、この起請文は、福原広俊らが誓約して言上したものであること、これに違犯の輩は元就の「御下知」（処罰）を受入れることを承諾したものである。

ところで第一条は、在所の井手溝が洪水で変わる事態に対応し、井手は自領・他領によらず築くべきこと、溝は溝料を用意すること、すなわち、灌漑用水について共同で整備する内容である。

第二条は、負債を負って「傍輩」（他の毛利氏家臣）のもとに逃げた家人は返すこと、「他家他門」（他の国衆）領に逃亡した場合はやむをえないこととして放棄すること、第三条は、被官・中間・下人がその主人の誼に相違して傍輩のもとに逃げているが、そのような時には本の主人に届け、その返事によって「取捨」、すなわち本主のもとに返すか、あるいは本主が放棄するかを決める、と具体的方法を示している。

井手溝は個別の家臣領を越えて機能を果たしているために、その整備は共通の課題であった。また、負債をかかえる家人、被官・中間・下人の逃亡が、その本主である家臣と逃亡先家臣（傍輩）との間に緊張や紛争を引き起こす事態も生じていたと思われる。この時初めて毛利氏内において人返協約が結ばれた。

さきに永正九年の安芸国衆一揆契状に関係して天野興次と天野元貞の間で結ばれた悴者《かせもの》・中間の人返協約について指摘しているが、彼らの逃亡は、安芸国内において対応措置を必要とするほどの事態になっていた。ただ、この享禄五年の時点においては、毛利氏は他の国衆とはいまだ人返協約は結んでいなかったのであり、これは以後の重要な課題であった。

詳しくは第五章で述べるが、いわゆる統治権に属する百姓とは異なって、主人の所有権に属する被官・中間・下人が逃亡する現実は、彼らの緊縛をもとに在地領主制の基軸である主従関係を固め、それによって領域支配を行っていることからすれば、軍事力編成や所領支配上に大きな課題を提起するものであった。

大永三年（一五二三）に元就が家督を相続して一〇年。こうして毛利氏のなかで在地支配を共同して行う法的秩序が初めて成立した。いわゆる「家中」の成立である。限定された事項ではあるが、領主連合という性格を有する家中において、法制度上主君の立場・権限が明確化され、その出番が用意された。

この家中法の成立をどう評価するか。在地領主制の時代は、所領の支配上万事に個別の領主に主権があるわけであるが、また個別の領主では対応できない新事態も起こる。この起請文の三箇条は、人や物の動き、情報の流れが広域的になってきていることをうかがわせる。そうした場合にはどうしたか。毛利氏領内においては、こうした形式で協約が結ばれ、そこに違犯者への処罰権を有する調停者として主君である毛利元就が登場してくるのである。ここでは、主君はなぜ必要か、という問いへの一つの答えがある。

この起請文の署判者は、毛利氏領内の家臣全てには及んでいないが、有力な一門・譜代、中郡衆、また高橋氏旧領の安芸国側のものは含まれており、拡大した新しい毛利氏領において、彼らが領域支配上共通した取決めを行い、主君の命令を承るという法的秩序を成立させたことに大きな意味がある。なお、この起請文には井上氏一族九名が署判しているが、井上元兼は見られない。

このような福原氏を筆頭者とする家臣連署起請文は、これ以後天文十九年（一五五〇）の井上元兼一族の誅伐事件、弘治三年（一五五七）の軍勢狼藉、慶長十年（一六〇五）の熊谷元直誅伐事件に関係する三例がみられるが、こうした形式は毛利氏の家中法の特色である。

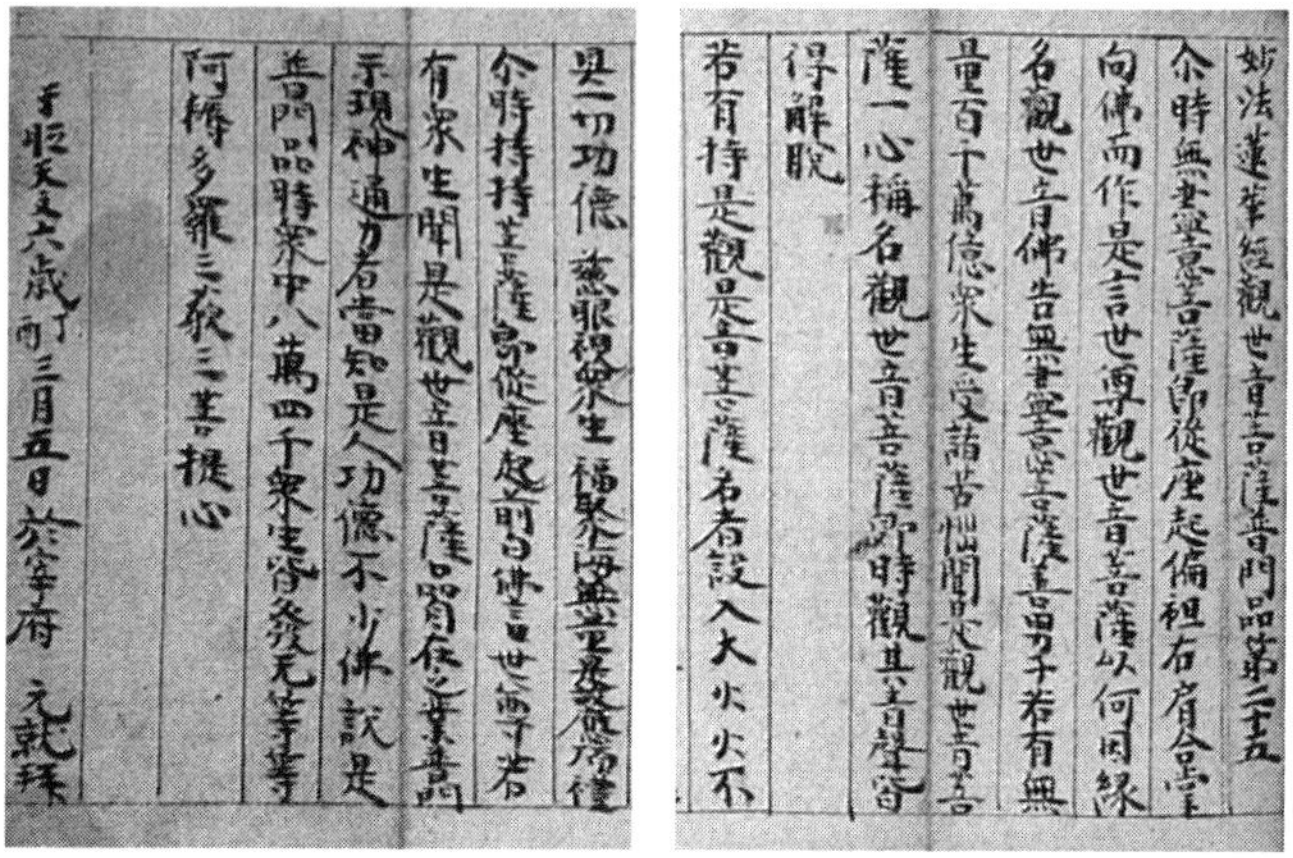
妙法蓮華経観世音菩薩普門品第二十五
爾時無盡意菩薩即従座起偏袒右肩合掌
向佛而作是言世尊観世音菩薩以何因縁
名観世音佛告無盡意菩薩善男子若有無
量百千萬億衆生受諸苦悩聞是観世音菩
薩一心稱名観世音菩薩即時観其音聲皆
得解脱
若有持是観世音菩薩名者設入大火火不

是一切功徳　慈眼視衆生　福聚海無量　是故応頂禮
爾時持地菩薩即従座起前白佛言世尊若
有衆生聞是観世音菩薩品自在之業普門
示現神通力者当知是人功徳不少佛説是
普門品時衆中八萬四千衆生皆発無等等
阿耨多羅三藐三菩提心
于時天文六歳丁酉三月五日於宰府　元就拝

法華経普門品 巻首と巻末　天文６年３月５日（毛利博物館蔵）

元就の大宰府下向

毛利博物館に毛利元就書写の法華経普門品がある。紙本墨書の縦一三・七、横六・五センチメートルの折本装の小型のものであり、元就の観音信仰からして常時携行したものかと思われる。その巻首と巻末部分をあげる。

(巻首)妙法蓮華経観世音菩薩普門品第二十五
(巻末)于時天文六歳丁酉三月五日於宰府　元就拝

これによると、天文六年（一五三七）三月五日に元就は大宰府において法華経普門品を書写している。この年の十二月には嫡子隆元を大内氏の人質として山口へ出頭させているので、父子の西下は入れ替りに行われている。

他にこの時に元就が大宰府へ下向したことを示す関係史料はない。ただ、政治・軍事情勢からすると、この時期は大内氏領国にとって束の間の安定期であったことがわかる。

領国の東部方面は、高橋氏討滅後の享禄四年（一五三一）七月十日に毛利元就と尼子晴久の間で兄弟契約が結ばれ、両者の関係は「不即不離」（『毛利元就卿伝』七九頁）であった。これによって大内氏としては北部九州の計略に全力をあげる。

天文二年には四月に陶興房が筑前国立花城を攻略し、七月に大宰府へ陣替し、十二月には肥前国の筑紫惟門を服属させている。こうした結果、同四年七月に大内義隆は博多公役を免除し、大宰府をおさえ、同五年五月十六日には大宰大弐に任じられた。その後は、同年九月四日に興房が小弐資元を肥前国多久城に討滅し、十月六日に大内義隆は大府宣を発給して筥崎宮を守護使不入とし、また翌六年三月十五日には「大宰大弐」を肩書に加えて筥崎宮と周防国氷上山興隆寺にそれぞれ太刀・神馬を寄進している（大宰府・太宰府天満宮史料巻十四）。北部九州平定の戦勝礼であろう。

それでは毛利氏と安芸国内の動きをみてみる。元就は天文二年九月に大内義隆の推挙によって従五位下、右馬頭に叙任される（毛利家文書二六三・二六五）。翌三年正月には、次女を宍戸元源の孫隆家へ嫁がせた。隆家の父元家の室は備後国北部の国衆山内直通の娘であり、祖父元源の室も直通の妹という重縁にあった。隆家は幼少時に母の実家である山内直通のもとで生活したこともあり（山内家文書二八四）、この濃い姻戚関係によって毛利氏の尼子氏に対する備北方面の備えは強化された。そうしたなかで同年七月には備後国衆宮氏の亀寿山城を攻略している。

ただ、天文五年の三月に安芸国北部の高橋氏旧領の生田辺で合戦があったり（閥閲録八〇）、山内氏が尼子氏の干渉によって家督を直通から多賀山通続に嫁がせていた娘の子聟法師（隆通）に交替させられたり（山内家文書二〇六～二〇八）、芸備両国の山間部地域は軍事的に緊張してきていた。

また、安芸国衆平賀氏では、尼子氏に属する興貞と大内氏が支援する父弘保に分裂し、同五年八月から再び合戦を続けていたが、同六年の二月初めにはとりあえず和睦が成立した（平賀家文書五四・七二・六〇。閥閲録四〇）。

こうした情勢に関係するものとして、正月二十七日に毛利元就に宛てた大内義隆書状がある（滋賀県長浜市・下郷共済会蔵文書。山口県史 史料編中世4。なお『山口県史 通史編中世』〈二〇一二年〉五〇五頁に写真図版が掲載されている）。

家中事、もし錯乱に及ぶにおいては、国面々各合力あるべきの由、申遣し候、定て別儀あるべからず候、諸勢また遅々すべからず候、猶委細隆兼（弘中）申すべく候、

毛利氏家中が錯乱に及ぶ事態になったら元就に合力するよう、国衆らに命じたと伝えている。この書状は、義隆の花押の形状から、天文五年のものと考えられる（その形状の特徴は、中央部に単独で引かれている横線が、それまでの曲線（◠）から、以後に見られる直角（⌒）の形へと、変化しているところにある）。

そしてのちのものであるが、井上元兼一族の誅伐に関わる天文十九年八月四日の毛利元就井上衆罪状書（毛利家文書三九八）の末尾に「御屋形（大内義隆）様御扶助をもって申付くべきの由、先年弘中隆兼をもって

伺い奉り候の処、平賀父子引分け、頭崎御弓矢出来候条、打過ぎ候」とあることから、平賀氏父子の合戦をおさめるため、元就は井上元兼一族の誅伐を延期したことが知られる。「錯乱」とは、そうした緊迫した状況をあらわしている。

ところで、陶興房が北部九州で進撃中の天文三年閏正月九日に東西条代官弘中隆兼は元就に宛て、「仍て九州の儀、（中略）時儀仰せを蒙りたく候、当春出張催し候哉、委細示し預りたく候」と述べている（同二八〇）。元就にも出陣うかがいがあったことが知られ、毛利氏が北部九州の動向と全く無関係ではなかったことがわかる。

元就が法華経普門品を大宰府で書写した天文六年三月は、領国東部も北部九州もほぼ安定しており、大内義隆が大宰大弐に任じられ、その権勢が高まった時期と一致する。しかも、このあとには、大内義隆の上洛が決っている。結果的には上洛しなかったが、十二月二十一日に元就には義隆に随って上洛しなくてよい旨の幕府奉行人連署奉書が発給されている。それには「大内大宰大弐上洛事、御請到来訖」とあり（同二二二）、義隆の上洛は大宰大弐就任の礼が主であったと思われる。

こうした流れのなかで考えると、元就がわざわざ大宰府まで下向したのに大内義隆のもとに出仕しなかったとは考えにくい。九州の大内氏領国の見聞による世情視察などを目的としたとしても、大内義隆の大宰大弐就任の祝いなどは欠かせない。

史料の制約で大内義隆がこの時期にどこに居たか不明であるが、こうした流れから考えると、山口よりも大宰府か筥崎辺の可能性の方が高い。これはあまりの推量になるが、あるいは大内義隆の大宰大弐就任の儀式が、この天文六年三月初め頃に大宰府に領国内の主だった国衆たちの参会をえて行われたとすれば、辻褄は合うように思われる。大内義隆が、大府宣の発給、「大宰大弐」を名乗り、その印顆をもつなど、旧式への復帰を行っていることからみて、現地機構のうえに立つ儀式として行った可能性はあろう。その期日はあらかじめ決められていたはずであり、天文五年から六年に義隆や元就らが安芸国内の安定を優先させて行動したのも、急ぎ危機を回避し、安心して吉田を離れて下向する必要に迫られていたからかもしれない。

この往復途中のことであるが、元就は長門国一宮住吉神社に拝殿を寄進している。のちの明和九年（一七七二）の書写になる「住吉開基造営等之覚書」に「本社唐庇大床也、拝殿廻廊三方三十二間、御供所等は元就公御建立、天文八年己亥造営」とある。天文八年は寄進した拝殿の竣工式が行われた年を示しているのであろう。

元就は、この旅行によってその目的を果たし、これまでの大内氏の配慮に感謝するとともに以後も変わらぬ援助を求めたと思われる。嫡子隆元の山口出頭も決断した。隆元は、志道広良らをともない天文六年十二月一日に山口に到着し、十二月十九日には元服式が行われている（毛利家文書三九七）。

元就はこの下向によって大いに見聞を広めたと思われる。とりわけ、平素から瀬戸内海の要港として繁栄する厳島の経済力や文化性に注目していたが、赤間関から渡海して博多に入り、東アジア社会からの貿易幹線とそれに連動する海の道の重要性を再確認し、その鋭い経済感覚には一層磨きがかかったと思われる。大内氏がもつ国際認識が、毛利氏の将来にも欠かせないと考えたとしても不思議はなかろう。

こうした元就の大内氏への服属行動に加え、天文八年に尼子氏が石見国衆小笠原氏を通して勧誘してきた際にその旨を吉田の興禅寺を経て上申した結果、九月十三日に義隆は元就に宛て疑心なき旨を明記した起請文を与えた。この時に大内義隆の取次であったのが、重臣内藤興盛の嫡子隆時であった。のち隆元室となる尾崎局の兄にあたる（毛利家文書二一三・二一四）。

第二章　郡山合戦と隆元への家督譲与

毛利氏弓箭方の再興と隆元への家督譲与

高橋氏滅亡後もその旧領はなお不安定な情勢にあった。備後国と安芸国の山間部地域は尼子氏と大内氏の抗争のなかで連動して動いた。たとえば、元就は、尼子氏が備後国北部の多賀山氏や山内氏に攻勢をかけた同じ天文五年（一五三六）の三月十七日の生田城攻略について、児玉就方に「頸一新見彦四郎虜一人」の感状を与えている（閥閲録一〇〇）。生田城は既述した文明八年（一四七六）の高橋氏一族が署判した傘連判状にみえる生田秀光の系譜に関わる者の拠城と考えられる。

隆元が山口へ出頭したことを踏まえ、尼子氏は大内氏方の安芸国衆連合の盟主の地位にあった毛利元就をねらって南下し、天文九年（一五四〇）九月に郡山城（通称本城の要害）攻めに取りかかった。一方大内義隆は、既に正月に防府、九月には岩国まで出陣しており、安芸国東西条から杉隆宣、つづいて陶隆房を岩国・厳島・海田・中郡経由で派遣した。また、宍戸隆家・天野興定・竹原小早川興景ら安芸国衆も毛利氏支援のため参陣した。双方とも準備は調えて臨んだ戦いであった。

翌十年正月になって大内氏方は攻勢に転じ、同月十三日に毛利氏軍が宮崎長尾、陶氏軍が三塚山で正面から尼子氏軍と衝突した。この合戦で陶隆房の重臣深野平左衛門、尼子氏一門の尼子久幸が討死しているので、激戦であったと思われる。この結果、尼子氏軍はその夜のうちに陣を払って敗走した。大内氏軍はその勢いで尼子氏に与した厳島社領の領主であった藤原姓神主家を四月、金山城の武田氏を五月に討滅した。

この年の十一月に尼子経久が死没したこともあり、大内義隆は、翌十一年初めに毛利元就ら安芸国衆らを随えて出雲国に侵攻した。しかし、富田城を攻略することはできず、十二年五月には敗走する。こうした経験によって、尼子氏方も大内氏方も敵国へ侵攻して勝利することのむずかしさを認識したと思われる。

この尼子氏と大内氏の覇権争いは、毛利氏にどのような影響を及ぼしたのであろうか。天文十四年に元就の妻妙玖が死没し、翌十五年頃には五〇歳になった元就は隆元に家督を譲与している。このことにはどのような理由があったのか、考えてみたい。

郡山合戦は防衛戦であり、つづく富田城攻めも敗退し、全く占領地がなかったため、戦死したり戦功をあげた家臣らに褒賞を給与することができなかった。そのために元就は、家中において評判が悪く、家臣らの信頼を失っていた。いわば主従関係における主君としての責任を果たせていなかった。

こうした状況を直視した元就は、もはや自らの手による毛利氏弓箭方の再興は無理と判断し、人心一新をはかるため隆元へ家督を譲与したのである。

前々もいかバかりの用ニ立候へ共、かひ〳〵敷扶持をも加え候ハぬまゝ、又虚言たるべしとバかり、諸人申すべく候間、了簡に及ばず候、

これは、詳しくは後述するが、元就が志道広良に宛てた自筆書状（毛利家文書五八七）の一節である。このような家中の悪評の責任を曖昧にせず、家督を退いた元就であったが、政務を放棄する考えはなかったようであり、またその眼は隆元の人躰教育に定められていた。

元就や広良は、隆元の日常生活あるいは心持を直視しながら、当面する家中の課題を見定め、それをどう解決していくか、家督隆元はどうあるべきか、どう行動すべきか等々について思案し、あるべき家中像、いわば将来構想を描いていた。

四月六日に志道広良は隆元に書状を宛てる（同五九二）。八〇歳になったと記しているので、天文十五年（一五四六）のものと思われる。

人数等の事あそハし立候て、福原、桂、井新（井上新左衛門尉元吉カ）江御賦あるべく候、自然ハこのミ〳〵のそミ〳〵ニ、あれハいや、是ハいやなとのかゝりニてハ、御造作たるべく候条、御書立をもって、めい〳〵くバりあわせられ候て、造作なしニ仰せ付けらるべく候事、専一候、させる御事ならず候を、とやかく

やと御延引候事ハ然るべからず候、此一際調え申し候て、御いとま下さるべく候、

注目すべきは、軍勢催促に不平不満を言って従わない家臣への対策として「御書立」を作成し、それに基づいて軍役を賦るべきであるとしていることである。つづけて広良は、このことはいろいろ理由をつけて先送りしてはならないことであるとし、不退転の決意で取り組むよう迫っている。この実施を広良は志道村への隠居の花道とする心算であった。八〇歳の広良が最重要課題としてあげた施策は、軍事編成上の法的整備による家中統制の強化であった。在地領主制のもとで福原氏や桂氏のように強力な基盤を有し、何かと抵抗する一門や有力家臣たちこそが、その重要な対象であった。

元就は広良に宛て、五月二十七日と翌二十八日に二通の自筆書状を認めている（毛利家文書五八七・五八八）。後文書は、前文書を受取った広良の返事に対する元就の返書にあたる。

この二通はほぼ同趣旨である。元就は、自分と隆元を比べながら、家中における自分の評判や反省を踏まえ、いま主君とはどうあるべきかと主従関係の基本を説き、現状分析のうえに将来に向けて新しい主君である隆元が行うべきことどもについて述べている。家督譲与頃の元就の胸中が具体的に読みとれる。

前文書は、既にその一節を紹介したが、元就は諸人に飽きられており、隆元はいまは珍しさからまだ諸人に飽きられていないと対比してとらえ、元就代には戦死した家臣に扶持を給与できずに怨みをかっており、毛利家の弓矢方はすたれたこと、そのため元就ではその再興はできないとする。そのう

えで隆元としては、再び家臣が主君のために戦死しても働くよう、そうした家臣には隆元領や元就蟄居分からも扶持を与えることが重要であるとし、「当時の儀は、誠歌も連歌も何もかも入らざる世中に候、弥もって未来の儀その分たるべく候間、ただ一篇弓箭の儀の外、若党・中間・親類・被官、異なる事ハ入らざる迄に候」と述べ、隆元に脇目もふらず弓箭方の再興に尽くすことを求めている。元就は、こうした心持を広良から隆元に折にふれよくよく話してくれるよう懇に依頼している。

主従関係は奉公と扶持の双務契約であるとして責任を感じる元就、「御書立」を作成し、それに基づいて軍役を賦るべきであると、奉公の仕方について家臣の責任を求める広良、両者の思いは緊密に関係し合っている。

隆元の「山口かゝり」と武家故実書

しかし、隆元の現状は、そうした元就や広良の期待を背負えるような状況ではなかった。元就は長文の自筆書状でなおも続ける。

> 一少太(隆元)事も、歓楽心もすきとよくなり候は、来年などよりハ、鷹など持ち候て山などへもあがり候て、分際〳〵に足もほどけ候やうにたしなミ候ハでハにて候、おさなく候時、鷹ニ一段数寄たる者にて候つる、在山口以来、さやうの事一円数寄候ハず候、当世ハかやうの事ならでハ、更に山口かゝりなどニてハ、此境などのすまいハ成らざる事候まゝ、是非とも来年ハ鷹を持ち候て山へ罷り上り候て然るべく候〳〵、是ハあらましの申事ニて候、何事も御分別のごとく御方(志道広良)さま折々御異見候ハでハ、別の儀あるまじく候〳〵、

元就の観察によれば、隆元の現状は、山口滞留中以来のことと思われるが、屋外へ出るのを好まない様子である。元就は、そうした日常を改善するため、幼少の頃には好んで嗜んでいた鷹狩を行うよう、その日常生活のあり方にまで踏み込んで異見をするよう広良に切々と輔導を懇願している。とりわけ注目されるのは、隆元のような「山口かゝり」ではこの地域で生き残れないと強調している点である。「山口かゝり」とは、山口の文化的環境にのめり込む、かぶれるなどの意味と解される。

後文書も同趣旨である。元就は、戦死や忠節の家臣への褒美などがそろわず家臣らから無曲であると悪評を蒙っていると記し、隆元に求めるものとして「別して忠ある衆ニハ扶持をも加え候て然るべく候」「幾度申候ても、異儀ははや何も入らざる世中ニ成候〳〵、弓矢がたならでハニて候、その儀少も油断候てハ、身がもたれぬ趣候」、すなわち忠節に対する扶持給与を軸とする弓矢方の強化が現在の第一の課題であると強調している。なお、ここでは隆元の嗜みとして鷹狩に加えて蹴鞠をも勧めている。

隆元の生活状況は、鷹狩や蹴鞠をすれば足がほどけると勧められるほど「山口かゝり」が目に余るほどであったのであり、それは、元就には家臣の信頼をうるためにふさわしい日常生活とは思われず、これでは毛利氏の存続は危いと感じられた。

隆元滞留中の山口には多くの公家、学者ら文化人、教養人が滞在し、書籍の書写や交流が行われていた。たとえば、既に明応八年（一四九九）刊の『論語集解』をはじめ、この時期には天文八年（一五三九）刊の『聚分韻略』などのいわゆる大内版が盛んに刊行されていた。

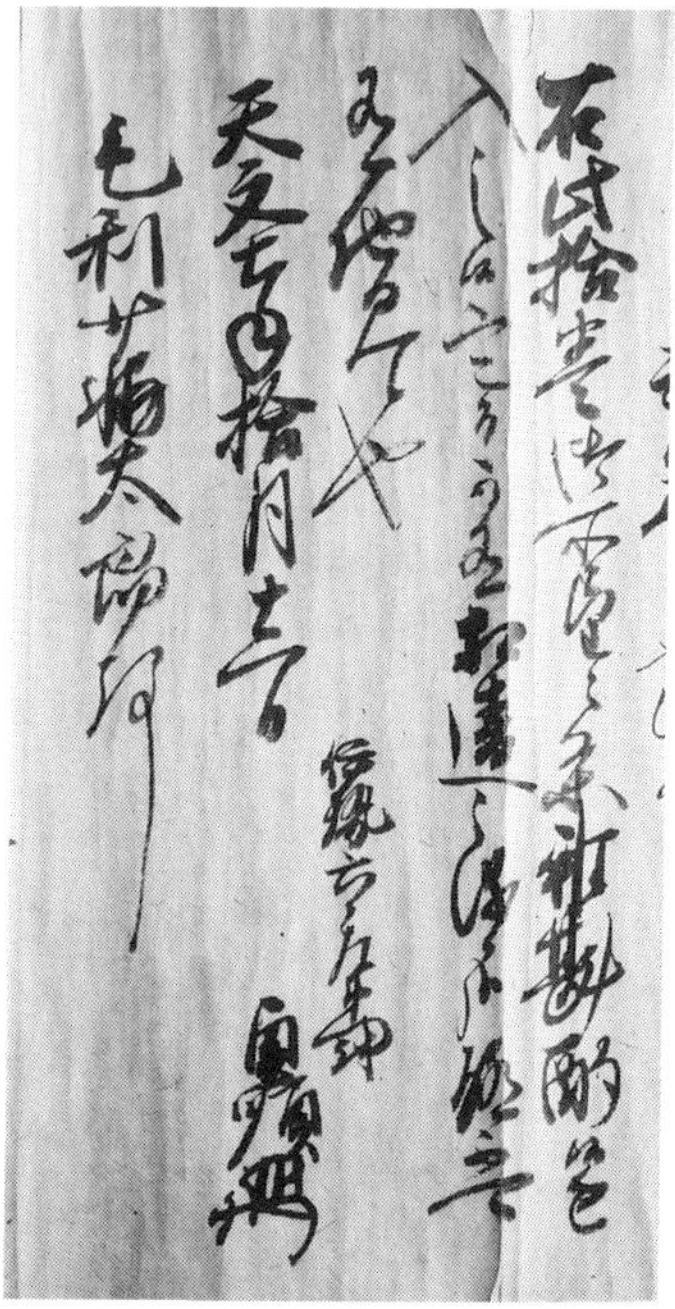

伊勢貞順奥書　天文7年10月12日
（毛利博物館蔵）

隆元は、天文七年十月十二日に伊勢六郎左衛門尉貞順から一〇巻の武家故実書を贈られている。伊勢貞順は、室町幕府政所執事伊勢氏の庶流である。これらの内容は、それぞれ武家の特定の礼儀・作法等に関するものであるが、いずれの巻にも貞順自筆の奥書があり、隆元の所望に任せて書写したと記している。

また隆元は、安芸帰国後の天文十年四月二十六日のものをはじめとし、大内氏家臣の江口与三左衛門尉（のち美作守）興郷から三〇巻をこえる武家故実書を贈られている（毛利博物館蔵）。

隆元は、天文六年十二月一日に山口へ入り、同十九日に大内義隆のもとで元服し、偏諱を与えられて隆元と名乗る。この元服式の前夜には江口興郷の屋敷で殿中の座次等について教授を受け、またその後には大内義隆の使者として招き入れたり、江口屋敷へ出向いて馬術の稽古を行ったりしている。江口興郷書写の武家故実書には流鏑馬・笠懸・犬追物関係のものが多いが、その底本とされたのは室町幕府においてその故実に通じていた小笠原持長・同政清らが作成したものであったので、それは小笠原氏流の故実であった。

天文十四年（一五四五）一月下旬に隆元は馬書「庭乗事」を書写している。これは、春夏秋冬において桜柳松楓の間をぬって乗り回す多様な型が図解してあり、若干の注釈が加えられている。これには、隆元自筆書状が付けられている。同様の巻物装で合せて箱に収められ、紐で結ばれている。上箱には「御馬書　二軸」と墨書がある（毛利博物館蔵）。

この隆元自筆書状は八箇条からなるが、その内容は、馬乗の時の袴と沓の関係、日笠をさす時期、髪の長さ、屋形出頭の時の乗替馬や走衆の行動、外出時の小者の人数、礼の場所・装束・嗜等々、山口における風習や作法について記したものであり、きわめて細やかで配慮が行き届いている。そして江美奥書には「右の分、我々防州在国の時の趣に候、只今ハ又物ごと相替る由申候間、内刑をもって江口に御たづね肝要候〳〵」とある。これらの諸事は隆元が山口滞留中に心得たことであるが、現在は変化しているようなので、内海刑部丞をもって江口美作守興郷に尋ねることが肝要であるとする。なお、内海刑部丞とは小早川隆景の家臣である。

天文十八年の二月から五月にかけて、元就は元春・隆景をともない山口の大内義隆のもとへ出頭する。隆景の竹原小早川家（同十二年）、元春の吉川家（同十六年に約諾）相続や、隆元への家督譲与にあたって多くの援助を与えられたことへの挨拶のためであった。隆元は郡山城に残ったが、この時に隆元と内藤興盛の娘（大内義隆の養女）の婚約も成立した。

この下向にあたって隆景は兄隆元にいくつかの点を尋ねている。これに対し、二月九日に隆元は隆景に六箇条からなる自筆書状を認め（毛利家文書五八五）、その第三条で次のように述べている。

一此巻物二つ進入候、此等の儀は、内刑御内談あるべく候へ共、とかく申候へばいかゝニ候間、此分に候、是ハ内刑と具に御披見候て、御納得候て、仕付をこと〳〵くめされ候て御らんじ候て、其上にて、又山口にて江美へつぶ〳〵と御尋ね候べく候、

隆元は巻物二巻を進め、これらの儀の仕付については内海刑部丞と読んで納得すること、そのうえで山口においては江口興郷から教授を受けるよう助言している。このあとに江口興郷には側近の兼重元宣を派遣すると記しており、隆元としての手配りがうかがわれる。

第四条は何事も元就・元春・隆景の三人が日夜寄合をして談合すること、第五条は興禅寺（竹英元龍）も山口へ下向するので内外ともに談合すること、「屋かた座中」のことについても興禅寺は役に立つのでよく相談すること、小槻伊治・持明院基規にも伝えておいたと記している。

この巻物二巻とは、「御馬書　一軸」のことである。天文十八年に隆元は隆景に対し、同十四年二月下旬に書写していた「庭乗事」を進めるにあたって、それに付随する諸事を細々と書き留めたこの

自筆書状を添えたのである。

隆景が兄隆元に助言を請うたことは、馬乗の故実とそれに関わる諸事であった。江口興郷から小笠原氏流故実を伝授され、また実際に山口で生活した経験をもつ隆元は、隆景に的確な助言を行い、その不安をやわらげ、山口下向を支援した。

江口興郷が大内氏家中において故実家、故実方としての立場を広く認められて活動していたことは注目される。隆元は、江口興郷のそうした立場、その豊かな学識・教養に基づく文化性、そして大内氏の築山館の殿中における礼儀作法、また町中における行動について示す的確な助言などに魅かれ、山口入りの当初から、そして帰国後も積極的に交流を続けていたのである。

このように隆元は伝統的な武家故実に通じることに並々ならぬ意欲と行動を示していた。時代は、座次にみられるように、栄誉の序列や礼儀・作法に厳しかったから、このことは毛利氏にとって役立つ面を十分にもつものであったが、地域社会における政治的・軍事的に緊迫した情勢に視座をすえれば、隆元の有様はまさに「山口かゝり」であり、主君としての器量が危ぶまれ、それゆえに元就としては放置できない緊急事態であったのではないかと思われる。

元就と志道広良による隆元教育

元就は現状を直視し、信頼する志道広良に隆元の輔導を依頼した。元就から二通目の自筆書状を受取った広良は、五月二十八日に直ちに二通の元就自筆書状を隆元のもとへ送る。元就の思いはこの二通に語ってもらうのが最善と判断してのことであるが、あわせて自らの書状も添えている（毛利家文書五九三）。

この御書御両通、昨日今朝下され候、御拝見ニ入れ申し候へとハ御意候ハねども、某が拝見申したるばかりハ無曲候条、進上候、此のごときの御庭訓ハ誠の金言ニて御座候歟、御家来の事、武具衣装ハ結構ニ見え申し候、人々の嗜うすく候歟、大将を御立て候方々さまハ、忠否をわけられ、賞伐の二つを御行候ハでハと存じ候、さりながら賞のかたをバ厚く、伐のかたをバうすく仰せ付けらるべく候か、君ハ船、臣ハ水ニて候、水よく船をうかべ候事ニて候、船候も水なく候へバ相叶わず候歟、

広良は一存で元就自筆書状二通を隆元へ進上し、それを「誠の金言」と評している。広良は高齢で長らく毛利氏枢要にあったため歴代の主従関係について精通していたが、ここでは古典にならってそれを船と水にたとえている。ねらいとするところは、主君は家臣の忠否を見究め、賞罰を明確に行うことにあるが、これは大内氏討滅後の弘治四年（一五五八）八月に元就が隆元に宛てた長文の書状（隆元が書写したものが遺存。同四二〇）の第九条に「惣別国を治ハ、御存知のごとく、賞罰の二ならでハにて候」と述べていることと同じである。領主制にとっての基本が主従間の利益の交換という双務的性格にあることを明確に語っている。

これらの事実から、隆元が家督を相続した天文十五年頃の元就・隆元父子の関係がどのようなものであったか、おおよその様相が知られる。

元就は地域社会の緊迫した政治的・軍事的情勢、家中の緩みという内外に課題をかかえたなかで、志道広良と緊密に連携を保ちつつ、隆元に自己変革を促したのである。

天文十七年から尼子氏方の備後国神辺城の山名理興を本格的に攻撃し、十九年八月には陶隆房らによる大内氏家督の交代という企てなどで大内氏領国は動揺する。また毛利氏家中においては、十九年には既に竹原小早川家を相続していた隆景の沼田小早川家、元春の吉川家相続、それにともなって両家中の反対派の粛清、そして井上元兼一族の誅伐事件などの重大事件が続いた。こうした内外の緊迫した動きは、隆元の意識を否応なく現実の厳しさに向き合せることになったと思われる。

策雲玄龍の元就評

二月三日の策雲玄龍書状（長府毛利家文書。山口県史 史料編中世4）によれば、この頃の元就・隆元父子の関係についての世評が知られる。これは、三箇条からなるが、考察するに天文十六～十九年の四箇年のいずれかの二月に元就の側近に宛てられたものである。第三条に次のように記されている。

一この間申し候ごとく、大殿あまり何事をもめされ過ぎ候て、若殿御事、弓矢も公事も御心を付けられず候様ニ人の存たるげニ候、さ候間、大殿五百八十年の御後ハ、御家大事にて候と、自国他国幷御家中ニもさゝやき申すと存候、御畢息候て御慎を成さるべく候、必ず防より罷上り候は、一夕思召立て御閑談あるべく候、御意を得べく候、

内容は、大殿元就が何事をも行い過ぎるので、若殿隆元は軍事も政務も関心をもたないように諸人が思っている。これでは元就が亡くなったあとは毛利氏はたいへんなことになると安芸国や他国、毛

利氏家中の者もささやいているとし、元就のそうした口出しについて慎まれるよう進言している。そして策雲が周防国から吉田へ出かけた時に一夕お話をしたいと述べている。こうした進言はこの時に初めて行われたことではなく、策雲としては平素から多くの情報を入手して意見を具申し、隆元の人躰教育についてそれなりの助言を行っていた。

策雲玄龍は、この頃にはかつて周防国安国寺として隆盛をきわめた玖珂郡伊賀道郷の名刹高山寺の住持であった。吉田の興禅寺住持の竹英元龍が弘治三年（一五五七）四月に東福寺住持職に任じられたあとを襲った人物であるが、大内氏支配下の防長両国の内情に通じ、毛利氏とも関係が深かったことは、ほかにも毛利氏が陶氏と断交した天文二十三年（一五五四）に隆元が策雲に大内氏・陶氏らの細々とした内情を聞きたいとしたり（毛利家文書六六六）、大内義長死没直後の弘治三年五月七日に防長両国の統治について助言を求めたり（同七五五）していることから明らかである。

元就としては、世評がどうあろうと、当面する内外の緊迫した事態に対応するためには、策雲の進言に沿うような人躰教育を行う時間的余裕を見出せなかったのであろう。

このように元就は、隆元に家督を譲与したからといって政務から引退したわけではない。詳しくは第Ⅲ部四章に述べるが、元就は以後も実権を掌握したのであり、いま家中の統制強化、領国の拡大・統治を目安とすれば、むしろここからが元就の戦国時代史ともいえる。

この時期から元就にはもう一つ重要な役割が加わった。妻妙玖が天文十四年（一五四五）に死没し、元就は「妙玖庵朝夕の念仏申させ候て」（同四二二）弔うが、そのため隆元・元春・隆景、そして宍戸隆家に嫁した五竜局の四人の子女の間柄を良好にとりもつことをも担うことになった。子女の仲が、時に個別、あるいは時に隆元と他家の間で険悪になったり疎遠になったりすると、子女たちから元就のもとに書状や直接に子細を述べた歎願がなされる。その都度元就は、配慮の行き届いた長文の自筆書状を認め、その思いに共感を寄せつつも互いの分別を求め、隔心なく懇に相談することが何よりも大切であることを諭している（たとえば同五三八〜五四一）。

元就自筆書状のなかに隆元宛の次のような内容のものがみられる（同五四三）。

この状ニ申し候ごとく、事により候て、毎々妙玖の儀存ずばかりに候、元就にも妙玖にも我等一人に罷り成り、内外の儀ヲ、三人への事は申すあたわず、五龍の五もしなどが上までも諫をなしたき事のミ候へども、我等事、内儀はたとくたびれ候て、きこん《（気魂）》候ハぬまゝ、さ様の儀、妙玖事のミ忍び候までにて候、誠かたるべき者も候ハや、胸中ばかりにくだし候〳〵、内をば母親をもっておさめ、外をば父親をもって治め候と申す金言、すこしもたがハず候までにて候〳〵、

元就は、妙玖がいないから子女の世話までしなければならない、草臥れた、相談相手もいないから自分の胸中で考えるだけだと、身を磨り減らすような苦渋をさらけだしている。

こうして子女たちの心のすき間や溝をたえず細心の注意をはらって埋め、権力中枢の結束をはかりながら、戦国争乱期を内憂なく生き抜くため実権を振ったのである。

第三章　井上元兼の誅伐と領国「国家」の成立

井上元兼の誅伐と上意成敗権の成立

元就は、天文十九年（一五五〇）七月に家中の大勢力であった井上元兼とその一族を誅伐し、その家督を元兼の弟元光（元就の妹婿）に相続させた。

井上氏は、明徳三年（一三九二）に光純が安芸国山県荘に入ったとされ、その系譜書には克光―光純―光教―勝光―光兼―元兼とある。「光」の字から推察して高橋氏と縁のあった家であると思われるが、毛利煕元の娘は光教に嫁し、弘元は光兼に毛利氏の家紋の使用を許すなど、毛利氏とも深い関係にあった。元兼誅伐後に本家を相続した元光は、天文二十年十二月二十一日に元就から先給新給合せて四〇五貫文の地を給与され、高之峯城に在城している（閥閲録九三）。

この事件に関しては、七月二十日の福原貞俊以下二三八名の家臣連署起請文（毛利家文書四〇一）、七月二十五日の大内義隆に披露したところ承認された旨を述べた隆元宛大内氏奉行人小原隆言書状（同四〇〇）、八月四日の毛利元就の井上衆「罪状書」などがある（同三九八）。

「罪状書」（「井上河内守悴家中ニ仕付候習の条々」）は、尾崎局（隆元室）に宛て、この誅伐は既に弘中隆兼を通して大内義隆にうかがいながら平賀氏父子の頭崎合戦、その後の尼子氏との攻防のために延引していたものであるとし、実父内藤興盛に伝えてくれるよう述べている。

その内容は三点に分けられる。一つは兄興元死去以来三〇余年の間に井上元兼が行った習の条々として一〇箇条を挙げていることである。第一条は評定等への不出仕、第二条は正月等の不出仕、第三条は隠居と号して陣立供使等を奉公しない、第四条は段銭等を調えない、第五条は城普請を勤めない、第六条は元就直轄領の代官でありながら押妨した、第七条は傍輩所領の押領、第八条は仏神田畠の押領、第九条は着座で上の渡辺氏よりも上座をしめた、第一〇条は内の者に非道の喧嘩をさせて肩入れした、である。

つづいて「又近年の条々」として、光永氏との争い、柏村氏との争い、元兼嫡子の就兼配下の商人が市において他所の河原者や隆元直轄領の河原者と喧嘩をし、殺害しながら隆元にも届けなかった狼藉の三箇条をあげる。

そして三点目は「惣別の趣の条々」である。まず井上衆の心持の傲慢さを山名氏内の垣屋氏、赤松氏内の浦上氏にたとえている。次に民百姓や市町の商売人までも井上氏になびくさま、また家中の者が井上氏と縁辺を結ぶと彼らを取立て、そうでない者は迫り詰めるという状況をあげ、このまま井上氏に迎合する者が増すと「未来一大事」と不安視している。

この罪状書からは、元就が、井上元兼とその一族が過去三〇余年にわたって行った習いの悪さ、近年の所業、それらを生み出す心持が家中全体に及ぼしている影響を十分に考慮して決断したことが知られる。のちの弘治四年（一五五八）に元就は隆元に宛てた書状（同四二〇）で「家中ニ井上の者などのやうに、二百人三百人面付もあり、人数の五百千も持ち候者ども候」とその強勢さを指摘しているが、これ以上の堪忍よりも、主従関係の基本を崩す家臣の習いの悪さを糺す決断であったと考えられる。

ところで、この罪状書からは井上元兼の商人領主的性格もうかがわれる。このことは、のち志道広良が隆元に九〇歳の遺言として回答した返書（同五九四）のなかに銀山往来の商人は三日市で井上元兼、北で北就勝に「駒足」（通行料）を徴収されていたと述べていること、またこの誅伐事件直後の九月六日に吉田のあはいが井上就正と堺の小しろかねに宛てた書状（譜録井上孫六。広島県史 古代中世資料編Ⅴ）からも知られる。

吉田のあはいは、井上元有が七月十二日に竹原、井上与四郎、井上元重・就義父子が十三日に土居で打ち果たされ、井上元兼・就兼父子、市川父子は死を仰せ付けられたこと、そのほかの者は逃亡したこと、ただ井上刁法師、赤法師は無事であることを記し、「呉々申し候、堺より下向御くだり候ずる事、あるまじく候、よく〳〵爰元の事、きゝ合せ候事肝要候」と念をおしており、堺に滞留中の井上就正に宛てたものであることがわかる。この事件には、広域的に展開する流通に連動した毛利氏領内の経済的権益の争奪も関わっていたように考えられる。

家臣連署起請文は、生田周防守・生田新五左衛門尉ら高橋氏旧領内の者も署判し、山本小三郎のように略押をすえた者もあるので、二三八名は当時の毛利氏家臣のほぼ総数であると考えられる。井上姓の者は、井上元在（元光）ら一〇名がみられる。日下の福原貞俊、志道元保・坂広昌・桂元忠・兼重元宣・渡辺長・赤川就秀・国司元相・粟屋元親・井上元在（元光）・赤川元保・志道《（口羽）》通良・桂元澄・内藤元種・井原元造ら三六名（一門・譜代・中郡衆）は、それにつづいて署判した者たちと比べて字体が大きいので、責任ある重臣の立場を示すものかと思われる。

この起請文は、「言上条々」（一三箇条）、「上様より弓矢ニ付て条々」（五箇条）の二つに分けられ、そのあとに享禄五年（一五三二）の起請文の場合と同じく「右条々、自今以後、違犯の輩においては、堅く御下知を成さるべき事、各に対し忝かるべく候」とある。

この「言上条々」の第一条・第二条をあげる。

一井上者ども、連々　上意を軽んじ、大小事恣ニ振舞候ニ付、誅伐を遂げられ候、尤ニ存じ奉り候、これにより、各において聊か表裏別心を存ずべからざるの事、

一自今以後は、御家中の儀、有様の御成敗たるべきの由、各に至りても本望ニ存じ候、然るうえは、諸事仰せ付けらるべき趣、一切無沙汰に存ずべからざるの事、

第一条は「上意」を軽んじるならば「誅伐」されても尤であること、第二条は毛利氏家中の儀はあるがままの「成敗」は本望であることを家臣一同として誓約したのである。元就は、井上元兼一族を誅伐したことによって、毛利氏家中における上意成敗権を制度上確立させた。

第三条は、家臣間の喧嘩は「殿様御下知御裁判」とすること、付《つけたり》に、合力の禁止、親類・縁者・贔屓の者の介入禁止、具足をつけて走り集ることの禁止などを細かに定めている。「罪状書」の「近年の条々」に対応している。

第六条は、家臣間に子細があっても、「公儀においては、参り相い、談合等、そのほか御客来以下の時、調え申すべきの事」とある。公的な場には私情を持ち込まず参集し談合して決定するよう明記している。第八条の「人沙汰の事」は、享禄五年の起請文に記されていた人返のこと、第一三条の「井手溝道ハ上様の也」は、享禄五年の場合は「自他の分領を論ぜず」であったものが、公的なものになったということか。第九条には、牛馬が他領から自領へ越えて作物を食した場合、三度は返すこと、そのうえに越境した場合にはその牛馬を取り所有できるとその処置を定めており、家臣の日常における生活・生産の場にも視野が広がっていることが知られる。

いくつか取り上げたが、「言上条々」には、享禄五年の場合に比べて、家臣間紛争に際して違犯の輩に対して主君が「御下知」を発動する条目が増している。それらの対象はなお限定的であるが、こうして家臣たちから領主としての主権的権利を取上げ、主君のもとへの集権化の動きを進めた意義は大きい。

これに対し、「上様より弓矢ニ付て条々」は、まさに主従関係のなかにおける軍事指揮者という主君固有の性格をあらわしている。

第一条に「具足数の事、付、御動ニ具足不着もの、所領御没収の事」とある。出陣時に具足不着の家臣は所領を没収するという処罰権である。これは、第三条の「御褒美あるべき所を、上様ニ御感なきにおいては、年寄中として申上げらるべきの事」と関係する。動員されて軍役を勤仕したにもかかわらず、それ相応の褒美を主君から与えられない場合には、年寄中が言上してそれを保障するという。軍役に見合う御恩、これは主従関係の双務性の基本である。そのため時に年寄中は、主君の恣意を排除し、家中において均衡よく機能させる役割を負わされることになる。

この家臣連署起請文（神文部分は那智瀧宝印の裏を翻して書かれている）の提出によって、毛利氏家中において法治とより一層の法的整備を進める基盤は強化されたといえる。

一門・譜代重臣の怠慢と贔屓

井上元兼一族の誅伐事件にみられるように、毛利氏家中の緩みや乱れは目に余るものがあり、それについては早くから元就と隆元の間で書状が頻繁に交わされるなど、その対策が協議されている。たとえば、家臣連署起請文に褒美についての年寄中の上申権を明記したとはいっても、その運用にあたって年寄中が公平・公正な判断を行うかという課題が残る。

そのことを当事者に語らせながらみてみたい。年未詳であるが、その文言の言い回しなどから天文十九年のものに比定される七月二十日の隆元自筆書状（毛利家文書七一二）は注目される。この書状は、元就から受取った書状を熟読し、思案したうえで認めた返事にあたる。

誠昨日は福原（貞俊）罷り越し候へども、能登守（桂元澄）罷り越さず候て、談合はたと仕らず候、近比悪しき仕合ニ成候て、取延べ候て、勝事の趣に候、元すミ事まへ〳〵より心得なきとハ申しながら、今においてハ、年もより候、又弥人にもなし候へハ、御意のごとく、はたと奉公仕るべき事ニ候ニ、此のごとく候、是非に及ばず、曲事第一迄に候、それについて、又福原なども存分も尤候、されども福などもわるき心得のミ、又かと〳〵ニハ毎度ある事候、

「昨日」といえば、おそらく家臣連署起請文に関する談合であろうが、それが延期になったことについての父子の書状交換である。福原貞俊と桂元澄への酷評、とりわけ元澄は「御意のごとく」、すなわち元就がいうようにいまこそ奉公すべきなのに談合に欠席するなど「曲事第一」と断じている。

こうした権力枢要の重臣への酷評は、多くの事例を見出せる。

天文二十三年のものであるが、元就は隆元に宛てた自筆書状（同五九五）のなかで五人奉行の赤川元保の専横を批難したあと、次のように述べている。

一上野介（志道広良）などハ、操も〳〵、殊外公私へためらひのミニて、物ごと候つる、只今の衆などハ、一かう行《てだて》つめず、世上の本式を知らず候哉、おしつけ〳〵心まゝなる操《あやつり》と見え候、旁もって分別に及ばず、口惜しき姿までにて候、

この年は、後述するが、毛利氏が陶氏と断交し、「国家」宣言をする年である。元就は、執権であった志道広良の政務の進め方を「只今の衆」と比べ、「公私へためらひのミ」「世上の本式」と高く評

価し、現在の衆は浅慮のうえ押しつけるばかりであると歎き、家中の人材不足に苦悶している。

さらに下って大内氏攻めの弘治三年（一五五七）のものと思われるが、元就は隆元に自筆書状（同四二四）を認め、次のように述べている。

> 今度各らうぜきの段、是非に及ばざる儀に候〳〵、外聞実儀口惜しく、御方我等恥辱此事迄に候〳〵、然る間、大取など仕候て、上へも一円案内をも申し候ハぬ衆、又彼方此方かけ銭かけ米、そのほか別て謂れざる事ども仕り候ハん衆二人三人、又は五人六人も申付られ候ハでハ、はや忰家の事はなきまでにて候、めいかん《（明巌・幸松丸）》以来の事ハ、上野介《（志道広良）》罷り居り候て、元就代などハがいぶん志上《（志道上野介）》申付け候条、形のごとく候つる、唯今の儀、家中執権も候ハぬ故、かやうに成り行き候、是非に及ばず候〳〵、

毛利氏軍の狼藉については第五章に後述するが、元就は「御方《（隆元）》我等《（元就）》恥辱此事迄に候」と言い切り、不心得の家臣を何人か「申付」、すなわち誅伐しないと毛利家は滅亡すると危機感を前面に押し出して覚悟のほどを示し、隆元の意見を問うたものである。

元就は、幸松丸・元就代の執権志道広良（弘治三年七月一日に九一歳で死没）を高く評価しており、現在はそうした執権が居ないゆえ統制が緩みかつ乱れているとする。

こうした状態を一門・譜代重臣で埋められたなら家中運営もそれなりに機能したと思われるが、政

権枢要の緩怠は目に余るものであった。
ある時に隆元は、元就への返書（同七一一）のなかで次のように述べている。

一福・元澄・刑太《（口羽通良）》などハ、さりとてハ本の思案存分ありたき事ニ候、一分〳〵随分思案だてりこうのまんじだてハ候ずれども、偏ニ只今の趣ハ私の好み存分迄に候間、その家〳〵の老家を思い候存分にてハなき迄に候〳〵、彼衆など此のごとく候てハ、申す事なき趣迄候〳〵、赤左事《（赤川元保）》、あまり片時の思案もなき物候、ふしきの存分にて候、何事も少も思案だんごう仕候て申すべきと存じ候心中ハ、一事も見えず候、口本へ出候を、そのまゝよく候ずると相定め候て、物を申す者ニて候、あぶなき者ニて候と存ずばかりに候、

一門の福原貞俊・桂元澄・口羽通良、譜代の赤川元保への酷評には凄まじいものがある。猶書では「当家の事、弓矢方ニ付ても、内儀の事ニ付ても、とかくはや何事ぞ出来候て、家崩れ、無力仕るべき事、遠からず候と心ニ存じ候」と述べ、こうした状態は毛利家の崩壊に行きつく問題であるとの認識を示し、これを克服していく方法として元春・隆景を加えた父子四人の談合方式を提案している。
年寄衆との談合場面の事例をあげる。元就に宛てた隆元自筆書状（同七一三）に次のようにある。

一先度備後衆罷り下り候砌、動方角事、年寄衆と談合の時も、刑太事《（口羽通良）》ハ、我か手前の儀候間、せ

めて一往は申候ハんも、せめてにて候歟、福、桂能事も、一かわむよりを好み、遠国を大儀がり候ての申事に候、無曲私を存たる存分にてハ候へ共、是もうえへふか〳〵とさかい《(逆)》、しやうこわ《(性強)》の存分をたて候ての儀とハ聞えず候、只〳〵しきりニどうほね《(胴骨)》にこめ候て、わが気ニあわざる所をハ、人の申す様ニなるまじきと存知たる者ハ、赤左《(赤川元保)》にて候、この間の談合も、彼者此のごとく存じ候気色、沙汰に及ばず候、

政権枢要の重臣が談合の時にどのような態度をとっているか、備後衆下向時のことであるが、たとえば口羽通良は備後国方面の統轄を担う者であるにもかかわらず最少限の発言しかせず、福原貞俊・桂元澄は最寄りを好み、遠国を大儀がる発言を行い、赤川元保は胴骨を込めて他人が言うようには従うまいという気色であった。猶書によれば「この間の評儀、偏ニ各が申し様ニまかせられ候」という状況であった。本文末に隆元は、「この段さりとてハ曲事と存じ候迄に候、我等においては、更に存じ忘れまじく候、存じ忘れがたき迄に候〳〵」と記しており、談合の場をふりかえってなお憤りがおさまらない心中がうかがわれる。

これでは家中の緩みや乱れを克服することはむずかしい。なぜそうした状況になるのであろうか。一つには、元就が評価する志道広良と比べて個人個人の資質・態度が劣っていることがあげられる。

しかし、問題は政権枢要にある一門・譜代が、相互に贔屓し合って評定が曲げられる事態が起こっていることにある。たとえば、隆元は元就に宛て、桂元澄が一方の当事者である相論について次のよ

うに述べる（同六八一）。

一今度この操り、刑太《（口羽通良）》・赤左《（赤川元保）》ニ専ら取り操らせ候処、刑太事、偏ニ桂一篇のひいきにて候間、一向申し操りさまわるく候、あつかい候者と我々も内談とも候てこそ相調うべく候処、此のごとく候事、近比わるき心持と存じ候、

口羽通良と赤川元保に担当させたところ、桂元澄に贔屓し、隆元に内談もせず勝手に決めたと、その行動を批難している。

支配機構の上層部全体として大きな問題をかかえていたということである。こうしたことはいつの時代にも生じることであるが、とりわけ在地領主制下における血縁や盟約の幾重もの縛りのなかで生じる弊害は大きい。隆元は口羽通良について次のようにとらえている（同七〇三）。

刑太事ハ、家中において悉く親子親るいにて候、福事小舅にて候、志道事おいなりむこなり、式太《（坂広昌）》次四《（志道元信）》ニ兄弟、右衛門大夫《（井上元在）》事も申すに及ばず、（中略）刑太又気かさの仁にて候間、次第〳〵威勢を仕り候て、われをおしこむべく候、

たとえば口羽通良室は福原広俊の娘にあたるなど、志道氏出身（坂式部太輔広昌と兄弟ということであ

れば、通良は志道広良の子息ということになる）の通良の血縁は一門全体に及んでおり、またその性格も気嵩で隆元を押し込む威勢があるとする。

家臣連署起請文によって法的整備が始まったとはいえ、それまで婚姻関係に基づいて形成されていた各一門・譜代間の盟約は強いままであった。在地領主制下におけるいわゆる法治のむずかしさの課題の所在は明確である。

家中法制の整備

それでは再び天文十九年七月二十日の隆元自筆書状（同七一二）に戻ろう。

第一条は、重臣たちの緩みや乱れの要因として次のことをあげている。

一とかくかやうの儀も、我々はたと物を申さず、やわらかつくろい儀のかた計ニ申し候故ニ、弥あなづりがたニ候て、此のごとく候、左候間、此のごとく候ハん時ハ、はたとそのあたりはのほねを存分申すべき事と、御意尤も承伏致し候、

元就は隆元のはっきりしない言動、その場を取り繕うような発言が侮られる要因であること、したがって骨、すなわち議事の基本的・根本的なことを存分に発言すべきであると注意し、それをうけて隆元は御意は尤なことであると承伏している。

第二条では、次のように述べる。

一偏に我々など事、儀分なきにより、おのづから家来のならいもわるくなり、悪事出来かさなり候、左候てハ、つもり候へハ、さてこそ一途申付候安否ニ極り候事候、近比儀分才覚にて、人にもわるきくせの出来候ハぬやうに敷付候こそ、本儀にて候へ、（中略）御意のごとく、井上河内守（元兼）一類の儀、更に敵方へ申合い、むほんなどの儀ハなく候つれども、内々の右の分なる子細つもり候てこそ、此のごとく候事、御意のごとく、その時はたと約束の書違、おきて法度の儀定め候て御座候事に候、返々、自然の時申すべく候、内々弥申さまをも相定め候て、がじと申すべく候、その段ハ油断未練儀ハあるまじく候、弥御内談致すべく候間、是非とも弥仰せ下さるべく候〳〵、

この箇条の言い回しから、この七月二十日の書状が天文十九年に比定できるのであるが、井上元兼一族の誅伐直後に元就は隆元に宛て、これを機に家中統制を強めるため隆元の立居・振舞などの細かな事どもについて訓戒を行ったことがわかる。書状中の「御意のごとく」とか「御意尤も承伏致し候」とかは、隆元が元就の訓戒を了解したことを示しており、隆元としてはこれからも「内談」を通して訓戒をえたいとする。これも人躾教育の実態の一コマである。

この第二条は注目される。文脈は、家来の習いが悪くなり悪事が出来すること、人の悪き癖が出ないようにすることが本儀であること、元就が言うように、井上元兼一類は、敵方へ与同したとか謀叛とかが誅伐の理由ではなく、習いの悪いのが積ってこそ誅伐されたこと、元就が言うように、その時すぐに「約束の書違、おきて法度の儀定め候」ことが重要であること、そこで今日こそは家来たちに

言うべきことを定めて油断も未練もなくきちんと言明することにする、ということになる。

既に述べたが、昨日の談合が延期されたことをうけ、今日こそはという隆元の思いが伝わってくる。元就に後押しされ、家臣連署起請文に関する談合に臨む姿勢を明確に示し、元就に伝えたのである。

このやり取りで元就と隆元は、家中の習いの悪さを改め、井上元兼一族の誅伐事件のようなことを再び起こさないために、「約束の書違、おきて法度の儀」という家中法の制定、そしてそれに基づく家中統制の重要性について認識の共有をはかっている。したがって、これは、毛利氏家中の悪弊を糺す基準としての服務規律ということになる。

井上元兼一族の誅伐事件は毛利氏家中を震撼させたと思われるが、元就はそこに何を見出そうとしていたか。それは、福原貞俊以下家臣連署起請文にはじまる家中の新しい法制度づくり、法的機構的整備に向けた構想とその施行を抜きには語れない。

事実、この元就の構想は、翌天文二十年から近習や番衆の勤務に関するもの、軍法書などの法度として順次布令されていく。次に年月が明記されているものをいくつかあげる。

天文二十年正月一日の毛利氏番帳（同六二九）は、「一番　福原内蔵助　児王木工允　粟屋助四郎」のように、各三人で一一番に編成されている。

同二十一年十二月の五間たまり所番衆の勤番についての隆元自筆申渡書（同六七三）は、第一条に「その日〳〵の当番衆、一日一夜の儀、一時も自由なく、番所ニしかと罷り居るべき事」、第二条に「用の儀披露の時ハ、五間の番衆をもって申すべき事」などとあり、一日一夜の輪番で権力中枢における政務と緊密に関わる勤番であった。

翌年の九月二十一日には、元就・隆元連署軍法書（同六一三）が布令されている。

条々の事

一動かけ引の儀、その日〳〵の大将の下知に背き候て仕り候者ハ、不忠たるべく候、たとえ何たる高名、又討死を遂げ候とも、忠節ニ立つべからざる事、

一小敵、又ハ一向敵も見えざる時、ふかく行き候て、敵少も見え候へば、その時引き候、以ての外の曲事に候、以後において、さ様仕り候ずる者、被官を放つべき事、

一敵を追い候て出候ハん時も、分きりを過ぎ候て出候ハん者ハ、是又面目うしなハせ候ハん事、たとえ忠候とも、立つべからざる事、

一事極り候て、こらへ候ハん所を、退き候ハん者をば、一番ニ退足立て候ずる者を、被官放つべき事、

一所詮、その時の大将、次にハ時の軍奉行申す旨をそむき候ずる者ハ、何たる忠なりとも、忠節ニ立まじき事、

右五ヶ条、此度に限らず、以後において当家法度たるべく候、神も照覧候へ、此前を違うべからざる者也、

天文二十二
九月二十一日　　隆元（花押）

元就（花押）

第一条は大将の下知に背く駆引は不忠であること、第二条は敵を見て退く者は被官を放つこと、第三条は敵を追撃の際に過分の進出は忠としないこと、第四条は緊急時の支えるべき時に退く者は最初に退いた者を被官から放つこと、第五条はその時の大将、次には軍奉行の命令に背く者は忠としないことであり、これは以後も毛利氏の法度であると定めている。

次章に述べるが、天文二十年九月に大内義隆を長門国大寧寺に追い詰めて自刃させ、義長（大友宗麟の弟晴英）を擁立した陶晴賢は、翌二十一年七月に毛利氏をして備芸石三国の国衆を統率させ、備後国志川滝山城の宮氏を討滅し、また翌二十二年十月には旗返城の江田隆連を攻略した。いずれも尼子氏の進出に対抗したものであったが、これによって、同年十二月には山内隆通は宍戸隆家を通して毛利氏に服属を表明した。この軍法書はそうした時期のものであり、これまで現実の合戦の場で起こったことも考慮し、その軍の大将・軍奉行による指揮・統制という組織的な動きを重視した。

この年には、具足さらへに基づいて作成された具足注文（同六二三～六二六）がみられる。一は福原貞俊以下二三名の注文で、筆頭者の貞俊は一四〇両である。二は桂元澄以下四一名の注文で、筆頭者の元澄は六〇両である。三は近習衆四六名の注文で坂保良（六両）を筆頭者として赤川元秀の二三両が最も多く、国司元相の一七両が続き、ほとんどの者が一～三両である。四も近習衆六〇名の注文で、福原就房（六両）を筆頭者として志道元保の三五両が最も多く、粟屋元真の三二両、同

色々糸威腹巻（毛利博物館蔵）
毛利元就所用と伝えられる。

毛利氏軍幟（毛利博物館蔵）
一ニ三ツ星の家紋入り。

元秀の二一両が続き、ほとんどの者が一〜三両である。

　四通の具足注文に記載された家臣は一七〇名、具足数は一〇五八両である。天文十九年の福原貞俊以下家臣連署起請文に署判した二三八名と比べるとやや少いが、高田郡を中心とする一族・譜代の軍事力編成の規模の全体に近いと考えられる。

　具足さらへとは、毛利氏と各家臣の間において軍事動員の基準としての意味をもつ具足数を個別に確定する作業であった。それゆえに個別交渉は必ずしも順調であったわけではないし、まとまらない事態も起こる。

天文二十二年に比定される十月二日に隆元が側近の佐藤元実に宛て、具足さらへの「出入」(紛争)について元就へも同じ様に詳細に報告するように指示した書状には、具体名をあげて「志道・赤十左以下の出入」とある。具足注文と比べてみると、志道(口羽)通良、赤川十郎左衛門尉就秀らが見あたらない。これは、ともに具足さらへにあたって毛利氏と合意するにいたらなかったため、具足注文に記載されなかったと考えられる。

口羽通良が政権枢要にありながら酷評されていたこと、赤川就秀が同じく赤川元保の一族であることから察すると、両名はこの交渉をめぐって毛利氏と相当な緊張関係を生じていたことになる。

福原貞俊の場合は、その所領高が六五〇貫文とされ、それに照応するとされた具足数一四〇両で合意が成立したのであるが、それは、所領高に対応する具足数の統一比率が存在していてそれに基づいて適用された結果ではない。それゆえに個別交渉の場では紛争が生じるのである。

具足さらへは、井上元兼一族の誅伐事件を機とする元就・隆元権力の強化のなかで行われた軍役面における法的整備であったが、政権枢要にあってなおそれに応じない一門・譜代が存在し、主従間の矛盾が顕在化していたことは注目される。

集権化をめざす主君と、血縁等の紐帯を拠にそれに強く抵抗する一門・譜代の動きは、在地領主制にとっては構造的な体質ともいえる問題であった。

ところで、天文十五年に志道広良が隆元に宛て、出陣の際に「あれハいや、是ハいや」として軍役を対捍する者がいるが、軍役は「御書立」を作成し、それに基づいて家臣に賦るようにすべきであると進言したことは、さきに述べた。しかし、その作成は諸事情によって進まなかったのであるが、この具足注文こその「御書立」に相当する。志道広良の進言は、井上元兼一族の誅伐という荒療治によって大きな障害を取り除いて実現された。

この頃布令された家中の服務規律は、このほか年月が明記されていないものが多いが、多数存在し、一気に整備されている。それはおそらく毛利元就自筆覚書（同六一四）にある「当家再興候の条、自今已後家中上下の心持、その外諸法度相定むべき事」との方針に基づいたものであろう。

厳しい政治的・軍事的状況の数年の間に実現した家中掟法の制定によって、弓箭方の再興をねらった法的根拠は整えられ、福原貞俊以下二三八名が誓約した上意成敗権の行使は、その運用次第であるが、その可能性を広げたのである。

なお、「約束の書違」という文言が「おきて法度の儀」に加えてわざわざ記されている理由は、既に序章に述べているように、在地領主制下とりわけ自立意識が強い一門らを統制していくため、室町時代における毛利氏惣庶間紛争の経緯を踏まえ、当事者間で遵守すべき基本として取り決めた「書違」に倣ったものであろう。

毛利氏「国家」の成立と隆元の胸念

さて、こうした整備が行われた直後のことであるが、毛利氏の「国家」が成立する。天文二十三年（一五五四）三月十二日に隆元は竺雲恵心に一五箇条にわたって胸念を述べた自筆書状（同七六二）を認めている。

そのなかで隆元は、毛利家は元就代で家運がつきること、才覚器量は元就に及ばないし賢佐良弼もいないことなどをあげ、家督としての力不足を悔いつつ、「偏ニ灯消ントテ光マスタトヘニテ候、家運此時マテ候歟、此理ハ能クサトリ申し候」（第八条）、「菟角今生の儀ニおいては存じ切り候、偏ニ来世安楽の念願骨髄ニシミ候間、頼み奉り候」（第九条）と内心を吐露しながら、第一一条では一転して次のように述べている。

一此のごとく存じ候トテ、国家ヲ保つべき事、油断すべきトノ事ニテハ努々これなく候、涯分成らざる迄も心カケ短息致すべく候トこそ存じ置き候、その段少も疎心なく候、

恵心は山口の国清寺住持、隆元と師檀関係にあり、いわば家庭教師の役回りであった。別の恵心宛隆元自筆書状（同七六二）には「名将の子ニハ必ず不運の者が生れ候と申し候事、存知当り候」ともあり、その重荷に呻吟しつつも、それでも毛利氏「国家」を保つことに油断はしないと自覚のほどを示している。

この時期は毛利氏が陶晴賢と断交する直前にあたり、陶氏からは石見国の吉見氏攻めへの出陣催促が急であり、緊迫した事態であった。

この「国家」とは、のちの弘治三年（一五五七）に隆元が吉川元春・小早川隆景に宛て元就が政務から退くことに反対する思いを述べた自筆書状（同六五六）に「国家を保ち候て見るべく候哉」を「洞他家分国を治め保ち候て見るべく候」とか「長久ニ家を保ち、分国をおさめ候」と言い換えて表

現していることから考えて、具体的には洞（毛利氏家中）を保つこと、そして他家（他の国衆家中）を含む政治的支配領域としての分国を治めることが合体したものであることが明確に知られる。分国内には、多くの寺社・商人・職人・百姓らが生活している。彼らは、毛利氏とは主従関係はない。

戦国時代には、自分の実力で切り取った領域を自分の実力で維持するという事実があれば、その事実を象徴する言葉として「国家」と称した。独自の支配機構、独自の軍事力をもち、自分たちが制定した法に基づいて、主権が及ぶ範囲を不均質ながらも統治する現実があるから、それは、政治学的に理論的にみても、自立した「国家」といえる。

なお、京都の将軍や朝廷は、「国家」ではなく「天下」と称する。古来、「天下国家を論じる」という言葉があるが、国家と天下は別のものである。

毛利氏の国家支配においては、何よりも毛利氏家中の主従関係が統制されたものでなければ、それを支配機構とする領国統治はむずかしいものとなる。毛利氏権力は、まさに主従制的支配に律せられた家中組織をもって、領国において統治権的支配を実現するという原理的な構造にある。在地領主制下の制約はあるが、いつの時代の政治権力も、こうした原理は共通する。

このように経過をたどってみると、毛利氏家中における天文二十〜二十二年頃の服務規律等に関する掟法の制定は、領国統治のための支配機構となる毛利氏の家を保つためにぜひとも具体的に整備しなければならなかった法制度であり、同二十三年の隆元による国家宣言の前提であった。その意味では、井上元兼一族の誅伐事件から国家宣言までの五年間における動きは、領国統治者となるためには一貫した必然的なものであったといえる。元就と志道広良が現実を直視して構想し、隆元を新しい家督に立てて進めた弓箭方の再興、あるべき主従間の双務的関係の実現に向け、諸課題を果敢に実践した時期であったと評価できる。

これらの家中掟法は、以後運用されるなかで実態的に整備されていくことになる。なお、当然のことであるが、領国統治のためのいわゆる領国法の制定は、これ以後の作業となる。

赤川元保の誅伐　ここでのちのことであるが、永禄十年（一五六七）の下関における赤川元保誅伐事件について述べておきたい。

同年のものと思われる元就自筆書状（同五四八）は、側近の平佐就之にその経緯を申聞かせたものである。

彼者(赤川元保)の事、ふしぎニ近年我等ニ遺恨《いこん》をこめ候、さ候へハ、隆元にもしゆつくわい(述懐)候て、おのづからたがひにそこ意も候つる歟、さ候物ども談合仕り候ハんとてよび候へハ、みゝいたく候とて罷り越さず候、たま〳〵罷り越し候時は、尾さき(隆元)への時おれうの寺、かさ(元就)への時桂左(元忠)所まで罷り上り、ついに上へハ来ず候て、用心仕り候、それについて、此のごとくすでに彼者がたより色をたて用心仕り候うえは、是非とも申付候ハで叶わざる由、しきりに元就・隆景・元春に申す事にて候つる、然れども、三人申す事、彼者の儀は、悉皆桜尾(桂元澄)・左太(桂元忠)・口羽(通良)申談じ候てある者に候、只今申付候は、彼衆中存分もあるべく候間、今少し見つくろい候へと、元就、同隆景・元春いけん候て、相延し候、

ふせう者にハ、此趣国司うた（就信）、佐藤又右衛門尉（元実）、此すうきを存知候〳〵、是ハ此以前隆元心中の事ニ候、

赤川元保は元就に遺恨をこめ、隆元にも同様であった、談合に呼んでも来ず、たまに来ても隆元や元就の所までは来ず用心していた、そのように色を立て用心する態度をとるうえは、是非とも誅伐しないわけにはいかないと、隆元はしきりに元就・隆景・元春に申した、しかし、元就ら三人は、赤川元保は桜尾城の桂元澄、桂元忠（元澄の弟。元就側近）、口羽通良と「申談」、すなわち盟約している者であるから、いま元保を誅伐したら、桂・口羽の衆中が思うさま反抗するであろうからもう少し動きを見定めようと隆元に異見をし、誅伐を延期した。この事情は隆元の側近であった国司就信・佐藤元実がよく承知しており、これは隆元存命中の意思であったとする。

隆元が永禄六年八月に死没し、また丁度尼子氏攻撃中のため誅伐は延期されていた。この書状には、赤川元保が拗ね切って仲間から見放され孤立したこと、輝元は若年で元就は老いたこと、また鉄砲のような武器ができ不慮の事態も起こりうるかもしれず油断できないことなどもあげ、誅伐を急ぎたいとし、こうした事情について平佐就之が他によくよく物語をするように述べている。

赤川元保の誅伐が、既に隆元存命中に課題であったこと、そしてそれを延期していた理由が家中において盟約した衆中の存在や戦争であったことなどが知られる。

井上元兼や赤川元保は毛利氏の一門ではなかった。習いの悪さを酷評された福原貞俊・桂元澄・口

羽通良のなか、仮に口羽通良を誅伐すれば、その濃い血縁者・姻戚関係者から厳しい反抗を受けることは十分考えられたのであり、それは無理なことであった。それゆえに一門は避け、井上元兼・赤川元保に向いたと思われる。それでもどちらも条件が調うまで辛抱強く時期を待っている。家中に無用な不安を与えないためであろう。一門は謀叛でもない限り断罪に処することはむずかしく、家中の法的機構的整備を進めて統制を強化するなかで活用し、習いの悪さを改めさせていく方法が妥当なところであった。

元就は人の心持を重視したが、在地領主制が本質的に有する血縁・地縁の強固な縛りのもとでの意識改革のむずかしさも痛感していた。どの時代においても同様であるが、法制度が整備されたからといって、それに合せて意識が急に改まるというものでもない。それに合せる者、より望ましいあり方を考える者、逆に従来のままを引きずる者等々、それらの引き合いのなかで相当な年月を要したのであった。

詳しくは次章以下において後述するが、元就は、こうした構造的問題を克服するため、直轄領佐東で家中内外から多くの人材を集めて育成し、彼ら直臣をして支配機構に登用し、重要な役割を担わせた。そのなかには、大庭賢兼（大内氏旧臣）、小倉元悦（近江国浪人）、林就長（肥後国浪人）ら、それまで毛利氏と全く縁がなかった人物もいた。元就は、そうした新しい有能な人材を活用し、拡大した領国の統治を進めた。そこにはまた、彼ら直臣を譜代家臣と併用して職掌を遂行させることによって、譜代家臣の能力を高めていくねらいもあったのである。

第四章　陶隆房の挙兵と元就直轄領佐東

陶隆房に与同した元就

天文二十年（一五五一）八月に陶隆房は周防国富田《とんだ》に挙兵して山口へ攻め込み、大内義隆・義尊父子を長門国深川の大寧寺に追いつめ、九月一日に自刃せしめた。

この事件と毛利元就の関係については、既に早く永田瀬兵衛政純（一六七一～一七五四）が『新裁軍記』のなかで「按ズルニ隆房逆意一朝一夕ノ企ニ非ズ、元就公彼ガ隠謀ニ与リ、弑虐ノ悪ヲ醸シ成シ玉フト、世ニ疑議スルノ説コレアリ、甚ダ信ズベカラズ、相良《（武任）》ガ書ヲ観ルニ、陶二心ノ濫觴年久キ事ニシテ、始ヨリ公ノ知リ玉フトコロニ非ズ」と論断している。

永田政純は、享保十一年（一七二六）に『閥閲録』の編纂を終えたあと、元文三年（一七三八）に『新裁軍記』の編纂を命じられ、寛保元年（一七四一）に完成させている。元就の軍記として、それに関係する多くの一次史料を蒐集して厳密な考証を行い、論断した『新裁軍記』は、その基礎ともなった『閥閲録』とともに萩藩編纂事業の双璧である。そのなかで陶隆房の逆意、そして挙兵に毛利元就

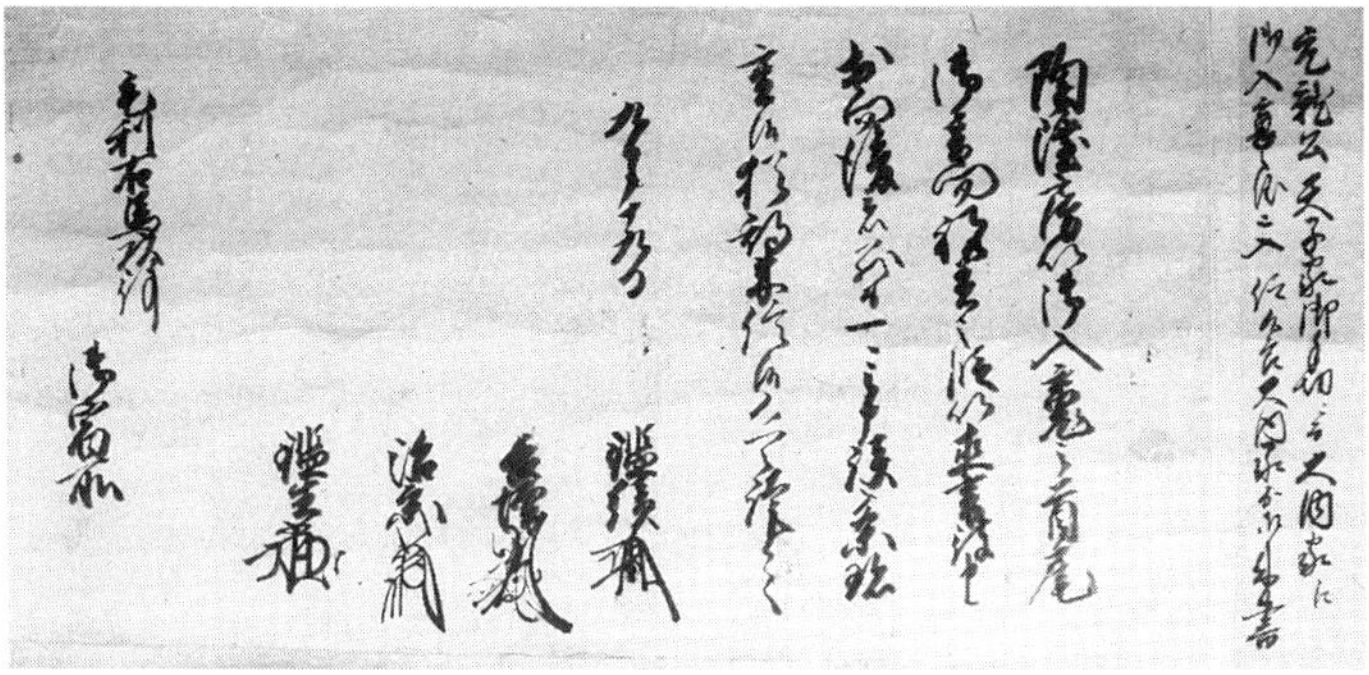

大友氏年寄連署書状　天文20年9月19日（桂家文書）

が関与したり、承知して助長したりするようなことはなかったとする永田政純の論断は、基本的には昭和十八年（一九四三）完成の三卿伝編纂所編『毛利元就卿伝』の編集にあたっても、そして以後においても広く受け継がれてきていた。

しかし、このことは、永田政純も「世ニ疑議スルノ説コレアリ」と記すように、十分検証してみなければならない。次の大友氏年寄連署書状は、その意味できわめて重要である。

陶隆房御入魂の首尾をもって、御音問祝着の段、直書をもって申され候、向後においては、別て申談じらるべきの条、珍重候、猶来信を期し候、恐々謹言、

（天文二十年）九月十九日　　（臼杵）鑑続（花押）

（吉岡）長増（花押）

（雄城）治景（花押）

（田北）鑑生（花押）

毛利右馬頭（元就）殿御宿所

大内義隆画像（龍福寺蔵）
弘治3年（1557）の異雪慶殊の賛がある。異雪は，自刃する義隆に菩薩戒を授けた大寧寺の住持。

この文書は、豊後国の大友義鎮の支配機構中枢にあった臼杵鑑続・吉岡長増・雄城治景・田北鑑生の四名の年寄が連署して元就に宛てたものである。なお、右端に貼付された別紙には「元就公天子（尼）家御手切ニ而、大内家江御入魂之儀被入仰候節、大内家より御来書」と記されている。こうした形で伝えられてきたものかと思われる。

この文書は、陶隆房が挙兵して大内義隆父子を自刃せしめたとの連絡を受取った元就が、大友義鎮のもとに「御音問《いんもん》」（書状）を送届けたのに対し、大友義鎮が元就の「御入魂《じっこん》の首尾」について祝着の意を表明した「直書《じきしょ》」に副えられたものであり、ともに大友氏側の返事にあたる。以後において大友氏と毛利氏が「申談」（盟約して一味する）ていくことも約束している。

この書状の内容は、陶隆房の挙兵が成功したとの連絡を受取った元就が、直ちに大友義鎮に書状を送届け、それが隆房との協力の成果であると表明していたことを意味する。なぜかといえば、元就は、大内義隆殺害後の大内氏名跡を大友晴英（義鎮の異母弟〈大内義隆の姉の子〉。のちの大内義長）が継ぐことについて事前に陶氏から通知を受け、それに同意の意思を伝えていたからである。「隆房御入魂の首尾」とは、元就が陶隆房の挙兵に与同したという大友氏側の認識を言い表わした文言であり、それは、この事件の背後にあって元就が果たした重要な役割を的確かつ簡潔に言いあてたものである。

それでは元就の動きを具体的にみてみたい。

一つは、九月七日に陶隆房奉行人江良房栄が安芸国衆天野隆綱に宛てたものである。本文で九月一日に大内義隆父子が大寧寺において自刃したことも報じ、尚書に「御人躰の儀、委細元就へ申し候条、御演説あるべく候」と述べている。これによれば、隆房が、既に決定していた「御人躰」（大友晴英）についてこれ以前に元就に通知していたこと、安芸国衆へは国衆連合の盟主たる元就から伝達されることが知られる。

二つは、大友氏の重臣立花道雪（戸次鑑連）の天正八年（一五八〇）二月十六日の書状に「悉く毛利元就の案に入れられ候事、眼前の儀候」とあることである。この評価は、諸方面にわたった元就の積極的外交とその成果を直視した大友氏中枢の認識を示している。戸次鑑連が田北鑑生や臼杵鑑続と同様に大友義鑑の偏諱を与えられていること、天文二十年の陶隆房の挙兵当時は四〇歳間近であったこと（天正十三年に七三歳で死没）、また吉岡長増と同時期に年寄として政務を行っていること（たとえば永禄五年〈一五六二〉の正月二十八日の大友氏年寄連署書状）等々から考えるならば、やや後年の証言であるが、事件の実態を言い表わしたものであろう。

こうしてみると、九月十九日の大友氏年寄連署書状は、陶隆房の挙兵への元就の関与を証明するうえに直接的かつ決定的な内容をもっている。『新裁軍記』の論断は、事件の実態から大きく乖離しており、苦しい言い分である。

それでは事件への過程をたどって、安芸国衆連合の盟主として元就がどのような役割を果たしていたかみてみたい。

事件の前年にあたる天文十九年のものであるが、右田毛利家文書中の三通の文書を取上げる。一通は、①八月二十二日に毛利元就・隆元が天野隆綱に宛てたもの。二通は八月二十四日の陶隆房書状であり、その内訳は②毛利元就・隆元宛と、③天野隆綱宛である。

時間軸に沿って述べると、八月二十二日以前に安芸国衆天野隆綱は、毛利元就・隆元を介して陶隆房への与同を求められた。隆綱は毛利氏と一味することを約束したが、その条件として褒賞を所望した。①は、元就・隆元が隆綱の「在所等御望の儀」について心得るとともに、その旨を陶氏方へも必ず申達すと述べたもの。これをうけて陶隆房は八月二十四日に②③を認め、大内義隆から赦免されないので杉重矩・内藤興盛との間で大内義尊を継嗣として擁立することについて議定したことを双方宛に伝え、とくに③で一味の褒賞として「御望の儀」は聊も疎略にしないと了承し、また②では「内々申談ず筋目をもって、各に仰せ談じらるべく候、天野六郎《隆綱》方に対する書状、御伝達に預るべく候、急度仰せ催さるべき事、専一候」と、③を天野隆綱へ伝達するよう要請している。
①②③は、陶隆房と天野隆綱の間に位置する毛利元就の役割を端的に表わしている。元就は、陶隆房と内々に盟約した筋目をもって、隆房書状を「各」（安芸国衆）に伝達して一味約束を固め、またそれに対応して国衆を「仰催」、すなわち軍勢催促することになる。当事者間の交渉の経過や一味の条件がよくわかる。
②③と同年月日、全く同文のものが吉川元春にも宛てられている（吉川家文書一二五三・六〇九）。事情は天野隆綱の場合と全く同様である。ただこの場合は、さらに九月六日に陶隆房書状（同四四九）、九月七日に毛利元就・隆元連署書状がいずれも吉川元春に宛てられており（同四五〇）、一味の条件が具体的に知られる。隆房書状は、八月二十五日付の吉川元春書状（笠間修理亮跡の山県郡吉木・都志見・戸谷を所望）を受け、そのことについて元就と仰せ談じるよう述べており、また毛利氏はそれを了承するとともに陶氏方への吹挙を約束している。
毛利元就と陶隆房の盟約が結ばれた時期は分明でないが、これに基づいて隆房は元就に安芸国衆の与同工作を期待し、元就もまたそれを実行した。元就は事件が起こる以前から積極的に関与していたのである。

この国衆連合の盟主が有する固有の権能である国衆への軍勢催促権は、彼らの軍忠の吹挙権、それに基づく褒賞の伝達権と一体不可分であり、高橋氏の討滅によって継承したものである。毛利元就は大内氏と安芸国衆たちの取次としての機能を果たした。大内義隆殺害後の具体例としては、天文二十一年七月二十六日に備後国志川滝山城の宮氏攻めに関する備後国衆湯浅元宗（閥閲録一〇四）、安芸国衆阿曽沼広秀（同四八）、石見国衆出羽元祐（同四三）ら大内氏方の三国国衆が軍忠状を毛利氏に宛て、毛利氏の吹挙によって大内晴英の証判をすえられていることがあげられる。

さて、陶隆房方の多数派工作が進み、翌天文二十年に入って、その計画は、大内義隆・義尊父子の殺害、大友晴英の擁立へと変更される。

隆房は挙兵直前の八月に厳島・廿日市を占領し、桜尾城を城督鷲頭氏から奪取する。一方毛利氏は佐東金山城を大内氏城番麻生氏らから請取り（房顕覚書）、伴・大塚等の交通の要所も押える。この軍事行動によって毛利氏支配下に入った佐東郡内の諸所は、陶晴賢（隆房）の吹挙によって、天文二十一年五月三日に大内晴英から安堵されている（毛利家文書二六一・二六二）。これらの諸所は、毛利氏が隆房の挙兵に与同する条件としてあらかじめ約束されていた所望の在所であったと思われる。元就は東西条においても軍事行動し、九月四日には大内義隆の庇護が厚かった平賀隆保を高屋の頭崎城に攻め滅ぼし、新九郎（広相）を継嗣とした。

これらの事実は、元就が陶隆房挙兵事件の一年以上前からその計画について策定・議定、その変更と、その都度通知をうけていたこと、それは隆房が毛利氏ならびに安芸国衆の与同を期待したためであったこと、元就は当初からそれに同意の意思があることを伝え、その条件として佐東・佐西両郡内の大内氏城領の分割領有、大内義隆方の国衆の討伐およびその家督の更迭について要求し、その了承を得ていたと考えられること、また安芸国衆への与同の取付け、および彼らがその条件として所望した在所等の給与については、陶氏と国衆との取次として尽力したこと、それは国衆連合の盟主としての地位と権能に基づく行動であったこと、それは既成事実の積み重ねによって以後一層強化されたであろうこと等々を示している。

天文二十三年には陶晴賢と断交し、のち大内義隆を弔うことに並々ならぬ努力を傾注する毛利氏も、実は義隆と重臣の抗争、そして隆房の挙兵という緊迫した決定的局面においては、両者の勢力関係を直視して隆房に与同したばかりでなく、その背後にあって安芸国内においても、大友氏との外交においても、関係強化の行動を展開していたのである。

この一連の行動を従来のように元就は隆房の挙兵を是認しなかったが、その勢力なお微弱であったため、大内家の争闘には関係しないでしばらく隠忍自重し、早く芸備両国内に勢力を強固に植え付け、隆房に備え、対抗せんとしたという解釈（『毛利元就卿伝』一六六・一六七頁）をすることはとても無理であり、その実態は、まさに隆房との合意に基づいた積極・果敢な政治的・軍事的な行動であったといえる。

しかも、こうした諸活動は、家中における井上元兼一族の誅伐、それを契機とした家中掟法の整備、それに基づく家中統制の強化、そして「国家」宣言の過程と重なる。

内外に途方もない大きな課題を抱えながら、毛利氏の進む先を見すえ適宜合理的な判断を下してそれぞれ切り抜けたことは、大内義隆との栄誉の序列の問題が関係していただけに、元就の生涯のなかでも一大事であったと思われる。

陶晴賢は、天文二十二年十月頃から石見国津和野を本拠とする吉見正頼〈室は大内義隆の姉〉攻めを始め、毛利氏にも参陣を要請した。元就・隆元は、吉川元春・小早川隆景、福原貞俊・桂元澄・口羽通良らと評議を重ねるが、翌年になってもまとまらなかった。この経過については、隆元が十二月二十四日と二十九日に桂元澄〈毛利家文書六六二・六六三〉、翌正月二日に小早川隆景〈同六六四〉、しばらく間があいて四月十六日に福原貞俊〈同六六五〉、それぞれに宛てて存念を述べた自筆書状、ならびに元就の考えと対比的に整理した自筆覚書〈同六六七〜六六九〉がある。それによると、元就は晴賢に「義理だて届だて」〈同六六三〉して下向したいとしたが、隆元は晴賢は「悪心」をもつもので必ず大内義隆の「報」があること、「晴賢江家をうしない候ほどニ仕候て、馳走すべき儀にあらず候」と断じ〈同六六二〉、元就が参陣した場合には晴賢に抑留されるおそれがあること、元就の留守中に尼子氏が備後国北部に攻め入ること、それによって毛利・吉川・小早川三家が滅亡の危機に陥ることなどを懸念し、元就は在国すべきこと、代わりに隆元か名代を派遣するよう主張している。元就抑留の懸念は陶氏方から人質として四人が送られてきたことで薄らいだが、それでも隆元がもつ家滅亡の危機感は消えなかった〈同六六六〉。

元就、陶氏と断交

最終的には断交へと舵を切るのであるが、この間に元就が認めた史料は全く遺存しない。ただ、これは全くの推量にすぎないが、備北方面は別にして、陶氏と断交するとなると、その最前線に位置するのは元就直轄領の佐東である。その場合には、勝算の手立はどうか、どう攻勢に出るか、その時機はいつかなど、元就が全く思案していなかったとするのはあたらないであろう。事実、元就は五月十二日に挙兵し、その日のうちに金山城・己斐城・草津城・桜尾城の大内氏方諸城を攻略・接収し、厳島を占領した。さらに吉見氏攻めに出陣中の佐西郡の神領衆領を占拠する。そして六月五日には、吉見氏攻めから転進した宮川甲斐守率いる陶氏軍と折敷畑で合戦して勝利をおさめた。さらに八月十三日に元就・隆元は井原元造らに宛て、「山里稲薙の時分候間、隆元罷出申付候」（閥閲録四〇）と述べ、山里（佐西郡の山間部）で隆元が指揮をして掃討作戦を実行することを伝えている。稲薙とは、この時分に敵城に籠る城麓周辺郷村の地下人を下城させ、その攻略を容易にする目的のもと、郷村の稲を薙ぎ払い、地下人の生産力基盤を破壊して脅す戦法である。地下人は、寄せ手の全面的な破壊活動を前にして、このまま籠城し、あくまで抗戦する意味があるかどうか、思案したと思われるが、下城に応じない場合もあったからこそ、稲薙も実行された。なお、春には麦薙が行われた。元就の動きは、第Ⅱ部一章に後述するが堀立直正の調略が効を奏したこととあいまって、きわめて迅速であった。断交時の準備を十分に調え時機をえた行動であったと思われる。

晴賢は大内義長《（晴英）》を奉じて三月一日に山口を発し、三日には阿武郡賀年城を攻略して津和野に迫った。二月二十九日付のものであるが、毛利元就・隆元は連署して平賀広相、同弘保に個別に書状を宛て、平賀氏が陶晴賢からの軍勢催促を退け、その書状数通を毛利氏に見せたことを「無二の御心底」と感謝している（平賀家文書八四・八五）。こうした動きのなかで、元就は陶氏との断交を決意し、諸準備を進めたと思われる。そして五月十一日には元就・隆元連署書状が平賀広相に宛てられ、「此方怦覚悟の儀について申入れ候、此時御同意」（同八七）と述べ、晴賢と断交する決意を伝えて同意を得たことを謝している。この封紙ウハ書には異筆で「天文二十三年五月十一日夜到来」と記されており、この書状が平賀氏にとっても緊急かつ重大な意味をもつものであったことが察せられる。

陶氏関係文書、その保管は

ところで、九月十九日の大友氏年寄連署書状を発見したのは、一九八七年の下関市長府の桂元昭氏所蔵文書の調査時であった。この桂家は、遡って戦国時代には元澄―広繁―元延と続くが、この元延が毛利秀元に属し、関ケ原の戦い後に長府毛利藩家臣となった系譜を有する。長府桂縫殿家と称された。

その時、なぜこの重要な外交文書が毛利家の宝庫で保管されてこなかったのか不思議に思った。もちろんいまだ見あたらない大友義鎮の「直書」も宝庫にあるべきものである。いま『毛利家文書』四冊中には、陶晴賢との交渉を示す関係文書は一点も存在しない。

しかしまた、次のような文書も存在する。

御書謹頂戴仕候、抑去々年御入国之儀、晴賢御同前依励忠心候、被仰出之次第、忝面目不可過之候、殊被裁(載)御神名候、無勿躰候、悴家之守、此御事候、仍御太刀一腰進上仕候、此旨宜預御披露候、恐惶謹言、

正月廿八日　　備中守隆元御書判

右馬頭元就御書判

謹上　陶尾張守(晴賢)殿

この書状（原文のまま）は、「山口県採訪古文書集二　三卿伝史料177」（山口県文書館蔵）に収められているもので、奥に「大正六年八月　三卿伝編纂所長　文学博士瀬川秀雄採訪　山口県玖珂郡深須村角虎平氏所蔵」と記されている。

「去々年御入国」とは、天文二十一年の大内晴英の山口入りを指すことから、この書状は、天文二十三年の正月二十八日に比定できる。まさに毛利氏中枢において陶晴賢の吉見氏攻めに参陣するかどうかの評議が行われていた最中のものである。

内容は、毛利元就・隆元が「御書」、すなわち大内晴英の入国にあたって陶晴賢と同前に忠心を励んだことを賞する大内義長起請文を頂戴したことを謝し、「忰家之守」と喜び、太刀を進上し、この旨を大内義長に披露してほしいと述べている。

大内義長起請文は、毛利氏の評議がまとまらないのを察知し、出陣の決定を促す意図をもつものであったと考えられる。

この大内義長起請文には、おそらく陶晴賢書状が副えられていたと思われるが、この両通は、その重要性からして毛利氏の宝庫に保管され、『毛利家文書』の編纂にあたってはそれに収められて当然のものである。

こうした歴史的価値の高い文書が現存しないことは、政治・外交の動きの実態と全く整合性を欠くものであり、遺存のあり方としては、文書管理上の不自然さは否めない。いつの時点で遺失したか分明でないが、陶氏関係文書の保管に一時でも関わった者は、おそらく取扱いに苦慮したのではないかと思われる。しかし、歴史事実は、多様な関係性のなかで描き出されるものであり、一部の文書の欠落によって永遠に隠されるものではなかろう。

隠居分佐東は吉田譜代家臣への抑え

大内晴英から安堵された佐東は、元就の直轄領となった。その範囲は、深川上から馬木の峠を越えて温科・中山・矢賀、また深川上から三篠川と太田川が合流する東岸の深川下・玖村から岩の上の峠を越えて北庄、戸坂辺まで、また西岸は、緑井から武田氏旧領の中核部分である金山城麓の佐東に及ぶ広域である。

この地域は、河川水運と内海流通、また太田川を玖村と八木の間で渡船する山陽道が交叉する要衝であり、平安時代末期には堀立に厳島社領の倉敷地が設けられ、鎌倉時代には佐東八日市が開かれ、流通経済活動が活発に行われてきた。

毛利家には日用品の調達を容易に進めるために政所という家産組織が存在していた。隆元は政所神五郎に命じ、佐東の元就直臣福井十郎兵衛尉から蓑やそめ革を求めさせている。政所神五郎は、他にも小袖・胴服・袷・小袖用の絹一疋などの衣類関係、脇差の下地用の金《かね》など、いわゆる身のまわり品の調達に関わっている。なお、政所神五郎は具足注文には弓一両の「近習衆」とある。

とりわけ佐東は、三篠川・根谷川・太田川を河下しされた木材の集散地であり、のちのことであるが、たとえば毛利輝元が佐東領の触頭山県就相・就政に囲舟（構造船）を建造するにあたって椋木板が不足しているので大鋸引をして用意してくれるよう求めていることなどから、職人たちも多かったと思われる。

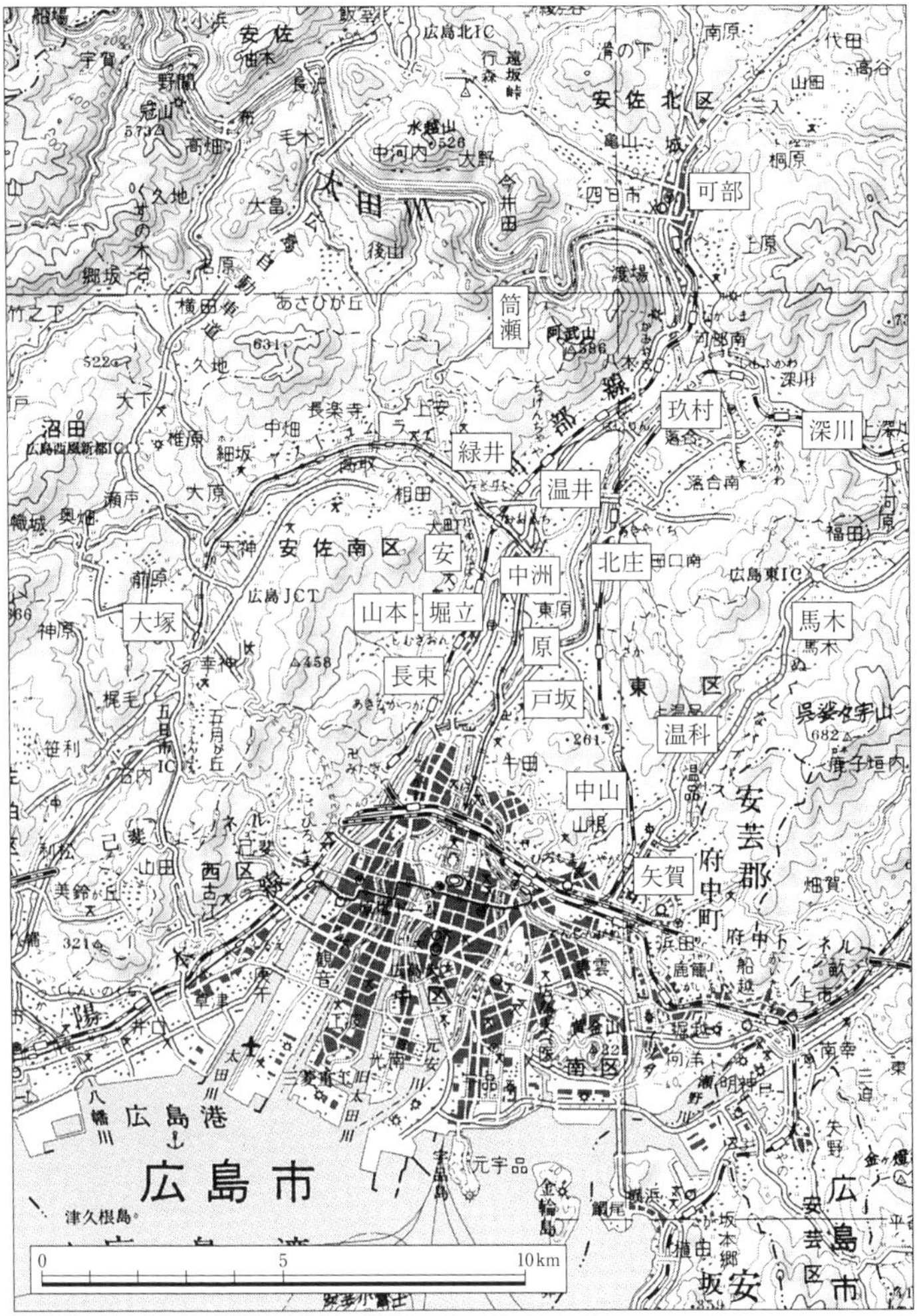
可部
筒瀬
玖村
深川
緑井
温井
安
中洲
北庄
山本
堀立
大塚
原
長東
戸坂
馬木
温科
中山
矢賀
安佐北区
安佐南区
東区
西区
中区
南区
安芸郡
府中町
広島港
広島市
0
5
10km

佐東領関係地名図

佐東領中檜物師の事、深川工かしらたるべく候、此よし申聞さるべく候、謹言、

（天文二十年）十月十一日　　もと就（花押）

（捻封ウハ書）「（墨引）　桂左衛門大夫（元忠）殿　　もと就」

この毛利元就書状（毛利博物館蔵　深川工家文書）は、翌十月十二日の元就奉行人桂元忠・桜井就綱連署書状（同）が副えられ、深川の工の十郎兵衛に交付されており、彼が佐東領中檜物師の「かしら」＝「代工」（大工）に任じられたことが知られる。檜物師とは、曲物を作る職人のことをいう。その頭とは、佐東領内のそうした職人を統率する職人司であった。元就は新たに領有した佐東領内の職人層の編成を強めるため、既に大内義興から給与されて以来知行していた深川の工の十郎兵衛を職人司に任じて地域経済へ関わった。

佐東領は、当初から桂元忠・児玉就忠・井上就重・桜井就綱らの元就直臣が奉行人として支配を担った。桂・児玉の両名は毛利氏中枢の五人奉行を兼ねたが、佐東領の支配機構は整備されていた。また元就は、山県就相・福井元信を触頭として領主層を佐東衆として統率し、高田郡に出自をもつ直臣にも佐東領内を給与した。信頼する側近の桂元忠に深川、児玉就忠にその南の玖村（半分）、諸木・岩上の草使を給与し、中郡衆を編成して広島湾頭への進出をはかってきたあり方を踏まえ、それをさらに南下させるための給地賦りを行った。

元就が佐東を直轄領にしたのには、明確な目的があった。弘治三年（一五五七）に大内氏を討滅し

て防長両国を平定した元就は、暮に隆元に長文の自筆書状（毛利家文書四一〇）を宛てている。

この戦争で元就の直臣団は戦死したり、軍忠をあげたにもかかわらず、毛利氏の譜代家臣や国衆らが安芸国内、周防国内でも安芸国寄りの道前地域において新給地を与えられているのに対し、元就直臣はそれより遠い富田《とんだ》・富海《とのみ》・末武などで給与されたと指摘して無念さを表明し、その理由として、吉田の譜代家臣が元就は佐東で過分に所帯を領有しているのだからそこから直臣に給与したらよいと考えていることをあげる。

元就はこうした譜代家臣との差別をなくすよう訴え、以前は奉行人の赤川元保が元就に対して機嫌が悪く、元就書状を隆元に披露もせず、また返事もなかったとし、それゆえにこの書状を認めたのであるから、よくよく読んでほしいと述べている。

つづいて元就は、佐東領は全体で四三〇〇貫文余あるが、譜代家臣らに褒賞として二二八〇貫文余を配分したこと、そのため残りは二〇二〇貫文余であること、ほかに多治比三〇〇貫文、中村一〇〇貫文、くるめ木七〇貫文があるので合計知行高はやや増えるが、そこにも譜代家臣の給地が入り込んでいるとする。

そしてのちのちのために話しておくとし、出雲国の三沢氏は三〇〇〇貫文、備後国の山内氏は二〇〇〇貫文、三吉氏は一七〇〇貫文の隠居分を領有し、しかも合戦時に彼らは軍役を果たしていないこと、ところが元就は軍役を果たしていること、去年の周防国須々万の合戦においては、小早川隆景の人数は知らないが、平賀広相をはじめとする国衆は元就の動員数に及ばなかったではないか、それなのに何とした扱いをするのか、と歎いている。そうしてその最後の箇条には次のように記している。

一菟ニ角ニ、佐東の事ハ当家隠居分たるべく候〳〵、然間、まるめ候て置きたき事にて候〳〵、幸鶴《（輝元）》代にハ御方《（隆元）》仰せ付けらるべく候、此以後は、弥人の心持は次第〳〵にわるく成り乱れ候ずる間、幸鶴代などにも、御方人数の五百も六百も御持ち候て、悪心僻事の者をハ、幸鶴にあてつけず、寃躰さるべきにめされ候ずる事、肝心眼たるべく候〳〵、

佐東領は毛利家隠居分であること、まとめて領有するようにしたいこと、輝元代には隆元が領有すること、これからはいよいよ人の心持が悪くなり乱れていくので、輝元代になっても隠居隆元自らが五〇〇人も六〇〇人も軍事力を保持し、悪心・僻事の者を退け処罰することが肝心眼であると述べている。元就は将来を見すえ、吉田の有事に際して家中の統制に隠居自らが大きな役割を果たすことを前提にして、その基盤となる佐東領の確保を説いた。

この元就自筆書状は隆元から返却される。それをうけ、翌永禄元年（一五五八）に入って元就はまた隆元に自筆書状（同四一一）を認める。隆元の返書の内容が不満であったのである。

是ハ元就ためとハ存ぜず候、隆元ためを申候と存じ候、我々《（元就）》事は、万一七十までいき候共、はや七十ニ成り候ては、銭も米も武具も衣装も被官も中間も入まじく候、たゝ〳〵心安く居り候事バかり

ニてあるべく候〳〵、その上、又十ニ九つも、七十までハ存命すべからず候、此時は、御方《（隆元）》の御ためと存じ候ばかりにて候〳〵、幸鶴事ハ、唯今成人たるべく候間、隆元の佐東たるべく候と存じ候、せいを入候て申候ても、元就ためハすくなく候、

元就は、佐東領は自分のためとは思っていないこと、隆元のためを思ってのことであること、自分が万一七〇歳まで生きていたら何もいらずただ心安く居りたいこと、十に九も七〇歳までは生きていないこと、その時は隆元が領有し、輝元に家督を譲与したら隆元の隠居分としての佐東になること、だから元就が精を入れても元就のためという面は少ないと、分別するよう筋立てて諭している。

これまでも述べたが、元就が厳しく指摘した家中の人材難は、大内氏を討滅して領国が拡大して以後も変わるものではなかった。元就は、そうした諸人の心持のなかにまで立入って考えた。

元就は隆元に宛て長文の自筆書状（同四一八）を認め、操手に分別ある者が少なく今日調えるべき事は五日十日、今月すべきことは来月再来月へと先送りされていること、また家臣たちの心持は大分限になって奢恣の振舞が横行し、それでもなお大分限になりたがるなど変化したと指摘する。そして、その対応策として、「此時ありやうの法度政道を行われ、有道の儀ニこそ申付けらるべき本意ニ候」と、法制度を整えて法治を行うべきであるとしながらも、尼子氏、大友氏、来島氏をはじめ、「備芸衆も当家よかれと内心共ニ存じ候衆ハ更に覚えず候〳〵、我々等輩の毛利ニしたがいまいり候事、偏〳〵口惜やけなましく、日夜存じ居らるべく候」という現状であるから、「政道法度も滞」ると、そ

の困難さを述べている。そこで重視するのが、隆元・元春・隆景兄弟と宍戸隆家の結束であり、結束があれば、毛利氏家中は安定し、また毛利家の力をもって吉川・小早川・宍戸各家中も治められるとする。そうして「自余の国衆、恐れながら珍事ハ有まじく候」と見通している。「ありやうの法度政道」による法治は戦争や備後・安芸両国衆の自立意識の強さゆえむずかしいので、せめて毛利・吉川・小早川・宍戸四家の結束があれば国衆も問題を起こすことはあるまいという言い回しからは、この「法度政道」が国衆をも規制する領国法を意味するものであることがわかる。

さらに元就は、弘治四年（一五五八）八月に隆元に宛て、自分は一九歳の時に兄興元が死没して以後、親・兄弟・伯父・甥など持たず（これはやや事実と異なる）ただ一人身であったが、隆元には元春・隆景がいるし、宍戸隆家も一里半の道でかけつけてくれること、また井上元兼一族のような家中の強族は除いたゆえ、賞罰に留意して存分に命じたらよいこと、とはいえ事により時により堪忍も要すること、発言にあたっては骨をもつこと、そのためには談合を行って智恵を出そうと述べている。

家中支配において主君（隠居も）の力と家中法がともに欠かせないように、領国支配においても統治者の力と領国法が不可欠であった。大内氏討滅後に当面の安定を重視するため、毛利隆元を中心に元春・隆景・宍戸隆家が何事も相談し合って結束し、強力な力の存在を誇示したうえは、次の大きな課題は領国法の制定であった。

元就の事のはこびは、現実を直視しながらきわめて慎重であり、たえず人の心持を重視しながらもきわめて合理的であった。

第五章　家中法と領国法

元就直轄領の法から領国法へ

毛利氏は非分国法系の戦国大名である。既に家中において個別に諸々の服務規律が定められたことは述べたが、領国法も刻々と動く政治的・軍事的情勢に対応して単行法令を布令している。

まず、元就が直轄領で行った法的機構的整備の事例を取上げ、その意義を明らかにすることから始めたい。毛利氏が織田氏と戦争中の輝元法度に次のようなものがある（毛利家文書三四二）。

下夫荷定事
一古銭弐拾貫目持つべき事、
一武具の類持つべからざる事、
付、具足・甲・弓・うつほ・鉄放等の事也、

右、定め置かる也、もし此旨に背く者においては、向後人足遣されまじきの通、仰せ出され候也、

天正七年（一五七九）二月二十日　　桂左衛門大夫（就宣）（花押）

（六名の署判略）

この毛利氏奉行人七名が署判した輝元法度は、第二条で人夫には武具の類、具体的には具足・甲・弓・うつほ・鉄砲等を持たせてはならないことが明記されている。これに違背した者には以後人足を配分しないとしていることから、毛利氏が人足をまとめて徴発動員し、各給人に配分する方法をとっていたことがわかる。この法度は、同年の八月十七日に石見国金子氏に宛てた石見国一宮社領川井村の人足徴発に関する毛利氏役人連署書状（金子家文書）に「今度の御書立ニ具足・甲・鉄放持せられ候ずる仁にハ、重て人足遣されまじきの由、堅く仰せ出され候間、催促においては我等両人へ直ニ申さるべく候」と引用されているので、領国法として適用されていたことは明らかである。

ところが、この法度の内容は、既に二〇年近く以前に元就直轄領において確かめられる。

（端裏ウハ書）「左衛門大夫殿（桂元忠）　　元就

三郎右衛門尉殿（児玉就忠）」

所々夫丸の事、堅く申付け出すべく候、

一所々の夫丸、次郎右衛門尉（児玉）、宗右衛門尉（佐藤就綱）所へ指渡し候て、両人所より相賦るべく候、直々ニ取候

ハん者ハ、曲事たるべく候、又次右・宗右も油断なく、堅く申付くべく候、
一夫丸ニ具足・弓・うつほなど持たせ、そのうえにあたハぬ荷物など取もたせ候て、せっかん候ずる者ニハ、向後夫丸出すべからず候〳〵、
一夫丸出すべく候事、故障候ハん所をハ、頓ニ左衛門大夫（桂元忠）・三郎右衛門尉（児玉就忠）ニ両人注進候て、相定むべく候、此段油断においては、両人曲事たるべく候、此旨堅固に申付くべく候、謹言、

卯月四日　元就

この元就自筆書状（毛利家文書六四一）は桂元忠・児玉就忠宛であるので、元就直轄領に関する布令である。その時期は、児玉就忠が永禄五年（一五六二）四月二十九日に死没しているので、永禄五年までのいずれかの四月四日のものである。

第一条は、諸所の人夫は給人が個別に直接に徴発することは曲事であり、次郎右衛門尉・宗右衛門尉両人がまとめて徴発動員し、そのうえで配分するとする。担当の両人とは、児玉二郎右衛門尉と佐藤宗右衛門尉就綱のことである。人夫の徴発動員、そして配分が、給人個々が直接行使できる権限ではなく、元就権力が組織的にまとめて行う形態になっていたことは注目される。

さらに注目されるのは、第二条である。人夫に具足・弓・うつほなどを持たせ、そのうえに理にかなわない荷物などを持たせて折檻し酷使する給人には、以後人夫を配分しないとする。

この箇条の内容は、天正七年の領国法に酷似している。鉄砲が記されていないのは、鉄砲の普及度

によるものと考えられる。

こうしたあり方は、元就が時代の流れのなかその直轄領において、中世的な形態から、兵農分離をともなう近世的秩序への移行を進めていたことを示している。

そしてまたこの事実は、元就直轄領において既に永禄年間の初め頃までに実施されていた法制度が、約二〇年後の天正七年に領国法として制度化され、広く適用されたことを示している。

第三条は、人夫の徴発動員に応じない給人領への対応についてであるが、児玉二郎右衛門尉・佐藤就綱両人から桂元忠・児玉就忠へ注進してその処置を決めること、それを怠ったならば児玉二郎右衛門尉・佐藤就綱両人の曲事であるとする。

元就は、法制度化する目的や趣旨を明確にしたうえでその運用システムを構築し、支配組織のそれぞれの部署で運用を担当する人物の職掌と規律、そしてその責任を明確に定めている。

システムは、それを運用する人物の資質と意識によって機能もするし、崩壊もする。支配の安定と強化は、システムの構築・整備とともに、それを正確かつ高度に運用できる優れた人材の働きによって機能を高めるものであり、合せて変革も果たせる。元就が毛利氏家中の内外を問わず人材を集めてその育成・登用につとめ、彼ら直臣を適所に配置したのは、そうした認識に基づくものであった。

事実、元就は、大内氏・尼子氏を討滅する過程で奪取した経済的要地を自らの直轄領とし、たとえば赤間関は堀立直正、温泉津《ゆのつ》は児玉就久・武安就安（毛利氏日本海水軍の将）、石見銀山は平佐就之、杵築は福井景吉ら直臣を代官や奉行に任じて支配にあたらせた。また尼子氏討滅後には、出雲国・美作国を元就分国とし、小倉元悦・井上就重・大庭賢兼・平佐就言ら直臣をして統治させた。元亀二年（一五七一）六月十四日に元就は死没し、元就が支配していた分国や直轄領は輝元のもとに統合され、彼ら直臣たちも輝元家臣となって以後もその役職を継続して勤めた結果、輝元の領国統治には元就代の有様が色濃く反映されたのである。

元就直轄領は、自らが育成・登用した人材を率いて毛利氏家中を統制する政治力・軍事力という役割をもつだけでなく、新しい支配方式の法制度化とその整備を進め、時代や地域の将来を見すえながら領国支配の構造的変革を企てる場であったといえる。

防長両国への侵攻と軍勢狼藉

さて、毛利氏は、天文二十三年（一五五四）六月五日に安芸国佐西郡折敷畑合戦において、吉見氏攻めから急遽転じた宮川甲斐守率いる陶氏軍に勝利した。そして翌弘治元年（一五五五）十月一日に厳島の戦いで陶晴賢を討ち、防長両国へ攻め込んだ。毛利隆元は元就に内陸部の山代と岩国を戦い取る気がまえを述べている（毛利家文書七〇四）が、山代では地下人一揆の激しい抵抗をうけた。海路と山陽道の要衝である岩国は確保し、味方に引き込んだ周防国衆椙杜隆康、土豪ら郷村指導者を案内者として手引きさせ、陶氏の本拠である富田の若山城に迫ったのである。

戦国時代の戦争は、郷村の争奪戦である。弘治三年の三月十八日に元就は赤川就秀に長文の自筆書状（閥閲録三二）を宛て、進軍の方法について事細かに指示している。玖珂郡から富田までの諸郷を一箇所ずつ味方に引き入れ、その各村から人質を取ること、富田が近づくと陶氏旧臣の江良神六・八

大向門前遺跡出土陶磁器（周南市美術博物館蔵）

木・伊香賀内の渡辺ら（厳島の戦いで捕虜となって毛利氏に従った）を使って富田地下人を調略すること、また海上からも攻めること、それでも攻め切れなかった場合は勢衆をもって攻撃すること、その際は「動と操との二にてあるべく候」とする。動とは「諸勢をもって何の村にても一郷もしかと〳〵打果し候」とする全面掃討作戦であり、操とは、その前段階として、諸勢のなかから足軽を仕立て、案内者の手引きで各所を駆け回り、人の一人二人を打果し、家の五、三間を焼き、「いかにもあさ手なる事おつかまつり候て、さて又操をよく入」れるという方法である。郷村に浅手の人的・物的損害を加えて反応をみながら調略を行うのである。元就は、巧みに心理戦を活用して調略し、それで服属しない場合にはその郷村を全滅させる指示を発し、前線の指揮者にその覚悟をもって臨ませた。そうして若山城を攻略し、周辺郷村の地下人たちも服属させた。

ところで、大内氏が南北朝・室町・戦国時代を通して朝鮮や明、琉球と貿易を行っていたことはよく知られているが、陶氏の貿易・流通への関心も同様に高かった。また既に応仁年間頃には富田を船籍とする弥増丸（一〇〇〇石）という外洋航海ができる船の存在も確かめられる。そうした交易による輸入品としては、たとえばやや内陸部に入った陶氏の菩提寺龍文寺のある長穂村の北に接する大向村の大向門前遺跡から備前大甕に入った状態で出土したほとんどが完形品で多様な器種の中国（一部に朝鮮王朝）の貿易陶磁器があげられるであろう。

この防長両国への侵攻は、弘治三年四月に長府で大内義長・内藤隆世が自刃したことで終わる。そしてこの年に領国法が確認される。一つは、安芸国衆阿曽沼広秀が東西条石丸名を一職進退とするよう毛利氏五人奉行に求めた際に根拠とした「郡御法度」（譜録阿曽沼内記）、二つは、おそらく大内氏旧臣の統制を目的として内藤隆春（隆元の室尾崎局の弟）に命じた「防長法度」（閥閲録九九）であるが、どちらもそれ以上は不分明であるので、ここではその実態が具体的にわかる軍勢狼藉禁令、人返協約を取上げ、毛利氏国家の仕組みと領国支配のあり方を考えたい。

狼藉とは、軍事指揮者の命令に基づく作戦上の戦闘行為とは異なる、殺人・放火・略奪・暴行等々を総称した文言である。

弘治三年の三月十二日に毛利隆元・平賀広相・熊谷信直・阿曽沼広秀・小早川隆景ら八名は連署し、諸軍勢狼藉が非法であることを確認し、以後この衆中では誰の被官・僕従であっても誅伐すると約束している（毛利家文書二二四）。

それでも狼藉は収まらず、同じ頃に長府・赤間関では次のような事態が起こっている。

（端裏ウハ書）
「
又四郎

乃美兵部丞（宗勝）殿　　右馬頭
志道大蔵少輔（元保）殿　　備中守
福原左近允（貞俊）殿進之候　　隆元

」

追々申し候、長府・赤間関の者共、軍勢狼藉あるにおいては、覚悟を替うべき趣の由候条、彼両村江此方より検使を指下し、左候て地下江此方より下知ニは、軍勢狼藉においては、合戦に及び相防ぎ候へとこれを申遣し候条、心得らるべきの由、惣中江能々申し届けられ候て置かるべく候、狼藉においては、此方検使地下仁相共にその行を成すべく候間、届けのため重て申入れ候、恐々謹言、

（弘治三年）三月十九日　隆元（花押）
元就（花押）
隆景

毛利氏の防府の本陣から、且山城攻撃中の指揮者福原貞俊らへの指令である（乃美家文書）。長府・赤間関の地下人が毛利氏軍勢の狼藉があれば覚悟を替える、すなわち敵対すると申しているので、本陣から両村へ検使を派遣し、地下人には軍勢の狼藉があれば合戦して防戦するよう下知したこと、その時は検使も地下人とともに戦うことを重ねて申入れたものである。長府・赤間関は、第Ⅱ部一章に後述するが、既に前年の弘治二年十一月に佐東の堀立を名字の地とする元就直臣の堀立直正が大内氏方の守城である鍋城を攻略し、元就が派遣した城衆と警固船を統率して鍋城番・赤間関代官の地位に

ついていた。したがって、これは味方地における狼藉禁令である。
長府・赤間関は、大内氏時代には長門国守護代の内藤氏が支配した港町であり、特権商人の問丸役佐甲氏ら富裕な商人が多く、また彼らは貿易や流通を業とする船持層であったため、海賊の侵入に対しては警固船を仕立てて合戦し撃退する軍事力をそなえていた。こうした地下人の主張と実力の前には、元就も検使を派遣し、自らの軍勢に対する防戦権・抗戦権を容認せざるをえなかった。この場合の問題は現地の指揮者福原貞俊らが狼藉を十分に取締れなかったことにあるが、この判断からは狼藉に対する元就の意識と対応の鋭さをみてとれる。

軍勢狼藉禁令にみる国家の仕組み

軍勢狼藉問題は、大内氏討滅後の防長両国統治に大きな支障を生じるため、その禁止を徹底させることは重要な課題であった。元就はそのためどのような仕組みをつくるべきか思案したと思われる。

弘治三年十二月二日付の二つの文書がある。

申合う条々事

一軍勢狼藉の儀、堅く制止を加うといえども、更に停止なきの条、向後において、この申合う衆中家人等、少も狼藉あるにおいては、則ち討果すべき事、
一向後陣払い仕るまじく候、此旨に背く輩においては、これ又右同前に討果すべき事、
一在所により、狼藉苦しからざる儀あるべく候、その儀は、衆儀をもって免ずべき事、

八幡大菩薩、厳島大明神御照覧あるべく候、此旨相違あるべからず候、仍て誓文件のごとし、
弘治三年十二月二日

毛利右馬頭
元就（花押）

吉川治部少輔
元春

阿曽沼少輔十郎
広秀（花押）

毛利備中守
隆元（花押）

宍戸左衛門尉
隆家（花押）

天野藤次郎
元定（花押）

天野左衛門尉
隆誠（花押）

出羽民部太輔
元祐

天野中務少輔
隆重（花押）

小早川又四郎
隆景（花押）

平賀新九郎
広相（花押）

熊谷兵庫頭
信直

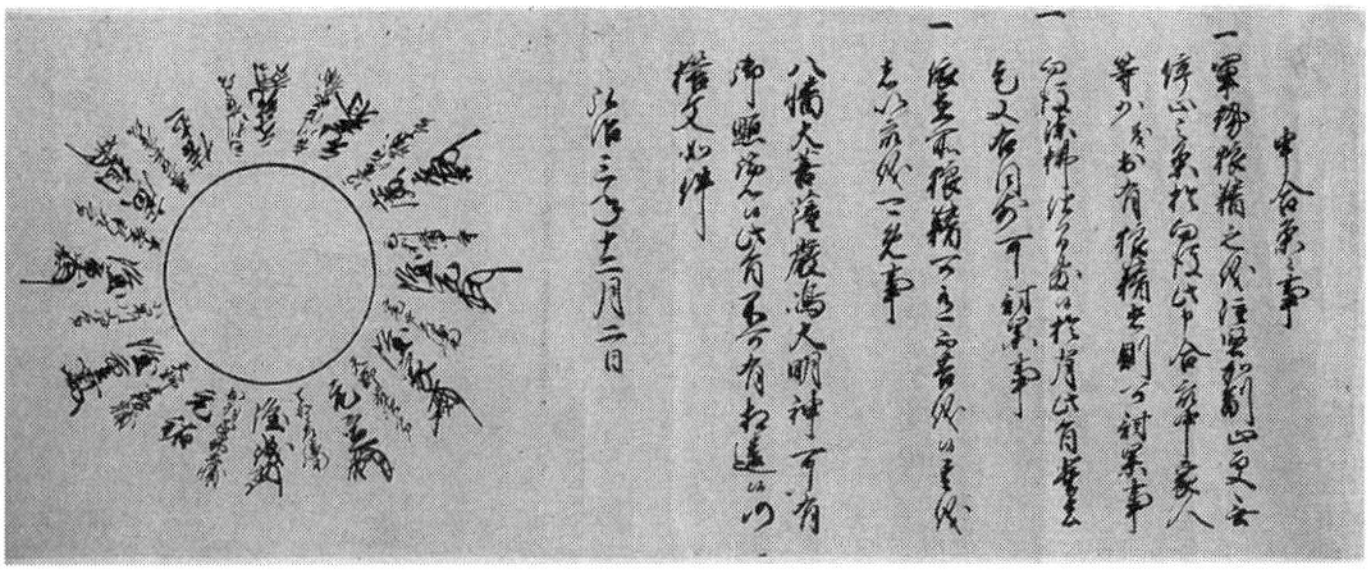

毛利元就外十一名契状　弘治３年12月２日（毛利博物館蔵 毛利家文書）

仰せ出さる趣、その旨を存じ、各言上事、
一御家中軍勢狼藉の事、御下知を成さるといえども、停止なく候、然間、向後においては、狼藉仕り候者事、誰々内者に候共、則時討果さるべき事、
一向後陣払い仰せ付けられまじく候、此旨に背く輩においては、これ又右同前に仰せ付けらるべき事肝要候、
自今以後のため、連署をもって言上候、
右言上の趣、八幡大菩薩、厳島大明神御照覧あるべく候、仍誓文件のごとし、
弘治三年十二月二日　　　　　　　　　　　　福原左近允《貞俊》（花押）
（二四〇名の署判略）

十一月には防府・山口辺で反毛利氏の一揆が蜂起したが、元就・隆元らの出陣によって鎮圧した直後のものである。

前文書（毛利家文書二二六）は、元就ら一二名の安芸国衆が署判した契状である。傘連判状としてよく知られている。

後文書（同四〇二）は、毛利氏家中の福原貞俊ら二四一名の家臣連署起請文であり、命令に従う旨を上申している。

前文書の第三条（在所によって狼藉をしてもかまわない、その狼藉はこの衆中の衆議で免じる）を除く、二

箇条については両文書ともに共通する。

内容は、前文書は、軍勢狼藉については堅く制止を加えたが停止されないので、今後はここに契約したどの国衆の家人であっても、少しでも狼藉をしたら、見つけた者が即座に討果たすこと、後文書は、毛利氏家中の軍勢狼藉は、御下知によっても停止されないので、今後は狼藉した者はどの家臣の内者であっても即時に討果すとある。このことは、狼藉人の成敗権が、前文書では一二名の国衆、後文書では二四一名の毛利氏家臣によって共有されたことを意味している。

成敗権を共有するとはどういうことか、その意義を考えるにあたっては、この時代における主人権の有様について踏まえておく必要がある。

前文書の家人の主人は国衆であり、後文書の内者の主人は毛利氏家臣である。家人や内者を処刑する行為はその主人固有の権利であり、狼藉行為を見つけた者が狼藉人の主人にことわることもなく即時に成敗するということは、明らかに主人権の侵害であり、主人権の否定である。

それでは、実態として誰が主人権を侵害し、否定するのか。前者の場合についていえば、各国衆の主人意識は急に変えられるものではなく、同規模の国衆間であれば合戦にならないとも限らず、それを行使できたのは勢威が抜ん出ている毛利氏をおいて他になかった。軍勢狼藉問題は、こうして毛利氏の主導のもとに解決の仕組みができあがった。

またこれによって、狼藉人の成敗の場合に限定されるが、国衆が放棄したその主人権は、毛利氏のもとに集権化が進められた。ここには、在地領主制下の地域主権から集権的構造への移行、換言すれば、国衆連合が個別の案件ごとに毛利氏のもとに統合されていく法制度の創出を画期づける領国法の制定を見出せる。

国衆たちは自らの主権が奪われることを承知のうえでこの傘連判状に署判したのであるから、事態はよほど深刻であり、被害を放置できなかったということであろう。

この傘連判形式の契状は、しばしば署判者の国衆相互が対等であることを示すものと語られるが、契約の具体的内容を踏まえてその実態を考えなければならない。

毛利氏家中においては禁令の強化によって処刑が行われる。元就は隆元に宛てた自筆書状（同四二四）で「今度各らうぜきの段、是非に及ばざる儀候〳〵、外聞実儀口惜しく、御方《（隆元）》我等《（元就）》恥辱此事迄候〳〵、（中略）二人三人、又は五人六人も申付られ候ハでハ、はや忰家の事はなきまでにて候」と危機感を顕わにし、覚悟のほどを示している。

隆元は元就と家来の狼藉人の件についてたびたび書状をやり取りしている（同六八三）が、まず聞立て、抜ん出て大篇の狼藉をした者から誅伐することとし、その浅深を調査し、相談のうえで実行すること、厳しくしないと家を抱えられないと申し述べている。

五月六日に隆元が児玉就忠に宛て、元就のもとに届けた自筆書状（同七四五）には、次のように記されている。

国右内《（国司右京亮）》の者渡部民部と申す者事、龍文寺ニおいて申付候、しかと申付候、両人の科人誅罰堅固ニ申付候て、本望候、此由披露すべく候、野尻事、兄の又右衛門尉にてこそ候処、聞き違候て、弟中付候事、不便、是非に及ばざる儀に候、然りといえども、此事ゆめ〳〵取上げざる儀候、かきと此分こと存じはり候て居候ハでハにて候〳〵、

五人奉行の国司元相の内の者渡部民部を陶氏の菩提寺である龍文寺で処刑したこと、また野尻氏は、兄の又右衛門尉を処刑すべきところを聞き違えて、弟を処刑したこと、しかしこのことはあらためて取上げず、言い張るまでとしている。

処刑を命じたところ逐電する者もある（同六七四）なか、迅速に行われるべきであるとはいえ、人間違いという、いわば調査不足によるあまりに乱暴な事態が生じたことについて、つづけて隆元は、「事繁く取乱し候つる間、重畳内談届けず候て、口惜しく候〳〵、さればとて、我々が事、楚忽仕るべき者にて候ハや」と、多忙のため、元就側近の児玉就忠や桂元忠に尋ねたり、元就と内談を欠いた自らの楚忽さをあげる一方で、「是も神仏のあてがい、因果の儀と存じ候」と開き直りの態度を示したりして、揺れ動く心の内を表わしている。

翌五月七日に元就は隆元に自筆書状（洞春寺文書）で「彼者共の事弥仰付らる由候、誠あまり厳重の儀に候〳〵、旁謝しがたく候」と返事している。これを受取った隆元は、おそらく大いに安心したものと思われる。

時代の変革期には、在地社会の様々なエネルギーの高まりによる場合もあるが、そうした動きをう

けて支配諸階層のなかで全体の生き残りのためにたえず構造矛盾を調整したり、あるいは既得権益を放棄し、自らの主権的権利を制限してでも、新しい秩序を創出する動きがあらわれる。元就が軍勢狼藉問題の解決をめざして強い覚悟でもって創出したこの仕組みからは、連合する国衆と領域間協定（領国法）を契約し、それと連動する形で領域内規定（家中法）を定めるという、重層的な構造をもつ新しい法制度をみてとれる。

さきに毛利氏「国家」の仕組みが、「洞他家分国を治め保ち候」「家を保ち、分国をおさめ候」と表現されている（毛利家文書六五六）ことを指摘したが、この軍勢狼藉禁止に関する新しい法制度は、まさにそれに合致する。

元就は、国家形成期の戦乱のなかで国衆また家中のあり方を直視し、個別に起こった事態に的確に対応しながら、それら緊急の課題に単行法令を布令して対応し、その解決に向けて法的機構的にその仕組みや内実を整えていったのである。

なお、「軍勢狼藉」の文言は、以後は尼子氏攻めが始まった永禄五年（一五六二）の七月二十八日に元就・隆元が国造千家氏に宛て、杵築表で「軍勢」が「狼藉」をしたということなので、「搦」のため使者二名を送るとした書状はある（大社町史一四五九）が、織田信長との戦争時も含めほとんど見あたらない。

被官の逃亡と人返法

それでは次に、人返協約について述べる。

在地領主制の内部矛盾ともいえる被官・中間・下人らの逃亡にどう対応する

か、大きな課題であった。さきに、享禄五年（一五三二）に毛利氏家臣連署起請文において負債家人、被官・中間・下人の逃亡に対する措置として人返協約が結ばれたこと、毛利氏と他の国衆との間においてはいまだ結ばれていなかったことを指摘している。

安芸国衆間においては、天文二十二年（一五五三）二月十日に小早川隆景から平賀広相に持ちかけて二箇条の契約が行われている（平賀家文書一〇二）。第一条は郎従・僕従の口論については直談して静謐させるとし、第二条で次のように記す。

一被官・中間にいたり逐電仕り、御領中、又は悴家中においても罷り退き候は、伺い一応申し、御返事により礵と放ち申すべき事、

被官・中間が相互の領中に逃亡した場合、その旨を本主側にうかがい、その返事の内容次第によって彼らを自領内から追放する（あるいは留める）ことを契約している。隣接する二国衆間においてこうした被官・中間の逃亡という事態が起こっていたこと、それに対応し、逃亡先領主による領内追放、本主側の請取という措置が実施されたことがわかる。

こうした逃亡の広がりの背景等については後述することとし、毛利氏が創出した人返の仕組みについて考えたい。

人沙汰の儀について、此一通ニ各判形さすべく候、家来の儀は聽て申聞せ成し触るべく候、是ハ先ず国衆此方間の書立にて候、各々に能々申し聞かすべく候、謹言、

十二月一日　　　　　　　　　　　　　（毛利）隆元御判

「佐藤（元実）又右衛門尉殿　　　　　　　　　　　隆元」

この文書（閥閲録一〇八）の「人沙汰《ひとさた》」とは逃亡人の人返のことである。宛書の佐藤元実は隆元が信頼する側近である。隆元は元実に宛て、人返の儀について作成した「此一通」に「各」をして「判形」をさせるよう命じている。「此一通」がどのような様式かは分明でないが、これはまず国衆と毛利氏の間の書立であり、家来の儀はやがて申し聞かせ触れるとしていることから、この一通に判形をすえる「各」が国衆を指していることは間違いない。隆元は側近をして多数の安芸国衆間において人返協約を結ぶべく奔走せしめている。「各々に能々申し聞かすべく候」からは、この協約が国衆全体にとって共通の利益をもたらすものであることを念には念を入れて説明し、個々に認識させることによって、契約をはかろうとする姿勢がうかがわれる。

この安芸国の多数の国衆間における人返協約の成立が何年のことかはしばらく後回しにして、これが機能している事件をあげる。

五月一日に毛利氏奉行人（児玉就忠・粟屋元種）は国衆阿曾沼氏奉行人に宛て、毛利氏家臣赤川源左衛門尉の悴者熊野弥七郎が阿曾沼氏領中へ逃亡したことについて、既に三月十日に同人を領中から追

放するよう申入れをしているにもかかわらず何らの処置もなされていないとし、「当時御国衆人沙汰の儀申談じられ候条、是非ともに彼者の事御領分を退き払われ候て給い候は、本望たるべく候」と、再度要求している（譜録阿曾沼内記）。この「当時御国衆人沙汰の儀申談じられ候」が、さきの隆元書状の「是ハ先ず国衆此方間の書立」にあたることは間違いない。

この五月一日は、児玉就忠が永禄五年四月二十九日に死没しているので、下限が永禄四年の五月一日と判断できる。したがって、さきの十二月一日の隆元書状の下限は、永禄三年の十二月一日となる。

また上限は、前述した天文二十二年二月十日の小早川隆景と平賀広相の契約、次に述べる弘治四年（永禄元年〈一五五八〉）九月二日の天野隆重・元明父子と天野元定の契約が、いまだ多数の安芸国衆間において人返協約が結ばれていない証左とできるので、永禄元年の十二月一日となる。

かくして軍勢狼藉禁令と同様の法的仕組みをもつ人返協約は、毛利氏の主導のもとに永禄元・二・三年のいずれかの十二月一日に締結されたことが判明する。「此一通」の様式は、軍勢狼藉禁止の場合と同様に傘連判状であった可能性もあり、署判をすえる国衆も彼ら一二名であったと推察される。「家来の儀」、すなわち毛利氏家中への布令もこれに連動する形で行われ、安芸国内に張りめぐらされたその重層的な構造のもとでの運用によって、その人返機能を相互に保障し合っていることが知られる。

それでは弘治四年九月二日に安芸国志和盆地内の志和堀を本拠とする天野隆重・元明父子が志和東村の天野元定に宛てた書状（右田毛利家文書）から、逃亡の広がりの背景等について考えてみたい。

両天野氏は同族でありながら、大内氏時代からともに安芸国衆として処遇されてきた。軍勢狼藉禁止の傘連判状にも、天野隆重、天野元定は署判をすえている。志和盆地という狭い地域内のことではあるが、そうした経緯から安芸国衆間の人返協約として取上げる。

書状には、既に指摘したところであるが、まず天野興次（元定の祖父）と元貞（元明の祖父）の間において（一六世紀の初頭に比定できる）悴者《かせもの》・中間の人返法度が結ばれていたこと、その法度は今も有効であることを述べ、つづいてしかし下人の人返法度は結んでいなかったので「御領の者ハ当所へ罷り越し、此方の者ハ御分へ罷り退き候、此のごとく猥り候へハ、毎事在陣の時、郎従以下迷惑に及び候の条、只今より下部沙汰申合い候」とする。

下人の逃亡が頻発する事態に対応するため「下部沙汰」、すなわち下人の人返協約が結ばれ、同日を期して発効したのである。譜代下人であっても、この日以前に逃亡した下人については相互に放棄するとする。なお、この人返協約は、大内氏時代から東西条に知行する在所においても、志和盆地内の七条椛坂《かばさか》を毛利氏から給与されて隆元直臣となっていた天野元友（隆重の四男）領にも適用すると約束している。

下人の逃亡が広がり、下人人返協約が結ばれた背景は、合戦にあたって両天野氏の軍事力編成に支障が生じたことにある。この事例は、厳島の戦いから防長両国侵攻と打ち続いた戦争が、弘治三年の大内氏滅亡によってひとまず落ち着き、帰郷も行われた時期のものである。両天野氏は、逃亡が悴者・中間から、主人による緊縛度がより強い下人にまで及んできた事態を重視し、その危機意識を共有し、協約を結んでともに後代までの規約としたのである。

この事実は、さきに指摘したように、この時点では多数の安芸国衆間において人返協約が成立していなかった証左ともなる。

これを下人たちの立場から思いをめぐらせてみるとどうなるか。下人たちは、天野氏軍として郎従らに随って志和盆地から外へ出て、安芸国外へ転戦したりして、その辛苦と表裏の関係において、日常の世界を越えた見聞や経験をする。大きな河や海を初めて見て、さまざまな生活の営みにふれ、また他の国衆軍の下人らと語り合う機会ももったかもしれない。そうした新しい経験を通して自らを考え、現地で、また途中で、あるいは志和盆地に戻ってから、逃亡を企てた者があったとしても不思議ではないように考えられる。

現実の生活から脱し、より豊かな生活ができそうなところへ逃亡するということは自然の成行きであるが、その事態を放置すれば、領主の軍事力や領内の労働生産性に大きな支障が生じ、在地領主制の根底を崩すことにつながる。そしてまた、彼らの逃亡によって損害を蒙る領主、逆に利を得る領主が生じ、そこに緊張関係が起こってくる。このように戦争の継続・拡大は、各国衆の主人権に属する被官・中間・下人らの逃亡の動きを促し、大きな社会矛盾を生み出していたといえる。

こうした緊急課題に所領を隣接する国衆がまず対応したのであり、国衆の統合者となった毛利氏としては、領国の支配秩序の維持という視点から、それを放置することはできなかった。

戦国時代の法秩序といえば一般的にはいわゆる分国法が想起されるであろうが、奉行人や番衆の服務規律に関する法度ならともかく、政治的・軍事的に情勢がたえず流動的な戦国大名領国において、あらかじめ用意された分国法と称される法典をもって統一的に適用することは現実的に考えて有効ではない。

毛利氏は、刻々動く現実に即応し、その事柄に応じて個別に単行法令を布令するいわば非分国法系の大名である。権力構造の中核が安芸国衆連合であるから、法の形式としては、傘連判状もあるし、第七章に後述する牢人米のように書状形式のものもある。また、領国内の地域を限定する国衆間の法的秩序としては、書違のような起請文形式のものもあり、書状形式のものもある。

法的秩序の維持において重要なことは、領国支配の不均質性を踏まえて適用地域の広狭の面からいうと、家中法、二国衆間の法、領国法を連動させる重層的な仕組みによって、全体的にそれが徹底し機能するよう制度化し、当事者がその契約内容を遵守する、かつ後代にいたるまで遵守していく姿勢と覚悟を意識として絶やさないことである。

軍勢狼藉の禁止にせよ、人返にせよ、家中統制や領国統治にとっては不可欠の優先して対応すべき重要な課題であった。いわゆる多数の国衆間協約の成立は、個々の国衆の領域内への対応、また隣接する二国衆間における対応が限界にきた情勢を踏まえ、自領の利益のみでなく国衆全体の利益を追求することが自領の利益をその根底において保障する時期にいたったことを、国衆も、その家臣も深く認識した結果に基づくものであったと考えられる。

しかし、被官・中間・下人らの逃亡は続く。のちの事例をあげ、その時代的位置づけに触れておきたい。

惣国検地の帳付地に百姓を緊縛

天正十四年（一五八六）六月一日に毛利氏は「分国掟の条々」と題する三箇条を布令した（右田毛利家文書）。これは秀吉の島津氏攻めにともなって発せられた四月十日の秀吉朱印状（毛利家文書九四九）をうけたものであるが、第一条の諸関の停止、第二条の渡舟賃の定めにつづいて、第三条に人沙汰が規定してある。その付に、主人の放状がない者は許容してはならない、年貢・出挙そのほか借物にはまって逃亡した者は許容してはならない、もし地下に居ることを知ったら本主に返すとある。

織田信長との戦争は終ったものの、天正十年代の毛利氏は、秀吉政権下において主なものだけでも長宗我部氏、島津氏、後北条氏攻めと全国戦争に動員され、また広島城の築城などの大土木工事もあって、郷村から多くの人夫・陣夫を徴発した。そうした相次ぐ過重な夫役は、郷村の人々の疲弊をもたらし、農業等の生産性を低下させて「当毛損分」のほか田畑の不作・荒所を増した。年によっては、自然的環境に起因する凶作によって飢饉にみまわれ、荒廃する場合もあるわけであるから、そのうえに戦争や大土木工事への徴発によって耕作等の労働力がさらに不足するという事態になれば、その生産性の一層の悪化は避けられないことになる。

厳島社領安芸国佐西郡友田郷の天正十年代の検見帳からは、そうした有様が確かめられる。夫役には食料として一日一升の支給米（路次の日数は除く）があったとはいえ、絶え間ない徴発は、郷村を疲弊させたのである。友田郷のなかでも規模が大きい永原名や大窪名は個別に年間延三、四〇〇日を越える夫役を徴発されているが、たとえば天正十三年（一五八五）に大窪名の太郎大夫ら、同十七年には永原名の永原九郎左衛門尉、為末名の為末孫二郎らが年貢未済のまま逃亡している（野坂文書四〇・四二）。

また、文禄五年（一五九六）正月二十九日の三隅寿芳下人等付立は、同年月日の給地譲状とともに嫡子元信に宛てられ、譲渡する所有財産としての十数人の譜代相伝下人を書上げたものである（三隅家文書）。全国的にみても稀有の史料と考えられる。彼らは、苗字のある者ない者、また妻子のある者ない者など、さまざまであるが、たとえば助兵衛には「彼妻子買得の者候間、子共普代たるべく候、助兵衛事ハ、彼父地下において過分の負物仕候を納替にて召仕候」とあるように、それぞれ下人化した個別の由緒が記されている。こうしたところにも郷村の疲弊がうかがわれる。

秀吉の朝鮮侵攻に動員された毛利氏は、渡海を見島・対馬経由とし、出陣基地を長門国大津郡においた。直轄領の大日比浦では水夫として徴発され渡海した者の妻子に堪忍米（一人宛一カ月一斗）の支給が行われたものの、餓死や逃亡など諸浦に深刻な被害が広がることを想定して対策が立てられている（防長風土注進案19 前大津宰判。閥閲録一〇）。

したがって、逃亡は、国衆の主人権（言い換えると、主従制的支配権）で縛られている被官・中間・下人だけの問題ではなく、国衆の領域支配権や大名の領国支配権（言い換えると、統治権的支配権）のもとにある百姓（負債百姓）もまた同様であった。

この分国掟が機能していたことは、翌天正十五年六月十三日に石見国衆の周布元城、ならびに益田元祥が個別に都濃経良に宛てた二通の契状（都濃家文書）から知られる。前文書は、第一条の「被官・中間・人足闕落の事」、第二条の「百姓、年貢・段銭・出挙等々、収納なく、逐電の事」、第三条「その主人の放状なき者の事」の三箇条からなり、つづいて「右、吉田様《(毛利氏)》御下知の旨、相互に御届に及ばず、仰せ付けられ、申付くべきの状、件のごとし」とする。後文書は、「人沙汰の儀に付て、仰せを蒙り候、相互の儀に候条、御法度の旨に任せ、御届あたわず、申付くべく候の条、向後御相違あるべからず候、そのため申談じ候」とする。

彼ら国衆は、秀吉の島津氏攻めに吉川氏に属して日向国へ出陣中であった。被官・中間ら、また負債百姓の逃亡に「相互の儀」として対応するとしながらも、「吉田様御下知」「御法度」、すなわち毛利氏分国掟の人沙汰条項をあげている。人返しはきわめて具体的な問題であり、分国掟の布令も、二国衆間の契約と連動することによって機能するのであり、国衆連合を前提としたこうした仕組みにその実態を見出せる。なお、秀吉は、既に五月八日に島津義久を降伏させ、その後帰京の途につき、六月七日には筥崎で毛利輝元ら諸将と会談し、九州における諸大名の配置を定めている。したがって、石見国衆たちもそれぞれ丁度無事の帰還にそなえていた時期であった。

毛利氏領国においては、秀吉の朝鮮侵攻の軍役動員に対応する目的のもとに天正十五（一五八七）～十八年にいわゆる惣国検地が実施され、それに基づいて家臣の知行替が行われた。こうして領国支配体制の刷新によって、惣国検地の名請場所に百姓を緊縛する基準を確立する。

文禄五年（一五九六）四月二十三日に毛利輝元は公領代官・諸給人領肝煎に宛て、秀吉の命令をうけ、年貢等の減免を軸とする荒田回復と百姓の逃亡禁止に関して五箇条を下知している。そして末尾に次のように記す（厳島野坂文書一一二二）。

先年御検地の時、その所の帳ニ付け候百姓は、たとえ由緒候共、他所へ罷り退き候事、御大法にて候間、堅く仰せ出され候、少も綺なくもとの所へ返付さるべく候、このうえ難渋候は、その村の給主ならびに罷り退き候百姓共、同罪たるべきの条、御成敗なさるべき旨候、

名請場所といっても、上田のところもあれば中田・下田もある。また秀吉の全国戦争への協力、広島への築城による大土木工事、つづく朝鮮侵攻と、周囲の情勢は全く改善されない。農村のおかれた深刻な事態を改善し、損なわれた生産性を回復し、増加させていかない限り、百姓の困窮による逃亡や下人への没落はおさまらず、惣国検地の名請場所に定住させていくことには困難がともなった。人沙汰掟を布令するよりも、事態改善のための適切な政策が必要であった。

五箇条は、第一条に年々の荒田は二年で作取にする、第二条に一・二年の荒田は当作の状態により上田は三分一、中下田は五分一を年貢納入し、種子・食ぐらいの作毛ならば全て百姓に与える、荒田には公役を賦課しないなど、いわば減税策を示し、そのうえで第三条で例年作り来る田畠等を捨て置いた百姓は法度を仰せ付けられると処罰することを記し、第四・五条で逐電の百姓を村々は抱えてはならない、年貢未進の逐電人は盗人同前であるから給主へ返付して糺明のうえ成敗すると、逃亡の防

止策をあげる。

年貢は、大名直轄領は大名、給人領は給人が収納し、公役は、大名直轄領・給人領を問わず大名が徴収する制度であったが、この下知には、年貢納入が可能な田地を百姓として荒したら百姓の曲事、給主が法外な年貢をかけたため田地が荒れたら給主の曲事と、罰則規定もあるので、大名以下、公領代官・給人、百姓ら一体の取組みで荒田回復を実現し、農村環境の改善をはかろうという、時代の最優先課題に対する姿勢と工程をみてとれる。

こうして主従制的支配権で縛られている被官・中間・下人らの人返協約（永禄初年の領国法）の成立に遅れること約三〇年を経て、大名の統治権的支配権のもとにある百姓の人返法が布令され、惣国検地の名請場所において緊縛するという法制度が確立された。これによって、それまで負債のない百姓が認められてきた〝去留の自由〟も否定されることとなった。ただ、それを実態的なものとしていくためには、戦争のない平穏な世相とそのもとにおける生産意欲を維持・継続しうる諸条件の整備が課題であった。

さきに毛利氏「国家」の仕組みが、「家を保ち、分国をおさめ候」と表現されていることを指摘した。大名毛利氏は、その家中の統制を強化し、それを支配機構として領国を統治する。したがって、あたり前のことであるが、緊縛は主従制的支配権で縛られている被官・中間・下人らが先行するのであり、領国主の統治権的支配権のもとにある百姓の方が後になる。

毛利氏の場合、関ケ原の戦い後に防長両国へ移封された藩政初期においても人沙汰掟がたびたびみられる。全体的にみて状況は、検地が繰り返され、検地帳・名請帳に帳付けされ、また宗門改制度によって宗門人別改帳が作成されるなど、緊縛の法制度が整備され徹底されていくなかで定住の方向へと向かうのである。

第六章　三子教訓状と張良兵書

三子教訓状と隆元宛の添状

「家を保つ」ための家中法の役割について具体的に述べてきたが、その機能が最大限に発揮されるためには、元就がたえず諭しているように兄弟が結束することが重要であり、何よりも主君の地位が確固としたもので権力の中枢部が分裂しないよう意識を共有して行動することが不可欠であった。

それへの対策は領国法よりも先に行われるべきことであるが、元就は、傘連判状契約の直前の弘治三年（一五五七）十一月二十五日に隆元・吉川元春・小早川隆景に宛て、いわゆる三子教訓状を認めている（毛利家文書四〇五）。

三人心持の事、今度弥然るべく申談じられ候、誠千秋万歳、大慶此事候〳〵、と書き出す一四箇条、長さ約三メートルにも及ぶ長文のものであり、大内氏討滅後に起こった一揆を平定に出陣中に周防国富田で認めたものである。

元就は、拡大した領国の支配を担う人材の不足、また三兄弟に女婿の宍戸隆家を加えた子供たちの意識のずれを懸念していた。権力中枢部の不安定は家中に分裂を生み出す契機となるものであり、そうしたことは何よりも避けなければならなかった。三子教訓状は、そうした認識のもとに作成されたものである。

第一条に「毛利と申す名字の儀、涯分末代までもすたり候ハぬやうに、御心がけ、御心遣い肝心までにて候」、第二条に「元春・隆景の事、他名の家を続かる事候、然りといえども、是は誠のとうさ（当座）の物ニてこそ候へ、毛利の二字、あだおろかにも思食し、御忘却候てハ、一円無曲事候」と、毛利家の存続を高く掲げ、そして第三条で三兄弟の仲が少しでも疎隔あれば「三人御滅亡」と思って結束せよとし、第四条ではそうした結束によって毛利・吉川・小早川の各家中は存分に治められること、毛利氏が弱くなると人の心持は替わるから元春・隆景は毛利家が堅固になるよう隆元に助力すること、第五条では互いに落度があっても隆元は元春・隆景を親気をもって堪忍し、元春・隆景は隆元に従うこと、毛利家に入ったら元春・隆景は「何と成りとも、隆元下知ニ御したがひ候ハて叶うまじく候」とし、第六条では「孫の代までも、此しめしこそあらまほしく候、さ候は、三家数代を保たるべく候」とこの結束の先行きの効果のほどを述べ、第七条でそれが亡き妻妙玖への三兄弟の「とふらい（弔）」であるとし、第八条で宍戸氏は一代の間は三人同前に遇するよう求めている。

元就が順々に諭したこの三子教訓状の歴史的意義を述べるとすれば、これはただ単に三兄弟の結束を説いたというものではなく、毛利氏の「国家」の核となる毛利家を保つために家督の隆元の主君としての地位を明確にしたものであり、それによって兄弟・一族のなかでの内紛を避け、いわゆる下剋上を禁止すると宣言したものであると評価できる。

これに対応する形で翌十一月二十六日に隆元は元春・隆景と連署した自筆請書を差出す（同四〇七）。「我等三人心持の儀につき、御書をもって一々仰せ下され候、具に拝見致し、納得仕り候」で始まる請書は、九箇条にわたる。第一条に「誠度々仰せ聞かされ候、我等三人半、少にてもかけこへたても候ハヽ、只〳〵滅亡と存ずべき旨、仰せ聞かされ候、誠に尤、分別致し候、一々承分候、堅く納得致し候」とあり、以下それぞれについて「御意の段、尤ニ候、一々納得仕り候、涯分その覚悟致すべく候まで候」のような同意文言が記されている。

元就は、この請書を受け、再び三人宛に自筆書状（同四〇八）を認め、返事は承知した、しかし自ら心中を述べたものは、三人宛の箇条もあれば、隆元一人宛、元春・隆景両人宛の箇条もあるので、返事は各別に行われるべきものであると思うがどうか、と述べている。元就の意に沿う請書ではなかった、真意が十分に伝わったわけではなかったということである。

ところで、この三子教訓状に添えられた隆元宛の元就自筆書状（同四〇六）がある。

これ又御披見の後、返し給うべく候〳〵、

巻物の内ニ申すべく候へ共、此儀肝心候、おそれながら、三人のためにハ、守にも、何にもまさる事にて候間、別紙ニ申し候、三人の間、露塵ほどもあしざまニ成行き、わるくおぼしめし候は、はや〳〵めつほう《（滅亡）》と思召さるべく候〳〵、唯今当家のためハ、別ニまほりも思惟もあるまじく候、た〳〵此儀定めかため、御方両人のためハ申すあたわず、子共迄の守たるべく候、張良か一巻の書にもまし候べく候、今のごとく三家無二に候は、おそれながら国中の人々にもこまた《（小股）》ハかゝれまじく候、他家他国のおそれもさのミハあるまじく候〳〵、

一当家をよかれと存じ候者ハ、他国の事ハ申すあたわず、当国にも一人もあるまじく候〳〵、

一当家中にも、人ニより、時々により候て、さのミよくハ存じ候ハぬ者のミあるべく候、

一三家今のごとく無二ニ候は、此家中ハ御方の御心ニまかせられ、小早河家中ハ隆景存分ニまかせ、吉川家中ハ元春所存に任すべく候〳〵、もし〳〵すこしもわるく候は、まず家中〳〵よりあなつ《（侮）》り候て、一かう事ハ成まじく候〳〵、然るあいだ、ただ当家を初め候て、三家の秘事ハ、是までニてあるべく候〳〵、一巻の書、これニてあるべく候、露程も兄弟間わるきめぐみも候は、めつぼうの基と思召さるべく候〳〵、吉事重畳申し承るべく候〳〵、かしく、

尚々、妙玖居られ候は、かやうの事ハ申され候ずるに、何までも〳〵、一身の気遣いと存ずばかりに候〳〵、かしく、

この元就自筆書状は、第一条の毛利家をよかれと思う者は、他国はもちろん安芸国内に一人もいな

い、第二条の毛利氏家中にも人により時によりよく思わない者のみであるという内容によってよく知られているが、全体を通してよく読むときわめて重要なことが注目される。

前文は、「巻物」、すなわち三子教訓状の内容は肝心であり、三人の「守」にまさるものであること、三人の仲が露塵ほども悪くなれば滅亡と心得ること、毛利家にとっては別に「守」も「思惟」も無用であり、ただこの儀を定め固めて三人のためはもちろん「子共迄の守」とすべきこと、そうすれば「張良か一巻の書」にまさること、今のように三家が結束していれば、安芸国内で小股を掬われることも、他家他国の脅威もないと述べている。

第三条は、三家が今のように結束していれば、毛利氏家中は隆元、小早川氏家中は元春が存分にできること、もし三人の仲が少しでも悪くなれば、まずその家中から侮られることになって何事もできなくなる、だから毛利家をはじめとして「三家の秘事」、すなわち奥義・秘伝は、三兄弟の結束にあること、まさにこれこそ張良か一巻の書であると断じ、それを露ほども欠くならば滅亡の基と思うべきことを諭している。そしてこのようなことは、妙玖が生きていたら妙玖が話すのだが、いまは自分が気遣いすることであると語りかけている。

元就は、現実に三兄弟の固い結束があったからこそ大内氏を討滅できたと、その実績を拠にして、こうした結束は三人の「守」であり、また三人の子供までの「守」でもあるとし、これこそが「張良か一巻の書」にまさると述べるのである。

家中や国衆のいわば変わり身が早い心持の有様を直視し、それを押え込むだけの力を生み出す三兄弟の結束を強調しているところは三子教訓状と共通するが、この内々の書状がもつ意味は、「張良か一巻の書」を引き合いに出してその結束と比較し、その価値を述べているところにある。

張良と「張良か一巻の書」

毛利博物館には、「均馬仙翁千午将軍張良師伝一巻書」と題する、永禄四年（一五六一）四月に隆元、元和九年（一六二三）八月に輝元が書写した二巻の兵書が伝存する。ともに形態はほぼ同じで軸がない巻物である。隆元と輝元の両書写本を比べてみると、輝元書写本の方が脱漏が少なく良本である。輝元書写本の法量は、縦一二・七、横五八五・五センチメートルと、懐中に収められるほどである。この両巻は、現在は見あたらないが、ともに天文二十四年（一五五五）八月の元就書写本を底本にしたと思われる。なお、元就書写本の底本とされたものは、永正九年（一五一二）八月の文牧の書写になる。

この両巻は、それぞれ紐付きの錦の袋に入れ、蓋表に蒔絵で張良が馬上の仙翁に沓を捧げる図が描かれた黒漆塗りの箱に収められている。そしてそれには、萩藩主毛利宗広の「当家累代相伝極秘兵書、嫡子家督たるのうえ、一世一度披見すべし、このほか全くこれを開くべからず、右古来書伝此のごとし、今度改て書直す者也、元文六年（一七四一）辛酉春」という、自筆の書付が添えられている。

張良（?～前一八六）は、漢の高祖（劉邦）に仕えた人物として知られている。張良は黄石公から兵法の秘術一巻の書を伝与され、それを高祖に教授して輔佐し、秦を滅ぼし、前漢を立てたという、いわば武功の人とされる。右の蓋表の蒔絵の図柄は、黄石公がわざと左の沓を三度落とし、張良が三度とも拾ってはかせ、信頼をえたことを示す一コマである。

この兵法秘術一巻の書が、「均馬仙翁千午将軍張良師伝一巻書」のことであり、元就が三兄弟結束の価値を説くのに引き合いに出した「張良か一巻の書」にあたる。

それでは張良は日本歴史のなかでどのように位置づけられてきたのであろうか、いくつか事例をあげたい。

著名な建造物の堂内の襖絵には、中国の故事を題材にしているものがある。たとえば、紫宸殿（現在のものは安政年間の造営）の賢聖障子には、中国の唐代までの張良を含む三二人の賢臣や文人の画像が描かれている。これは寛平年間（八八九〜八九八）に図を巨勢金岡、賛を小野道風に執筆させたのが慣例になったという。

遡る慶長年間に造営された紫宸殿は、寛永十八年（一六四一）に仁和寺金堂として移築されたが、それにともなって慶長十八年（一六一三）に狩野孝信が制作した現存最古の賢聖障子（絹本著色）も同寺に伝えられた。筆者は、二〇〇九年二月五日に京都国立博物館で開催された特別展覧会「京都御所ゆかりの至宝」に出品中の全二〇面を見学したが、正面に一対の松、松の間に獅子と狛犬、その図の右方に一二名、左方に二〇名の賢聖がならんでいた。張良は向って右方の一二名のうちの七番目に配されていた（同展図録）。

また、本願寺は、天正十九年（一五九一）閏正月五日に秀吉から七条堀川の地を寄進されて、現在地に移転した。その西本願寺の対面所（書院・鴻の間）は江戸時代初めの寛永年間の建立であるが、その上段正面の床貼付の障壁画には、中国の『史記』に題材をとった「張良四皓を引きて、太子に謁する図」が描かれている。張良が案内する「四皓」とは、東園公・綺里季・夏黄公・甪里《ろくり》先生であり、面会する「太子」とは前漢の高祖の皇太子劉盈（のちの恵帝）のことである。

この対面所は見学が可能であるが、より見学しやすいものとして唐門があげられる。西本願寺には、境内の南側の小路に面し、対面所等の接客施設の正式な門として唐門が位置している。無数の豪華・精巧な彫刻で飾られ、「日暮門」と呼ばれるほど、観る者をして飽きさせない桃山文化を代表する建造物である。この唐門は、元和三年（一六一七）暮の火災に焼け残った御影堂前の門を翌四年に現在の場所に移したものである。彫刻は、南側の扉の真上の孔雀などは当初からのものであるが、厚みの材を使ったものは移築時に追加されたものと考えられている。そのなかに中国の説話を題材とした四枚の欄間がある。

南側の東に馬上の黄石公（左足は裸足）、西に龍（三本爪）の頭に乗って黄石公の沓を捧げる張良の姿を彫り込んでいる。さきの蒔絵と同じ題材による。これは、北側に彫り込まれた清廉で隠棲をよしとする人物、西に潁川《えいせん》の滝水で耳を洗う許由、東にその水は飲せられないと川から牛を離して引く巣《そう》父《ほ》と比べると、きわめて世俗的である。

本願寺の対面所の障壁画や唐門の彫刻は、戦国時代以降に本願寺が天皇や公卿ら朝廷関係者と交流を深めたことが影響している。

これら紫宸殿や本願寺の事例は、京都の政権が、平安時代に唐風化して以来、いわば理想的な君臣関係、統治の有様などを想う画題としてそれをとらえ、それにふさわしい場所に描かれまた彫られたことを示している。張良はそうした賢臣の一人であった。

また張良は、戦国時代の文化・芸能分野においても確かめられる。たとえば、観世信光は、永正十三年（一五一六）七月七日に死没するが、彼の「能本作者註文」には「張良」ほか三〇番が書きあげられている。武家社会に浸透した演能は、張良の賢臣としての名声を広める役割を果したと思われる。

戦国時代には、兄弟が相分れて戦い、あげく滅亡した家は少なくない。元就は、いわば下剋上で戦国大名にのし上った人物でありながら、三子教訓状で毛利家の存続を高く掲げ、隆元の主君としての地位を明確にして元春・隆景を服さしめ、下剋上を禁止した。あわせて結束が生み出した実績の大きさを踏まえ、「張良か一巻の書」を引き合いに出し、三兄弟の結束にはそれにも増す価値があると諭した。三兄弟としては、これこそ「三家の秘事」、これこそまさに張良兵書と評価されて悪い気はしなかったと思われる。他の戦国大名の場合にはその事例をみないが、元就がこうした伝統的に由緒ある兵書を権力中枢の意識の有様、具体的には精神の高揚に活用したということは注目にあたいする。

張良兵書にまさる三子の結束

「均馬仙翁千午将軍張良師伝一巻書」を繙くと、序跋には、この書が仙老から張良に与えられた経緯、その秘術を高祖に教授したところ忽に武性を顕し秦を討ったこと、日本に伝来して神功皇后が悟って新羅・百済を討ったもののその後散逸したこと、醍醐天皇代に大江維時が使となって渡海し、明州の龍樹将軍から伝えられ、朱雀天皇代の承平元年（九三一）に帰国して「朝家の重宝、当家ノ大事」として相伝したこと、鎮守府将軍源義家が東国に発向するにあたって懇望したので白河天皇が許し、承暦元年（一〇七七）に大江匡房が男山八幡宮で授達し、義家の願いで漢書を和字（仮名）に書き改めたこと等々が記されている。序跋につづき「篇目四十二ヶ条兵法秘術一巻書」とあり、以下四二箇条にわたってそれぞれ軍事作法と真言秘術を組み合わせた兵法秘術がならぶ。

隆元書写本の巻末をあげる。

「永正九年壬申八月吉日　文牧
天文二十四年乙卯八月吉日
　従五位下行右馬頭大江元就朝臣
永禄四年辛酉卯月吉日
　従五位下行大膳大夫大江隆元朝臣」

これを写真図版でみると、「文牧」も、「元就」も、「隆元」も、そしてそれぞれの年月日も、全て同筆であり、隆元の書写であることが確認される。このことは、文牧が書写した一巻を元就が読書して署名し、またそれを隆元が読書して署名するという形で相伝してきたものでないことを示している。隆元が書写した底本は、別に存在していたことになる。

輝元書写の一巻は、この奥書に「元和九年癸亥八月吉日　従四位上行黄門右馬頭輝元朝臣」が加えら

「張良か一巻の書」（毛利博物館蔵）

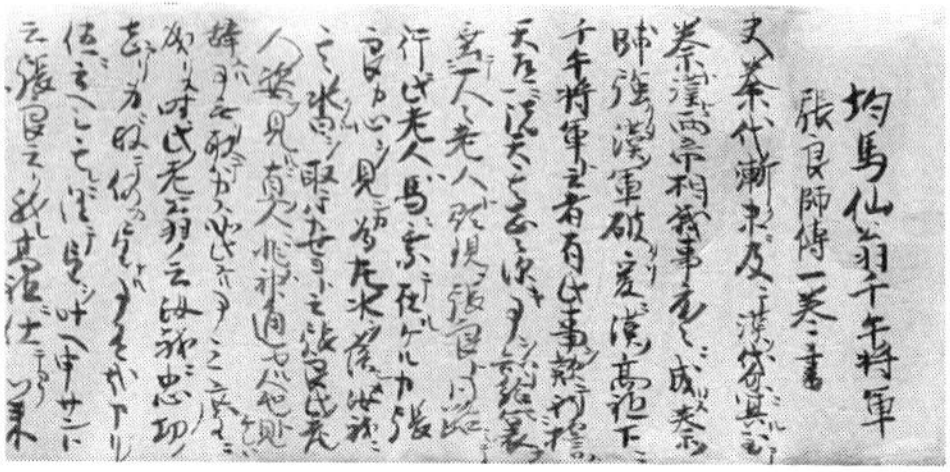

毛利隆元書写本　巻首

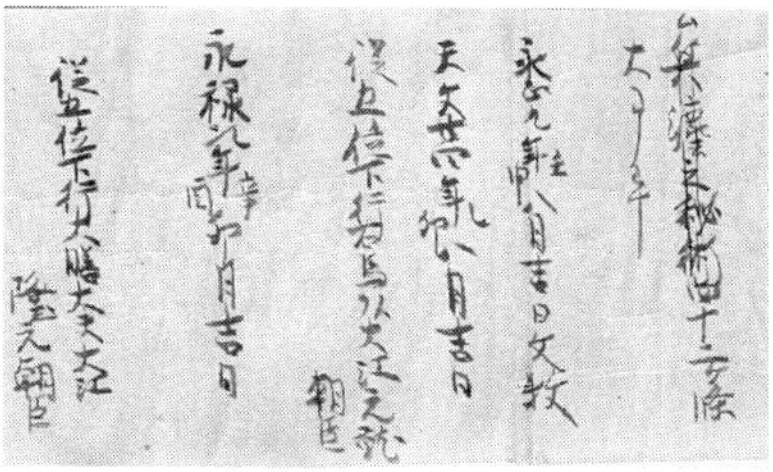

毛利隆元書写本　巻末

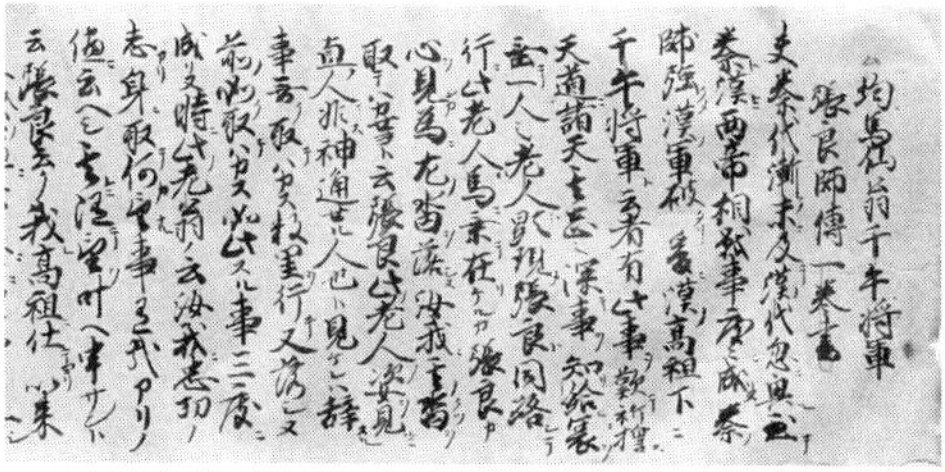

毛利輝元書写本　巻首

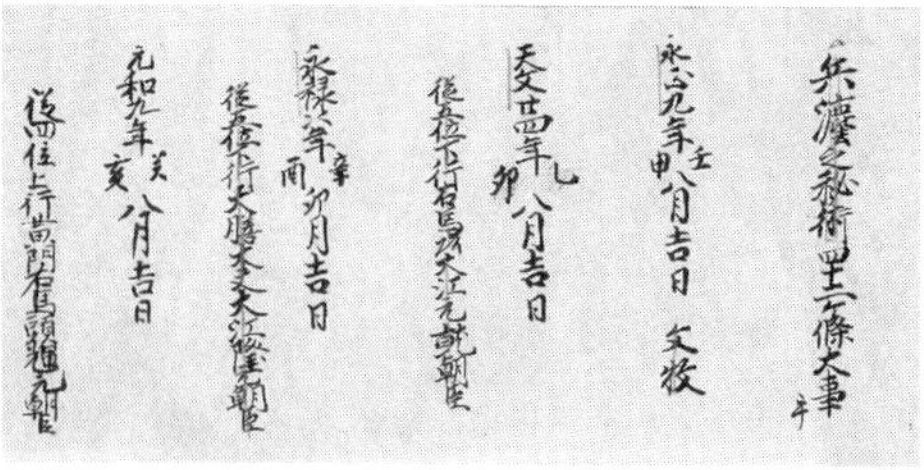

毛利輝元書写本　巻末

れたものであるが、写真図版でみると、これも全て同筆であり、輝元の書写であることが確認される。隆元書写本と比べてみると、その文章の脱漏部分を穴埋めしているので、隆元書写本を底本にしたとは考えられない。

そうした事情から、現在は見あたらないが、天文二十四年八月に元就が書写したものが、のちに隆元と輝元が書写した底本であると思われる。この年月は、既に前年の六月五日に安芸国佐西郡折敷畑合戦において毛利氏軍が宮川甲斐守率いる陶氏軍に勝利し、精神的にも厳島合戦を間近にひかえて緊張が高まっていた時期であった。

張良兵書は、既に室町時代には広く流布していたが、その真価は、置換可能な四二箇条の兵法秘術の部分ではなく、序跋に記された伝授の系譜にあり、それが所持者の必勝不敗および治国平天下を約束するところにあった。

秘術の影響力が大きい時代であったとはいえ、合理的な性格の元就が、序跋や四二箇条の内容を、とりわけ兵法秘術の条々に記されているように、合戦中に緊急に生じた生命の危機をここに個別に決められた動作を行いながら神呪を規定回数唱える（たとえば、「此真言ヲ二十一遍唱ヨ、敵ノ矢身ニ立ズ」〈第八条〉、「此神呪七遍満レバ、敵スクミテ戦ズ」〈第一一条〉、「此神呪ヲ百遍満ヨ、イカニ戦トモ疵ヲこうむらざる也」〈第二三条〉など）ことによって回避できると、そのまま信じていたとは考えられない。

元就は、こうした所持者の必勝不敗ならびに治国平天下を約束する秘巻を書写し、所持した。そして、現実に十月一日に厳島の戦いに勝利し、防長両国も平定した結果、あるいはその秘巻の秘巻たることを自ら証明したと思ったかもしれない。しかし、元就はこの戦果を張良兵書によるものとはしなかった。これは三兄弟の結束が生み出したものであり、これこそが「張良か一巻の書」であり、またそれにまさると評価した。こうして元就は、伝統的な由緒をもつ張良兵書をきわめて有効な比較材料として意識し、三兄弟の結束がもたらした家の発展という現実の実績と対比させ、結束すればそれが大きな力となってこのように実績はあがるというべいわば論理を打出し、その再生産をはかって結束意識を鼓舞し、いよいよ高揚させたのである。

元就自筆書状中には、このほかにも「張良か一巻の書」という文言が二例みられる。いずれも小早川隆景への返書で、一例は年未詳であるが、「兄弟三人の上ニてハ、張良カ一巻の書も更に入まじく候、たゝ隆景・元春ならびに五竜半だに能く候は、これ則ち張良一巻の書ニてあるべきと申聞せ候つ、隆元分別仕り候、元春・隆景の御上にも、是までにてあるべく候と存じ候」（同五四五）と述べ、おだやかならざる隆景と元春の仲に関して助言を行っている。肝要な事柄は繰り返し個別の機会をとらえて述べ、上すべりしないようにするのが元就の性格であるとはいえ、こうしたことのなかで兄弟の結束は強固な意識を注入され続け、それぞれの自覚も深められていったと思われる。

また一例は、永禄十一年（一五六八）のもので、ここで元就はもう一つの面をみせる。内容は、海沿いでない美作国の支配の困難さ、北部九州における大友氏との戦争、伊予国河野氏への援軍の派遣など、緊迫した軍事情勢下における隆景の愁訴への回答である。その第四条に次のように述べている（同五七九）。

一仰せのごとく、当時の儀は、儀理も法も入らず候、弓なども一円入らず候、たゝ〳〵諸人のいやがり候事をば一かう御取もち候ハて、人々のすき候ずる事ハかり仰せられめされ候て御座候ずる事、肝心迄候〳〵、張良か一巻の書にもましたるべく候〳〵、

元就は、隆景に同調し、いまは義理も法も弓なども不用であり、諸人が好むことばかりすることが肝心で、それが張良か一巻の書にまさるとしている。家中内外の人心を掌握することを優先したためと考えられるが、元就は、ここでは平素から最重要視する義理と法を不用とし、そこで張良兵書を明らかに便宜的に利用し、きわめて柔軟な対応をしている。

元就は、毛利家の存続を第一とし、その精神が将来の世代へ継承されていくことを強く願ったが、その統治にとって守といえる兄弟の結束を語るにあたって不可欠の張良兵書は、孫の輝元以後も、時代状況は変わったものの、歴代藩主によって確認されながら相伝された。

なお、隆元が書写した永禄四年四月は尼子氏攻撃のため出雲国へ出陣する前年のこと、また輝元が書写した元和九年八月は秀就に家督を与え統治の全権を委譲する儀式を行う直前という、いずれも毛利氏が直面する政治的・軍事的に重要な時期であった。

国家の仕組みのなかにおいて新制度を創出し、機能させるためには、権力中枢は意識的にもたえざる営みを求められた。そこでは、こうして注入された精神性が重視されたのであり、その法的機構的整備や領国経営を根底から支える役割を果たした。元就は人の心持の有様をとりわけ重視して現実を

直視し、行動したが、子供たちに説諭した結束という精神性は、国家統治にとって最高の指針となり、孫の代までの守にせよと記したねらいは、終章に後述するが、輝元・吉川広家らによって十分活かされることになる。

第七章　領国統治と法制度

防長両国を平定し、毛利氏が実施した政策の一つに牢人米がある。大内氏旧臣を救済するためのものである。

防長両国の平定と牢人米

当国御打入の砌、忠義の次第、貞俊（福原）淵底御存知成され、経好（市川）に対し御理候、この忠として当社牢人米御闕《さしお》き候、右米は、御法度候て、何たる子細候共、御闕きあるべからざるの通、御下知候、然りといえども、忠掌浅からざる子細、貞俊御意により此のごとく候、昨日九日已前は、右米堅固勘渡あるべく候、今日十日より以後は、御闕き候、この由申すべき旨候、恐々謹言、

永禄五
三月十日　　万福寺
　　　　　　周定（花押影）

厚狭惣八幡
大宮司殿

この毛利氏奉行人書状（防長寺社証文　惣社八幡）によれば、その布令時期は明確ではないが、毛利氏法度として牢人米の徴収が命じられ、それはどのような理由があっても免許してはならないとする御下知があった。しかし、長門国惣八幡大宮司の幡生右衛門尉は毛利氏軍の防長両国侵攻にあたって忠義があり、そのことは福原貞俊が存知しており、貞俊が山口奉行（防長両国支配の責任者）市川経好にこの忠義を理由に牢人米免許を認められるようはからったとする。万福寺周定は、それらの事情を記して昨三月九日以前の牢人米は納めるべきであるが、今日十日以後のものは免許すると伝えている。

この文書には、同年月日に福原貞俊が幡生右衛門尉に宛てた書状（同）が添えられている。それには、幡生氏の忠義が「且山以来」、すなわち弘治三年三月に大内義長・内藤隆世らが楯籠った長府且山城攻め以来であったとある。福原貞俊はその攻撃軍の毛利氏の指揮者であり、その立場から幡生氏の牢人米免許を吹挙し、毛利氏奉行人書状を用意させて交付したと思われる。

この事実は、山口奉行市川経好支配下の防長両国に毛利氏法度として牢人米が賦課されていたこと、それは、毛利氏への忠節が顕著であるとか、毛利氏枢要の人物が吹挙したとかの場合に限って免許されたことを示している。

ところが、五月九日に福原貞俊は市川経好に宛て、市川経好が幡生右衛門尉に牢人米二人分を賦課したことを踏まえ、厚狭惣八幡領は先年諸天役以下を貞俊の言上によって免許されたにもかかわらず、以後も郡夫・城誘等を所勤してきたこと、惣八幡は大社で造営・祭礼等も大変のようであるから牢人米は免許されるべきであると重ねて申入れている（同）。幡生右衛門尉は、この福原貞俊書状をもって、市川経好と折衝を行ったのである。

牢人米とは、大内氏旧臣を経済的に救済する牢人対策であり、民生上の安定策と思われる。

この事例より遡る永禄三年三月十八日に吉田の毛利氏奉行人は市川経好に宛て、山口の今伊勢宮が今年は二一年の造替にあたっており、大宮司が言上してきた入目注文を披露したところ、隆元は、財政が窮乏しているため、まず牢人衆二人を預けているのを免許する、社領の段銭・諸天役も免許するとし、地下中勧進等を催して建立を遂げるのが肝要であるが、もしそれをしないのならば牢人米・段銭・諸天役は従来通り徴収するよう命じている（防長風土注進案13 山口宰判下）。

事例は少ないが、厚狭惣八幡も、今伊勢宮の場合も、これは、書状形式ではあるが、いわば権利書である。

そして今伊勢宮の事例からは、本来その造替費用を用意すべき国の公権力たる毛利氏が、牢人米や段銭等の公役を免許してその代替とし、自ら布令した法度に例外をつくり出していることをみてとれる。

それらの免許が元就・隆元の判断によるものであったことは、そこに戦争続きで財政が窮乏し、借銭・借米に依存する事情があったにせよ、法度の徹底、その実効性という領国統治上の視点からみると、大きな課題を残すものであった。それゆえに地下中勧進等による費用の調達が提示される。

毛利氏法度として布令したものを厳密に適用して実効性を高めるには、表裏ともに例外をつくらないこと、適用対象と個別の取引をしないことが肝要である。厚狭惣八幡の場合には一門筆頭の福原貞俊の吹挙があった。重臣たちはこうした各地域の領主層と関係を取り結び、権力中枢において発言権を強めていく傾向があるから、布令した法度に例外をつくらないということは、状況的にみても構造的にみてもきわめてむずかしいものであった。ただ、それは同時に支配機構上それを職掌とする責任者の力量が問われる面でもある。厚狭惣八幡の場合、山口奉行市川経好は福原貞俊の吹挙による免許の決定にもかかわらず、賦課していたのである。

法度を布令してもこうした形で例外をつくると、法度に対する諸階層の信頼を損い、統治上さまざまな支障を生じることになる。大内氏攻めは実態としては侵攻作戦であるから、防長両国内のできる限り多くの在地領主を味方に引き込み協力を得なければならず、そのためには相当の褒賞を与えることが必要であり、こうした法度を布令してもその褒賞に充てるため例外をつくらざるをえない状況に陥っていた。

元就としては、こうした事態を深く憂慮していた。法制度に基づいた統治を行うためには、こうした状況を自らが克服しなければならなかった。

西からの大内輝弘、東からの尼子勝久

しかし、そうした元就の認識にもかかわらず、軍事情勢は不安定であり、領国の西に大友氏、東に尼子氏と大きな敵対勢力をかかえ、きわめて緊迫していた。

永禄六年（一五六三）八月四日に隆元が安芸国北部の佐々部で急死した。大友氏との講和を成立させ、防府から出雲国洗合に滞陣中の元就のもとへの行軍の途次であった。家督は輝元が相続することになるが、実権は元就にあった。永禄九年十一月に尼子義久が降伏し、出雲・美作などのその旧領国は元就分国となった。尼子義久・倫久・秀久の三兄弟は、内藤元泰領の安芸国長田の円明寺に移り、その厳重な監視・警備のなかで過した。その状況は、寛文元年（一六六一）の内藤元幸筆の「内藤家之次第覚書」に詳しいが、二三年後の天正十七年（一五八九）頃になって志道の根の谷で古帳五七〇石を給与され、毛利氏家臣となった。『八箇国御時代分限帳』では、尼子領八二一石余、尼子義久一一二九石余、関ケ原の戦い後には佐々木氏を名乗って萩藩士として続いた。内藤元泰領の尼子方宿については既に七月に元就との間で決まっており（閥閲録五八）、まだ若い尼子三兄弟を自刃させなかったのは、元就が選択したいわば和解のあり方であった。

永禄十年二月に吉田に帰還した元就は、翌十一年に伊予国の河野通直の援助のため吉川元春・小早川隆景を将として出陣させるが、大友氏が講和を破って豊前・筑前両国内の毛利氏方の諸城を攻撃したため、両名を九州へ転進させた。そして元就は輝元をともなって長府・赤間関まで出向いた。

元就は、吉田出立直前の永禄十二年四月十六日に輝元に宛て、次のような自筆書状（毛利家文書五四九）を認めている。

　我等事、数年備芸石国衆と申合い、すいちく（随逐）仕り候、不思議の弓箭出来候て、国衆老若罷り出でられ、気遣い仕り候、然るところ、元就事所労の儀とハ申しながら、この時罷り出ず候事、儀理をもかき候事、あまりニ口惜しく候条、関府まで罷り出で、程近く談合を成りとも仕り候ハて叶わざる儀に候間、この分存じ立て候〳〵、高齢で病気がちの元就が長府・赤間関まで出向いたのは、備後・安芸・石見三国の国衆と盟約した「儀理」を欠かないためであり、せめて「談合」ぐらいはしたいという思いからであった。自らの下向が、直接的な軍事力をねらったものではなく、国衆たちの覚えとして刻み込まれることを重視した配慮であった。

ところが、永禄十二年十月に大内輝弘が山口へ攻め込む事件が起こった。この時、吉川元春・小早川隆景は筑前国立花城攻防の陣中にあった。

大友宗麟が全面的に援助した大内輝弘は、豊後国から元就の背後にあたる周防国秋穂辺に上陸し、それに多くの地下人が呼応した。丁度この頃には元就と能島村上武吉の間に疎隔が生じており、この上陸は結果として村上武吉がその水軍によって阻止しなかったために起こった。

大内輝弘には大内氏旧臣中の最長老であった吉田興種が呼応した。興種は、周防国衆仁保氏の庶子家の出自であり、長らく大内氏中枢の奉行人をつとめた人物である。政権移行期の三年間、毛利氏五人奉行と大内氏旧奉行人七名の一二名で防長両国関係の行政事務を担ったが、そのうちの一人であった。興種の二男隆在が仁保氏惣領家を相続していたが、隆在が永禄九年に死没したため、その跡は隆在の娘と吉川元春の二男元棟の婚姻が成立していた。しかし、家督後見として仁保氏家中で実権を振ってきた吉田興種の存在はなお大きいものであった。

この危機的事態をうけ、元就は、吉川元春・小早川隆景が率いる全軍を急ぎ撤退させ、吉川元春・福原貞俊をして大内輝弘討伐に向わせた。白松・岐波・床波・秋穂辺の地下人一揆を制圧するとともに、輝弘を防府に追いつめて自刃させ、吉田興種は吉川元春の家臣江田宮内大輔が仁保において合戦のすえ討ち取った。こうして事態は十月中には落着した。

元就の的確な判断と決断、迅速果敢な行動が、外部勢力と通じて顕現した領国内の反毛利氏勢力をごく短期間で一掃した。立花城からの撤退は、北部九州経営、とりわけ博多を放棄することを意味するが、この事件は、毛利氏の防長両国の統治において決定的に重要な意味をもつものであった。すなわち、それまで進めてきた大内氏旧臣に牢人米を給付するいわば救済・懐柔政策によって政治的安定をはかろうとする経営を断念し、それをいわば武断的なあり方に転換させる否応ない画期となった。

一方出雲国においては、大内輝弘事件よりやや早い永禄十二年七月に尼子勝久が尼子氏再興をはかって攻め込み、富田城を包囲するなど、混乱が続いていた。

大内輝弘事件の仕末をつけて吉田に帰着した元就は、富田城将として抗戦中の天野隆重からの援軍派遣と兵粮米補給の要請に応え、翌元亀元年（一五七〇）正月六日に輝元を総大将、吉川元春・小早川隆景を輔佐として出雲国出兵を決行した（同七八八）。輝元は、先行する小早川隆景の指示で大雪のなかを十六日には赤穴に着陣しており、そして毛利氏軍は二十八日には多久和城を攻略し、晦日に多久和大和守らを討ち果たしている。以後も出雲・伯耆両国内で両軍勢力の攻防戦は続いたが、九月になって元就の病気により輝元と小早川隆景は吉田へ帰る。あとは吉川元春・宍戸隆家・口羽通良らが滞陣するが、以後も各地で城の攻防戦や海上において合戦が続き、ようやく鎮定されたのは、元就死没後の元亀二年八月に尼子勝久が隠岐へ逃れたことによってであった。

元就は、元亀二年六月十四日に吉田郡山城で死没した。

元就は、第Ⅲ部五章に後述するが、死没する前に輝元を輔佐する「御四人」制を創出した。家中の福原貞俊・口羽通良に他家の吉川元春・小早川隆景を毛利家の政務運営に参画させて何事も四名が合議して決めることとし、これを毛利氏の最高意思決定機関と位置づけた。したがって、元就死没後においては、領国法は彼ら四名が連署して布令した。

その一つをあげ、意義を考えたい。

「真実の御法度」

恐れながら言上仕り候、温泉銀山御公領の事、この間洞春様(元就)仰せ付けられ候ごとく、少も自余の御用ニ仕られず、御弓矢の御用にさるべく候、堀口・町屋敷・通役・送馬以下、誰々訴訟仕り候共、御同心あるべからず候、そのうえ洞春様御手次のごとく仰せ付けらるべき事、真実の御法度にも成るべく候、なかんづく、防長御段銭、先年しどけなき御事共候つる、近年段銭奉行仰せ付けられ、然るべく相調候条、これ又このごろの御手次のごとく仰せ付けられ、然るべく存じ候、御分別においては、御同心の御返事仰せ聞かさるべく候、恐惶謹言、

元亀二
六月二十六日

隆景（花押）
貞俊（花押）
通良（花押）
元春（花押）

銀地狛犬　天正12年6月17日（厳島神社蔵）銘に平佐就之の寄進とある。銀板数枚をはぎ合せて打ち出し造形したもの。中は空洞。高さ10.3cm。

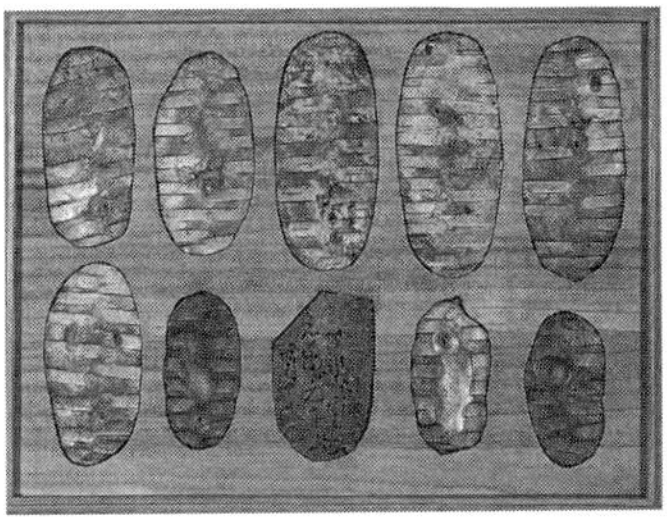

灰吹銀（毛利博物館蔵）下段真中のものには「元亀元年五月十日」の墨書がある。完形のもので最大縦13.2cm×横6cm。切断して重さの値打ちで流通した。

「（切封ウハ書）（墨引）　　連署
粟屋内蔵（元種）丞殿　　隆景」

この文書（毛利家文書八四〇）は、小早川隆景が主導して五人奉行の粟屋元種に宛て、四名が提示した二つの事案について輝元に披露し、輝元の同意の返事を求めたものである。

二つの事案は、いずれも毛利氏財政に関わる。一つは、温泉銀山直轄領の収入は、この間元就が仰せ付けられた通り他には用いず戦争費用に充てること、堀口・町屋敷・通役・送馬以下の課税については、誰が免除をしてくれと訴訟してきても輝元は同心してはならないこと、そうして元就の手次のごとくに例外なく命じれば、それは「真実の御法度」にもなるとする。すなわち実際の法度になるという。

法の実効性はあまねく適用されることで高まるのであるから、毛利氏法度が、当主輝元、大名権力の行為そのものを規制することはあたり前のことである。

二つは、とりわけ防長両国の段銭は、先年はうまくいっていない状態であったが、近年は段銭奉行を任命してしかるべく徴収が行われているので、これもまたこの頃の元就の手次のごとく例外なく仰せ付けられるのがよいとしている。

温泉銀山直轄領はその収入を何に使うかという問題であるが、堀口以下の課税や防長段銭は、その徴収が順調に行えないという問題である。それは、銀山の商人や流通業者が免除の訴訟をし、またさきに述べたように、防長両国内の領主たちが毛利氏への協力の褒賞として申請し免許されていたためであった。

こうした大名権力と領主たち、あるいは商人たちとは、相互依存関係にあるから、それはそう簡単に解消できるものではなく、「真実の御法度」への道程は厳しいものであった。

小早川隆景は、輝元とともに出雲国から吉田へ帰還後に長らく滞在するが、この間病床の元就とたびたび面談し、現状を直視し、懸案の諸事について指示をうけ、また談合し、後事を託されたものと思われる。元就は、隆景をそうした政務を担えるとりわけ有能な人物とみており、輝元もまた頼みとし、指南をうけたのである。

それではこの防長段銭は、こうした状況を克服して、「真実の御法度」により近づくことができたのであろうか。のちの織田氏との戦争中のものであるが、次のような法令（同八四一）が出されている。

防長反銭事、近年御免許歴の由候、当時上口御調の儀に付て、御繁多大形ならざる儀に候間、御国衆の外は、縦一廉子細あり、閣かる儀候といえども、この節事、悉くもって相破られ、御用に立てらるべく候、然るあいだ、御反銭方付て愁訴人候共、四人においては取次申すまじく候、それ以下の事勿論候、この上においては、当春より堅固仰せ付けらるべき儀、干要候、恐々謹言、

正月二十五日

隆景（花押）
貞俊（花押）
通良（花押）
元春（花押）

国司右京亮（元相）殿

五人奉行の国司元相に宛て、防長段銭は近年免許が多いとのことであるが、いまは織田氏との戦費が増加しているので、国衆のほかは、たとえ特別の子細があり、免許すべきであっても、いまは悉く破棄し、戦費に用立てられるべきこと、そこで段銭免許の愁訴人があっても、四人としては輝元に取次がないこと、それ以下の者も同様であるとし、この方針を春段銭から実施すると、厳しい姿勢を打出している。ただ、防長両国内にある国衆領の段銭はなおその例外として免許した。

のちの天正十五年（一五八七）七月に長門国指月（萩市）に拠城していた吉見正頼は、津和野在城の重臣上領肥後守に宛て、毛利氏の惣国検地への対応として、吉見氏は将軍足利尊氏から「公役御免」

の判物を与えられていたとし、またそれに拠って大内義隆代には「加増銭」を赦免された由緒をあげ、もはや検地の実施そのものは仕方がないが、段銭については、「元就扶助の地も、忠儀により預けられ候、殊に歴々約束の地候と存候」と述べ、毛利氏給与の所領における吉見氏の段銭収得の事実を「理」としてこれまで通りその存続をはかる方針で交渉するよう命じている（三隅家文書）。

この結果を示す史料はないが、石見国衆の益田元祥領では惣国検地の結果なお分米とは別に段銭（分米を賦課基準とする）の収得を認められているので、益田氏よりもやや格上の扱いをうけた吉見氏の要求は、交渉によって認められたと思われる。

戦争が打ち続くなかで敵方を調略し、褒賞を与えて懐柔することはあたり前のことである。段銭免許はその一つであった。盟約する国衆への褒賞も同様であった。しかし、それを続けることは、大名権力の基盤、とりわけ財政を弱体化させる状況をも生み出した。法度を布令し、制度を整えても、その権力自らが例外を次々とつくるのであれば、その実効性は損なわれて意味をなさなくなる。そうした懐柔と基盤の喪失といういわばジレンマを断ち切るためには、人的関係よりも法治を優先し、その原点に立ち戻って現実に対応するしかなかった。この場合は、織田氏との戦争を遂行するための費用の不足という現実が、法治への道程をより進めることになった。段銭免許（褒賞）も戦争に勝ち統治を安定させるために行われ、その破棄も戦争を遂行するためという現実の要請から行われた。

「真実の御法度」は、近代国家においても成り立つ法の道理であるが、元就がこうした認識をもっていたことは注目される。そして、「御四人」はそうした理念・方針等を継承し、最高意思決定機関としての機能を果たした。

三子教訓状の段階では、毛利・吉川・小早川各家中を個別の存在ととらえ、毛利家の永続のために隆元のもとに三兄弟が結束すること、それこそが「三家の秘事」であると説いていたが、ここでは、吉川元春・小早川隆景は毛利氏の支配機構中枢に明確に位置づけられ、法的機構的に一体となって運営を担う形になっている。ただ、こうした形は、伊予国河野氏の援助、筑前国立花城の攻防戦、尼子勝久や大内輝弘事件等々からもうかがわれるように、元就のもとで一体的に運用されていた既成事実のうえに制度化されたものといってよい。それだけ元就の存在と役割は大きかったのであり、「御四人」制は、それを四人で受け継ぐという形であった。

いつの時代においても、地域の支配公権力が交替する時期には、歴史の展開に合せて従う者、逆らって滅び去る者、また一時合せたがしばらくのちに機会をえて反撃に転じる者など、さまざまな動きをする人や集団が存在する。戦国時代の防長両国や出雲国において、侵攻権力である毛利氏が、中世を通して大内氏、また室町時代以来京極氏、尼子氏の支配下に存続してきた領主層を心底服属させるためには、当然のことながら長い歳月が必要であった。そうしたなかで新しい統治者としては、たえず現実を直視した周到な配慮と時宜をえた決断、また何よりも普遍的価値を意識した法制度の創出とそれに基づいた法治のたえざる歩みが欠かせなかった。

第Ⅱ部　商人的領主と領国経済

第一章　安芸国佐東の堀立直正

堀立直正、赤間関の鍋城を攻略

堀立壱岐守直正は、平安時代以来安芸国山県郡内の厳島社領荘園の倉敷地として経済的に繁栄していた佐東太田川河口の堀立（広島市安佐南区南下安）を名字の地とする。この地は、瀬戸内海流通の主要幹線と繋がる拠点であった。

天文十年（一五四一）に安芸国では武田氏が滅亡し、毛利元就は、既に大内義興から給与されていた深川から、緑井・温井・原郷・矢賀・中山と、佐東郡に所領を拡大した。堀立直正はその頃に毛利元就に属した商人とも警固衆ともいえる人物であった。

堀立直正に関しては、山口県文書館に「堀立家証文写」と題するきわめて良質の写本が遺存する。永田政純は、『閥閲録』に続いて寛保元年（一七四一）に毛利元就の軍記『新裁軍記』を完成させるが、その編纂のために蒐集したものである。なかに「堀立家断絶証文今在長崎医師堀元輔直美家」と典拠が示されて引用されている。堀立家は江戸時代初頭に毛利氏を離れて長崎へ移り、ある時期に断絶したが、家文書は子孫にあたる長崎の医師堀直美家に伝えられ、堀直美によって作成された写（原「堀立家証文写」）が萩藩にもたらされたということである。合計八二通のうち七六通が堀立直正に関わる。発給者のうち元就は四三通、宛所は堀立直正以外の場合、児玉就忠・児玉就方・桂元忠・平佐就之・小倉元悦ら元就の奉行人が多い。このことは、堀立直正が元就直臣であり、元就の指示を受けて活動していたことを示している。

次の元就書状は、さきに指摘した堀立直正が赤間関鍋城を攻略したことに関わる。

堀立壱岐守（直正）注進状披見候、鍋要害の事、則ち切取るの由候、誠然るべく肝要候、壱岐守馳走の至に候、申すに及ばず候、能々申遣すべく候、殊に城衆・警固船の事、則ち申付け、追々差下し候、聊油断なきの通、能々申遣すべく候事、専一候、謹言、

（弘治二年）十一月十九日　　元就

赤川左京亮（元保）殿

児玉三郎右衛門尉（就忠）殿

桂左衛門大夫（元忠）殿

大内義長が長府で自刃したのは弘治三年四月三日であるが、既にその前年の秋には堀立直正は鍋の要害を攻略していた。元就は直正の軍功を賞し、鍋城守備のために城衆と警固船の派遣を命じている。

馬関真景（部分）狩野芳崖筆（個人蔵 下関市立美術館寄託）
入江の右突端は亀山八幡宮，左が鍋城跡である。

鍋城は、現在の下関市役所等の公共機関が所在する地にあった海城である。ここはもともと堅い岩盤からなる小高い丘であり、「鍋」はその色・形から名づけられたと思われる。現在の下関市役所を建設するにあたって（一九五三年起工）削り取られた。現在も市役所辺は全体として周辺よりもやや高く、岩盤も祠辺や市役所と保健所などの間に露出したものがみえる。

鍋城は、北西側はやや高い山に続くが、南は海、また東側は天保十三年（一八四二）に狩野芳崖が対岸から描写した「馬関真景」を参考にすると大きな入江があった。ここは田中川の河口であるため戦国時代にはもっと入り込んでいたかと推測され、港としての条件は安定したものであったと思われる。赤間関町の支配上も、また警固船の出撃にあたっても、態勢の整った海城であった。こうして堀立直正は、鍋城番の地位についた。

やや下るが、永禄四年（一五六一）七月十六日に元就は小倉元悦らに書状を宛て、「堀壱所より赤間関町々帳到来候、心得候」と述べている。堀立直正は赤間関町支配にとって不可欠の「町帳」を入手し、それを元就のもとに送進した。町帳は、おそらく公事銭・地料銭等の徴収対象である関町町人の実態について個別に書きあげた帳簿であると思われ、それは直正の赤間関代官としての職務に基づくものであった。

堀立直正の鍋城番・赤間関代官としての地位は、二十数年間続いた。天正六年（一五七八）三月十七日に毛利輝元は、堀立直正が関代官の辞任を申出たのに対し、それを承認しながらも、織田氏との戦争が毛利氏全軍あげての播磨国出兵（上月城攻め）によって激化することを理由にして下口の防衛を説き、いましばらく現地に下って関代官を勤めるよう命じている。後任の関代官として高須元兼が任じられたのは、翌天正七年の二月七日のことであった。

堀立直正軍忠状

次に、堀立直正が自らの長年にわたる軍忠を列挙した申状をあげ、その活動ぶりをたどってみたい。なお、便宜上各箇条に①〜⑬と付した。

○この処ニ輝元公書判アリ、

謹て言上致し候、

一①先年佐東金山調略の段、爰許へ召出され仰せ聞せられ候間、その旨を存じ、行仕り候て、金山仕取り候事、

一②同日廿日市江罷下り町中引成し、又同日宮島罷渡り候て、相静め候段、房顕《棚守》御存知候事、

一③伴そのほか近村悉く一乱おこり候刻、就方《児玉》同前ニ伴ノ古城江取登り、城誘短息の段、就方江御尋
成さるべく候事、
一④厳島御打渡り候砌、包浦において一廉馳走の段、元春《吉川》様隆景《小早川》様御存知の事、
一⑤その後すゝま《須々万》にて山口調略の段、就忠《児玉》をもって仰せ聞され候、その旨を存じ、三田尻へ警固にて
罷下り候、右田岡山江調略致し、引成し申し候事、
一⑥長州勝山へ義長《大内》様御退き候、山口奉行衆仁保《隆慰》殿・小原《隆言》殿・飯田殿・大庭《賢兼》殿伴仕り、彼麓ニ十五日
相堪え調え候段、大庭殿淵底御存知候事、
一⑦下関御城御預りの刻、谷口調略ヲ入申し候、則ち彼者召取り、状共ニ経好《市川》へこれを進じ、長府内
浜にて三人誅伐の事、
一⑧豊州衆門司要害江取懸り申す刻、彼山へ防長衆御籠りなきの間、財満越前守・長梅軒・私罷籠り
候段、長梅軒ニ御尋ね成さるべく候事、
一⑨豊州衆門司敗軍の砌、隆景様へ花尾ノ事如何ニ御座あるべきの由、申上候処、手ヲ負い申し候へ
共、私罷下り則ち彼要害仕取り申し、頚二ツ状ニ相添え注進申し候処、城の儀児蔵《児玉就英》ニ渡し申す
べきの由、仰せ聞され候間、就方江渡し申し、隆景様御直書頂戴申し候事、
一⑩博多へ警固として罷下り候、宝満ニそのまま相留られ、七月堪忍致し、悴者一人中間一人その時
御用ニ罷立ち候事、
一⑪香春岳ニ三年御番致し、小田原より谷口所へ計略の者両人召捕り、赤間関へ引上せ、経好《市川》江伐せ

申し候段、万福寺存知候ニて候事、
一⑫立花より御上国の刻、若松において辛労致し候段、元春様隆景様御存知成され候事、
一⑬赤間関御城の事、赤因（赤川因幡守）・某ニ御預け成され候といえども、赤因は門司御差籠めに付て、私一人御番致し候事、
右ケ条の趣、御披露成され、願わくは子共守ニて御座候間、裏成り共袖ニ成り共、御判を召され候て下され候は、千万忝かるべく候、此由然るべき様ニ御披露頼み奉り候、恐惶謹言、

天正三
　卯月三日　　　堀立壱岐守
　　　　　　　　　直正
　国司（元武）右京亮殿
　児玉（元良）三郎右衛門尉殿

①②は、堀立直正が、毛利氏と大内氏・陶氏の断交の際、元就の指示を受けて大内氏・陶氏方の金山城衆の調略や接収、また同日の廿日市・宮島の占領に功績があったことを述べる。これについては、天文二十三年六月十一日の元就・隆元連署感状があり、それによれば五月十二日のことであった。なお、③もこの感状に記されているので、時期がほぼ特定できる。

わずか一日のうちにこうした迅速な行動が可能であったのは、事前に元就の内意をえていたためと考えられるが、堀立直正が、舟持ちであり、日常的に広島湾頭において経済活動を通して金山城の番

衆、城麓の市町の住人、また廿日市・宮島の港町町人らとの間に交渉ルートや、それを可能にする評価を築きあげていた人物であったからである。宮島に関しては棚守房顕と連携して動いていた。また④の天文二十四年（弘治元年〈一五五五〉）九月晦日の厳島渡海の際に包浦で軍功をあげたことなども注目される。

厳島の有の浦は、毛利氏の宮の城と五重塔のある岡の間に位置する港町であった。この有の浦を確保することは、経済的にも交通上も重大事であったため、毛利氏は宮の城を築いて備えた。その防衛にとって有の浦の町人の協力は欠かせないが、堀立直正の調略によっても陶氏方として行動した者もあった。十月一日の合戦後の天文二十四年十一月二十一日に毛利氏は給地賦を行っているが、その元就・隆元連署一行によれば、安部主計允は「有の浦紉屋弥七郎屋敷」（閥閲録一六〇）、また緑井日代の山田次郎左衛門尉は「有の浦十一九郎左衛門尉屋敷」（同一六二）を給与されている。陶氏方として行動し、闕所地となった屋敷である。

⑤は周防国須々万の沼城攻め（弘治三年三月に落城）中に元就から山口調略の指示を受けて三田尻《みたじり》へ警固にて下向し、防府の右田嶽城の右田隆量を調略したこと、⑥は長門国の且山城攻めの際に城麓で一五日間堪え、大内氏の降将仁保隆慰・大庭賢兼らとともに大内義長との和議を調えたこと、⑦は下関の鍋城を預かった時のことである。

そして⑧以下は北部九州で大友氏と戦争を続けたことに関わるものである。⑧は門司城を攻められた時に防長両国衆が籠城しなかったので財満越前守・長梅軒とともに籠城したこと、⑨は大友氏軍を門司から撃退後に花尾城（筑前国遠賀郡の麻生鎮里の拠城）を攻略し、城は児玉就方に渡したこと、⑩は博多へ警固に下向し、宝満城に七箇月在城して防衛にあたり、悴者・中間に戦死者が出たこと、⑪は豊前国の要衝を押える香春岳城に三年間在番し、策動者を召捕って赤間関へ送り、市川経好に伐らせたこと、⑫は永禄十二年（一五六九）十月の筑前国立花の陣からの撤退時に若松において兵員輸送にあたったこと、⑬は赤間関鍋城を赤川因幡守元忠と預かったが、赤川元忠は対岸の門司城在番となり、鍋城は直正一人で城番を勤めたとする。

堀立直正が列挙した主要な軍忠一三箇条はいずれも裏付けとなる元就・隆元・輝元の感状や書状等の関係文書が残されており、また見知人も明記されている。直正は、これを毛利輝元へ披露するよう頼み、子供の守にもするため、裏でも袖でもよいから輝元が署判をすえるよう求めた。輝元は一見して袖に署判をすえたが、「この処ニ輝元公書判アリ」とあるのはそれを示している。

堀立直正の商人領主的性格

毛利氏は、防長両国平定後に旧大内氏領国であった豊前・筑前両国の確保をめざしたが、赤間関はその最も重要な進軍基地であり、またそのためには対岸の門司城と連携して海峡全体の安定的な支配と防衛を行うことが不可欠であった。関門海峡はその両岸を領有してこそ実質的に支配が可能であり、門司城をはじめ沿岸の諸領主を味方に付けてこそ、その支配力も高まる。したがって、その防衛上において北部九州との緊密な関係は重要であり、自らも香春岳城に出向いたりしたと考えられる。また兵粮米、塩硝・玉などの軍事物資の備蓄を行って門司城との一体的運用をはかり、急事には自らも渡海して籠城し、危機に対応した。

このほかにも直正は、北部九州各地へのたびたびの急ぎの舟送、赤間関や近辺の諸浦から舟・水夫等を徴発して警固、また豊筑両国の国人領主、たとえば宗像氏貞らの意向を聞次いで注進したり、調略を行ったり、麻生鎮里の娘の人質番を勤めたり、様々な活動を行っている。

堀立直正がこのように政治的・軍事的に重要な機能をもつ鍋城番・赤間関代官を長期にわたって勤めたのは、早く毛利元就に属して信頼されたこと、本来警固衆であるとともに広域的な流通経済に関わる商人的領主であり、各港町の住人らと豊富な人脈をもっていたことが大きい。事実、直正は経済的にも多様な活動を行っている。

直正は、永禄五年（一五六二）五月十四日に毛利隆元から赤間関代官に前々のごとく任じられるが、この時、毛利氏に過分の費用の立て替えをしていたことに対し、抱地であった長門国豊西郡黒井郷の段銭を免許されている。黒井村の杜屋神社の大宮司職は、永禄三年に直正の申請によって同亀松丸に与えられており、同十年には直正が独力で造営している。

城普請もみられる。元就は、直正が長門国日山城の普請に板一〇〇枚、豊前国企救郡の三岳城の仕寄の板一〇〇枚を用立てたこと、また輝元は、直正が天正二年（一五七四）に鍋城普請を全て独力で行ったこと、具体的にははた板二〇〇間余を用立てて会所の上葺を調え、また屏・隔子・番屋以下の造設を行ったことを褒賞している。関代官の辞任を申出て認められたあとの天正六年十一月十八日の輝元書状にも、「当関鍋山の普請の儀、残所なく堅固ニ申付候由、具に承知候、油断なく即時相調候段、馳走比類なく候」とある。

このほか、元就は直正に兵粮米の供出を依頼して三〇〇俵を用立てさせたことを謝し、また輝元は、天正六年七月十九日に一〇〇俵、同八年七月十五日に一〇〇俵、同九年八月一日に一〇〇俵を受けとったことを謝している。

鍋城をはじめ日山城、豊前国三岳城まで出向いて自己の財力でもって木材まで用意して普請を行ったり、兵粮米を調進したり、陣中見舞や八朔の音信として一〇〇俵を贈るという事実からは、堀立直正が日常生活に必要なあらゆる物資の調達・輸送を可能にする財力と行動力、そしてそれを支える家人を有していた商人的領主であったことをみてとれる。

鍋城のやや東に位置する日山城は、永禄年間には史料上に頻出するが、永禄十二年の大内輝弘事件を機として急にあらわれなくなり、右述した堀立直正による鍋城普請が本格化する。標高二六八メートルの日山城は、頂上からの眺望は大きく広がり、対岸の門司城と海峡は眼下にあり、大友氏との緊張下においては毛利氏としてここに軍事拠点をかまえる意味もあった。

しかし、永禄十二年の筑前国の立花陣からの撤退を機に大友氏との戦争もひとまず落着し、北部九州の情勢が比較的安定してくると、軍事用としての日山城は何かと不便であり、鍋城を通常の関町支配と軍事の両用として拡充・整備・強化していこうとしたと考えられる。天正年間の初め頃に続けられた堀立直正の独力による鍋城普請はそのあらわれである。もはやその役割を終えた日山城が史料上にあらわれなくなることは、関係する事柄として十分説明できる。

鍋城の存在と強化は、赤間関町の安定と諸機能、具体的には交通・流通や軍事等々、一体の支配を目論んだ毛利氏の支配政策の顕著な表現であるといえる。鍋城番・関代官を二十数年間にわたって勤め、それに大きく貢献した堀立直正にとっては、まさに存在証明そのものである。

　こうして充実した赤間関には、のちの天正十二年（一五八四）のことであるが、明の泉州晋江県の商船が来港し、関代官高須元兼と商売をし、また来年六月の来港を約束して船旗を作成し、帰国した。船旗には、高須元兼の家紋と明の商人らの署判、両者の約束内容が墨書されている。高須元兼は毛利輝元から、しらか（白い絹糸）・唐糸・緞子・せんむしろ（氈の敷物の一種。赤色のもの）、あしまき等々の外国産品を内々に調達するよう命じられているが、それはこうした外国船の入港する機会をも利用したものであろう。

高須氏船旗（天正12年10月）
（個人蔵 山口県文書館寄託）

元就と堀立直正

　黒井村の杜屋神社にある永禄十年三月二十六日の造営棟札によると、堀立直正は永正十五年（一五一八）の生まれである。天正六年（一五七八）に関代官の辞任を申出た時には、六一歳であった。

　堀立直正は、天文十年（一五四一）の武田氏の滅亡時には二四歳であったことになる。この時、毛利元就は四五歳。以来佐東を原点としてその生涯を通して毛利氏の戦争遂行、領国の拡大と支配にとって欠かせない存在であった。元就からいえば、直正の固有の基盤と性格を重視して直臣に登用し、重用したのであり、直正もそれに十分にこたえて大きな成果をあげた。

政治権力がその発展にとって、堀立直正のような地域土着で根を広くはった人物を新たに掌握し、編成することが、いかに重要事であるか、見事なまでに語ってくれる事例といえる。

元就は、当主として家の発展をはからなければという使命感、責任感はとりわけ強かったが、きわめて慎重な性格であった。国衆は毛利氏をよかれと思っていないとしたように、物事を思惟・思索する時もいわばマイナスベースから始めるところがあった。そしてそのなかで自らの価値とともに限界、言い換えると可能と不可能をよく自覚し、しかもそのうえで限界・不可能を克服していく道筋もよく考えていたように思われる。与えられた時間は万人共通である。そこで元就が重視したのが、その方針・指示を受けて手足となって動く人材を家中内外から育成・登用することであった。そうした直臣を要所要所にそれぞれ配置し、しかるべき指示を適宜発し、その成果の検証も行いながら積み重ねることによって、限界を埋め、不可能を可能とし、政治権力としての強化・充実をはかったといえる。その時々に限界を自覚し、不可能な事案を究めるということは、全体的に現状解析が的確に行われ、自ら立てた重要な構想であっても、なぜいまそれができないか、具体的に認識していたということでもある。そしてそれは、次への大きな力になるものであった。

一族や譜代の重臣らに対する酷評は、元就直臣団が発揮する役割・機能に対する評価と表裏の関係にあった。

毛利氏は、永正年間に中郡衆を編成し、三篠川沿いを南下して広島湾頭へ出ようとした。おそらく元就は、大内義興から深川上・下、可部、玖村、温科を給与された頃には、堀立直正に的を定めていたと思われる。そして、元就と直正の間に形成された強固な関係が、この時期の元就の限界、不可能であった事案を一気に突き崩し、埋めたのである。

廿日市の糸賀氏と大野村の中丸氏

なお、さきに元就が陶晴賢との断交時にとった迅速な軍事行動からその準備について ふれ、またこの堀立直正は廿日市・厳島の町人らと人脈をもっていた商人的領主であるとした。

この時期にこの地域で毛利氏方として行動した人物は何人か確かめられる。一人は糸賀平左衛門尉である（閥閲録一六九）。

天文二十三年六月九日（折敷畑の戦いの四日後）に元就・隆元は連署して糸賀平左衛門尉に宛て、高井・寺地・坪井の内で計二〇貫文、廿日市居屋敷・厳島有浦かりや《（仮屋）》各一箇所を給与している。高井には栗栖新左衛門尉給・羽仁将監給、寺地には羽仁将監給、坪井には大野左近大夫分・坪井伊豆守分と旧給人名が記されているので、彼ら陶氏方の神領衆から没収した在所を褒賞としたものと考えられる。

また一人は、大野村の中丸氏である。

「中丸家文書」（山口県史 史料編中世4）によれば、時期が最も古いのは、天文十七年十一月九日に中丸修理亮が元就直臣の児玉就忠・就方連署で所領打渡（一町五反小）をうけたものであり、つづいて弘治二年十月十二日に中丸小五郎が元就・隆元から大野郷五〇貫文、同三年十一月八日に中丸修理亮が同じく大野村一一石二斗（うち散使給一石五斗）を給与されていることなど、大内氏攻めの褒賞がみられる。この中丸修理亮は、天文十九年七月二十日の福原貞俊以下家臣連署起請文にも記名されており、毛利氏家中の一員であった。

これらの事実は、中丸氏が毛利氏と関係を取り結んだのが大内義隆代という予想外に早い時期であること、おそらくそれは毛利氏水軍の将児玉就方を通してであったことなどを示している。

永禄十二年に桜尾城主桂元澄が死没し、そのあとに毛利元清（元就四男）が入る。中丸氏は毛利元清に属したものと思われ、のちの織田氏との戦争中には、元清は中丸山城守に兵粮の調達や備中国への海上輸送、高梁川河口の連島《つらじま》・片島辺における警固等について指示している。中丸山城守は、文禄五年（一五九六）の廿日市の極楽寺求聞持堂の本尊虚空蔵菩薩の背面に刻まれた大願主・奉加衆ら二十余名のなかに確認できる。彼は、廿日市の町衆の一人であった。

この中丸氏一族の実力の程を語るものに元就が隆元に宛てた自筆書状がある（毛利家文書四五四）。その内容は、三宅新左衛門尉就重の子が厳島合戦における父の戦死の恩賞を与えられていないと申すので、その事情をそっと奉行人の粟屋右京亮元親に尋ねたところ、「彼配当の在所は大野にて候を、中丸よき所をは一円押妨候て、渡さず候条、粟右においても是非に及ばず、口惜候へども、成らず候て罷居候」という回答をえたとする。

このことに関係する内容をもつ十一月二日の毛利元清が毛利氏奉行人粟屋元種・同就秀に宛てた書

状がある。毛利氏中枢に大野村の堤所と荒所の権益確保を訴える中丸市允が、元清に求めていたものである。そのなかに次のように記されている。

　旁御存知の様、防州御引分の節、彼親別て馳走の仁候歟、日頼《（元就）》様・常栄《（隆元）》様御詞を加えられ、大野村の儀、御代官職仰付けられ候、勿論御書等頂戴の儀候、相替らず彼郷中の儀、能々御尋成され、異儀なく御下知を加えられ候様ニ御披露肝要候、尚委細市允《（中丸）》演説あるべく候、

　これによれば、毛利氏は陶氏との断交時には、山陽道筋の沿岸部を安芸国最西部までほぼ押えていたことになる。大野村に蟠踞し、海上輸送力を有していた武士的商人である中丸氏一族が有する海上軍事力なども合せて考えると、毛利氏がさらに西へ進む条件は整えられていたと思われる。このことは、逆に言えば陶氏が大軍を山陽道筋に進撃させることがむずかしかったことをも意味している。

　堀立直正に代表的にみられるが、中丸氏一族の場合も同様であり、元就はその勢力の拡大や維持にあたって、その地域社会に根付き、かつ広域的に流通経済活動を行う実力ある商人的領主を要所要所において的確に掌握し、相応の役割を果たさせていたのである。

　中丸山城守は慶長二年（一五九七）に元清死没後は秀元に属し、関ケ原の戦い後には秀元にしたがって長府に移った。

第二章　赤間関問丸役の佐甲氏

毛利氏の侵攻と関町の動き

弘治二年（一五五六）十一月に堀立直正が鍋城を攻略したこと、翌三年三月には防府の本陣にあった元就が、既に支配下におさめていた長府・赤間関へ毛利氏軍が狼藉を行った場合にそなえ、検使を地下中へ派遣し、その防戦権を保障したことは、さきに述べた。この地は、日本海側と瀬戸内海側の交通・流通を結びつけ、九州へ最短距離の渡海地であり、古くから対岸の門司とともに外国貿易と連動する国内流通の主要港であった。

大内氏時代には、長門国守護代の内藤氏が五〇〇貫文の在所として領有していた。その赤間関町の地下人の最上層に位置していたのが問丸役の佐甲《さこう》氏であった。現在、下関市立長府博物館寄託の「佐甲家文書」はその関係文書であり、大内義隆代から江戸時代初頭における赤間関町の構成と実態に迫ることができる。

そのなかで最も古いものは、天文十一年（一五四二）三月二十三日に大内義隆が「平宗秀」、すなわち佐甲宗秀を次郎左衛門に任じたものである。

赤間関は要衝であるがゆえに、戦時には問丸役佐甲氏も地下人も出入の船衆から広域的な軍事情報を迅速に入手し、それに基づいてさまざまな判断や活動を行っていたと思われる。

内藤興盛が天文二十二年十二月に六三歳で死没し、その跡を継いだ嫡孫隆世は、大内義長に随って弘治三年四月二日に長府の且山城において二二歳で自刃する。「佐甲家文書」の中には、この間の天文二十三、弘治元・二年のいずれかの年に比定される八月二十六日付の内藤隆世書状、ならびに同奉行人連署書状がある。いわゆる厳島の戦いは弘治元年十月一日のことであるから、いずれにしても毛利氏と交戦中のきわめて不安定な時期のものである。

内藤隆世書状は、赤間関代官南野丹後守に宛て、関問丸役佐甲土佐守の町運営に地下人が「難渋」しているため、南野氏が「内々和平」を申し付けたが承伏しないという事態について、津々浦々に問丸はあるが佐甲氏は然るべき者であること、もし佐甲氏に「新儀非法の儀」があるならば問丸役を改めるべきであるが、「地下訴意」による故障は全く謂れのないことであると命じたものである。

世国（隆世の偏諱）ら奉行人連署書状は、赤間関の現地にあった南野氏側の森佐渡守・池田但馬守両名に宛て、佐甲土佐守と地下人が「和睦」したとの注進は隆世に披露したこと、それに対してこの隆世書状が下されたこと、両名はこれに基づいて紛争の調停を進めるべきであると命じ、つづいて「惣別地下中の儀、世国裁判の処」を隆世に注進されたことは「無曲」であると断じながらも、既に現地において調停が進められ、そのうえ「上意」（隆世の下知）が下され、「世国助言」もあったのであるから、佐甲土佐守も地下人も宥し合って「純熟」することが肝要であると述べている。

両文書が、佐甲家に保管されてきた事実は、それが佐甲土佐守の問丸役としての権益の擁護に関わるものであったため、南野氏から佐甲土佐守に渡付されたことを示している。

この紛争の原因を語る史料はないが、時期から察するに、毛利氏の調略の手が地下人へ伸びていたかと思われる。弘治二年十一月に堀立直正が鍋城を攻略したのは、そうした機会をとらえたものであろう。また翌年に毛利氏軍の狼藉に対して元就が検使を派遣して地下中に防戦権を容認したことは、赤間関町の豊かな資源を丸ごと掌握したい姿勢のあらわれといえる。

問丸役佐甲氏と能島村上氏　佐甲氏が問丸役に任じられたことを示す初見史料は、次の内藤氏奉行人連署書状である。

当関問役事、そこ元に対し既に去年仰せ付けらるの条、弥旧例のごとく、諸篇堅固にその沙汰あり、馳走を遂げらるべきの由候、仍て重て仰せ付けられ、公事銭事、別紙手日記裏を封ずこれを遣され候、この旨をもって温科兵庫允に申談じられ、厳重に申し付けらるべきの旨候、恐々謹言、

二月十七日　　時実（花押）
盛保（花押）

佐甲民部左衛門尉殿

この時実・盛保は、それぞれ内藤興盛・隆時父子の偏諱を与えられている。隆時は父興盛より早い天文十年（一五四一）十二月十九日に死没しているので、興盛が家督復帰後のものかと思われる。

内藤氏が佐甲民部左衛門尉に宛て、関問役に去年任じたこと、再び任じるから、公事銭のことは、佐甲氏が上申していた「手日記」に「封裏」（裏を封ず。内藤氏としてその記載内容を確認した花押を紙の裏にすえる）したものを遣すので、温科兵庫允と申談じて厳重に徴集すべきであると命じたものである。この内藤氏の立場は明らかに赤間関の領有者であり、温科兵庫允はその代官にあたる。

この「手日記」に相当する史料は遺存しない。ただ内藤氏が赤間関町の住人から公事銭を徴収する台帳であることはわかる。

のちのことであるが、関ケ原の戦い後に赤間関は長府藩領になり、佐甲氏は伊藤氏とともに町大年寄という地位に就く。慶長・元和年間頃のものであるが、長府藩主毛利秀元が袖に黒印を押し、佐甲隼人、伊藤木工允に宛てた船頭衆役目銀や地料銀を免除された住人・寺などについて書上げた覚や目録がある。「手日記」とは、このようなものか、または住人全体の公事銭の台帳であったと考えられる。さきに指摘した堀立直正が入手して元就のもとに届けた「赤間関町々帳」もそのような性格のものであったと思われる。

関門海峡には、時に賊船が横行した。五月八日に佐甲藤太郎は、海峡を筑前表へ下り再び乗上げてきた賊船六艘に対し、関町地下人と警固船をこしらえて戦い、海賊一人を討捕りその頸を差し出し、内藤興盛袖判感状を与えられている。

また、九月十二日に佐甲民部左衛門尉は、赤間関の神事（九月十五日の亀山八幡宮の大祀）に関わる諸費用について万事調えるよう命じられているが、そのなかで時実・盛保ら内藤氏奉行人から「その方事、淵底案内者の事候」と、関町の諸事情に精通する人物とされている。

佐甲氏が内藤氏時代に赤間関の問丸役として町支配・運営、防衛・軍事、神事等々、関町統合の指導者として活動していたことは明らかである。

大内氏滅亡によって赤間関は毛利元就の直轄領となったが、佐甲氏の問丸役は承認される。

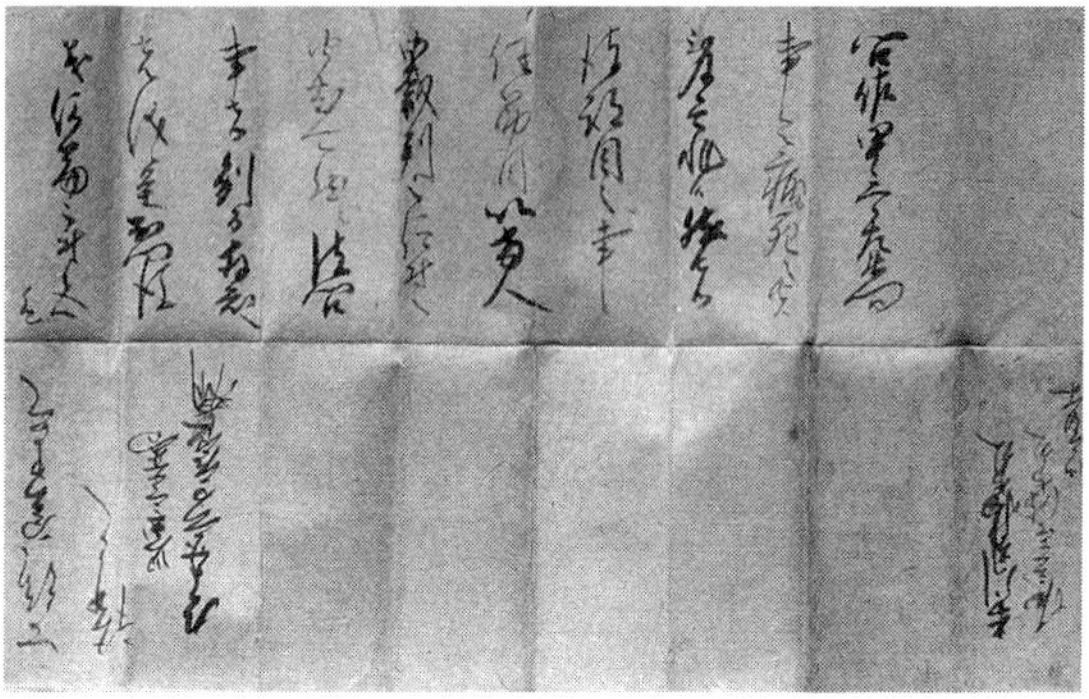

毛利氏奉行人児玉元良書状 9月26日
（個人蔵 下関市立長府博物館寄託）

問佐甲三郎左衛門尉事、病死せしむの由候、是非に及ばず候、然者、彼跡目の事、筋目に任せ、両人御裁判をもって仰せ付けらるの由、尤も然るべく候、彼問の事は、別て存知の者儀に候条、向後においても、何篇御心を付けられ候て、給うべく候、憑み申候、恐々謹言、

児玉三郎右衛門尉
元良（花押）

九月二十六日

赤川（元忠）因幡守殿

堀立壱岐守殿御宿所（直正）

この書状は、児玉元良の仮名《けみょう》、赤川元忠の死没年月から考えて、永禄十年（一五六七）から元亀元年（一五七〇）までの四箇年のいずれかの九月のものとできる。児玉元良は、元就の側近就忠の子息であり、就忠死没後に五人奉行の地位を継承した。宛書の両人は関代官であるが、赤川元忠が門司城にあったことはさきに指摘した。

佐甲氏の跡目をその筋目に任せ、関代官両人の裁判をもって任じるべく命じたものであるが、「彼問の事は、別て存知の者儀に候」からは、佐甲氏が毛利氏中枢と結んだ関係の深さがうかがわれる。この書状は、おそらく堀立直正から佐甲氏に渡付され、跡目は安堵された。

関問丸役佐甲氏の主な業は他の関町地下人と同じく流通経済活動にあった。

当関役勘過の儀、佐甲三郎左衛門尉手次として懇望の間、前々のごとく申談じ候、猶口上をもって申候、恐々謹言、

天正弐戌十一月三日　　上関　武満（花押）

佐甲藤太郎殿

紋幕理りの条、所望に任せ遣し置き候、海上異儀なく往返肝要候、仍て件のごとし、

天正十三
三月十日　　（村上）元吉（花押）
問藤太郎殿

前文書は、周防国上関に拠城をもち、毛利氏から関役料の徴収を認められていた村上武満が、佐甲藤太郎から先代の三郎左衛門尉の手次として懇望された上関の勘過《かんか》（関役料の免除）を従来通り認めたものである。

後文書は、能島村上氏の当主元吉が、佐甲藤太郎の所望に任せて「紋幕」を与え、それによって海上において妨害されることなく往返するよう下知したものである。

村上武吉過所旗
天正９年４月28日
（山口県文書館蔵）

能島村上氏、海洋領主に紋幕を下付

「紋幕」とは、よく知られている天正九年（一五八一）四月二十八日に村上武吉が厳島社の祝師に与えたいわゆる過所旗（縦五三・三、横四四・八センチメートル。山口県文書館蔵）とは異なる。村上氏の家紋「上」があることは共通するが、この場合は船幕のことである。それを佐甲氏は持ち船に張りめぐらせるのである。

たとえば、元就は隆元と相談して「屋代島衆幕

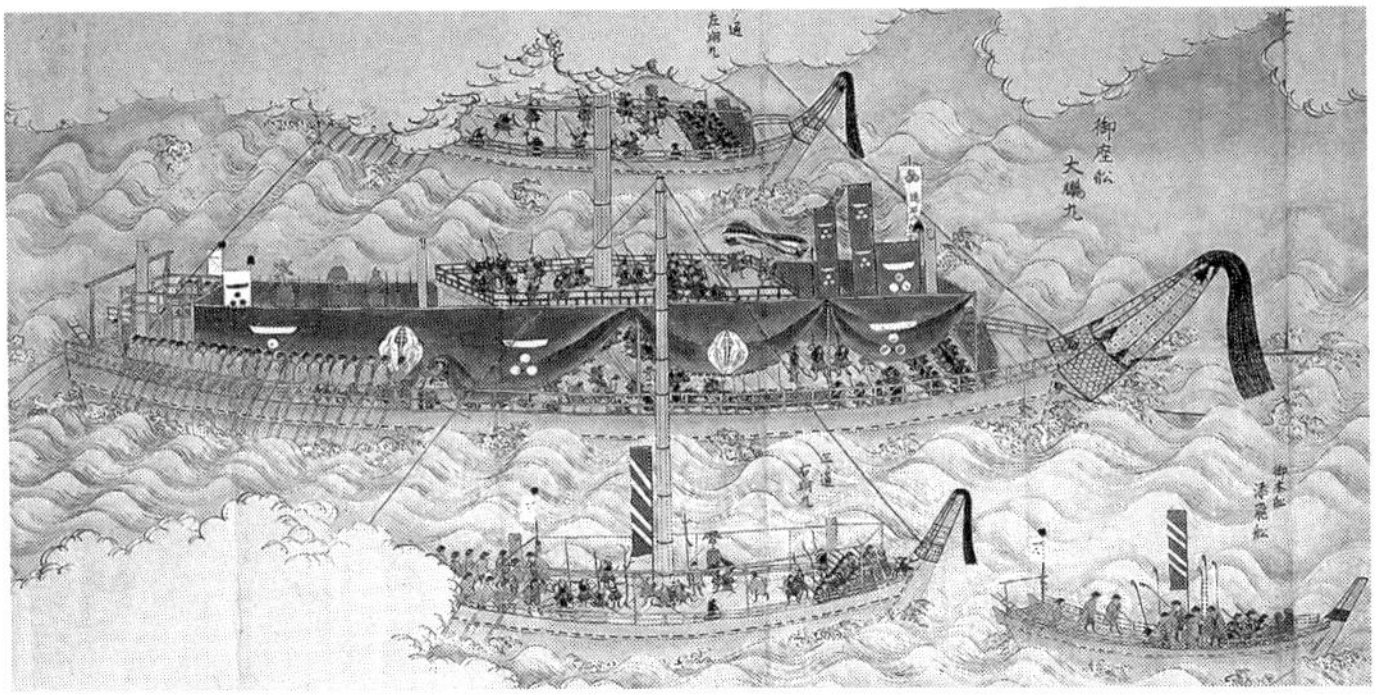

徳山藩御軍役船建 御座船の部分（徳山毛利家蔵 周南市美術博物館寄託）

舟二艘」（毛利家文書四三五）を出させているし、秀吉の朝鮮侵攻時のことであるが、慶長二年（一五九七）五月二日に小早川隆景は毛利氏直轄領の鞆浦代官三上元安の留守中ゆえ子息元勝に宛て、藤堂高虎が寄港したら隆景からの書状を確かに渡すよう命じ、その目印として、大坂より下向の者が言うには「乗船むらさき幕の由候」と、高虎が乗船に紫色の布の幕を張っていることをあげている（閥閲録一一八）。また、「肥前名護屋城図屛風」（佐賀県立名護屋城博物館蔵）をみると、二艘の船矢倉をそなえた大型軍船には、それぞれの船縁に桐紋の入った赤い布また白い布が張りめぐらされている。秀吉の御座船である。

なお、船幕は江戸時代になると多くの事例がみられる。たとえば、朝鮮通信使、琉球王府の慶賀使・謝恩使には、西国諸大名が御座船を提供したが、その船図は多い。それをみると、各大名家紋を染めぬいた幕が船屋形に張りめぐらされ、旗が船尾に立てられている。それは軍役船も同様であった。

ところで、佐甲氏のように村上氏から船幕を下付された事例は、国際的な海洋領主的性格をもつ肥前国の松浦隆信にもみられる。おおよそ永禄年間頃のものかと思われるが、九月二十六日に松浦隆信は能島村上氏に宛て、「御幕の儀、申せしめ候処、今度下し給わり候」と申請していた船幕を下給されたことを喜ぶとともに、以後も「聊か相違なきよう仰せ付けらるべき事、畏入るべく候、爰元においても御用等共候は、御腹蔵なく」命じてもらえれば勤仕する覚悟であると述べている。村上氏紋幕の下付と松浦氏からの役の勤仕が相互関係にあることがうかがわれる。

天文十年（一五四一）に友田興藤が滅亡後、大内氏の支配下において厳島社神主に任じられた杉隆真（佐伯景教）は、能島に在城し、厳島の地下惣中に毎月水夫銭を賦課したため、社家抱えの屋敷に居住する地下人が社用の水夫役の負担を拒否し、社家が大内氏に訴えるという事件が起こった。また、神主景教は、能島へ発足の時、番匠をともなおうとしたが、厳島・廿日市の職人統轄権を有する大願寺が大鳥居の造立中であることを理由にことわっている。この紛争は、大内義隆の裁定するところとなり、番匠一人を差遣すことになった。厳島神主家は室町時代には朝鮮貿易を行っており、商船を仕立てて海上を往返する海洋領主的性格を有していたので、こうした事実は、その活動保障の代償としての能島村上氏への役の勤仕のあり方を示している。

こうした能島村上氏が一門・家臣以外の各地の海洋領主層に付与した特権と彼らからの役勤仕という相互関係は、佐甲氏の場合も同様であったと思われる。なお、その活動海域は、同じ赤間関の伊藤和泉守が対馬の島主宗一鷗（義調）に備後表一束を副えて音信していること（伊藤家文書）からして、かなり広域であろう。

赤間関においては、堀立直正のあとをうけて代官となった高須元兼のもとでも問丸役と地下人の間で対立が生じ、地下人が逃散する事件が起こっている。この事件は、毛利輝元が、「関地下人申分」を容認し、「両役人」（佐甲氏と伊藤氏と思われる）を追放し、地下人を帰関させ安堵する方針で内藤隆春（旧領有者内藤氏の当主。興盛の子。輝元の叔父）の協力をえて迅速に対応した結果、落着をみている。この時期からみて、織田信長との戦争が激化するなかで羽柴秀吉の調略の手が伸びていたことが一因ではないかと思われる。

毛利氏と大内氏の戦争中と同じ事態であるが、港町にあって各地との交易を業とする者は、必ずしも領国の政治権力への帰属意識が強いわけではない。こうした動乱期には、時にあらわれる事態である。ただ、それで問丸役の伝統的な勢威が消え去るようなものではなかった。

堀立直正が鍋城攻略後に二十数年間にわたって関代官を勤めたねらいは、佐甲氏を掌握して緊密な人間関係を築き、関町地下人たちと連携して関町の経済的諸機能を高め、またこの海峡地域の秩序を安定させることにあった。さきに天正六年（一五七八）三月十七日に毛利輝元が、堀立直正が関代官の辞任を申出たのに対し、織田氏との戦争が毛利氏あげての播磨国出兵によって激化することを理由にあげ、関町防衛のためにいましばらく現地に下って関代官を続けるよう命じたことを述べたが、その背景には、戦時下にたえず伸びてくる敵方の調略、後方の攪乱計略から関町を防衛しかつ安定をはかるため、堀立直正が張りめぐらせた人間関係網への大きな期待があったためである。

ところで、厳島合戦では、毛利氏のもとに来島村上氏は来援したが、能島村上氏の動きは確かめられない。むしろこの時期には陶氏方として吉見氏攻めへの参陣がみられる（益田家文書七五〇）。

そうした状況のなかで堀立直正は、厳島・廿日市から赤間関まで各港町を調略しながら攻略している。能島村上氏の警固網による妨害を受けるということはなかったのであろうか。史料が不足していてよくわからない。

そのことは廻船を用いて流通経済活動を行う佐甲氏や関地下人も同様であり、能島村上氏の協力あるいは保障なくしてはその活動は安定的でなかったように思われる。

もちろん堀立直正と能島村上氏の間に早くから個別的付き合いがあったと思われるが、とりわけ赤間関代官としての二十数年間は能島村上氏の海上支配権と深い関わりをもったと考えられる。赤間関は、瀬戸内海と北部九州海域をつなぐ海峡要路の港町であり、たとえば、堀立直正は海峡支配を行う立場から能島村上氏の船の往来を容認し、また佐甲氏ら地下中は、その寄港にあたっては、様々な便宜をはかることができる立場にあった。こうしたことから両者の双務関係を考えてみると、能島村上氏としては、さきの佐甲氏への紋幕の下付・使用許可、上関の勘過のように、相互関係を維持するための基本的対応を果たさなければならなかったということであろうか。

それにしても、こうした事実からすれば、能島村上氏の海上支配権の構造はどのようなものであったか、それは陸の大名とはどう関係しているか、重要な課題であるといえる。これについては、第六章に後述したい。

第三章　雲州商人司石橋氏と杵築相物親方職の坪内氏

神戸川沿いの石橋氏

大内氏滅亡後しばらくした永禄二年（一五五九）に将軍足利義輝は使者を毛利氏に遣わして尼子氏との講和を勧めた。しかし、毛利氏は、同三年十二月の尼子晴久の死没という状況もあり、同五年に石見国を平定し、尼子氏討滅の決意を明確にして準備を整え、出雲国へ侵攻した。元就は、隆元・吉川元春・小早川隆景、芸備両国の将兵らを率いて七月三日に吉田を出発し、同二十一日に石見国都賀、そして同二十八日に赤穴に到着している。この時、既に弘治元年（一五五五）に口羽通良の仲介で毛利氏に服属していた石見国衆の佐波興連（閥閲録八四）は、次のような書状を認めている。

雲州商人司、吉田（毛利氏）より御分別成され候、近年辛労仕り候間、塩冶・朝山司同前ニ申付け候、弥奉公肝要たるべき者也、

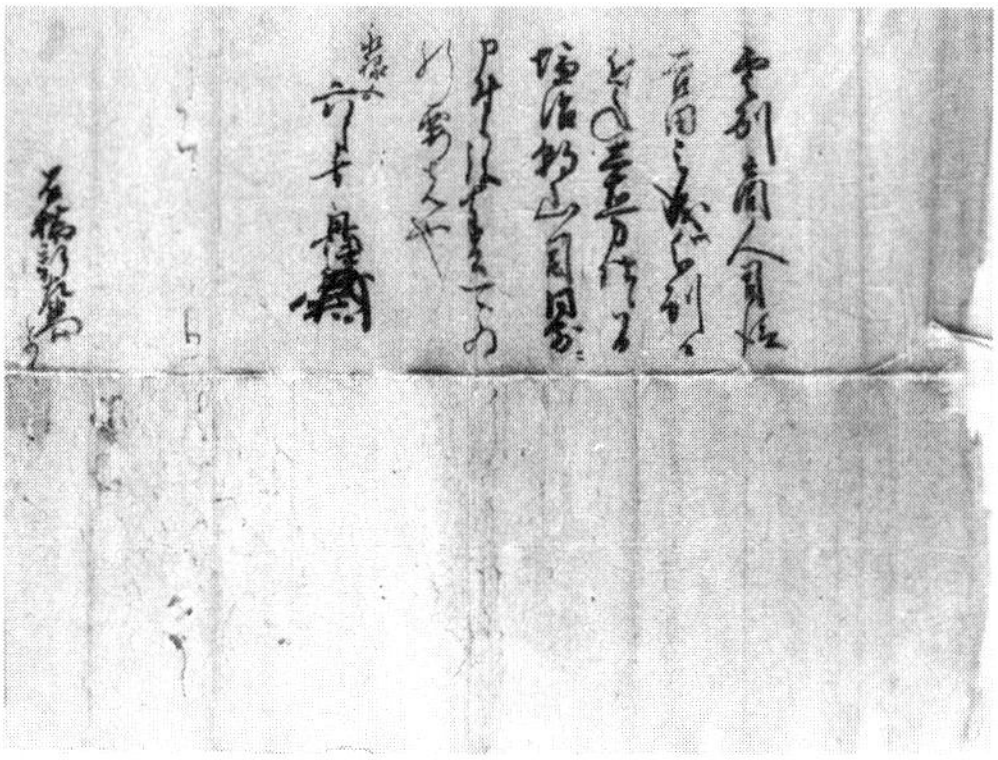

佐波興連書状　永禄５年６月10日（石橋家文書）

永禄五
六月十日　　　　興連（花押）
　　石橋新左衛門尉とのへ

佐波興連が家臣の石橋新左衛門尉を毛利氏の了解をえて「雲州商人司」に任じたものである。雲州商人司が出雲国全域に関わるものでないことは、別に「塩冶・朝山司」が給与されていることから明らかである。

佐波氏の本拠は、江の川に沢谷川が流れ込む石見国東南部地域にあり、その拠城は青杉ケ城（邑智町浜原）、近辺の江の川両岸には明都賀氏・吾郷氏・奥山氏・久保氏、そして出雲国西南部地域にも赤穴氏・野萱氏・花栗氏らの庶子家を分出し、また来島三日市などの交通・流通の要衝は惣領家が支配下においていた。

石橋氏の本領の在所は明確ではないが、「石橋家文書」の所蔵者は島根県簸川郡佐田町下橋波の石橋重敏氏（一九八六年の調査時）であり、それによると給所として吉野・一窪田など下橋波の近辺や石見国大田北郷内の地を与えられ、また小豆原表での合戦の軍忠を褒賞されたりしているので、来島三日市から北上して朝山郷・塩冶郷へ抜け出る神戸川沿いに活動していた商人的領主であると考えられる。このルートは、佐波氏領のなかでも、来島三日市から由来村（頓原町）を経て宍道に至る国道五四号よりも西寄りに位置する、出雲・石見国境沿いの神戸川沿いの幹線交通路であった。朝山郷・塩冶郷の北には、杵築町があり、この峡谷の確保は、進撃する毛利氏にとっても、防ぐ尼子氏にとっても、不可欠であった。したがって、毛利元就は、永禄五年十一月に須佐の高矢倉城の本城常光を殺害し、あとの城督に直臣の熊谷広実（信直三男）を任じ、須佐五〇〇貫文、乙立三五貫文、古志一〇〇貫文を給与して守備させた（閥閲録四二）。

なお、由来村を本拠とする商人的領主である森氏については、国衆佐波氏の領主的性格と関連づけて次章に取上げることにする。

佐波氏は、雲石両国の山間部地域を本領とする国衆でありながら、江の川の河川水運や右の二本の南北交通路を押え、そして本領を越えて各地に拠点を築きながら北上して中郡の宇治村に至り、それによって斐伊川から日本海・宍道湖・中海水運と結ぶなど、国の枠を越えて展開する流通経済に強い関心をもって組織的に深く関与し、商人層やその商業活動を直接・間接に支配していた。毛利氏が出雲国へ侵攻するには、神戸川沿い、国道五四号沿いのどちらを進むにせよ、佐波氏領を通過しなければならなかったのである。遡る弘治二年（一五五六）十一月四日に元就は佐波隆秀に三箇条の起請文を宛て、隆秀の申出をうけて盟約している。また、永禄三年（一五六〇）二月二十二日には、元就と隆元が個別に隆秀に宛て、隆秀が尼子氏方に与した庶子家の花栗山城守を誅伐したことを褒賞し、太刀・馬・具足を贈っている（閥閲録七一）。

朝山
鳥越
大田市
一窪田
須佐
下橋波
吉野
小豆原
入間
かす坂峠
寺垣内
花栗
由来村
久保
奥山
吾郷
明塚
三日市
野萱
赤名
都賀
0
5
10km

佐波氏関係地名図

佐波氏を服属させたことによって、その支配下の商人的領主をして軍勢の進軍や軍需物資の輸送を担わせることは可能な状態にあった。

毛利氏軍は石見国都賀で江の川を渡河し、赤穴を経て来島三日市の分岐に至る。赤穴を領有していたのは、庶子家の赤穴久清であった。赤穴久清は、尼子経久・晴久と関係が深かったが、毛利元就の調略に応じた。永禄五年六月十二日に毛利元就・隆元は赤穴久清に赤穴五〇〇貫文を安堵し、また交渉にあたった口羽通良は、同年七月三日に赤穴久清の重臣来島善兵衛尉・由来左京亮両名に宛て起請文を差出し、八月二十七日には毛利元就・隆元が赤穴久清・来島善兵衛尉に宝印の裏を翻した起請文でもって誓約している。

こうして九月に入ると、赤穴久清は「下城」、すなわち拠城の衣掛城（瀬戸山城）を毛利元就に明け渡した。毛利氏は、赤穴氏の領域支配を承認したうえでその拠城を取上げ、出雲国経略の拠点としたのである。

また毛利元就は、杵築大社や鰐淵寺等の有力社寺を味方に引き入れ、九月下旬には島根半島の諸浦（西は佐陀浦から東は諸喰《もろくい》まで）を支配する湯原氏の春綱と宝印の裏を翻した起請文を交わして盟約するとともに、春綱を通して周辺の関係深い尼子氏方国衆の調略を進め（閥閲録一一五）、海上輸送の安全をはかるなどして、地盤固めを進めた。

坪内氏の性格と動向

元就が重視したのは、杵築大社の門前町であり、千家・北島両国造の支配下にあった杵築町である。

大社町坪之内の坪内良氏所蔵（一九八七年の調査時）の「坪内家文書」は、領主である国造千家氏の家臣として、また国支配者である尼子氏、つづく毛利氏の安堵をえて多様な活動を行った坪内氏一族の動向や性格、そして杵築町の様相や他地域との交流の実態を解明できる稀有の文書群である。元就は、地方都市杵築をどう掌握しようとしたか、町の構造と合せて述べてみたい。

（毛利元就）
（花押）

杵築相物親方職事、晴久（尼子）裁許判形の旨に任せ、相違あるべからざるの由、仰せ出され畢、然れば先例を守り、その沙汰あるべき者也、仍て状件のごとし、

永禄七
九月三日　　　　小倉新四郎
　　　　　　　　　元悦（花押）

石田彦兵衛尉殿

これは富田城包囲戦中のものである。毛利元就は石田（坪内氏の本名）彦兵衛尉に杵築相物親方職を安堵した。「晴久裁許判形」をその根拠にしているが、それは弘治三年（一五五七）二月十日に尼子晴久が坪内孫次郎に同職を安堵した文書を指す。また、この前提には、天文二十四年（一五五五）三月九日に領主である国造千家慶勝が坪内孫次郎に同職を「給所」として与えた宛行状がある。

この親方職の職掌は、杵築の鳥居田上下川の内で活動する船道・商人らを統轄し、役を徴集して納付するなど、千家氏に奉公することであった。これと同様の職掌をもつものに「杵築祐源大物小物親

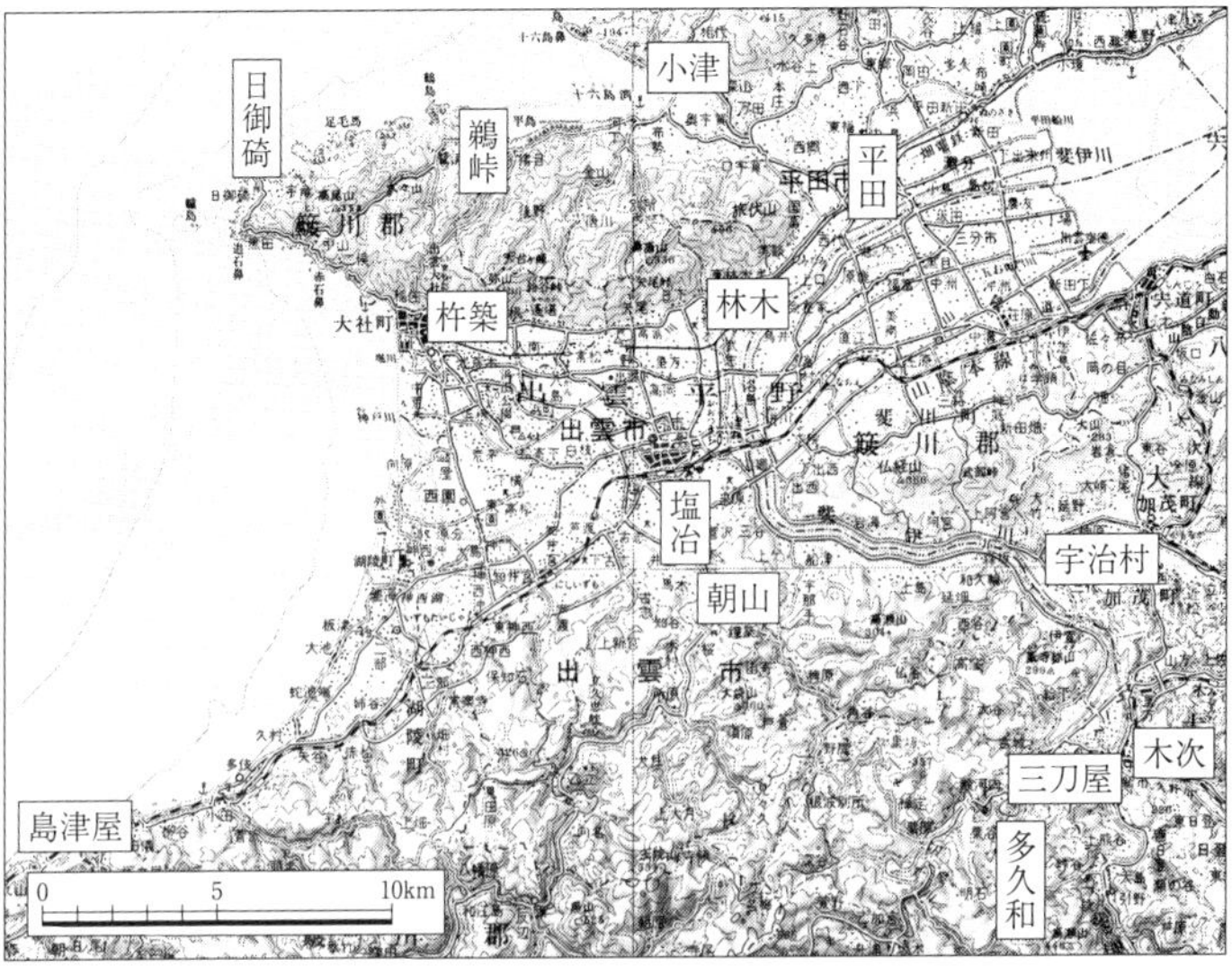

坪内氏関係地名図

方職」があるが、これについては、永禄元年極月十八日に千家慶勝が坪内次郎右衛門尉を任じ、またそれを根拠にして同十一年三月十二日には千家義広が坪内彦兵衛尉に安堵している。

彼ら三人の系譜は、坪内次郎右衛門尉が父、孫次郎・彦兵衛尉はともにその子息で兄弟関係にあった。

国支配者が尼子氏から毛利氏へ交替する時期に、この坪内氏は杵築相物親方職ならびに祐源職を父子・兄弟の間で相承し、彦兵衛尉が毛利氏から安堵された。毛利元就としては、永禄六年八月四日に隆元が急死するという予想外の事態があったが、新しく出雲国支配を始めるにあたって、その政治的・経済的・宗教的要衡である杵築において、杵築大社の上官を人質として差出させて掌握し、また従来より相物親方職であった坪内氏の役職や権益を安堵することにし、その集団の長を交替させ、商人司下の商人集団が有する諸機能を急ぎ掌握し、臨戦体制を強化する方法をとった。杵築は門前町であり、さきの赤間関のような港町とは異なる性格をそなえていたから、商人司といってもその実態・性格には固有のものがある。

第一に坪内氏は杵築大社の御師であり、杵築町の室《むろ》（参詣宿）の経営者であった。杵築の室数は、尼子経久代以来一六室に限定され、新室の設置は認められていなかった。そして各室の経営者は、その布教活動のなかで国内外の特定の領主らと檀那契約を結び、さらにそれは永代契約によって財産化していった。坪内次郎右衛門尉はその代表的人物であったと考えられる。

第二は、特権商人という性格である。

島津屋関所仰せ付けられ候につき、御印判の旨、少も相違あるべからず候、自然相紛儀候は、御法度の旨に任すべく候、以上馬三疋の分、御通しあるべく候、恐々謹言、

永禄四年

十月五日牛尾太郎左衛門尉

久清（花押影）

坪内孫次郎殿まいる

黒印

此馬壱疋石州へ罷り通り候、御法度のごとく米・酒・塩・噌・鉄作留され候、そのほか肴・絹布已下は苦しからず候、自然事を左右に寄せ押妨の族、堅く停止あるべき者也、そのため袖御判を成され候、恐々謹言、

二月五日　　真鍋 豊信（花押）
立原 幸隆（花押）

彦六殿

雲石国境にある島津屋の関所を守備していた牛尾久清は坪内孫次郎に馬三疋分の石見国への通行を許可した。その通行許可証が彦六宛の尼子氏黒印状である。同形式・同文の黒印状が、ほかに次郎五郎、助次郎宛にも出されている。馬三疋分について、個別に馬に荷駄を載せて運送する三人に宛てたものである。黒印の一部は「米留」と読めるが、米・酒・塩・噌・鉄は尼子氏法度として石見国への移出禁止品目とされており、そのほかの肴・絹布以下は運送を許されていた。

永禄四年には尼子氏は石見国に対して国境の島津屋の関所で交通・流通規制を実施し、特権商人にも通行量・品目ともに制限を加えていたのである。

やや遡るが、坪内氏は中国山地を越えて備後国へも入っていた。天文十七年（一五四八）七月に三吉致高は杵築大社に具足・甲等を奉納している。これを取次いだのは坪内宗五郎であったが、彼は致

尼子氏黒印状 黒印部分
2月5日（坪内家文書）

高の嫡子隆亮や一族の隆信とも参詣宿の契約を結んでいる。

三吉致高・隆亮父子は、天文二十二年四月三日に毛利元就・隆元父子に起請文を差出して盟約する。旗返城の江田隆連が尼子氏方へ転じた備北の緊迫した軍事情勢下において、毛利氏方として旗色を鮮明にした。

坪内宗五郎は、この江田隆連のもとへも赴いている。同二十一年十月十日に尼子晴久は坪内宗五郎がたびたび備北へ使いしていることを賞し、江田氏を大内氏方から転じさせたならば、林木・朝山の内一名、石見銀山の屋敷五箇所を与えると約束しており、事実間もない十二月二日には給与している。

江田隆連は、大内氏や毛利氏らの攻勢に耐え切れず、翌二十二年十月十九日に旗返城から没落する。そして十二月には備北最大の国衆山内氏が宍戸隆家を介して（隆家の母は山内直通娘）毛利氏に服属した（山内家文書二一六）。こうして尼子氏が備北に進出することはむずかしい情勢となった。これが確実なものとなって毛利氏は大内義長・陶晴賢からの吉見氏攻め出陣催促にもかかわらず参陣せず、二十三年の春頃には断交を決意する。

ところで、この林木の内の名は、永禄四年（一五六一）七月二十日に尼子義久から坪内宗五郎、翌五年八月二十一日に尼子義久・倫久から坪内次郎右衛門尉に晴久判物を根拠に安堵されている。このことからおそらく宗五郎は坪内氏の嫡流であったと思われるが、その御師活動のなかで尼子氏の外交も行ったことになる。

林木の位置は、雲南地域を広く流域とし、北流した斐伊《ひい》川の下流である（現在の出雲市東林木・西林木）。斐伊川は当時はここを分流地として東は宍道湖、西は杵築大社のすぐ南を通って日本海へと両流していた。この地理的位置からすると、林木は、斐伊川水運と日本海・宍道湖・中海水運が合流する要衝であった。坪内宗五郎の給地に「遊屋名半名」があるので、湯屋などの施設がある港津であったと思われる。そうした林木を尼子晴久は直轄領としていたから坪内宗五郎に給与したのであり、それはそのまま坪内氏の商人的領主としての性格をあらわしている。

話を永禄五年に戻すが、坪内次郎右衛門尉は、富田城に籠城する。

尚々父子三人共心遣いすべからず候也、

此時分心遣いゆめ〳〵あるまじく候、相抱うべく候間、そのため一通遣し候、やがてとた（富田）御本意のごとくたるべく候間、心安く存ずべく候、仍て件のごとし、

永禄五
七月二十三日　　　　　慶勝（千家）（花押）

坪内次郎衛門尉との

千家慶勝が坪内氏父子を見捨てないことを約束した証状である。この合戦は尼子氏が勝利するから安心するようにとも述べている。この証状をうけ、直後の七月二十七日に坪内次郎衛門尉重吉・孫二

郎・二郎の父子三人は杵築大社上官長谷氏に宛て、慶勝の恩情が下されたことを謝し、重吉籠城について孫二郎・二郎兄弟を譜代抱えられることを頼み、自身が帰ってきた場合はともに奉公することを誓約している。千家氏と坪内氏主従が結んだ精神的紐帯の強さがうかがわれる。

この動きは、毛利氏軍が都賀から赤穴へ進駐している真只中の緊迫した軍事情勢下においてギリギリの選択を迫られた結果を示している。

尼子義久は国造千家氏に宛て坪内重吉に籠城の褒美を所望通りに叶えてやるよう述べ、また自らは永禄六年六月二日に杵築内の田二反・屋敷二箇所、銀山内の屋敷五箇所、翌七年九月二十一日には杵築室の明所となっている高橋室、商人伯（司）の安堵ならびに町役の免許、杵築油伯（入役とも）毎年一〇〇駄分、その諸関勘過を認めている。

坪内氏としては、御師・室の経営者、商人司の特権を保持し、領主千家氏・大名尼子氏には戦陣において奉公したのである。

とはいえ、毛利元就は、永禄五年に入国頃から寺社へ数々の寄進を行っており、翌六年二月二十五日には杵築大明神へ二〇〇貫文地を寄進して社参している（大社町史 史料編一四九四・一四九五）ので、こうした尼子氏の給与の全てが有効であったとは思われない。

石見国温泉津《ゆのつ》の温泉英永（一五〇六〜?）も富田城に籠城している。永禄八年五月二十八日に坪内重吉を通して杵築大社に常燈を寄進して息災延命・武運長久、石州滞国、温泉津串山・石見銀山ふきなど国内所領の知行成就を祈念している。十二月二十三日には、温泉英永は坪内重吉に祈念を感謝し、帰国できたならば温泉津の仙崎屋又衛門の屋敷一箇所を永代与えること、英永知行分から御供を差上すること、祈念については他人には申付けないことを約束している。仙崎屋はおそらく長門国仙崎に由来すると考えられ、温泉英永が温泉津・石見銀山などの国内のほか、長門国から尼子氏領国内沿岸部において商業・交通・運輸上の活動を行っていたことがうかがわれる。その年齢からして坪内重吉とは以前から師檀関係にあったと思われる。同様の性格をもつ者として尼子氏に奉公したのであるが、望郷の念は断ちがたかったことが察せられる。

尼子氏の富田籠城は四年余に及び、永禄九年十一月二十一日に義久・倫久らが降伏して開城される。

両国造の裁許権と杵築町の衆中

ところで、杵築相物親方職の実態を考えるため、町の運営がどのように行われていたか、御供宿紛争からみてみたい。

やや遡るが、天文十五年（一五四六）九月二十六日に国造千家氏の上官中右京進、同北島氏方の秋上重孝、神宮寺、松林寺、目代、杉谷・矢田・江角・西村・柳原各氏ら一二名は坪内宗五郎に宛て、宗五郎の室に約束していた三沢本郷（現在の奥出雲町）の参詣者が三沢氏家臣落合次郎左衛門尉の贔屓によって吉田次郎兵衛の室に宿泊してしまった事態に対し、「御陣立の砌に候間、先ず当座の儀、各々異見をもって、御堪忍然るべく存じ候」とし、以後は国造の「上意」に任せるべきであると述べている。

こうした御供宿紛争は杵築町の性格からして重大な問題であったが、尼子氏は坪内宗五郎に宛て、こうした紛争については両国造が裁許権を有すると確認している。

坪内宗五郎は三沢為信に事情を訴えるが、為信は宗五郎に落合次郎左衛門尉にはよく申聞かせたこと、「浜の御連判衆中」から落合氏へ書状を遣わして調停することが肝要であると返報している。この「浜の御連判衆中」とは、坪内宗五郎に堪忍を異見した右述の天文十五年の両国造方の中右京進・秋上重孝ら一二名を指すと思われる。

御供宿紛争は、杵築の両国造家臣や室経営者らが構成する衆中による調停、両国造の裁許、大名による保障という、三者の関与があって決着するに至る。そのなかでも、「衆中」による調停機能と両国造の「上意」裁許権は重い。この衆中組織には両国造家臣も含まれ、領主権の制約もうけているが、町の秩序維持のうえにそれぞれ個別の問題について利害を異にする多様な意見を調整しながら運営機能を果たしていたことは注目される。

こうしてみると、杵築相物親方職は杵築町の伝統的な運営組織とは別のものであり、町全体に及ぶものではなく、天文二十四年の千家慶勝宛行状に「河内の儀より弟子をも集め」、弘治三年二月十日の尼子晴久判物に「鳥居田上下川を限り、牛馬ならびに船道商売仕り候者には、有様役等申付くべきの由候」とあるように、地域的に限定された新しい権益であると考えられる。国造千家氏は、千家氏領内の鳥居田上下川の河内で牛馬や船を用いて活動する運送業者・商人らの活動を保障し、また課税する形で相物親方職のもとに彼らを新たに編成したのである。

坪内彦兵衛尉は杵築町を越えて広域的な商人間紛争の調停に関わった事実がみられる。

永禄十二年閏五月四日の木次《きすき》市場中書状と同六月十八日の平田目代等連署書状がある。どちらも坪

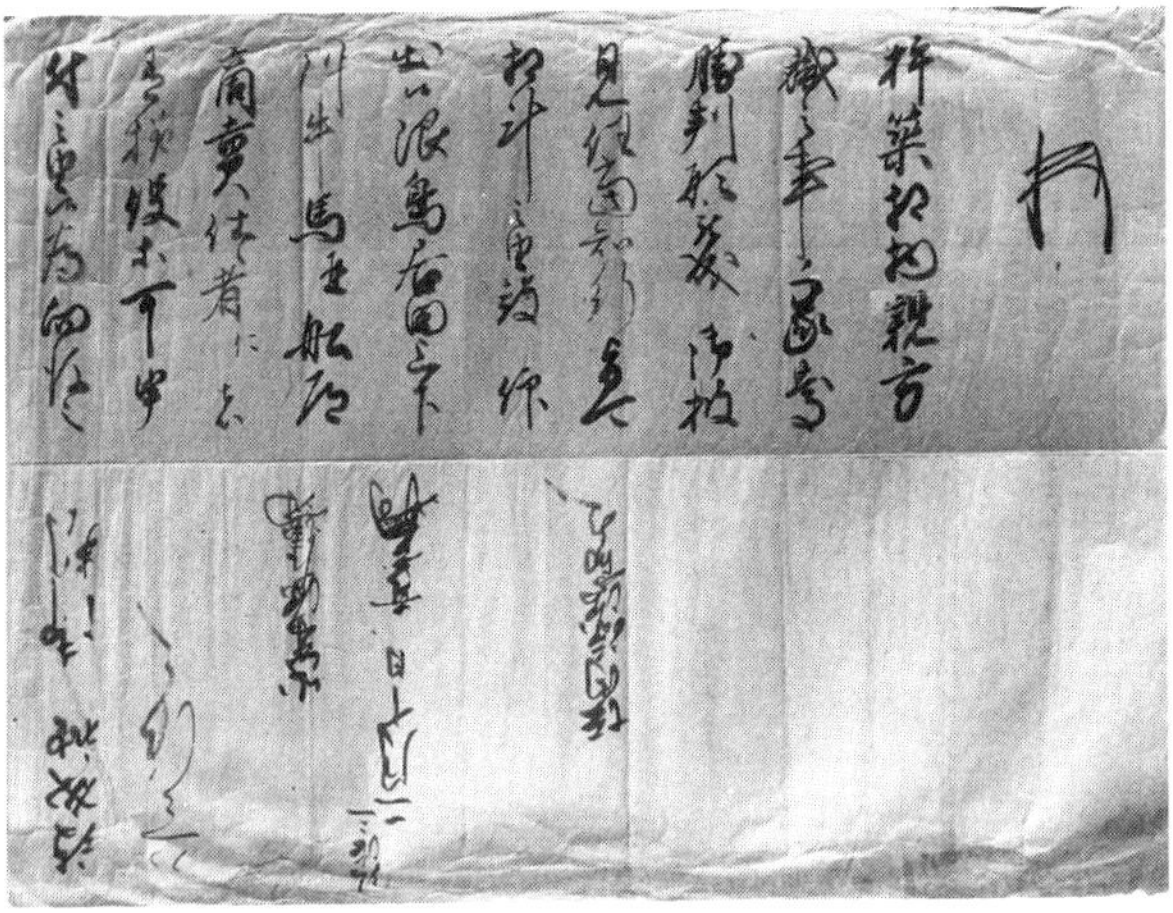

尼子晴久判物　弘治３年２月10日（坪内家文書）

内彦兵衛尉らに宛てられたもので、その問い合せに対する返事にあたる。

　それによれば、出雲国内各地の商人にとっては、商業上の日常的な活動圏があったと思われ、それを越えて他所商人の活動圏にまで入り込んで商売をすることは紛争のもとであったようである。この場合、おそらく平田の商人は内陸部において商業活動を行ってはならなかったにもかかわらず斐伊川中流域の木次や三刀屋にまで出かけて活動したのであり、また木次商人は、宍道湖や日本海沿岸地域において商業活動を行ってはならなかったにもかかわらず、いわばその報復として小津《こつ》（平田市）・鵜峠《うとう》（大社町）にまで出向いて活動したため、紛争となったと思われる。沿岸部の海産物、山間部の鉄などとともに資源は豊富であった。その物流も活発化したと思われる。

　坪内彦兵衛尉らは、木次商人の言い分を平田目代らに伝え、それに対する平田商人の返事を得るなど、当事者である木次と平田の両市目代らとたびたび書状をやり取りし、双方の主張を聴取し、またそれを双方へ伝え合い、繰り返し正確な情報収集につとめ、事実や双方の意向を確認しながら、両者間の調停者として動いている。

六月十八日の平田目代等連署書状では、「きすき衆こつ（小津）うたう（鵜峠）へれき〳〵まかりこし、あきない事仕り候、べつしてひらた衆めいわくまで二候、かやうのぎもはたと仰せ付けられ候て、然るべく存じ候」と述べており、坪内彦兵衛尉らから木次市庭中に対し、その迷惑な商業活動の中止命令とでもいうべきものを発してくれるよう歎願している。

木次と小津・鵜峠の往来は船利用が便利であり、平田も含めその交叉点は杵築・林木・宍道湖を結ぶ水道である。それゆえにこの調停は、河内における坪内彦兵衛尉の商人司としての地位に関わったものかと思われる。

室の権益と師檀関係

しかしながら、門前町杵築にとって重要なことは、やはり室の権益であった。尼子経久代以来、室数は一六室に限定され、新室は認められなかったが、その譲渡はある。

永禄十二年の正月二十一日と三月二日に越峠《こえと》の七郎大夫は坪内彦兵衛尉に二通の譲状を宛てる。尼子氏家臣の池田氏への奉公の褒賞として永代契約していた池田氏知行分の杵築大社・日御碕神社への参詣宿の権利を池田氏判物を副えて、坪内彦兵衛尉に嫁した娘の子、すなわち外孫にあたる米童丸に永代譲与している。

この年の六月に尼子勝久、それに随う立原久綱・山中幸盛らが出雲国回復を企てて攻め込んだ。坪内氏一族は、どのような状態におかれたのであろうか。

坪内重吉・孫次郎父子は、早速尼子勝久の陣営に参じた。八月十九日に国造千家義広は立原久綱・山中幸盛に宛て、坪内重吉の富田籠城の功績をあげて引立を求めている。

十一月に入ると、三日に両国造方の北島豊孝・中左京進が坪内源次兵衛尉・同彦兵衛尉に宛て、「杵築守護不入に仰せ付けられ候、それにつき室役の事、年中六貫文、両家へ参貫文宛、新掌会前ニ相調えらるべく候、そのため山中鹿介殿ヨリ奉書両人江取候て進入候」と伝えている。尼子勝久方としては、杵築を守護不入としたのであり、個々の室権益には関与できなかった。四日には、山中・立原らは坪内孫次郎を「杵築商人相物小物諸役」に任じている。呼称こそ異なるが、尼子晴久判物を根拠にし、職掌も同様であるので、相物親方職への再任と考えられる。

また十二月一日には、尼子勝久判物を坪内孫次郎に宛て、杵築の室数は一六室であり、吉田氏からの異論はあるが、「室衆中」の申分通り新室は認めないと伝えるとともに、丹波屋（坪内）彦兵衛尉にも宛て、杵築一六室のうち以前から抱えてきた分について安堵している。

ところで、備後国衆田総元里は坪内孫次郎と師檀関係にあったが、永禄十年十月という毛利氏支配下においても参詣宿は坪内重吉・孫次郎父子の室であった。これは、当初からの歴史的関係によるものと思われるが、この時、坪内四郎左衛門尉は坪内重吉に田総氏の参詣宿は競望しないことを約束している。

坪内四郎左衛門尉は、永禄五年七月に早速毛利元就のもとに参じて馳走し、その褒賞として杵築諸役を免許された人物である。また、元就直臣で出雲国支配にあたった小倉元悦・井上就重は、毛利氏直轄関温泉津を本拠に日本海地域に展開する毛利氏水軍の将である武安就安・児玉就久に宛て、坪内四郎左衛門尉の申請通りにその水夫役を免許しているので、配下には船・水夫等による水上運送手段を有していたことが知られる。斐伊川が林木を分流地として両流すること、またそれによる杵築の地形等を考慮するならば、こうした人物を掌握することがいかに重要であったかは理解できる。毛利氏が大内氏攻めにあたって、現地の諸事情に通じ、豊富な人脈をもつ人物を「案内者」として活用したことは述べたが、そのことは尼子氏攻めにあたっても共通する。さきの石橋新左衛門尉と同様の存在である。この坪内四郎左衛門尉が田総氏の参詣宿を競望しないと約束したということは、毛利元就に属しているというその力を背景にして奪ったりしないという意味である。

こうしてみると、尼子氏と毛利氏の争覇戦中において坪内氏は、父子・兄弟・一族が異なる大名権力に属し、そのため一族内に多少の混乱と緊張をはらみながらも、集団の長を父子・兄弟の間で交替・相承して自らの役職ならびに従来からの個々の室権益を変らず保持するという、緊迫した情勢下としては順調といってもよい形で杵築の有力な族集団としての地位を確保したのである。

こうした事実は、室や商人司の権益を保障する領主千家氏（北島氏が加わる場合も）、大名尼子氏、毛利氏の関係文書が、時期的にも切れ目なく、また立場の相異にもかかわらずまとまって相伝されていることからもうかがわれる。

それは、杵築の支配が、尼子氏法度も布令されているが、伝統的に領主である両国造の千家氏・北島氏の権限に属していたこと、そしてそこに「室衆中」とか「浜の御連判衆中」とか呼称される歴史的に形成された衆中組織があり、それぞれの基盤が強く、かつその機能が発揮されていたからである。

毛利元就としては、こうした現状を重視し、両国造・上官らからは人質を取るが、杵築大明神へ数々の寄進を行い祭祀が滞ることのないようはからい、町人には急ぎ経済上の諸機能を掌握する必要から特権賦与による調略・懐柔をめぐらしたのである。侵攻権力であるがゆえに尼子氏よりも強く臨める条件を有しながらも強圧的な態度を避け、人心を収攬し、門前町杵築の地域的・歴史的特性を踏まえ、その総合力を確保することによって、戦争の遂行、その後の統治に役立てようと判断したということである。

元就は、杵築支配に佐東衆の触頭福井氏一族の出雲守景吉をあてた。国造北島秀孝は、そのことを「当所押えとして逗留候」と述べている（大社町史 史料編一六二二）。その出自からして物資運送・警固等には適材であるが、両国造・上官との間においては、出雲国支配を担う元就奉行人の井上就重・小倉元悦・平佐就之らとともに、元就の重要な窓口としての役割を果たしている（同一六二八・一六四〇・一六四四）。また永禄八年四月のことであるが、元就は福井景吉と大庭賢兼に杵築大社に連歌万句の奉納を命じている（毛利氏四代実録考証論断）。大庭賢兼は大内氏旧臣であるが、文芸や和歌に秀でており、それが縁で元就の直臣となった。毛利氏家中には稀な人物といえ、この場合まさに適役であった。

郷村の故実と夫役の増徴策

さきの石橋新左衛門尉の役割を通して、毛利氏の郷村支配について述べておく。

永禄年間の後半のことであるが、元就の直臣小田就宗は、その意をうけて朝山郷の馬庭・三木・尾副の三人の公文衆に宛て、陣夫を三〇人差出すこと、支度できなかったならば三公文衆の「曲事」であること、最前は二〇人と命じたが、石橋が下向して究めて三〇人と定めたからは急ぎ必ず調えるべきこと、また定夫についても組残している下地が過分にあるようなので一段も残さず組直すよう、その賦課基準となる下地の正確な面積提示を命じるとともに、組残した事情に疑義をあらわにし、それは三公文衆の「故実」に基づく主張にすぎず「曲事」であると断じている。

この石橋とは、永禄五年に元就が了解して雲州商人司とともに塩冶・朝山司に任じられた佐波氏家臣の石橋新左衛門尉のことである。朝山郷は元就の直轄領であり、小田就宗はその代官と考えられる。

元就は出雲国内の郷村支配にあたって陣夫や定夫の増徴をねらっていた。朝山郷の場合は、司職の石橋氏をして公文衆（郷村の指導者）と交渉させて究め、それを実現している。大名は、増徴のためその賦課基準となる郷村の土地面積の正確な把握につとめようとしたが、「故実」を主張する郷村の抵抗は強かった。しかし、従わない場合には公文職やその給分を没収した。そうしたことからすると、現地社会の事情に通じた石橋氏のような人物は、在地秩序を前提としながらもその再編をはかる大名支配にとって、欠かせない存在であった。

元就の分国となった出雲国支配がどのように進められたか、また人材の育成・登用がいかに大切か、具体的事例にはなる。

第四章　出雲国由来村の森氏

進軍基地としてのかす坂峠の宿

戦国時代における敵方地への侵攻や、領国の形成・維持・拡大等には、その軍事力編成とは別に、軍需物資の調達や輸送、城郭の普請などを可能にする多様な基盤と条件が合せ必要であった。そのためには、それぞれについて指摘してきたように、軍が侵攻する地域社会において、そうした諸機能を発揮できる人物がいれば彼らを引き入れたり、確保して活用する方策がとられた。

ここでは、尼子勝久が出雲国を席捲した際、毛利氏の進軍を援助した国道五四号沿いの由来村（頓原町）を本拠とする森氏を取上げ、その実態を明らかにしたい。

永禄十二年（一五六九）に尼子勝久軍に包囲された富田城将天野隆重は、籠城して抗戦する一方、毛利氏に援軍の派遣と兵粮米の補給を要請した。元就は、翌元亀元年（一五七〇）正月六日に輝元を総大将として吉川元春・小早川隆景らの輔佐のもとに出雲国出兵を決行した。

毛利輝元書状　元亀元年正月17日
（山口県文書館蔵 林家文書）

正月十五日に小早川隆景は、先行して三刀屋に在陣する口羽通良からの三刀屋には敵来たらずとの書状の内容を伝えるとともに、輝元が一日も片時も急ぐことが肝心とし、「明日は早々赤穴へ御打越なされ、峠の雪踏明け候御談合専一候、雪消え候するをゆう〳〵と御待ちなさるべき事にてハこれなく候」（毛利家文書八二一）と、雪中の進軍を急がせ、十六日には赤穴で談合したいと述べている。その後毛利氏軍は、二十八日に多久和城（旧三刀屋町）を攻略し、晦日には多久和大和守らを討ち果たしている（閥閲録四七）。

この輝元の進軍の経過から考えると、次の両通の文書が注目される。

かす坂峠の宿、見るべきため、重て此者差遣し候、弥案内者仰せ付けられ、御入魂祝着たるべく候、猶委細此者申すべく候、恐々謹言、

正月十七日

少輔太郎
輝元（花押）

矢野甲斐守殿御宿所

先日は宿所の儀申し候処、御裁判の由候、祝着候、然は彼者に対し引渡され候は、本快たるべく候、弥そこもと御入魂仰ぐところに候、恐々謹言、

駿河守
元春（花押）

正月二十日

森甲斐守殿御宿所

この両文書は、「林家文書」（山口県文書館蔵）に収められている。総数三一点であるが、いずれも戦国時代の石見国衆佐波氏の家臣森氏の基盤と性格を語るに貴重なものである。

両文書は、同一の実態を指すと考えられ、また宛書の矢野甲斐守と森甲斐守は同一人物である。矢野は佐波氏の本名であるので、佐波氏一族という処遇になる。毛利氏は森氏に対し、これ以前にかす坂峠に設営を命じていた「宿」「宿所」が完成したため、使者を派遣してその検分を行ったうえで引渡すよう求めたのである。

毛利氏が大友氏と北部九州において戦争中の永禄十二年の六月には、元就は尼子氏牢人らが一揆を企てていると警戒しているが、七月に入って尼子勝久らは出雲国へ攻め込んだ。十月にはこれに呼応した大内輝弘事件も起こったが、長府にあった元就は、豊前・筑前両国へ派遣した軍をきわめて迅速に撤退させ、短期間で大内輝弘を自刃に追い込み、吉田へ帰還した。その頃から冬季の尼子勝久攻め

を予定し、大雪という悪条件のもとにあっても赤穴より先の進軍を順調ならしめる目的で宿の設営を命じていたものと考えられる。正月十六日に赤穴に着陣した輝元にとって、このことは隆景との談合の重大案件であった。輝元は、緊迫した軍事情勢を踏まえ、赤穴でこの書状を認めたものと思われる。「かす坂峠」とは、旧頓原町都加賀から旧吉田村民谷に越える旧道の坂を上りつめた都加賀地区「九百拾五番字要害」内にある峠の名称である。この南側には地番続きの「九百拾六番字国王原」のかなり広い高原状の原野景観がみられる。これによって、毛利氏軍の進軍路として赤穴から頓原・都加賀・民谷・吉田を経て多久和へ至るコースがあったことが知られる。

さきに弘治二年（一五五六）十一月に毛利元就と佐波隆秀が盟約したことなどをあげ、元就が大内氏攻めの時期から陰陽交通路の要衝をおさえる佐波氏惣領家と赤穴氏ら庶子家を戦略的に重視して服属させていたことを述べた。

佐波氏家中の森甲斐守は、永禄二年（一五五九）六月十二日に佐波興連から、毛利氏のもとに人質として出向いた褒賞として約束の一〇貫文を安濃郡鳥越（大田市。大田北郷は佐波氏領）の内で給与されている。

元就は佐波氏の服属の証に森甲斐守を人質として差出させていた。毛利氏の戦略上、森氏の基盤と性格は重要であったということである。そしてまた人質としての滞在中には元就らに出雲国内の情報等を提供することもあったと思われる。そうした緊密な関係から「宿」の設営も行われたものであろう。

ところで、この「宿」「宿所」の具体像は不詳であるが、戦国時代の毛利氏関係文書のなかに「宿」「宿誘」「宿送」などの用例は多い。それらによると、それは、単に輝元ら将兵の宿泊・休息施設という狭義の内容にとどまらず、搬入して備えられた兵粮米の補給基地であるとともに、兵粮米等諸軍需物資の輸送機能をもつ毛利氏軍の進軍基地としての性格を有していたといってよい。尼子勝久討伐のための毛利氏あげての動員であったこと、富田城への兵粮米搬入という緊急性ある目的をもっていたこと、また大雪という悪条件等々を考慮するとき、かす坂峠の宿は毛利氏にとってきわめて重要な拠点としての意味をもつものであったことがわかる。

元就は、永禄五年の侵攻時には、まず杵築を掌握するため、神戸川沿いの石橋氏を用いた。しかしながら、富田城奪還をねらった尼子勝久とその与党との前線は、出雲国内の東寄りであったため、この同中央部において基地建設や案内者としての役割が期待できる森氏を重用した。

その活動実態から森氏の基盤と性格をみてみたい。

佐波氏兵粮米の調達と要害への搬入

時期はやや遡るが、天文十年（一五四一）正月に尼子氏が安芸国吉田郡山城攻めから敗退し、翌十一年正月に大内氏が出雲国へ侵攻する間のことである。この両者の境目に位置したのが、佐波氏であった。

天文十年八月十八日に佐波隆連は森善左衛門尉に、このたびの尼子氏と大内氏の引分で尼子氏のもとへ人質として出向いた忠節について寺垣分一町を給与している。尼子氏が人質を取ったことは、佐波氏の動きを警戒したものであるが、佐波氏家中のなかで森氏が選ばれたことは、のちの毛利氏の場合と同じであり、森氏の重要性を示している。

今度の砌、俵物参百御用に立てられ候、内百俵の儀進上候、御祝着候、弐百俵利分相加え、当秋参百余御返弁として寺垣内の内五段同散田壱段、合六反本領として遣され候、一旬宛の儀沙汰申さるべく候、弥御奉公肝要候、恐々謹言、

（佐波隆連）（花押）

天文十
八月二十四日　七郎兵衛尉 秀安（花押）

森長門守殿

この文書は、佐波隆連借用状である。この内容は、森長門守が三〇〇俵の兵粮米を用立てたこと、その内の一〇〇俵は「進上」、すなわち無償であるが、残る二〇〇俵については利子分（五割）を加算してこの秋に本利合せて三〇〇俵を返弁すること、またその担保物件として寺垣内の六段の在所を本領として（本領は、給地の場合よりも所領高に賦課される役銭の賦課率が低い）給与するというものである。

そしてこの四日後の八月二十八日には、二〇〇俵（籾三斗入）の佐波隆連借用状がある。この奉行人は長丹後忠泰・左衛門尉連親であり、森長門守に宛てられている。担保物件として佐波屋一町があ

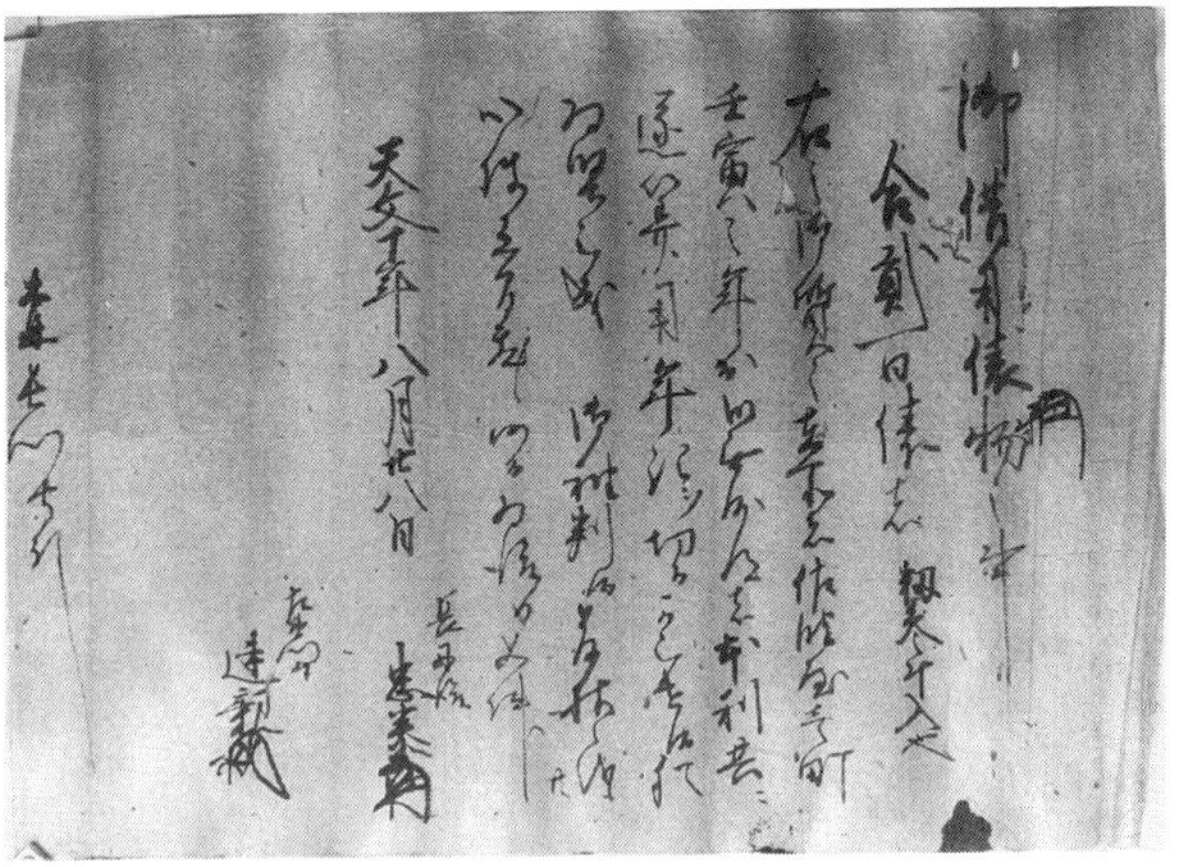

佐波隆連借用状　天文10年８月28日（山口県文書館蔵 林家文書）

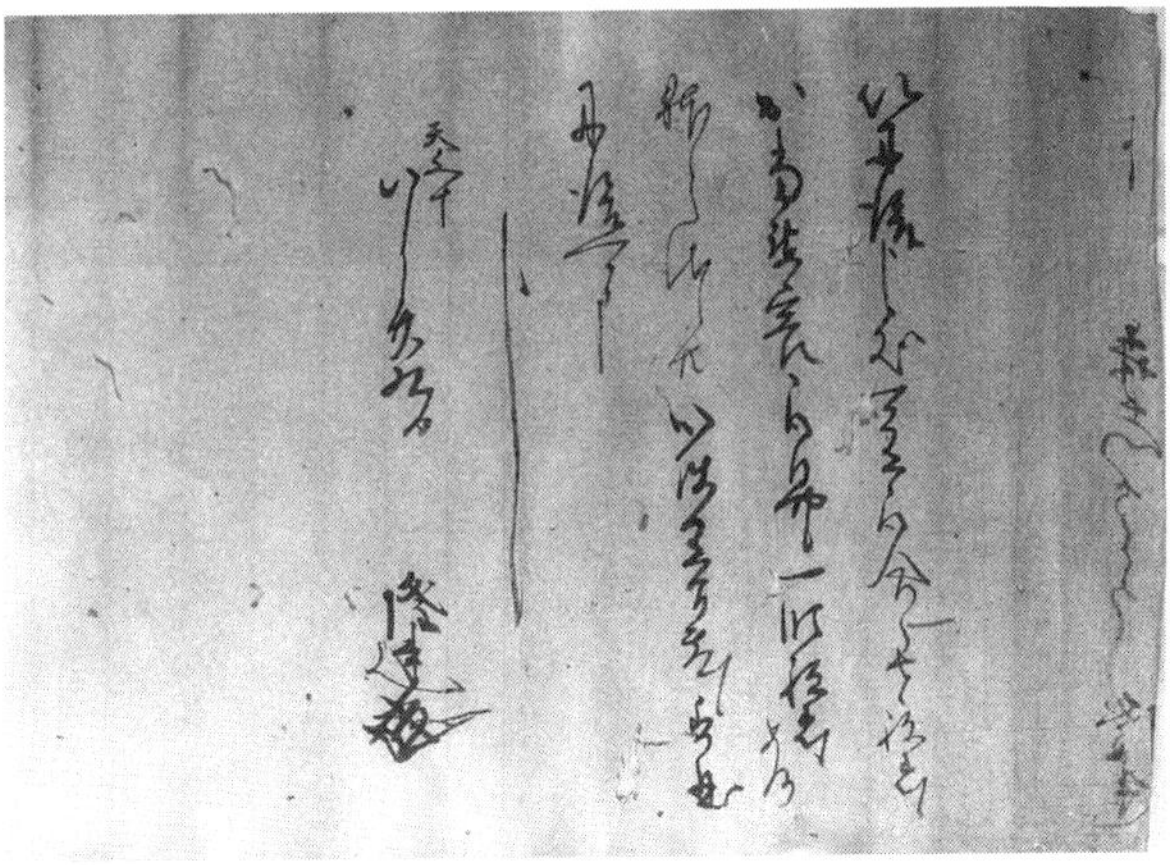

佐波隆連書状　天文10年８月29日（山口県文書館蔵 林家文書）

げられ、翌十一年に返弁できなかったならば、本利の算用を行ったうえで年紀を限って給与すると約束している。

　これに関係して次の佐波隆連書状がある。

（端裏捻封ウハ書）
「（墨引）　隆連」
　森長門守とのへ

丹後をもって申し候処、取合あるべきの由候、祝着候、当要害に取易え候、一段祝着候、如何躰の儀候共、心使有るまじく候、委曲丹後申すべく候、かしく、

　天文十
八月二十九日　隆連（花押）

「丹後」とは、前日の借用状の日下に署判する長丹後忠泰を指すが、この佐波隆連書状は、隆連が忠泰をもって森長門守に要請したところ、長門守がそれを受け入れて二〇〇俵用立ててくれたこと、そのうえ二〇〇俵を佐波氏の要害まで搬入してくれたと感謝している。

大内義隆は、天文十一年七月下旬に赤穴城を攻略し、北上して由来村に陣営をかまえるが、その直前の七月七日にも森長門守に宛てた七二俵の佐波隆連借用状がある。これには、今秋返弁できなかったならば、仙導入間の内の懸橋名五貫文の在所を年紀として給与すると約束している。

借用の際の担保物件は必ずしも給地宛行約束という方法ばかりではない。たとえば、天文五年二月

二十四日に佐波誠連は森長門守から五〇俵（籾）を借用しているが、その返弁は「由来御被官衆御役をもつて」来年秋に本利共に遂げるとしているので、由来村の森氏被官衆の役免除とかの方法もあったことがわかる。

さて、問題は、天文十年八月のきわめて短時日のうちに合せて五〇〇俵という大量の兵粮米を調達し、それを佐波氏の拠城に搬入できる森氏の基盤と性格である。しかもそれは、この時点における一時的なものではなく、前後の時期にも継続的に存在した固有のものである。

森氏の所領分布にみる幹線路における経済活動

森長門守はこの時期の森氏の当主であり、佐波氏から大永六年（一五二六）七月十六日に赤穴と中郡の宇治村（旧加茂町）の内で各五貫文の在所を給与されたのをはじめとし、由来・入間等々で多くの事例が確かめられるが、これを在所給与、年貢の徴収という視点から見た場合には、農業生産に関わる郷村領主という性格しかあらわれない。

しかし、視点を変え、本拠の由来村が陰陽交通の幹線路（ほぼ国道五四号に沿う旧道）の要衝であったことに留意し、その給地が南から赤穴・由来村・入間・中郡宇治村とその幹線路沿いに分布していることを合せ考えると、森氏が交通・流通に関わっていた商人的領主という性格も想定できる。

そのことは時期は下るが、天正十四年（一五八六）九月十三日の三通の文書によってより具体的に知られる。

（端裏捻封ウハ書）
「（墨引）

矢野次郎右衛門とのへ

恵連」

その方知行のこと、悪所、又善所少も奥意を残さず正直ニ申し候、分明の儀候、近年何れの出陣の時も、我々申すまゝに、夜白共ニ虎口を心懸け、一身を捨て候ほどの儀、度々候つる、忘却なく候、向後由来村検地共申し付け候共、手前の儀余人よりも能様ニ申し付け候て遣すべく候、心安かるべく候、謹言、

天正十四
九月十三日　　恵連（花押）

天正十四年は、毛利氏の惣国検地が始まる前年にあたる。秀吉の朝鮮侵攻への動員にそなえて毛利氏は惣国検地を実施し、家臣の所領高の確定や知行替などによって領国支配体制の刷新をはかった。佐波氏は、他に史料が残る備後国山内氏、石見国益田氏らと同様、事前に知行高の指出を行ったと考えられる。この恵連書状によれば、その指出作成の前提の基礎作業として各家臣に知行高の提出を求めた。それをうけて矢野（森）次郎右衛門尉は各所について正直に申告したのであり、それに対して恵連は近年の軍勢催促に布令のまま拒むことなく出陣して度々献身的な忠節を行ったこともあげ、今後由来村の検地の際には他の給人よりも優遇すると約束している。

他の同年月日の二通は、佐波恵連が袖判をすえた奉行人連署の坪付である。一通は七箇条、もう一通はその追加で二箇条からなる。いずれも矢野次郎右衛門尉の知行在所名、知行面積・知行高、そして当該在所が本領か給地か、そこに賦課される公役とその額を確定したものである。この知行在所名

のなかにはさきの森長門守の給地と一致するものが多く確認できるので、この坪付にあげられたものは森長門守の権益を継承している。

一通目の第七条に次のように記されていることは注目される。

> 来島三日市かりや、三段の先御判ニ候へ共、当時相違の子細候て、壱段壱ケ所ニ定め遣され候、御判形別てこれあり、

矢野氏が佐波氏から来島《きじま》三日市に仮屋を給与されており、それは先の佐波氏判物では三段であったが、今後は壱段一箇所とする、その判物もあるという。

来島三日市は、赤穴のやや北寄りに位置し、国道五四号、神戸川沿い、佐波川沿いの三つの旧道への分岐点となる要衝である。来島三日市は佐波氏惣領家の直轄地であったのであり、森氏はここに仮屋をかまえて商業活動を行っていたことになる。

また一つは、第五条に「正月一日神田参段」、第六条に「修理田参段」、二通目の追加の第一条に「由来御社頭経田参段」とあることである。これらは、早くに佐波誠連が森長門守に「今度御届につき、千疋前御約束候、然りといえども在所なく候により、遣されず候、然は、正月一日神田参段、修理田参段の反銭・人足役の儀、千疋前遣され候ずる間、御扶持あるべく候」と認めていることなどに照応する。約束した一〇貫文の在所がないため、その代わりに神田三段・修理田三段の段銭、人足役

を給与（免除）したのである。

この事実は、森氏が由来村の由来神社の神主であったことを意味する。森氏はそうした宗教的な面を合せて歴史的に築きあげた伝統的な力をもとに由来地域を本拠にして諸機能を統合し、その総合力を体現した在地領主であった。

これとともに重要なことは、森氏の給地の分布である。南から辿ると、赤穴・来島三日市・寺垣内・由来村・入間、そして北に接する三刀屋氏領を越えて中郡の宇治村に至る。この宇治村は斐伊川に臨む。また日本海沿岸の大田へは佐波氏の本拠から石見銀山のやや東側を国道三七五号に沿って忍原・物部神社を経て北西に辿るが、森甲斐守には安濃郡鳥越の内、さきの石橋氏一族の孫四郎にも弘治三年（一五五七）に大田北郷の内を給与している。このことは、森氏が交通・流通の幹線路の要所要所に運送上の拠点をもち、陸上輸送はもちろん河や海の水運と繋がっていたことを意味するとともに、いま佐波氏が本拠地を越えてそれら諸所を領有していたことに注目すれば、佐波氏自らが交通・流通に積極的に関与する国衆であったことをも語っている。

このような佐波氏家臣また商人的領主ともいえる森氏の基盤を知るとき、森長門守がきわめて短時日に五〇〇俵もの兵粮米を調達し、佐波氏拠城に搬入した事情は理解できる。その活動の重要な場であった来島三日市は、領主経済・地域経済、そして陰陽流通が有機的に関係した広域経済の要衝であった。

こうした市場は、国衆らの支配下にあって、屋敷銭等の課税対象地というよりも、人が動き、物が運ばれ、各種の情報が行き交う状況をうまく活用し、家臣である商人的領主らを通して年貢米や鉱物資源等を運用また商売するなどして利得をあげる場として有効に機能した。室町・戦国時代の戦時下における緊急対応という視点からすると、後者の方が即応性を要求される時代にふさわしい市場支配の形態であると考えられる。

このように山間部地域に本拠をおく領主であっても流通から見放された存在ではない。この時期には、石見銀山や高橋氏旧領内の石見国久喜・大林銀山往返の商人たちも、この地域を通行した。国衆佐波氏領は地理的にその要衝に位置しており、森氏は来島三日市・由来村を中心とする地域において商業・金融・交通・運輸等の重要な経済機能を総合的に掌握していた存在であった。しかも地域社会における宗教的な伝統的権威もそなわっており、それは集団の編成にとって効果的に作用したと思われる。

毛利元就は、そうした森氏固有の基盤と性格を重視し、尼子義久攻めにあたっても、尼子勝久攻めにあたっても、重用したのである。宿の設営には、材木等の資材の調達、その現地への搬送、建物の建設等々、何段階もの手順があり、またそれぞれを担う多くの編成された商人・職人らが欠かせない。そして人夫を集め、完成まで諸作業が手際よく進められることもまた重要であった。森氏は、この場合、まさに適役であった。

国衆佐波氏家中からの人質として森氏が選ばれ、尼子氏のもとへも、また毛利氏のもとへも出向いた理由は、ここにある。

大名権力は、領国を拡大させたり、また統治するにあたって、たとえ国衆家中の家臣であろうとも、地域社会の総合力を体現し、他地域における同様の存在と連携して行動できる豊富な人脈をもつ人物を直接に掌握し、その固有の諸機能を発揮させた。この森氏の事例もまた在地領主制の構造に起因するその典型的なあり方の一つである。内陸の山間部と河・海を結ぶ峠の道で活動する森氏は、さきの海の堀立直正と類似の存在といえる。

国衆佐波氏が森氏と取結んだ経済的な関係は、毛利氏家中においても類似する。

毛利氏の財政は、常に借銭・借米の状態にあった。備後国の福永兵庫助のように（毛利家文書五九四、閥閲録一六八）、商人的領主たちはたびたび兵粮米や銭を用立てた。それは、元就代から公領の年貢や防長両国の段銭を担保に前借し、その返済ができたらまた翌年のものを担保に新たな前借をする形であった。

その動きのなかに「倉本」は位置づけられる。大内氏代に長門国二宮忌宮神社の造営のため、諸郡に段米が賦課され、その米は長府の倉本に収納されるが、一度には不用であり、また古米になると価値が下がるため、適宜新米に交換する必要があった（忌宮神社文書）。長門国守護代内藤興盛らは、そうした経済活動を行いうる人物を「倉本」に選定し、造営を円滑に進める仕組みをつくる必要があった。こうした大内氏代のあり方は、二月十三日に元就・輝元が河野徳寿を家中「倉本」に定めた事例（閥閲録遺漏五ノ三）もあり、毛利氏領国下においてもみられる。河野徳寿は伊予国の出自とされ、これ以前にも毛利氏に銭を用立てていた。永禄十三年（一五七〇）には輝元から周防国内で給地を与えられている。また、国衆においても倉本の存在は確かめられる。三月二十日に石見国衆益田藤兼は杵築大社の社家である別火氏に宛て、別火氏を「倉本」に任じている（益田市蔵）。

領主米の管理や運用を担う特権商人はこうして制度化され、その権益を保証されるとともに、大名や国衆らの赤字財政を支えたのである。なお、名称としては、江戸時代に蔵米を運用した「蔵元」に通じる。

第五章　硝石の輸入外交と西国大名の自立性

鉄砲放の中間衆と硝石

戦国時代は海に国境がない時代である。のちに豊臣秀吉が実施した長崎を直轄領にして外国船を長崎へ回航するという、いわば税関を設けた出入国管理法というものがなかった時代である。西日本地域の大名や国人領主（国衆）・商人・海民らは、大陸や朝鮮・琉球からの海の道に自ら船を仕立てたりして、主体的に貿易・交流を行っていた。それゆえに西日本地域の大名らは、眼を京都へ向けるよりも西からの海の道に向け、積極的に外国産品の輸入による富の獲得と新しい技術や文化の享受をはかった。ところが、それは、その拠点やルートの拡大をめざす西日本地域の大名同士の軍事的対立に発展することになった。

戦国大名は、政治・軍事面と経済・貿易面の双方について、何を基準にすえ、何をどう見究めながら判断して行動したのであろうか。

輸入品のなかには、戦国時代の象徴的な武器である鉄砲に用いる火薬の原料としての硝石が含まれていた。毛利氏が鉄砲を武器として用いた初見史料は、弘治三年（一五五七）の周防国須々万の沼城攻撃中の二月十九日に小早川隆景が乃美元信に宛て、「今程なまり所持の由候間、給い候は祝着たるべく候、鉄放のために候間、須々磨せめの御合力たるべく候」と述べたものである。

鉄砲を有効に活用するには射撃技術が優れた射手を必要とする。

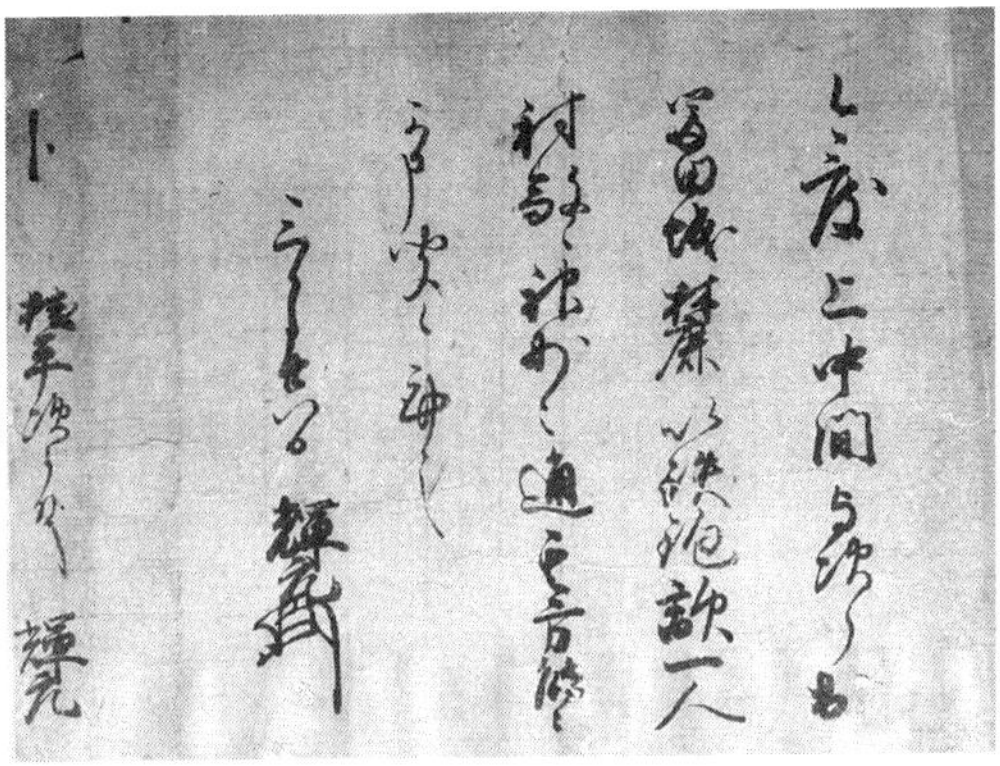

毛利輝元書状　3月28日（萩博物館蔵 田中家文書）

今度上中間与次郎、富田城麓において鉄砲をもって敵一人射殺し候、神妙の通、その方能々申聞かすべく候、謹言、

三月二十八日　輝元（花押）

（捻封ウハ書）「（墨引）桂平次郎殿　輝元」

毛利元就の中間与次郎が尼子氏の富田城麓で鉄砲によって敵一人を射殺したことを褒賞している。元就中間のことであるから、輝元は桂平次郎に宛てた。桂平次郎は与次郎にこの輝元書状を渡付した。この文書様式は捻封の捻文であり、第Ⅲ部三章に詳述するが、毛利氏使用の捻文が内々の約束という性格を有していることからすると、これはのちに恩賞を与えられる際の挙証となる。

この与次郎は、のち田中氏を名乗り、田中四郎右衛門尉として中間頭となる。

また、元就の中間の飛落氏も鉄砲の射手であった。

彼らは「鉄砲はなしの中間衆」などと呼ばれ、尼子氏を討滅した元就が出雲国支配を始めた永禄末年頃には、五〇人を超えていた。尼子勝久が攻め込んだ際に毛利氏方の富田城内には中間衆が二〇人籠城しており、この人数程度に編成された戦闘集団であったことが知られる。のちの豊臣政権下のことであるが、大坂の毛利氏屋敷の普請のため堅田元慶に付けられた田中四郎右衛門尉・同彦左衛門尉の中間は一〇〇人であったので、この頃には中間頭が五〇人を率いる編成であったと思われる。

鉄砲の射手といい、大坂屋敷の普請といい、元就が創出した中間衆の有能な技術者集団としての性格がうかがわれる。

毛利氏が鉄砲をどこから入手したか不明であるが、のちには長府の国衙鍛冶檪木氏が鉄砲・中筒・小筒を製造し、それらを中枢奉行人の佐世元嘉が宿々諸市目代に命じて伝馬制を利用して広島（天正十七年〈一五八九〉に築城）まで宿送によって運送させていた事実がある（檪木家文書）。国衙鍛冶が有する伝統的技術は鉄砲製造にも応用できた。こうした鉄砲の普及度を考えたい。


一当家御人数二万余召置かれ候、鉄砲七百丁、そのほか御家中相加え候ハヽ、五千丁もあるべきの由候間、気遣いに及ばず候由、佐石申され候、

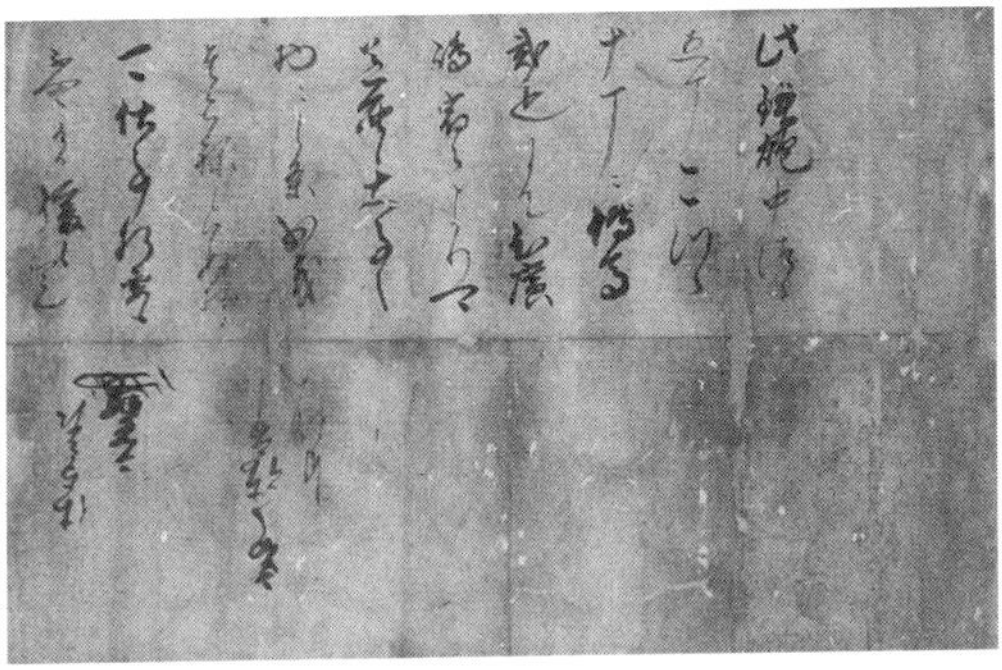

佐世元嘉書状（下関市住吉神社蔵 櫟木家文書）

秀吉死没後の五人奉行と徳川家康の不和に関連し、慶長三年（一五九八）九月二日に内藤隆春が子息元家に宛てた書状（閥閲録九九）の部分である。隆春はこの情報源を佐世石見守（元嘉）としているので、信じられる数であろう。

さて、鉄砲の数が増えれば、当然のことながら鉛玉や硝石の量も多く必要となる。

毛利氏の惣国検地の結果を示す『毛利氏八箇国御時代分限帳』には、長門国阿武郡の蔵目喜《ぞうめき》・多万銀山領として三六七石余が記されている。この後地の公領年貢でもって買い入れた公納鉛＝鉄砲玉鉛三〇〇〇斤は、ひとまず関問丸役佐甲氏が請取っている。

硝石については、永禄十年（一五六七）九月十五日に大友宗麟が中国滞在中の司教ドン・ベルショール・カルネイロに宛てた書状（山口県史料 中世編上）がその重要性を示している。

最も尊敬すべき君

吾らは貴下が本年当地に来られんことを大に待ちいたる者にして、貴下の渡航を妨げたる原因は小ならざるものと考ふれども、近く相見るの希望を棄てず、吾が常に耶蘇会を庇護せんと欲することは、既に貴下の聞に達したらんと信ず、吾が山口の王（毛利元就）に対して勝利を望むは、かの地にパードレらを帰住せしめ、はじめ彼らが受けたるよりも大なる庇護を与へんがためなり、しかして吾が希望を実現するに必要なるは、貴下の援助により硝石の当地輸入を一切禁止し、予が領国の防禦のためにカピタン・モール（葡船の司令官）をして毎年良質の硝石二百斤を持来らしめんことなり、吾はこれに対し百タイス（銀一貫目）又は貴下が指定せらるゝ金額を支払うべし、この方法によれば、山口の暴君は領国を失ひ、吾がもとにある正統の領主（大内輝弘）その国に入ることを得べし、貴下の手に接吻す、

本日陰暦第九月の十五日

大友宗麟は毛利氏と北部九州、とりわけ博多の領有をめぐって戦争中であった。この書状には、西日本地域の大名が敵方を制し、戦争に勝つ方法として、自ら硝石を有利に輸入すること、敵方には輸入させないことがあげてある。火薬の調合には約八〇パーセントの硝石を必要とする。ほかは硫黄と炭である。混ぜ合せて調合するが、中国大陸産の天然硝石の輸入は重要であった。

大友宗麟は、ややのちの天正二年（一五七四）のことであるが美作国衆三浦貞広に塩硝一壺を贈る（石見牧家文書）などしており、毛利氏を同じく脅威とする同盟者との交流にも用立てていた。

毛利氏については、硝石を直輸入しようとする史料は見あたらないが、早くは弘治三年（一五五七）三月一日に元就が、石見国三隅表で軍事行動中の吉川元春に副えた直臣の児玉就秋に宛て、「えんし

やうの事、申処、早々尋越候、祝着候、猶以相尋、追々給うべく候」（閥閲録八四）と、塩硝の調達を命じていること、またのち輝元が高須元兼に「塩硝」（同六七）、尾道の渋谷与衛門尉に「合薬」（火薬）の買入を求めている（渋谷文書〈渋谷辰男氏所蔵〉）事例などもあるので、領国内の要港や、九州往返の領国内外の商人たちから入手していたと思われる。ただ、五月六日に元就が中郡衆の内藤元泰に宛てた書状（安芸内藤家文書・井原家文書）は、輸入硝石にたよるばかりではなかった実態をうかがわせてくれる。

塩焇贄候仁、爰元に罷越候、それにつき古馬屋の土入るの由候条、申入れ候、そこもと御短息候て給うべく候、

塩硝製造の技術者が到来したこと、それについて古馬屋の土が必要なこと、それを入手したいと求めている。古馬屋の土を掘り出し、それを原料にして、水をかけて濾過し、その水溶液を煮詰める方法によって、塩硝を製造していたことも知られる。

西日本地域は東アジア世界のなかにおいて新しく銀を求め、キリスト教の布教をもねらっていたヨーロッパ人を含めて相互に展開されていた外交戦略を相手に直接的に与え、かつ受ける場であった。外交による西からの海の道を確保することなくしては、大名は領国を保持することもむずかしい状況におかれていた。こうした西を注視するというあり方が、京都の権威を低めることにつながった。

朝鮮・琉球と大内氏

中国地域・瀬戸内海地域の地域経済は、地域の鉱物資源である鉄・銅、そして銀の輸出、また朝鮮貿易や琉球王国から南九州に入った「唐荷」の輸送によって、東アジア世界における貿易・流通の循環構造に組み込まれていた。

すなわち、琉球は、南海の諸国、中国との貿易・交流の要衝であった。琉球からは黒潮にのって薩摩・大隅・日向国内の諸港津に至る。こうして南九州に入った唐荷は、遠来の京・堺商人らによって主に豊後水道・豊予海峡・瀬戸内海を経由して畿内に至り、また南九州の各港津の商人らによって九州の西海岸を北上して北部九州、さらに山陰地域の諸港津に至る。それをうけて、北部九州や山陰地域の領主・商人らは、さらに日本海沿岸を北へ運ぶとともに、朝鮮と貿易を行う。また、北部九州からは、関門海峡を通って畿内へ向う流れもある。当然のことであるが、こうした流れの逆の流れも存在しており、東アジア世界において貿易・流通の循環構造が成立していたのである。この南九州、北部九州からの物流の合流するのが厳島であった。

琉球王国の外交文書を集めた『歴代宝案』には、たとえば朝鮮国王と琉球国王が取り交わした外交文書が収められているが、朝鮮国王から琉球国王への進上物として虎皮・豹皮・人参等、琉球国王から朝鮮国王へは、シャムなどの東南アジア諸国から輸入した象牙・水牛角・胡椒・蘇木等が確かめられる。そのうちの一四六七年四月に朝鮮国王が琉球国王へ進上した物は、大内氏支配下の博多の商人の道安が「琉球国使」として対馬経由で輸送したものであった。

大内氏の朝鮮貿易は既に南北朝時代には行われていたが、琉球国王と通交した早い時期の徴証は、二月十三日に琉球国世主に宛てた大内政弘書状（大内氏実録土代一五）に「先年故三品教弘啓せしめ候、その後予また貴国に至り、同じく一書を呈せしめ給候」とあることから、教弘代（一四四一〜六五）のことである。そして政弘代の交流の遺産として現存するものに、琉球国王の菩提寺であった首里の円覚寺の旧殿前鐘がある（沖縄県立博物館蔵）。これは、尚真王の「大明弘治八年」（一四九五）に周防国防府の「大工大和氏相秀」が鋳造したものであり、銘文のうちの「今上世主尚真王宮生」の部分は金象嵌である。

永正五年（一五〇八）に上洛した大内義興は、同十三年四月十九日に渡唐船についての足利義稙御内書を与えられ、その管理を将来にわたって承認され、同十五年十月に帰国した。その翌年の十月十日に大内義興は島津豊後守忠朝に宛て渡唐船について配慮を求め、陶弘詮もその領内滞留を求めている。島津忠朝は、日向国南部の飫肥《おび》・櫛間地域を領有していた島津豊州家の当主である。これをうけて、島津忠朝は大内氏渡唐船の滞留を認めている。油津などの重要な国際貿易港をおさえる島津忠朝は、大内氏の勘合貿易船の派遣にあたって重要な支援を果たすことになる。大内義興が島津忠朝に要請したことは、永正十八年十一月二日のその書状によると、渡唐船の新造にも及んでいる。飫肥杉と飫肥の造船技術によって黒潮を乗りこなせる船を期待したものと思われる。この時期には島津氏と琉球王国との交流は種子島時堯も参入して活発化していた。この種子島氏は、鎌倉時代の北条氏の被官肥後氏の系譜をひく。種子島氏の領海は屋久島や近海の小島を含む広域に及んでおり、大内氏が東アジアの海の道の要衝である琉球王国と緊密な関係を築こうとすれば、細川氏も大友氏も同様の動きを進めるなかで、こうした海洋領主の協力は不可欠であった。

こうした西国地域社会に展開した広域的・国際的な流通経済は、大名・国衆らの主体性や独自性を支えた。そしてまた、彼らはその権益をめぐって国内外において争奪を繰り返した。大永三年（一五二三）に寧波《ニンポー》で起こった大内氏による細川高国派遣船の焼打事件は、国内抗争の延長線上にある。彼らは相互に競合しながら、たえず西からの海の道を注視していた。

大内氏の貿易と毛利氏

それでは、毛利元就は西からの物流をどう注視したのであろうか。まず何よりも大内氏を討滅し、防長両国を平定し、赤間関などの経済的要衝を掌握したことは、その行動のあらわれである。天文六年（一五三七）の大宰府下向の際には、博多の繁栄ぶりを目の辺りにし、その外国貿易と国内流通が連動する拠点性を強く意識したものと思われる。また大内氏討滅後も、大内輝弘事件で全面撤退するまで十数年間にもわたって軍勢を渡海させ、北部九州の確保をはかって戦争を続行したことは、この地域に大きな価値を見出していたためである。元就は、大内氏討滅の際に諸種の印類を入手している。

印判　二
義長判形　一
札紙　一
朱布　一

以上

（吉見正頼）
（花押）

この吉見正頼覚書は、弘治三年（一五五七）三月に大内義長が山口を退去したあとに入った正頼が、大内氏の財宝を押収し、これを毛利氏に提出した際に作成されたものである。

この「義長判形」は、毛利博物館に現存する「左京兆亜中大夫多々良義長」の印が相当すると思われる。「印判　二」は、現存の「日本国王之印」「通信符」「大宰大弐」「多々良朝臣」のいずれかであろうか。

「日本国王之印」は、桜材の木印であり、側面に「日本国王臣源」の墨書がある。弘治二年十一月日の大内義長証状には、「日本国昔年欽奉大明国勅賜御印壱顆」とあり、この年月日の中央部分に同印が捺印されている。日明貿易の際に明国から与えられた由来が知られる。

「通信符」は、銅印であり、その右半分、すなわち右符である。つまみの頂上面中央に「上」、印の側面に「朝鮮国賜大内殿通信右符」、印の上部右側に「景泰四年七月造」（一四五三）と陰刻がある。左符は、朝鮮国に保管されて勘合に備えられていた。

また、「日本国王之印」には朱漆雲龍鎗金印箱、「通信符」には黄銅六花文印箱がある。

この鎗金印箱の製作は明代の早い時期のものと考えられている。これには金線で雲龍が描かれているが、その龍の爪は三本である。中国の皇帝が用いる龍は五本爪であり、朝鮮国王・琉球国王は四本爪であった。このことは、明の冊封体制下の東アジア社会における「日本国王」の格付けを示すものであろう。なお、国内の寺院等においてみられる龍の絵画や彫刻はそうした流れのなかにある。

朝鮮貿易に関しては、嘉靖二十年（一五四一）正月日の朝鮮王国書がのこされている。これは、天文九年（一五四〇）に大内義隆は使僧正倪首座を朝鮮国へ遣し、礼物を贈り、朱子新註・五経、刻漏制度器を求めたが、その帰国に際し、義隆に復した書である。義隆の向学心を敬い、五経のうち諸経・書経、漏刻器（時計）、白細布・白細苧布・黒麻布各三匹を贈るという内容である。

毛利氏は、こうした大内氏の印顆を入手し、それを用いて貿易を行っている。

一此内第四の印、割符、義隆(大内)判形あり、象牙、右高麗江の儀として、正寿院坊主に渡し候也、

永禄五年七月二十七日　(毛利隆元)（花押）

於石州都賀陣所ニ

隆元が尼子氏攻めに出陣途中の石見国都賀において認めたものである。これによると、大内氏討滅の際に入手した印顆は現存するもののほかにもあったようで、隆元は手元にあった大内氏の旧蔵の外交印のうちから大内義隆の花押がある象牙製の第四の印（割符）を山口の大内御堀の乗福寺の塔頭正寿院の坊主に渡し、朝鮮国との貿易を調えようとしている様子がうかがわれる。

毛利元就は、大内氏を討滅したことによってその国際性豊かな各港町や領国経済を掌握したのであり、また多くの貿易印を入手し、石見銀山銀を求めた貿易・流通の拡大によって、朝鮮貿易を行う条

件は整っていたといえる。

京都の権威と資源・物流

こうしたあり方が、京都政権からの遠心性を高め、その権威を低めることにつながっていくのは、自然のなりゆきである。法と統治において京都の「天下」から離脱したかにみえる戦国大名「国家」は、京都とどのような関係を取結び、どう行動したのであろうか、毛利氏の「国家」運営とその意識について考えてみたい。

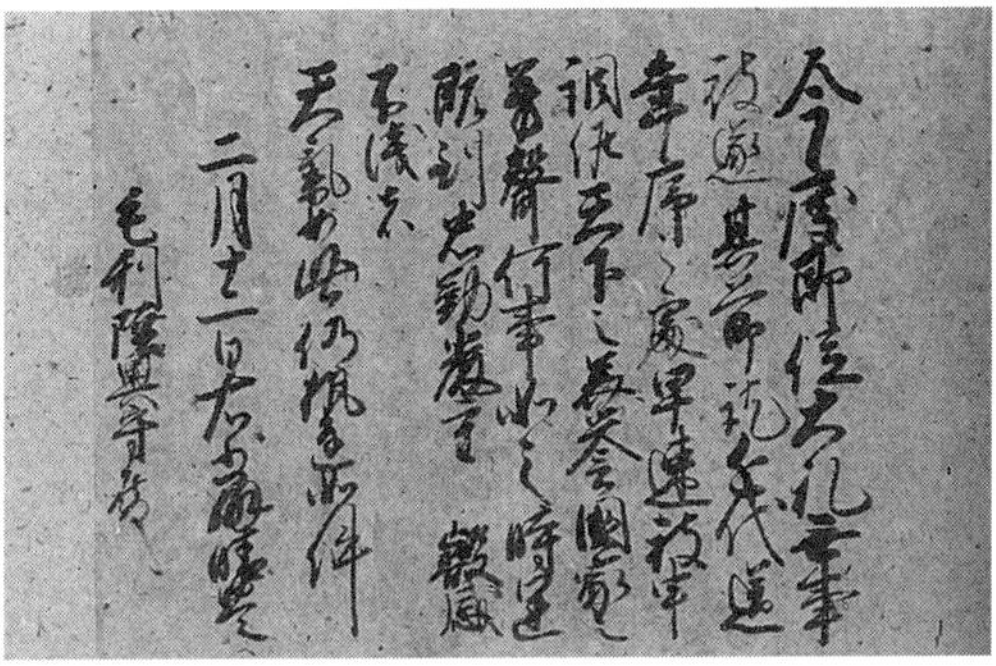

正親町天皇綸旨　永禄3年2月12日
（毛利博物館蔵 毛利家文書）

永禄三年（一五六〇）に毛利元就・隆元は正親町天皇の即位料を献上したことによって陸奥守・大膳大夫に任じられ（どちらの口宣案にも将軍足利義輝の袖花押がすえられている）、これについて将軍義輝が御内書を下し、つづいて隆元を安芸国守護職に任命するとともに、隆元を相伴衆に召加えている事実が注目される。この将軍・天皇の動きは一体・一連のものであるが、このことについて隆元は「あまつさえ勅裁・上意をもって、家の位をも上げ、御相伴ニ罷成り候事」と述べ、これらの栄誉や地位の獲得が毛利氏の家の位を上げるのに役だったとしている。同五年には元就が従四位上、隆元が従四位下に叙せられたとされるが、これらは元就が将軍義輝から錦の直垂を免許されている事実とも合せ、諸種の献上に相応

紅地桐文散錦直垂（毛利博物館蔵）
上衣は身丈（前）78.5cm 裄95cm。
袴は丈104cm。

するものであったとはいえ、毛利氏の家格を上げ、「傍輩」と称する安芸・備後・石見三国の国衆との連合から抜け出るうえにその意識面からみて有効に機能したと考えられる。

　また永禄三年には、毛利元就・隆元は、安芸国衆の吉川元春（駿河守）・小早川隆景（中務大輔）、熊谷信直（伊豆守）、天野元定（民部大輔）、阿曽沼広秀（中務少輔）、平賀元相（蔵人大夫）らへの受領や官途を吹挙して授与され、それぞれ下された足利義輝御内書を取次いでいる。栄誉の秩序を利用して、領国内国衆との序列化をはかったのである。

　このようにみれば、毛利氏が京都の天皇、将軍と緊密な関係を保ち、それが毛利氏「国家」の維持・発展のうえに一定の役割を果たすものであったことは事実である。しかし、叙位任官のような京都政権が授与主体である身分的格式それ固有の機能面を重視した研究を行うならば、その視点からは脱し切れないし、結果としても京都の重要性しか語れないことになる。

　毛利氏にとって京都の存在とはどのような位置づけができるか、それについて考えるには、さきの西からの海の道をめぐる西国地域の政治情勢全体のなかで総合的に検討する視座が欠かせない。京都の権威と、資源や貿易・流通の二つの問題を相対視して実態的に検討すれば、そこにこそ、毛利氏がまさに最優先で重視していたものが顕在化するはずである。

毛利氏が領国の東西で尼子氏・大友氏と戦争中の永禄六年（一五六三）に入って将軍足利義輝は、聖護院道増・久我晴通を使者として下向させ、雲芸・豊芸両方面における和平を勧めた。それまでに道増が下向して折衝した雲芸和平を拡大したのである。

このことについて隆元は、二通の自筆覚書を作成している。「和談においては出来すべき趣条々」（毛利家文書七三〇）は八箇条、「和談申切り候ハヽ、出来すべき趣事」（同七二九）は四箇条、それぞれの場合について起こるべき事態をあげ、覚悟のほども述べている。

前者は、一味中（国衆）や毛利氏家中が尼子氏の調略をうけて離間する危険があること、尼子氏へは人質も縁辺も不要で大勝するよう期すこと、何よりも尼子氏の調略に油断しないことをあげ、第六条で「とかく和談仕り候へハ、乱され候て、無力すべく存ず迄候事」と、和談した場合に尼子氏から乱されて滅亡する危険性を指摘し、第七条に次のように断じる。

一とても無力すべき儀にて候へハ、今の姿をとおし候て相果て候へハくるしからず候、名ばかりをハ留め候歟と存じ候事、名利共うしない候へハ是非なく候事、

和談して家が滅亡するくらいなら、現状維持で戦争を続け、その結果として滅亡するのならかまわ

ないとし、名利ともに失うのは避けたいとしている。

この重要案件については、元就と隆元の間で自筆書状がしきりに取り交わされている。たとえば、まず隆元宛の元就返書（同四二三）には、

一下口北口両方を敵仕り候てハ、更々弓矢成らざる事候条、一方ハ是非ともニ和談仕る儀候、申すに及ばざる事候、

次に隆元自筆書状（同七二八）には、

とにかくニ両口の儀ニならざるやうに仕りたき事迄候、さ申し候ても、両口ともニ儀絶の時は、申す事なく候へども、先ず雲儀ハおかしげにも和平趣候間、是ヲ先ずせゝり合候て、抱え候て、下口の儀を、和談なりとも、弓矢にてなりとも、堅め候て、北口の儀ハ仕りたき事候歟〳〵、

とあり、尼子氏・大友氏との両方面作戦ではなく、大友氏とは和談か軍事力かで堅めて安定をはかり、尼子氏との戦争に全力を投入したい考えであったことがわかる。

こうした認識が、後者の自筆覚書の第一条の「第一、雲州豊後上下をからかい候て取相うべき事、更に両口とも勝ぬき候ずる儀、覚えず候事」とあることに通じる。両方面戦争ではともに勝ち抜く展

望が開けないということである。その大きな理由は、第二、三条の一味中国衆や家来までもが厭戦気分にあると見抜いていたところにあるが、そのうえで第四条において次のように記している。

一是ハ入らざる儀ニ候へども、各自他国にも、もり《（毛利）》ハ上意をも申こくり候て申切り候と取沙汰すへき事、是ハ一向くるしからず、入らざる事ニ候へども、その沙汰あるべきところを申すばかりニ候、上意を背き候ても、家をか丶ハリ候ハてハ叶わざる事候、得申さず候、前々もさやうの事毎々の儀候、

和談決裂後に起こるべき事態として隆元は、これは入らざる心配であるとことわりながらも、国内外の者が毛利氏は将軍の上意までをも無視して和談を拒絶したととりはやすことを取上げ、そのことについては一向にかまわないとし、上意に背いても毛利氏の「家」を保たないといけないこと、以前もこうした判断はたびたびあったことを記している。隆元の論調はいつものことだから気にしないという風ではあるが、こうして自分を納得させ、覚悟を固めようとしたのであろう。

この保つべき「家」とは、第二条に「一味中国衆幷家来迄も」厭戦気分にあると記しているので、実態的には毛利氏家中から国衆らをも含む毛利氏「国家」に広がるものと考えられる。

実はこの時期に毛利氏は、尼子氏との戦争では出雲国の鉄や何よりも石見銀山の銀、あるいは日本海・中海・宍道湖水運やその拠点である美保関などの港町、大友氏とは博多や北部九州の港町を奪取

して確保することをねらって軍事行動を展開していた。

そうした地域社会の政治的・軍事的に緊張した状況において毛利氏家中や毛利氏国家の発展にとって不可欠な経済的資源や貿易・流通の拠点、その権益を確保するかどうかというギリギリの選択を迫られた時、毛利氏は、その判断基準を戦争に勝ち抜いて毛利氏国家をより発展的に存続させるところに定め、その基準を最優先させて覚悟を固めて決断し、将軍の上意を無視し、世評も受け流すことし、和平勧告を拒絶したのである。なお、大友氏との間では、永禄七年七月に起請文が交換され、和平が一時成立している。

こうした隆元の覚悟は、毛利氏の家中や国家に対するいわば責任と一体のものであるが、京都の権威とは、総合的に現状分析をした結果、最終的な決断の場においては、こうした位置にあった。このような覚悟をもって組織経営をしたところに戦国大名毛利氏の真骨頂がある。

現状を直視した決断の総合的な検討の場においては、動員可能な軍勢やその戦闘能力・士気、あるいは軍需物資等の支援能力についても精度の高い分析が必要であった。また、そうした総合力が侵攻先での調略を左右する面もあった。そうしたことどもを思案しながらの元就と隆元のたびたびの書状の交換であり、その決着を語る二通の覚書であった。

こうした方針に基づいた作戦の結果が、永禄九年の尼子氏の降伏、富田城開城であった。

しかし隆元は、その結果を見ないまま遡る永禄六年八月四日に安芸国佐々部で急死した。享年四一歳であった。大友氏との和平交渉を調え、防府から出雲国の元就陣へ向かう途次のことであった。

第六章　能島村上氏の海上支配権の構造と秀吉政権

陸の大名との等距離外交

さきに能島村上氏が各地の海洋領主層を編成していたことにふれたが、そのことに関して当該時代の海の秩序について述べておきたい。

能島村上氏は、境目地域の芸予諸島のうちの能島を本拠城とし、海を領海として支配する政治権力である。その主要な領主権は、領海を通航する船から通行料を徴収するところにあった。たとえば、五月二十一日に大内義隆は堺の紅屋に宛て、紅屋が日向・薩摩両国で仕入れた唐荷を村上善鶴丸が厳島そのほかの津々浦々で点検することを停止し、「唐荷駄別役銭」は堺津において旧例のように徴収するよう下知したことを述べ、紅屋に安心して海上を往返するよう命じている（厳島野坂文書四四）。また、大内義隆は村上隆重に対し、堺・薩摩往返の京・堺の諸商人から「駄別料」を厳島で徴収することを許していたが、のちの四月二十日に大内義長・陶晴賢はこれを停止している（大願寺文書六七）。京・堺商人は、琉球国から南九州の日向・大隅・薩摩国内の港町に入った外国産品（たとえば、麝

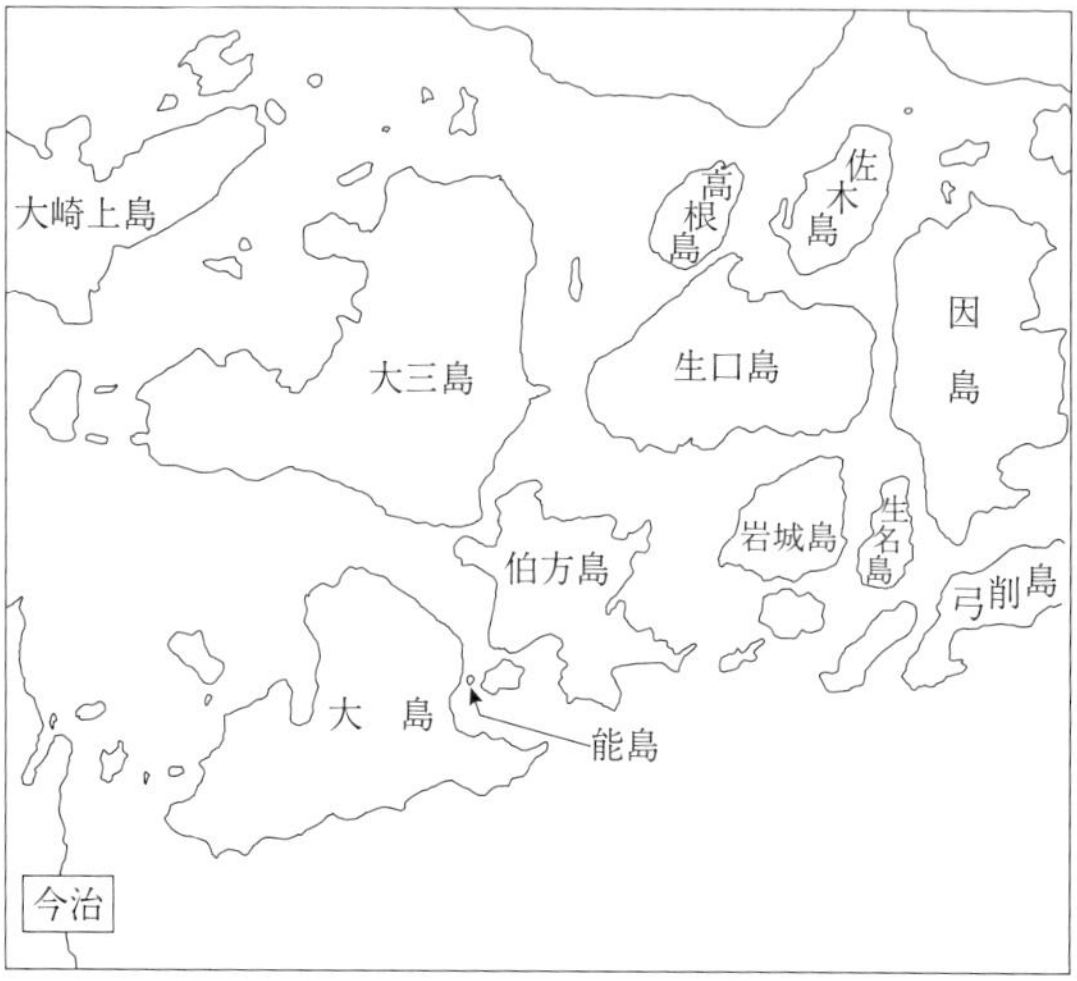

芸予諸島略地図

香・緞子・毛氈・南蛮酒・砂糖・沈香・鮫皮・鹿皮・真壺など）を仕入れ、豊後水道を経て豊予海峡を通り、上関から厳島に寄り、瀬戸内海を畿内へ輸送していたが、その船荷に賦課される「駄別役銭」「駄別料」と称するものが、能島村上氏の基本的な存立基盤であった。これは、上乗りして水先案内と警固を行い、それらの商船の領海内通航の安全を保障する代償として得る通行料であった。

　こうした関係は、能島村上氏の海上支配権を前提にして成り立っていた海の秩序であるが、その構造や性格はどうなっていたか、そのことは、海に生きる人々の視座に基づいて考えることが大切である。

　能島村上氏のおおよその動向を知るためにいくつか事例をあげる。

　一つは、永禄十二年（一五六九）の北部九州における毛利氏と大友氏の戦争中のことである。六月十二日と同十三日に元就は能島村上武吉に宛て豊前国沖での大友氏方との海戦の勝利を褒賞している

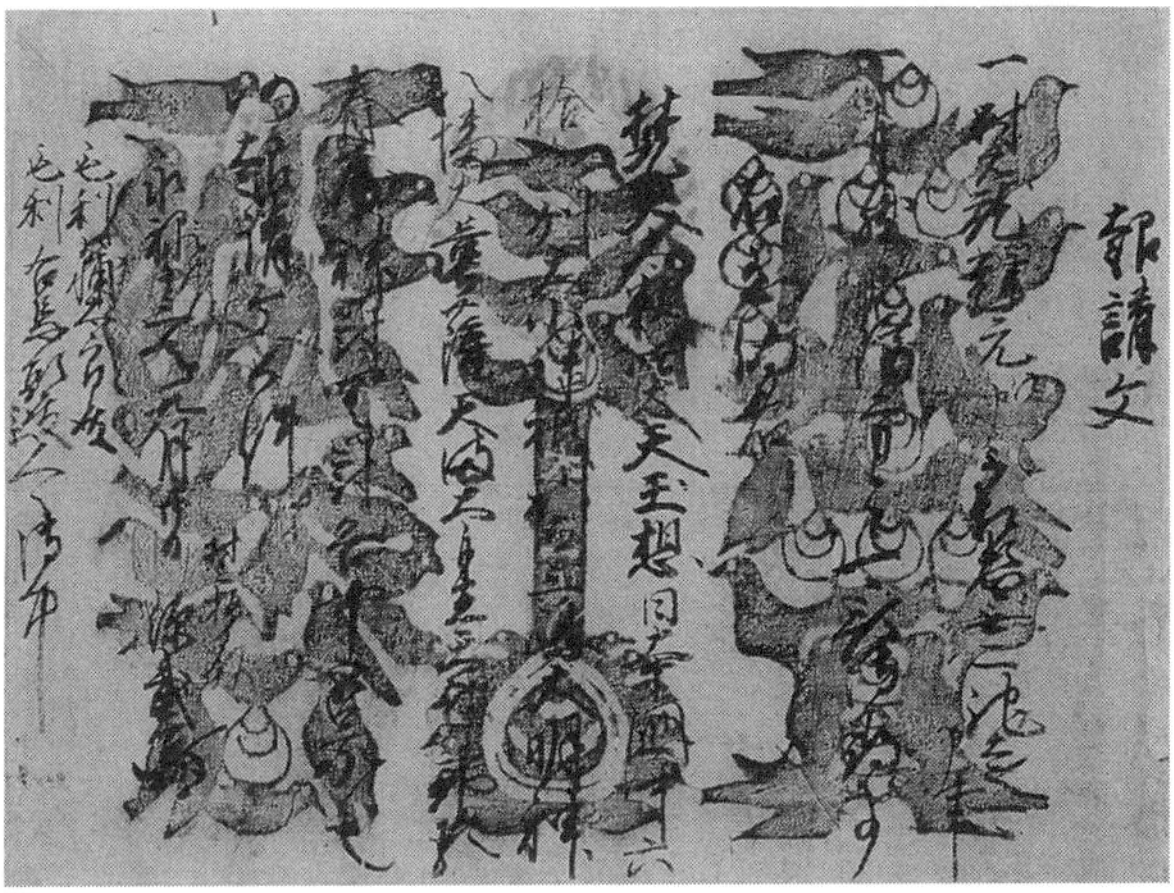

村上武吉起請文　永禄13年９月20日（毛利博物館蔵 毛利家文書）

が、十月に起こった大内輝弘の豊後国府内から山口への侵攻を武吉が阻止した形跡はない。この事件は、事前の八月頃から若林氏ら大友氏水軍を動員し、秋穂浦辺の郷村を攻撃し、上陸の準備を行ってから決行されている。この間に武吉は、西日本地域において毛利氏の侵攻を共通の脅威とし、備前国の浦上宗景、防長両国の回復をねらう大内輝弘らと盟約して行動する大友宗麟の調略をうけたものと考えられる。

二つは、永禄十三年（元亀元年）九月二十日に村上武吉が毛利元就・輝元に「無二馳走」を誓約し（毛利家文書二二四四）、九月二十五日には元就・輝元・小早川隆景がそれを喜び、「最前以来申談辻」、すなわち盟約を確認している（村上家文書）。いずれも那智瀧宝印を翻して書かれた起請文である。この誓約によって、ひとまず右の事態の関係修復が成立した。

三つは、この誓約にもかかわらず、翌元亀二、三年には、毛利氏が、小早川氏水軍や因島村上氏・来島村上氏らを動員し、能島要害を攻撃していることである。村上武吉からの要請をうけ、大友宗麟は水軍を派遣し、阿波衆や塩飽《しあく》の者と協力して援助する（閥閲録一四八）。この事件は、近年の毛利氏と浦上宗景の備前国児島をめぐる戦争において村上武吉が浦上宗景を援助する行動をとったことに起因する。児島には能島村上氏領があり、武吉は児島半島の元太城に島氏を在番させていた。

そして四つは、天正年間の毛利氏と織田氏の戦争中のことであるが、村上武吉は毛利氏に加勢するとともに、また織田信長にも音信し、信長からも誘われている（村上家文書）。

これらの事例を合せ考えると、永禄末年から天正十年の間、政治情勢としては瀬戸内海を取り囲む諸大名が、毛利氏対大友氏、毛利氏対浦上氏、つづいて毛利氏対織田氏という構図でもって対立し（戦略上、大友氏と浦上氏が盟約したりするが）、激しい戦争を繰り返した時期に、能島村上氏は、毛利氏に寄るのではなく、毛利氏と交戦中の大友氏、浦上氏、織田氏らとも友好的関係の保持につとめていたことがわかる。特に毛利氏から攻撃された事態に際しては、大友氏から軍事的援助をうけている事実は注目される。

能島村上氏は、瀬戸内海を取り囲む陸の特定の大名との関係を深めていくのではなく、諸大名と友好的関係を保持することを外交の基調としていた。この点を踏まえると、能島村上氏が毛利氏はもちろん特定の大名に編成された「水軍」であるとか、そうした権力編成の達成度をはかるとか、そうしたこととは別の視座を定めることが不可欠である。

能島は芸予諸島に位置し、小早川氏領と近い。その能島村上氏が毛利氏との関係を深めるのではなく自立性を保持し、陸の諸大名との等距離外交を基調としていたことは、その存立基盤である海上支配権の構造と密接に関係している。

通行料徴収地としての札浦

いま留意すべきことは、能島村上氏は、商船の積荷をどこの港町でも点検し、それに応じて通行料を課徴したのではなく、「於堺津」「於芸州厳島」のように、それを行いうる港町がそれぞれの場合について特定されていたという事実である。

二月十三日に大友宗麟は村上武吉に宛て、「少用の儀につき、堺津に至り人差上せ候、その表通道の儀、別て御馳走祝着たるべく候、殊に塩飽津において公事の儀、これまた分別に預り候は、喜悦たるべく候」（愛媛県史　資料編古代・中世二〇八七）と述べ、堺津に向う大友氏家臣の乗船の通航の安全を要請し、特に能島村上氏が塩飽津で徴収している公事の免除を依頼している。

このような要請を前提にして、次のような措置が行われる。これは、永禄十三年の六月十五日に村上武吉が塩飽島廻舟に宛て、大友宗麟家臣の本田鎮秀が便乗した船への違乱を禁じた書状（同二〇八六）である。

本田治部少輔方、罷上らるにおいては、便舟の儀、異乱あるべからず候、

また、九月二十二日に臼杵紹冊（大友宗麟の筑前国守護代）は村上武吉に次のような書状（譜録村上図書）を返信している。

仍筑前表札浦の儀、仰せを蒙り候、承知せしめ候、領内の儀、弥々堅く申付くべく候、

村上武吉から要求があった筑前国内の「札浦」を安堵している。

両書状に表わされた事柄は、全く関係しないようにみえるが、実はこれこそ能島村上氏が陸の大名と取結んでいた基本的な関係であったと考えられる。すなわち、陸の大名は、人や諸物資を畿内や他地域へ輸送する場合、能島村上氏からその船の通航の安全を保障され、また本来ならその代償として支払うべき塩飽津などにおける公事（通行料）を申請のうえ免除してもらう。これに対して、能島村上氏は、陸の大名からその領国内において「札浦」を安堵される。この塩飽諸島が点在する眺望がよい備讃海峡や、島か岬か見分けがつきにくい芸予諸島の各海峡を押えれば、大陸からの太い流通経済幹線に連結された西日本地域の流通は遮断できる。それゆえに東また西からの商船はともに能島村上氏から通航の安全の保障をうけるのであり、そこに生じた関係によって、その海上支配権は広域性をおびていくことになる。

こうしたなか、陸の大名がそれ以上の関係を築こうとすれば、相応の褒賞が必要となる。

能島の事、是非此時馳走させ度事にて候、（中略）前々の約束の所帯などちと〳〵遣候ハでハ能島馳走すべからず候条、此段の申事ニて候、

只今児三右《（児玉元良）》罷越し候、その趣は、能島の儀ちと又相替さうニ聞へ候、それと申ハ、此方より心付うすく候故、元吉《（村上）》と家中の者ども腹立の由候、然るあいだ、所帯の儀申すに及ばず、一礼の儀ともありり〳〵と仕り候ハでハと、つね〳〵事々しく申越され候、

前文書は元就が兼重元宣（閥閲録五二）、後文書は輝元が二宮就辰に宛てた書状（譜録二宮太郎右衛門）である。ともに奉行人・側近に宛てた書状であるが、元就や輝元は、能島村上氏から軍事的協力を得るには、相応の所領を与えなければならないとしている。約束した所領を与えなかったり、それがわずかであったりしたため、輝元代には村上元吉や家中の者が腹立しており、ここで所領はもちろんのこと丁寧に対応しないと、次の軍事的協力を得がたい事態になっていることもうかがわれる。

この事態は、ただ単に毛利氏と能島村上氏の関係が不安定であることを示すものではない。こうした軍事的協力は、陸の諸大名と能島村上氏の基本的な相互関係を超える、また別の時々の個別的な関係であった。しかし、能島村上氏は、相応の所領を与えられないと「相替さうニ」、すなわち態度を替える、離反・敵対することにもなるわけで、それは、陸の大名にとってはきわめて深刻な問題であった。

それでは、「札浦」の実態に迫ってみたい。

早い事例としては、文明十五年（一四八三）十一月十五日の因島村上吉充譲状（因島村上家文書）に「右所々御判地は申すに及ばず、そのほか私領ならびに札浦等事、亀若丸ゆつり渡す者也、先例を守

り、相計い、御屋形様（山名政豊）江余儀なく奉公致すべく候」とある。これによれば、「札浦」は、「御判地」でもなく、「私領」でもないが、譲与の対象となる支配地といえる。

のち毛利氏が実施した惣国検地に関係して、次のような天正十六年（一五八八）の十二月三日に村上元吉に宛てた毛利氏奉行人妙寿寺周泉書状がある。

> 向島深浦両所儀、仰せ越され候、奉行衆へ尋ね申し候処、向島へハ手を入申さざるの由候、深浦の儀は、御判形の内にてもあるまじく候、札浦の子細をもって、所務仰せ付けられ候歟、その時は、御領地にてもあるまじき由申し候て、手を入るの由候、さりながら、御理の事候条、前々のごとく御知行あるべき旨候、相調い先ずもって我等迄目出候、

村上元吉が向島・深浦の両所について申入れを行ったのに対し、妙寿寺周泉は検地奉行衆に尋ねた結果として、向島へは検地の手を入れていないこと、深浦は「御判形」の地ではないこと、「札浦」であるがゆえに所務が可能になっているとし、その場合は能島村上氏の「御領地」ではないので検地に入ることになるとのことであるとし、しかしながら、わざわざ元吉から「御理」、歎願があったので従来通り知行を認めると返報したものである。なお、向島は現在の防府市向島、深浦は下松市笠戸島に比定できる。

土地所有・権利関係において、御判形の地と「札浦」を区別していることは、因島村上吉充譲状と

同様であるが、惣国検地に際して毛利氏は「札浦」である深浦も「御領地」とみなして検地に入らなかった。

能島村上氏が軍事的協力の褒賞として陸の諸大名からその領国内において与えられた所領は、海岸沿いに広く分布していた。それとは別に権益を保障された「札浦」とは、通航する船に賦課する通行料を徴収する港津であると判断される。その札浦は、これまであげた事例から史料の年次にかかわらず列挙すれば、筑前国内、周防国都濃郡深浦、上関、厳島、塩飽津、堺と、北部九州海域から畿内まで分布している。

また留意しておくべきことは、能島村上氏が、こうした陸の諸大名から与えられた各所領や各札浦の支配のために一族や家臣を配置し、西日本海域に広域的な組織網を形成していた点である。それゆえに商船は、特定された札浦において積荷に応じた通行料を払うことによって、目的地までの通航の安全を保障された。

そして構図的にいえば、その一族・家臣の外円部に松浦氏や厳島神主家らの領主、佐甲氏らの特権商人ほか多様な存在が同心円的に位置し、内部は幾層にもおよぶ不均質な構成をとっていた。

こうした能島村上氏の広域的な海上支配権は大内氏時代から歴史的に積み重ねられてきたものであるが、その形成過程においては他の海上勢力との間で権益の衝突・調整が行われたと思われる。その実態の究明は史料の制約でむずかしいが、ただこうした海の秩序の安定をはかる装置として機能したのが、特定の大名との連絡役、すなわち外交担当としての役割を一身におびて行動した使者であった。

毛利氏に対しては櫛橋氏、大友氏に対しては島氏があたっている。

たとえば、島中務少輔は武吉の使者として大友宗麟のもとに出向き、両者の盟約を固めるが、そのために豊後国に長期間にわたって滞在し、その結果、宗麟から給地を与えられるような深い関係になった。また、島中務丞は、田原親賢の偏諱を与えられ、賢久と名乗っている。

こうしたあり方は大名間においてもみられる。防長両国侵攻戦中に毛利元就は小寺元武を使者として大友義鎮のもとに派遣し、交渉のすえ大友氏の防長両国への干渉を抑えたが、その時に義鎮は元武を佐渡守に任じ、鎮賢と名乗らせた。

戦国時代には、信頼されて使者に仕立てられた家臣が、相手方と人格的にも結ばれ、両属のような性格につくりあげられる条件があった。そして彼らは負わされた機能によって両者間の重要案件を交渉・調整したが、そうした諸情報を踏まえ、大名権力中枢において全体の秩序の安定をはかる総合的運営が行われた。

このような広域的な海上支配権の構造を考えると、陸の諸大名が相互に戦争しているなかにおいても、能島村上氏が諸大名と友好的関係を保持し、等距離外交を基調としたことは理解できる。それは、札浦を没収される危険をともなうような一方への積極的加担を回避するためであった。ただ、それが海上支配権の保持という視座からの主体的判断であったとはいっても、毛利氏から能島城を攻撃されたように、大きな危機に何度も直面した。しかし、列島が分権であるという時代性が、そうした動きを可能にした。

実態的にみると、毛利氏はもちろん特定の大名に編成された「水軍」であるとか、そうした権力編成の達成度をみようとする手法は適切ではないことがよくわかる。

その構造や性格は、陸の大名の領国や支配領域に応じて海を細分しながらみるのではなく、海に境界がない時代、陸の大名の個別主権から離れて、海に生きた人々の営みの視座からその領海の実態を究明する姿勢が欠かせない。そうしてみえたものは、まさに海上支配権を存立基盤とするいわば海の大名であった。

そして次の秀吉の時代に移ると、西日本地域の集権化が果たされることによって、こうした固有の構造とその独自の主体的な生きざまは押え込まれ、変革を余儀なくされる。

秀吉の海関撤廃政策

本能寺の変後に毛利輝元と和平を結び、天正十三年（一五八五）八月に四国の長宗我部元親を屈服させ、同十五年五月には九州の島津義久を降伏させ、西日本地域において覇権を確立すると、それにともなう大名の配置換もあって、秀吉による広域的な海上支配が容易な状況になった。

天正十三年二月に毛利氏と秀吉方の宇喜多氏の領国境が画定されると、秀吉は毛利氏との戦争中に味方した来島通昌の来島への帰島を命じる。これに関して、二月十一日に小早川隆景は村上武吉・元吉に起請文を差出し、結束して来島通昌の敵対行動に対処することを誓約しているが、伊予国に封じられたあとの十一月一日には、隆景は武吉・元吉に起請文でもって五箇条を令し、その第一条で来島海峡の務司・中途の両城から退去するよう命じている。

天正十四年四月十日に秀吉は毛利輝元に朱印状（毛利家文書九四九）を発し、島津氏攻めにともなう事柄等について一四箇条を命じている。これは既に朝鮮侵攻を視野に入れたものであるが、その第三条に「海陸役所停止事」、第八条に「九州に至る通道作るべきの事」とあることが注目される。九州への軍勢の移動や軍需物資の輸送にとって、海上・陸上ともに関所で通行料を徴収されるあり方は不便であるという判断から、それを停止したのである。こうした軍勢や軍需物資は、毛利氏領国内を通過せざるをえない。毛利輝元は、同年六月一日に三箇条の分国掟を定めているが、その第一条に「諸関停止の事」とあるのは、それを受けた措置である。

この秀吉と毛利輝元の法令によって、能島村上氏の海上支配権は、政策的に否定されることになった。ただ、実態としては、島津氏攻めにとって能島村上氏の軍事力は有効であり、たとえば天正十五年の四月八日に羽柴秀長は能島村上氏の警固活動を褒賞している。

ところが、五月に島津氏を降伏させ、六月に筥崎で九州における諸大名の配置を定め、それぞれ入国が行われると、状況は一変する。

能島事、此中海賊仕るの由、聞召され候、言語道断曲事、是非なき次第候間、成敗の儀、此方より仰付けらるべく候といえども、その方持分候間、急度申付けらるべく候、但し、申分これあらば、村上掃部（元吉）早々大坂へ罷上り、申上ぐべく候、その方として成敗成らず候は、御人数を遣され、仰付けらるべく候也、

九月八日
小早川左衛門佐（隆景）とのへ（朱印）

この秀吉朱印状（小早川家文書二八六）は、小早川隆景が天正十六年七月二十五日に「侍従」に任じられ（同一八五）、それにともなって秀吉文書では「羽柴筑前侍従」と宛書される（同一七九）ので、天正十五年以前のものと判断できる。そして、秀吉が海関を政策的に否定したのが同十四年四月十日のことであるから、十四年か十五年のどちらかと推測される。いま政治情勢からすると、島津氏と交戦中の天正十四年の九月八日は想定しにくい。島津氏降伏後の天正十五年の九月八日のものと考えられる。

したがって、既に伊予国から筑前国へ転封していた小早川隆景に宛て、能島村上氏の「海賊」行為を言語道断の「曲事」と断じ、隆景の「持分」であるから成敗を任せ、但し、申分があれば村上元吉が大坂へ上って申上げること、隆景として成敗できない場合には直接に人数を派遣することなどを命じたものである。

「賊船」行為の実態と秀吉政権との交渉

この朱印状は、どのような事態の過程に位置づけられるものであろうか。

能島村上氏は江戸時代を通して萩藩家臣として続いたため、多くの中世文書が相伝され、現在は山口県文書館に所蔵されている。そのなかにこの天正十五年の七～九月の九通の「賊船」行為にかかわる一連の文書がある。これらは、『閥閲録』などにも収載されてこなかった貴重なものである。

次頁の表に整理をして示した。なお、②③については本文中に後述する。

浅野長吉（長政）・増田長盛・戸田勝隆・福島正則は、この件について能島村上氏がたびたび使者を派遣した相手である。

天正十五年六月二十五日に小早川隆景の筑前国移封が決定されたあと、七月に戸田勝隆が温泉郡、浅野長吉が北宇和郡の検地を実施していたことが確かめられる。

こうした検地を踏まえて知行割が行われ、九月に今治に福島正則、大洲に戸田勝隆が入る。九月八日に秀吉は福島正則に宛て、領地支配心得とも言うべき五箇条を布令し、伊予国は九州四国のかなめ所であるとし、正則と勝隆が領地境をも越えて緊密に協力して支配を行うよう命じている。このことは、東アジア諸国から北部九州や南九州に入る太い流通経済幹線に連動している、瀬戸内海西部地域や豊後水道・豊予海峡における海上通航の重要性を考えれば、十分に理解できる。

浅野長吉・戸田勝隆・福島正則は、天正十五年の七月から九月にかけて、伊予国の支配公権力として臨んでいた。

また、増田長盛は、同十五年六月二十九日には下関に「警衛の将」として滞留し、九州派遣軍の帰還の実務を担当していた。表の⑤にあるように、九月の初めには浅野長吉とともに上洛する。

②は、事件の発端を示している。次にその本文をあげる。

表1　秀吉政権が能島村上氏に宛てた「賊船」行為に関わる文書

	月.日	差出人	宛人	内　容
①	7.8	浅野政勝（浅野長吉〈長政〉の年寄）	村上内記 田窪三郎右衛門尉（村上武吉・元吉の使者）	・浅野長吉のもとに出向いて説明をした両使として，②を託された。
②	7.8	〃	村上武吉 村上元吉	本文中にあげる。
③	7.27	増田長盛 戸田勝隆	村上元吉	本文中にあげる。
④	8.22	〃	〃	・「賊船」の儀について，たびたび連絡を受けた。 ・能島村上氏家中では「賊船」行為が成敗の対象になるという理解が周知徹底されていないということは，わかった。 ・そのとおりに秀吉に言上し，秀吉の御諚次第にする。
⑤	9.4	戸田勝隆	〃	・たびたび書状で連絡を受けた。 ・浅野長吉・増田長盛が上洛することになり，この儀を秀吉に言上すると言っていたが，村上元吉の歎願があったので，それはしないことにした。長吉・長盛両名へその旨を伝えておく。
⑥	9.27	〃	〃	・たびたび使者で連絡を受けた。 ・「賊船」の儀について，先度，輝元，隆景に朱印状が下された。 ・能島村上氏の身上について小早川隆景へ書状を認める。
⑦	9.28	某（戸田勝隆の年寄）	〃	・大洲城入城に祝意を表する使者として田窪三郎右衛門尉が来訪したことを謝す。 ・先度，「賊船」の儀について，輝元，隆景に朱印状が下された。 ・ぜひ大坂へ上って，歎願するように。勝隆としても援助する。 ・小早川隆景へも書状を認めた。
⑧	9.晦	増田長盛	〃	・遠路使者が来訪された。 ・「海上賊船」の儀について，秀吉は全て事情を聞いたうえで「曲事」と断じ，輝元，隆景に朱印状を下された。 ・このうえも歎願を続けるように。
⑨	9.晦	福島正則	〃	・たびたび使者・書状を受けた。 ・秀吉朱印状が下されたとのこと。 ・私曲はないと申上げるべきである。 ・伊予国に封じられたが，事情がよくわからないので，諸事協力をお願いしたい。

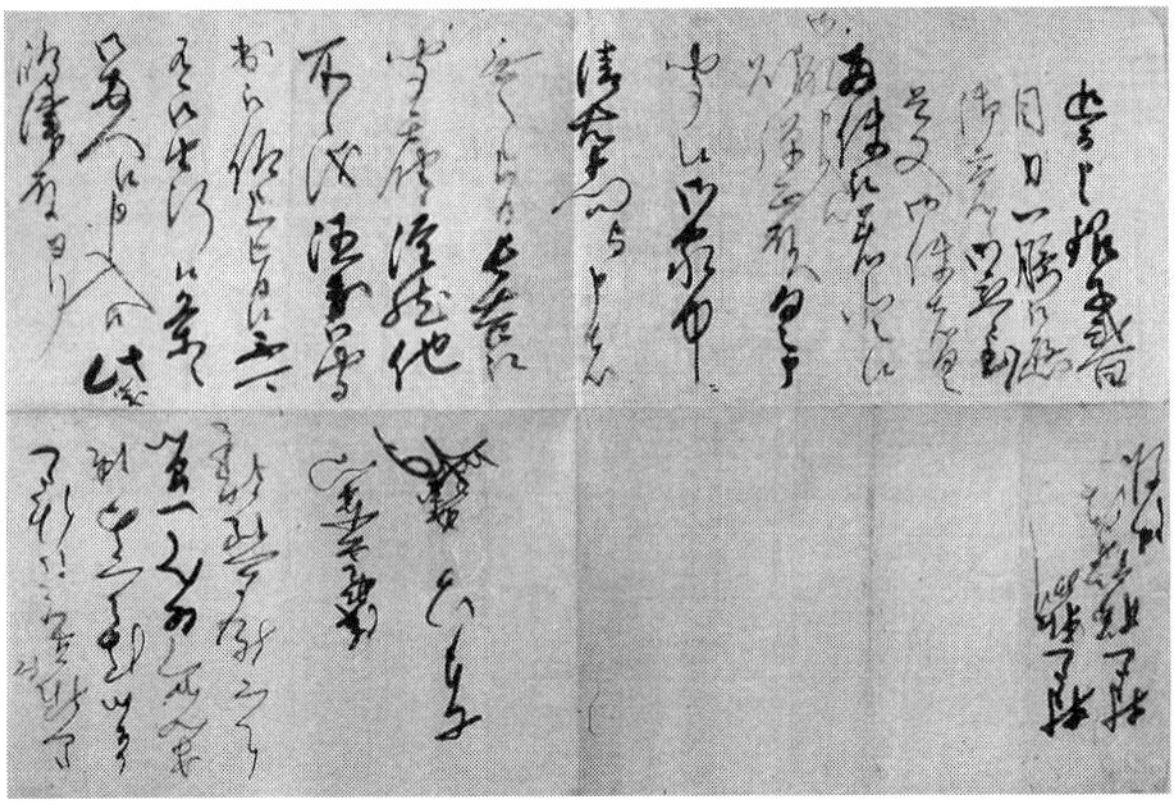

浅野政勝書状　天正15年7月8日
（山口県文書館蔵 村上家文書）

両使着登られ候、則ち弾正殿《（浅野長吉）》へ具に申聞かせ候、御家中ニ清右衛門尉与申す者これなき旨、長吉聞届られ候、然りといえども他所の儀、随分聞出され仰上らる旨候、御由断あるべからず候、条々御両人江申入れ候、此義島津殿《（義久）》ヨリ　上様《（秀吉）》江直ニ仰上られ候は、弥々御迷惑たるべく候、先々一着候て、然るべく候、

この事件は、能島村上氏が村上内記・田窪三郎右衛門尉の両使を浅野長吉のもとに派遣して弁明し、清右衛門尉という者は家中に居ないという弁明が聞き届けられて「一着」がはかられた。清右衛門尉にはこの事件の嫌疑がかかっていたのである。ただ、長吉は、他所においてもこうした事件が随分聞出されて秀吉のもとへ報告されているから、油断するなと述べている。こうした事件は、他の海上においても頻発していたということである。長吉に懸念がなかったわけではない。この儀が島津義久から秀吉に直接に言上されたならば、

能島村上氏としては「御迷惑」であるとしているように、島津義久の対応が心配された。
これが何を意味するかというと、この事件は、島津義久に関係する船が能島村上氏側の行為（③以降は「賊船」という用語）の対象であったということである。

発生した海域は、浅野長吉が問い糺したのであるから、検地奉行として臨んだ宇和郡沖の宇和海辺であったかと推察される。

島津義久は、六月十五日に鹿児島を海路出発し、九州の西海岸を北上し、二十五日に筥崎で秀吉に謁し、翌二十六日には茶会に陪席し、二十九日には下関に到着して石田三成・増田長盛らの出迎えをうけ、また人質として海路上洛途上の子女や、島津氏領国内の諸城守将の子女らと合流し、瀬戸内海の厳島・鞆・塩飽・牛窓・室津・兵庫の要港に寄りながら東上し、七月十日に堺に到着している。

島津義久の上洛にともなって、その道中における諸物資・諸経費や関係者への外国産品を含めた贈答品、そして秀吉への献上品をはじめとする朝廷や諸大名・諸将らへの贈答品、また滞在中の諸物資・諸経費等々を積載した船が鹿児島を順次出発したと考えられる。

そのなかには、筥崎までの用途ではなく、それ以後の上洛用途であるため、九州の西海岸を北上した島津義久の行程とは異なり、鹿児島から豊後水道を通って豊予海峡を通過して瀬戸内海に入ろうとした船もあったと想定してよい。

このルートは、さきに指摘したが琉球国から南九州の日向・大隅・薩摩国内の港町に入った外国産品を仕入れるために往返する京堺商人が利用した流通幹線であり、それは内海商人たちも同様であり、島津氏にとっても、たとえば近衛氏への年季ごとの使者喜入氏、天正十六年五月の島津義弘の上洛にみられる（鹿児島県史料 旧記雑録後編二）ように、歴史的に形成された通常のコースであった。なお、島津義久も帰途はこのコースをとり、同年十月に上関から日向国の細島まで凪にのって丸一日で一気に渡海している。のちの文禄三年（一五九四）の関白近衛信尹の左遷による薩摩国下向も、慶長元年（一五九六）の藤原惺窩の大隅国内之浦への行程もこのルートである。

豊後水道・宇和海、豊予海峡は、交通・流通あるいは政治・軍事において両岸の関係がきわめて緊密であったが、東アジア諸国を視野に入れて国際的・広域的な活動をする大名や海洋領主、畿内商人、内海商人らが行きかい、そして能島村上氏が海上支配権を行使できる海の道でもあった。

ここで清右衛門尉の事件が起こった。浅野長吉がとった「一着」は、秀吉政権の海関停上政策の原則からすると、あいまいな決着の仕方である。以後、浅野長吉は前に立たない。

こうしたなかで③は、双方の生々しいやり取りとして注目される。その本文をあげる。

海上において賊船の儀、中入れ候処、返事に及ばれず候、その上証拠これなく候間、存ぜられざる由承り候、勿論慥の儀これあるにおいては、彼者成敗候迄にてハ、相済みまじく候、御身上御迷惑に及ばるべしと存じ候、前廉究明を遂げられ、御耳に立たざる以前ニ悪党成敗候て、海上静謐ニ候ハヽ、御為然るべく候ハんと存じ候て、中入る事候、承及候通、具に上聞に達すべく候間、御届のため重々申せしめ候、

①②にはなかった「賊船」という用語がここに現われる。増田長盛と戸田勝隆の申入れに対し、村上元吉は返事をせず、そのうえ証拠もない事なので知らないと回答したこと、その言分を受けて秀吉側は、確実な証拠がある事であるから、賊船行為をした者の成敗のみでは済まず、村上元吉の身上にも迷惑が及ぶと恫喝し、前もって究明を遂げ、秀吉の耳に入る前に悪党を成敗し、海上静謐にするのが能島村上氏のためであると、断固たる処置を求めている。

秀吉側は、海関停止の新政策を西日本地域に覇権を確立したこの機会をとらえて実態的なものにしようと、一気に攻勢に転じた。しかし、この政策は、能島村上氏の基本的な権益である海上支配権を正面切って否定するものであり、承服できるものではなかった。一箇月近くの交渉のあと、④にみられるように、村上元吉は、家臣らの意識として、これまでの通行料課徴がいまや「賊船」行為として成敗の対象になるという理解が周知徹底しないと伝えたのであるが、それを受けた増田・戸田両名は、もはや有様のとおりに秀吉に言上し、秀吉の御諚次第にすると、秀吉の直裁によって処置することを通告したのである。これは、当然のことながら秀吉のもとに報告が行われたものと考えられる。

浅野長吉が懸念していた事態、島津義久が秀吉に直接に言上することは行われなかったとみえ、秀吉への言上は、⑤の浅野・増田両名の上洛以後は、彼らによって直接に行われたものと思われる。

その結果、⑥~⑨にあるように、毛利輝元・小早川隆景に宛て朱印状が布令された。⑧には、「海上賊船の儀、惣別聞食し上げられ、曲事の旨、御意候、輝元・隆景へ御朱印をもって仰出され候キ」と明記されている。これに、ぜひ大坂へ上って歎願するように（⑦）や、小早川隆景と戸田勝隆が緊密に連絡を取り合っている状況（⑥⑦）などを合せると、その内容はさきの九月八日付の小早川隆景宛の秀吉朱印状と一致する。輝元宛の朱印状は見あたらないが、隆景宛のものは、この九月八日付の朱印状にあたると考えられる。

こうして能島村上氏は、秀吉政権下の陸の諸大名からその活動を厳重に監視され、事件を起こせば成敗される存在となり、歴史的に築きあげてきた広域的な海上支配権という固有の主権的権益を保持することは、もはや困難な情勢になっていた。

「海賊」の停止と外国産糸の先買権

しかし、ここで注目しておくべきことは、②にあるようにこうした事件は他所でも随分起こっていたこと、また③のように能島村上氏中枢が秀吉側からの申入れを無視したりしたことに起因すると思われるが、④のように家臣らの意識としてこれまでの通常の海上支配がいまや「賊船」行為として成敗の対象になるという理解が周知徹底されなかったという事情である。能島村上氏は、新たに出現した秀吉政権とその政策が、海の在地領主制を否定し、時代を分権から集権へ移行させるものであるという現実への認識が薄かったといえる。急速な変革の到来であるから無理からぬことであるが、そのために能島村上氏が関係するこうした事件は、その広域的な海上支配ゆえに各地で起こったのである。

もちろん、こうした布令は、秀吉政権の政策であるから、能島村上氏以外にも西日本地域の各地に個別に同様のものが発せられたと考えてよい（たとえば、天正十五年六月十五日の肥前国長崎辺の深堀氏の事例はよく知られている。なお、長崎は翌十六年四月には秀吉の直轄領となる）。

郵 便 は が き

6 0 7 - 8 7 9 0

料金受取人払郵便

山科局承認

1481

差出有効期間
平成30年11月
20日まで

（受 取 人）

京都市山科区
日ノ岡堤谷町1番地

㈱ミネルヴァ書房

ミネルヴァ日本評伝選編集部 行

◆以下のアンケートにお答え下さい。

＊ お求めの書店名

____________市区町村________________書店

＊ この本をどのようにしてお知りになりましたか？ 以下の中から選び、3つまで○をお付け下さい。

A.広告（　　　　）を見て　B.店頭で見て　C.知人・友人の薦め
D.図書館で借りて　E.ミネルヴァ書房図書目録　F.ミネルヴァ通信
G.書評（　　　　）を見て　H.講演会など　I.テレビ・ラジオ
J.出版ダイジェスト　K.これから出る本　L.他の本を読んで
M.DM　N.ホームページ（　　　　　　　　）を見て
O.書店の案内で　P.その他（　　　　　　　　　　）

＊新刊案内（DM）不要の方は×をつけて下さい。 □

ミネルヴァ日本評伝選愛読者カード

書 名　お買上の本のタイトルをご記入下さい。

◆上記の本に関するご感想、またはご意見・ご希望などをお書き下さい。
「ミネルヴァ通信」での採用分には図書券を贈呈いたします。

◆あなたがこの本を購入された理由に◯をお付け下さい。(いくつでも可)
A.人物に興味・関心がある　B.著者のファン　C.時代に興味・関心がある
D.分野(ex. 芸術、政治)に興味・関心がある　E.評伝に興味・関心がある
F.その他（　　　　　　　　　　　　　　）

◆今後、とりあげてほしい人物・執筆してほしい著者(できればその理由も)

〒

ご住所　　　　　Tel　（　　　　）

年齢　性別

お名前《ふりがな》　　　　歳　男・女

ご職業・学校名
（所属・専門）

Eメール

秀吉政権は、西日本地域の大名配置、それに基づく領地堺が画定された状況を踏まえて、島嶼部を含む海域をも陸の公権力に支配させ、海の秩序維持に総合的に対処しようとした。新政策に合った地域社会の制度づくりを統一的に行おうとしたのである。

それが、天正十六年七月八日のいわゆる「海賊」停止の朱印状（たとえば小早川家文書五〇二）である。次の三箇条からなる。

一諸国海上において賊船の儀、堅く御停止成さるの処、今度備後伊与両国の間いつきしまにて、盗船仕るの族これある由、聞食され、曲事ニ思食す事、

一国々浦々船頭・猟師いづれも船つかひ候もの、その所の地頭代官として、速かに相改め、向後聊かもって海賊仕まじき由、誓紙申付け、連判をさせ、その国主取あつめ、上申すべき事、

一自今以後、給人領主油断致し、海賊の輩これあるにおいては、御成敗を加えられ、曲事の在所、知行以下、末代召上げらるべき事、

第一条は、諸国に「賊船」行為の停止を布令しているにもかかわらず、このたび斎島において「盗船」行為があったとし、それを曲事と断じている。

第二条は、その所の地頭・代官は、浦々の船頭・猟師ら舟使の者の人別改をすみやかに行い、以後「海賊」をしない旨の誓紙に連判をさせること、国主（大名）はそれらを取集めて上申すること、第

三条は、以後、給人・領主が油断をしたため「海賊」をした者があれば、その者を成敗し、その給人・領主の知行分を永代没収する、と命じている。

第一条に関しては、この布令より早く村上武吉・元吉父子に宛てた三月二十七日の小早川隆景書状に「御父子筑前御在国の儀、申入れ候の処、余儀なく御分別」、四月十七日の毛利輝元書状には「最前御朱印の旨に任せ、父子の儀は九州在国然るべく候」と同じく隆景の筑前国移封に合せて移ることを認めるとともに、毛利氏領国内の「只今抱口当知行分」を安堵し、「公役」を勤仕するよう命じている事実がある（ともに村上家文書）。このことから考えると、この「盗船」行為の主体が、能島村上氏家中であると断定することはむずかしい。

また「盗船」は「賊船」とは用語が異なるので、「賊」的行為の一つであるにしても、実態としては同様ではなかろう。ただ、これを契機として、浦人たちが新しい生業に基づいて地域づくりを行うため、大名・領主以下、給人・代官らそれぞれの職掌と責任を明確にし、多発する個別の事件叩きではなく、制度的にも、実態的にも、「海賊」の歴史的否定を断行しようとしたのである。

この「海賊」停止の朱印状は、小早川家文書に所収されたものと同文のもの（いずれも宛書はない）が大友氏や島津氏らの関係文書のなかにも確かめられるので、各地域でそれぞれの「国主」に責任をもたせ、そうして秀吉政権のもとに西日本地域の海上支配権を掌握するという政策的表現であった。

秀吉は、この頃島津義弘から薩摩半島の片浦（笠沙町）へ外国船が着岸したとの報告をうけ、積荷の糸の商売については、銀子二万枚をもたせて奉行を下向させるので、それまで待つよう指示し、先買権を設定している（島津家文書三八四）。こうしたことを合せ考えると、秀吉はこの海上支配政策の実現によって、東アジア規模において展開する流通経済権益を秀吉政権のもとに集中・独占し、それら外国産品を含む諸物資を畿内まで自由かつ安全に輸送しようとしたと考えられる。

したがって、秀吉がこのような政策を断行すれば、旧来から西日本地域の海上支配権を固有の存立基盤としてきた能島村上氏と衝突し、しかもそれが政治的に妥協できるような事柄でなかった以上、同じ土俵で正面切って対決することになるのは当然の成行であった。また、固有の存立基盤を秀吉政権の特定の政策によって否定されることこそ、その存在が陸の諸大名との個別的関係を超える海の大名、さらに海の統一政権ともいえるものであったことを示している。

秀吉にとっては、その権益を奪取する意義はきわめて大きかった。能島村上氏は、あがいた果てに屈服させられ、一時筑前国に在国したが、まもなく毛利氏に従属した。天正十五〜十八年に実施された毛利氏の惣国検地に基づく給地賦では、村上元吉は長門国大津郡に約三八〇〇石を給与されている。これは、秀吉の朝鮮侵攻に動員された毛利氏が、大津郡を水軍や軍需物資の輸送基地とし、見島を経由して渡海することにしたからである。

ここで秀吉がいう「海賊」とは、戦国時代の海の秩序を維持する集団を象徴する呼称であり、この場合決して蔑称ではない。何よりもその権益を継承したのは、形こそ変わったがまさにその秀吉であった。

毛利氏が、本能寺の変後に秀吉と和睦し、その覇権戦争に加担した天正十年代は、能島村上氏にとっては、急速に押寄せる変革の大波を真正面から受けた時期であった。いまその心の内を察すれば、「海賊」集団としての誇りを傷つけられ、喪失し、時代の移り変わりをしみじみと感じさせられたということであろうか。

こうして秀吉政権は、強大な軍事力を背景にして、在地領主制に基づいて独特の位置をしめた陸海各地域の領主・大名らが有していた主権的権利を奪取また制限し、地域社会の構造的変革を進めた。毛利元就代には明確であった地域的また時代的特質も、こうした政策基調と、それに拠る支配の深化のなかで次第に消滅していくこととなる。

第Ⅲ部　元就の意識と統治秩序

第一章　「書違」のことばとその変化

書違のことば

室町・戦国時代の国人領主（国衆）連合の形成と発展に「書違」が重要な役割を果たしていたことは、さきに序章において一六世紀初頭までの安芸・石見両国の事例を取上げ、その領主法としての実態と意義等について具体的に述べている。

あらためて指摘するが、書違とは、書き間違いのことではない。「刺交（違）」の場合と同じ用語法である。敵の攻撃に抗し切れずに落城の時、女性たちが刺交（違）えて死ぬという用語法である。国衆同士が同年月日に同じ契約内容を書き上げた起請文（神文がある誓約書。牛王宝印を用いたものもある）を交換し、協約したものである。文書様式上は、一通ならば起請文であるが、文書作成の目的やその機能からいえば二通がセットであり、それゆえに書違と称された。

両当事者の協調のこころは、室町時代の書違では「捨て捨てられ申すべからず候」「御役に立ち立たれ申すべく候」であるが、戦国時代に入ると、たとえば永正元年（一五〇四）十二月六日に石見国衆小笠原長隆が大家兼公に差出した起請文（書き止めは「書互状件のごとし」〈益田家文書第八十二〉）の第一条にみられる「自今以後の事、大小事無二御扶持を請け、又奉公申すべき事」のように定式化される。この「扶持」（「扶助」とある場合も）と「奉公」が、書違のキーワードといえる。

毛利氏の戦国大名化は、国衆連合の盟主が個別の機会をとらえて他の国衆からその主権的権利を奪取・集中して統合者になった典型であるが、こうした過程において元就は、書違をどのように認識し、それを領国統治のうえでどのように活用したのであろうか。その意識と具体的な展開について述べてみたい。

元就は、家督相続後の大永五年（一五二五）六月二十六日に天野興定と起請文を交換している（右田毛利家文書）。ともに書き止めは「契盟状件のごとし」とあり、書違である。

元就起請文の本文をあげる（神文略）。

一紙起請文をもって示賜り候趣、その旨を存ぜしめ候、抑自今以後元就家に対され御等閑あるべからざるの段、具に仰せを蒙り候、本望候、拙者事、興定に対し別心あるべからず候、向後においては、大小事御扶助を得、相応の奉公申すべく候、子細においては、給置き候御一筆の筋目同前たるべく候、

一方の興定起請文は、差出書と宛書が入れ替ったことに対応し、本文中の「元就家」が「興定」、

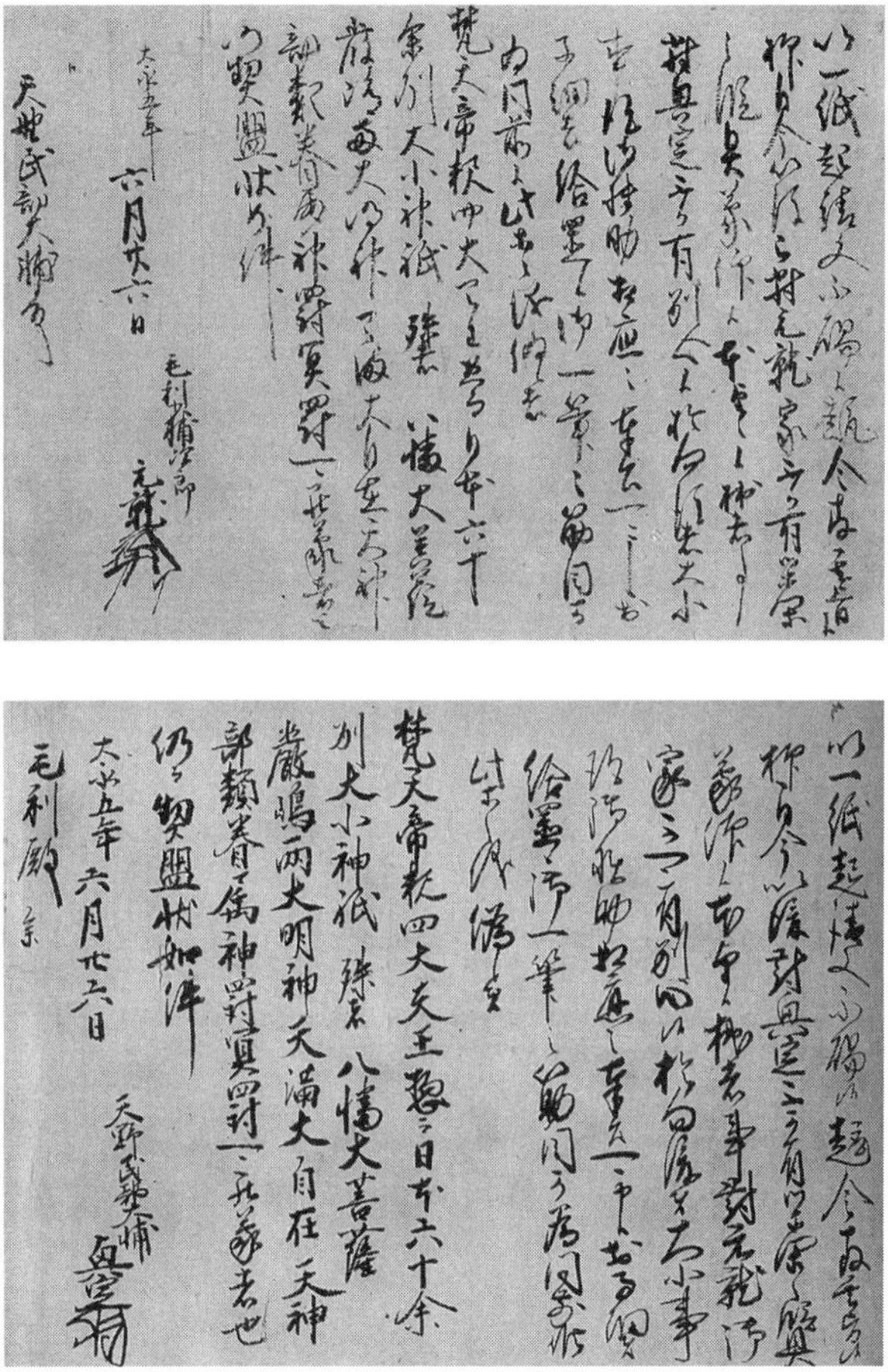

書違　毛利元就起請文（上），天野興定起請文（下）
大永５年６月26日（山口県文書館蔵 右田毛利家文書）

「興定」が「元就御家」と変更されているが、同文である。

両起請文とも、定式通りに「向後においては、大小事御扶助を得、相応の奉公申すべく候」とある。この書違は、この年三月に大内義興に服属した元就が、志道広良を通して天野興定を味方に引き入れた際に取交わした盟約である。

この「扶助（扶持）」と「奉公」は、一般的にはたとえば鎌倉幕府将軍と御家人の間における御恩と奉公のように、主従の上下関係のなかに位置づけて解釈されてきた。しかし、この毛利元就と天野興定の書違の事例は、両当事者が相互に同文言を記した起請文を交換して盟約しているのであるから、対等な横の関係における用語として理解しなければならない。

当該時代の安芸国においては、毛利氏の内部においても、国衆間においても、婚姻などの形成と展開にともなって、書違は張りめぐらされ、協約はますます強化され、当事者の結束はもちろんのこと、地域社会の保障秩序としての機能を高めていった。そうした意味からすると、書違による誓約は、まさに地域社会にとっては公的かつ法的なものであった。

「奉公」から「申　談」へ　この「扶助（扶持）」と「奉公」という、固有の文言を用いた国衆間の相互扶助協約は、毛利氏領国の権力構造の中核を構成する基盤であり、それは江戸時代初期まで重要な機能を果たし続ける。しかし、この文言は、毛利氏を一方の当事者とする場合には、一六世紀中頃から各国衆との個別の機会をとらえて変化していくのである。

天文十八年（一五四九）十二月十二日の天野隆綱（興定跡を相続）宛の毛利隆元起請文には、

隆綱・隆元事御兄弟として申談じ候、本望候、然は弥大小事御扶助を得、奉公致すべく候、

とあるが、毛利氏が陶晴賢と断交した直後の同二十三年五月二十二日に天野隆綱に宛てた元就・隆元連署起請文には、

大小事、聊かも疎意なく、別儀長久申談ずべく候、

と記されている。

毛利元就は国衆天野隆綱に対し、「奉公」を用いず、「申談」に替えたのである。これは、毛利氏が国家を樹立し、大内氏から自立したことに対応するものと考えられる。

このような使用文言の変化は、偶然のことではない。弘治三年（一五五七）に大内氏を討滅し、永禄五年（一五六二）には尼子氏を追い詰めて富田城に籠城させたあと、隆元の嫡子輝元と宍戸隆家の娘（元就の外孫）の婚約が決まった。このことについて、永禄六年二月二十

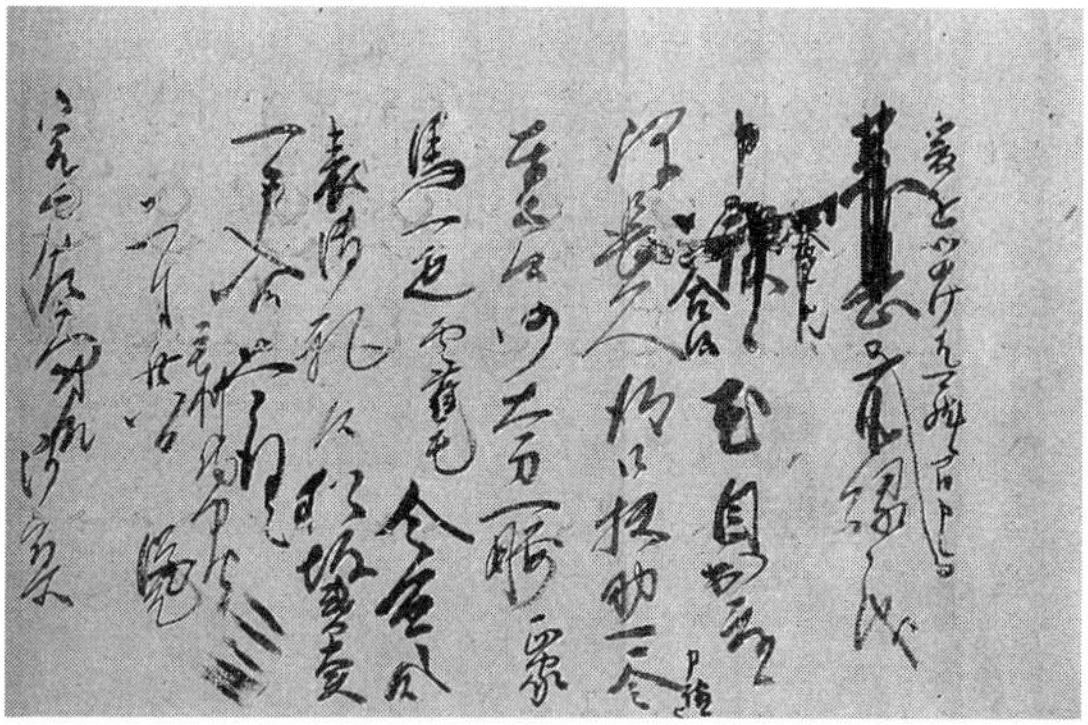

毛利隆元自筆書状案　永禄6年2月28日
（毛利博物館蔵　毛利家文書）元就による添削がある。

八日に隆元は宍戸隆家宛の書状案を作成するが、元就はそれを添削している（毛利家文書六八六）。隆元書状案の本文を次に記す。

> 愚息所縁の儀、申談じ候、尤も目出度候、弥長久御扶助を得、奉公せしむべく候、仍太刀一腰正家
> 馬一疋雲雀毛これを進せしめ候、

元就が添削した箇所は、一つは「愚息」を抹消し、「爰を御のけ候て然るべく候」としていること、二つは「申談じ候」を「申合候歟」と指摘したうえで「申合候」と改めていること、三つは、二点目を踏まえたものであるが、「奉公せしむべく候」を「申談じ候歟」とした三点である。

こうした添削から元就の意識をうかがうなら、「愚息」の抹消は輝元が生まれながらの戦国大名家の嫡子であったからであり、また隆元としては妹婿にあたる宍戸隆家との関係や新たな婚姻の形成にともない、従来の書違の用語法にしたがって「奉公」と草したと思われるが、元就は「奉公」が歴史的にみて主従の上下関係のなかにおいて用いられてきたという事実認識に基づいてそれを注意し、「所縁の儀、申合候」と改めたことによって、ここは「奉公せしむべく候」よりも「申談じ候」を用いるべきではないかとしたのである。

さきに序章であげた永正十年（一五一三）三月十九日の志道広良宛の毛利元就起請文には、第一条で「長久御扶持を得、奉公申すべき事」と書違の形式をとるとともに、第四条で「御当家の趣、然る

べく御座候様ニ申合、興元様へ別儀なく奉公忠節いたし、御奉公召さるべく候」としていた。元就が、対等な横の関係における「奉公」と、主君興元に対する縦の関係における「奉公」を併用し、またこの広良との盟約を「申合」とするなど、それぞれの言葉を厳密かつ的確に使い分けしていたことが読みとれる。

こうしてみると、毛利氏の発展過程において元就が書違をどのような存在として認識していたか、よくわかる。この宍戸隆家宛の文書は「恐々謹言」で書き止める書状形式であるが、まさに外交文書である。元就は、権力基盤である国衆連合の強化をはかる一方で、国衆に対する方向性として「奉公」の二文字を用いることをやめ、それによって、従来書違によって築き上げてきた対等の横の関係から抜け出て、統合者としての地位を意識面から仕上げようとしたといえる。

こうした実態をまた新たに盟約した石見国衆益田氏の場合についてみたい。益田藤兼が吉川元春の誘いに応じて毛利氏方に転じたのは、弘治三年（一五五七）三月の長府且山城攻防戦中であった（閥閲録八四）。

永禄六年三月のことであるが、益田藤兼は元就に益田家重代秘蔵の銘刀・舞草房安を贈り、正式に服属する（益田家文書三〇八）。これをうけて、三月二十五日に元就は藤兼に宛て、那智瀧宝印の料紙を翻した起請文（同三二二）を認め、

御家に対し申し、一切悪心を存ぜず、長久申談ずべく候、

と記し、また同日には、藤兼の服属を仲介した吉川元春にこの元就起請文を藤兼に伝達するよう命じている（同三一〇）。三月二十七日に元春は藤兼に宛て、自らの書状（同三一一）を副えて、この元就起請文を伝達する。

この盟約についての吉川元春の意識は、三月二十九日に藤兼に宛てた元春書状（同三一四）に次のように記されていることによって知られる。

昨日、元就所へ御一通御返事吾等持参仕り、具に申聞せ候、誠御入魂の段、更に申尽しがたきの由候、互ニ此のごとく申談じ候うえは、御入魂に預り、弥奉公致すべきの由、申され候、

吉川元春は、元就が藤兼と「申談」じたうえは「奉公」すると述べたとしているが、この受け止め方は、元就起請文の用語とは明らかに異なる。それは、隆元が宍戸隆家宛の書状案に示した旧来の書違の関係における意識と同様である。いま元就がこれを添削したと仮定すれば、隆元書状案の場合と同様に、この「申談」を「申合」、「奉公」を「申談」と、それぞれ変更したと考えられる。

既に元就は、天文十六年三月二十七日に天野隆綱の家督相続を祝して太刀・馬を贈り、「賢父《（興定）》以来別て御扶助を得候、長久相替らず申談ずべく候」（右田毛利家文書）と記しており、その認識は一貫していた。元就には、国衆との関係において見すえていたものがあった。その後の展開をもう少し追い、益田氏との関係を見極めてみたい。

益田氏は吉見氏と永年にわたって境界争いを続けており、弘治三年におけるこの服属は毛利氏の立場をむずかしくした（閥閲録八四）。大内氏と断交以来、元就は吉見正頼と盟約関係にあり、隆元の娘が正頼の嫡子広頼に嫁していたためである。

しかし元就は、吉川元春の娘と藤兼の嫡子小若丸の婚約を成立させる。また元就は、永禄七年十二月二十八日に藤兼に一行状を宛て、その内々の愁訴を受け容れ、出雲国生馬の内の一〇〇貫文地を給与している（益田家文書三二五・三二六）。

そして同八年十二月二十八日に吉川元春は、藤兼起請文への返報として、那智瀧宝印の料紙を翻した起請文三箇条を宛てている（同三二七）。この使者にあたったのは、元春の舅の熊谷信直であった。

一（第一条）吉田家に対し、向後御別心なく、弥無二御馳走なされ、長久仰合さるべきの由、我等において、何よりもって畏入存じ候、内々輝元そのほか家中の者、申聞かすべく候、

一（第二条）貴家・忰家御重縁の儀、元就・隆元口入をもって申談じ候うえは、互に永々御扶助を得、奉公致すべく候、（中略）輝元に対し御等閑なく、御深重ニ仰通さるにおいては、我等事、御家に対し、誠忰家の限り、奉公致すべき事、

なお、第三条は、益田氏より吉見氏に手出しはしないとしたことを了承し、もし吉見氏より無理の

手出しがあった時には毛利氏として合力するとしている。

この起請文によれば、第一条から毛利氏は益田氏をして「馳走」、すなわち軍事的な勤仕をさせる立場であり、また第二条から吉川氏と益田氏が婚姻関係の約束にともない「扶助」「奉公」という書違でもって盟約関係を成立させたことが確かめられる。

元就は、吉川元春と益田藤兼を対等な横の関係で盟約させ、毛利氏はその一段上にある国衆の統合者と位置づけたのである。

なお、この吉川氏と益田氏の婚姻は、第二条によると隆元の存命中に決められていたと考えられるが、永禄十年になって小若丸が死没したため、元春の娘はその弟次郎の室となる。

益田藤兼父子、吉田へ出頭

こうして益田藤兼・次郎父子は吉田へ初めて出頭し、永禄十一年正月晦日に次郎は輝元から加冠状を与えられて元服し（同三三五）、また元就から一字を与えられて元祥と称した（同三三四）。藤兼が将軍足利義藤（義輝）の一字を与えられていることから考えると、この元服式は毛利氏への服属儀礼といえる。

これに関係して藤兼・元祥父子は、元就・輝元をはじめ一門・重臣らに太刀・馬ほか多様な礼物を献上し、また益田から輸送した多くの海産物等を用いて饗応の祝宴を催している。前者については、「吉田において初て御出頭の日の御礼儀の次第」と題する記録（同三四三）があり、表に示した。後者は、永禄十一年二月十日の大谷仲実・篠原種勝連署の「芸州吉田において御一献の御手組」と題する次のような祝宴の次第注文（同三四四）がある。

表2 永禄11年正月の益田藤兼・同元祥吉田出頭の礼儀次第

贈先＼贈物の種類	刀類				馬	馬代	鎧甲類			礼銭（貫文）	その他
	計	太刀	腰物	その他			計	甲	具足		
屋形様（毛利輝元）	23	14	4	5	7	1	3	3		130	虎皮　端子（緞子）5巻
屋形様（輝元）御袋様など										60	10帖　端子2巻
毛利　元就	12	8	3	1	3	3	2	2		220	30帖　端子11巻　板物6端 馬樽10駄　肴10合　虎皮
毛利　元秋	3	2	1		1	1					
毛利　元清	5	3	2		1	1					
吉川　元春	16	13※	2	1	1	3	1	1		50	※うち6は父子3人宛
吉川　元資	9	7	2		1	3	1	1		50	
吉川　元棟	6	4		2	1	2					
口羽	13				1	3					樽10　肴5合
通良		5	2		1	1					
春良		4	2			2					
赤川　元秀 又五郎	12	8※	2	2	1	3	1		1	40	樽10荷　肴5合　板物5端 ※うち1は舟木二郎左衛門尉宛
桂　元忠 就宣	8	6	2		1	3					樽10荷　肴5合
山県　就資 同子息	10	7	2	1	1	4	2	1	1		端子1巻　樽
吉川家女中衆										110	60帖　厚板12端　板物18端
小早川隆景	2	1	1		1		2	1	1	30	10帖　厚板3端　板物5端
福原　貞俊	4	3	1			1					
桂　元澄	4	3	1			1					
坂　元貞 父子	2	2				2					
兼重　元宣	1		1								
吉田の年寄衆奉行衆（一人宛）	1	1								10	
満願寺										30	端子2巻
広済寺										11	米10俵　樽　｝吉田における宿泊所
西祥寺										1	米30俵　樽　｝吉田における宿泊所
その他	9	7	1	1		1				580※	小袖　肩衣　袴　板物1端 ※うち50は虎菊大夫，500は観世大夫宛
合計	140＋α	98＋α	29	13	20	32	12	9	3	1322＋α	

初献
御引渡
御湯漬
しほひき　ふくめたい　かいあわひ
さかひて
かうの物　はむ　かまほこ
二
すし　きし
にし　　御しるあつめに ひしき
いか　さけ
三
かとのこ
このわた　御しるかん 川おそ
くらけ
御くわし七種
御さかな
小くし

御さうに
けつり物
二こん
むしむき　御そへ物白鳥
三こん
さしくらけ
たい
こうるか
(四)よこん
とりのあし　へつかん　御そへ物さしみ
五こん
しほひき
きし
いか
六こん
くさひら
まんちう

はるも　　　　御そへ物うけいり
　七こん
はむ
　　　　　　あゆ
からすミ
　以上　上ノ御座敷御膳卅二膳

この祝宴の初献、御湯漬後の初献・二献目以下の次第の時にそれぞれ主な礼物の献上が行われる。そしてまた、舞台では観世大夫の演能が供された。
この祝宴用に輸送された食材については、つづいて次のように記されている。

　右之御肴之注文
一かん十二　　一鮭之塩引十一
一くし鮑七連　一いりこ六十けた
一大うほ三喉　一こふり卅こん
一きし廿六　　一かも廿
一鯛六十三喉　一蚫五百盃

一海月一桶　二百卅五盃　一ふくめ鯛六斗五升
一あこ五百こんはむニ用之、　一あこ千喉しほ引ニ用之、
一にし六十盃　一このわた壱斗
一いか卅五連　一小たい百喉
一かとのこ五升　一川おそ一ッ
一白鳥一ッ　一あいのしらほし百五十
一からすミ八連　一たい卅喉かまほこニ用之、
一さゝゐ五十　一こうるか三升
一しほ鮭十喉　一すし五百
一かうの物弐百十本　一こはう十は
一こふ廿六くわん
一御一献之日之御酒　馬樽十弐
一元就様へ御樽　馬樽廿　御肴十合右之肴の外也、

祝宴に供された多種多様な海産物・同加工品がみられるが、これはその領域の長い海岸線を有効に利用した豊富な水産資源の存在をよくあらわしている。また、それぞれの集荷や運送にあたって鮮度を保つことが求められた。そして庖丁人らも同道したと思われ、山間部の吉田において海の珍味が盛

り沢山の膳が並んだのである。

なお、既に早く永和二年（一三七六）の益田本郷田数年貢目録帳（益田家文書第八十一）には、益田川河口の大中洲に「地頭鍛冶名」、同地の居住者にのみ「水衆用途」として春秋五〇〇文が賦課されていることが記されており、河口の人々の資源を活用した営みがうかがわれる。

また、さきの表に示した礼物には、公式な太刀・馬のほか、鎧・甲・銅銭など多種多様な品々がそろえられている。なかでも朝鮮貿易の輸入品である虎皮が、輝元・元就に献上されていることが注目される。

こうした礼物や食材、また儀礼用の装束・諸道具等を合せた荷駄が率いられて、益田から吉田へ冬の中国山地の峠越えをしたのである。益田氏がこの出頭にかけた熱意とその背景にある経済力には目を見張るものがある。

益田氏の海洋領主的性格

ところで、永禄十三年二月九日に藤兼は元祥に相伝の所領を譲渡し、その内容を書き上げた「譲渡所領一書」を副えている（同三四五・三四六）。それには、石見国内のほか、知行の在所として長門国田万郷江津《えづ》・見島、周防国山代両所、筑前国原・筵田両郷、津丸・久末、出雲国生馬が記されている。

いま注目されるのは、次の二箇条である。

一見島大津郡之内也、藤兼代ヨリ知行

一原・筵田両郷　三百五十貫文本地也、津丸・久末三隅分也、

既に永禄十二年五月三日の見島郷八幡宮の棟札（防長寺社由来六）には、大旦那として益田藤兼・元祥父子の名がみられる。

見島は、鎌倉時代中期に原本が成立した「拾芥抄」中の地図に、筑前国に連なる壱岐・対馬、出雲国に連なる隠岐の三つの島のほかに、「見海」と記された島が長門国の北の海域に所在するが、これにあたる。

また、一四七一年に朝鮮王朝が編纂した『海東諸国紀』中の地図には「箕島」、その文中に記された貿易人のなかには「長門州三島尉伊賀羅駿河守藤原貞成」とある。

見島は、七〜十世紀のジーコンボ古墳群があり、古来防人の島の性格をそなえていた。山陰地域から対馬への中間的位置にあって朝鮮へのルートの要衝にあたる地理的環境ゆえに、日本海・朝鮮貿易に関わる海民集団が生活し、また寄港する船も多かったと思われる。益田藤兼の見島領有は、そうした見島の朝鮮貿易上にしめる地理的・歴史的な機能や性格に意味を見出したためであろう。

またこの頃、益田藤兼は対馬の島主宗義調に書状を送るが、宗義調からも返書（益田家文書七五八）が届けられており、両者間の交流が直接的に始まったことがわかる。

なお、見島は、秀吉の朝鮮侵攻にあたっては、長門国大津郡に集積された毛利氏の軍需物資等の輸送中継基地となるが、直前に実施された毛利氏の惣国検地においては磯部淡路守が全島（四〇四石余）

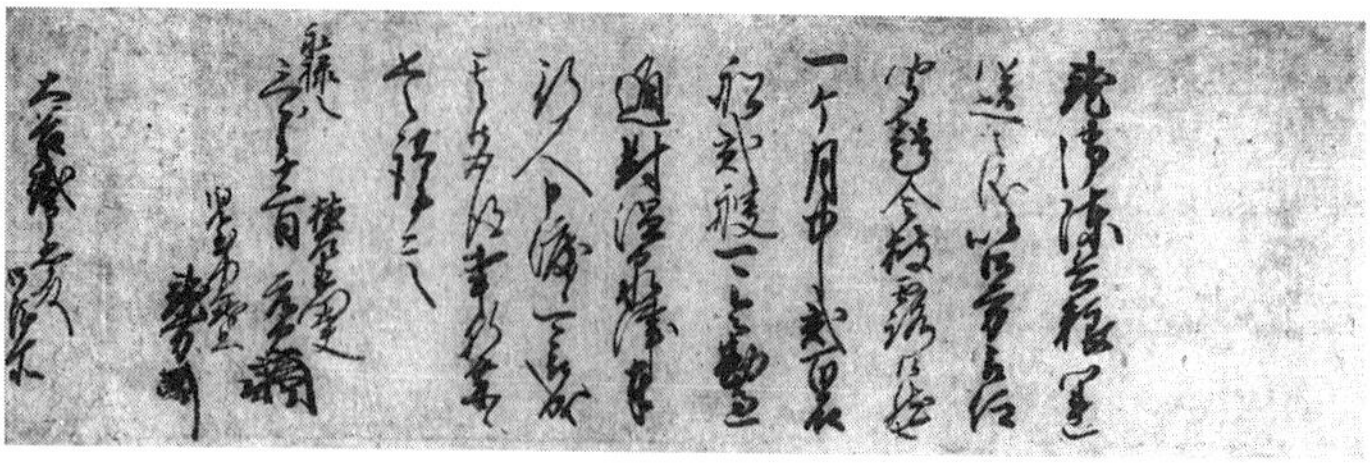

桂元忠・児玉就方連署書状　永禄８年３月12日
（東京大学史料編纂所蔵 益田家文書）

を給与されている。

原・筵田《むしろだ》両郷は、大内政弘が応仁・文明の乱中における益田氏の忠節への褒賞として与えたものである（同二二一）。原は早良区原、筵田は博多区内に比定できる。「本地也」とあることは注目される。津丸・久末は、三隅氏滅亡後に益田氏が領有したものであるが、宗像郡福間町にあたる。

本拠の益田のほか、こうした海上交通上の拠点は、石見銀山の開発によって日本海側を中心とする流通が広域的・国際的なものになったことにともない、十分に活用されたと考えられる。

益田藤兼のもとでは、家中に大谷織部丞を将とする水軍が編成されていた。尼子氏が富田城に籠城中のことであるが、永禄八年三月十二日に元就直臣の桂元忠・児玉就方は大谷織部丞に宛て、益田氏の兵粮運送に関して、一箇月中に二〇〇石船二艘は毛利氏直轄関においては通行料を免除する旨、直轄関温泉津の奉行人に対して申渡したことを伝えている。いわゆる過書である（同七三八）。

大谷水軍は、本拠の益田から東は出雲国、西は長門国・筑前国、そして対馬へと日本海・響灘・玄界灘を往返していたと考えられ、こうしたあり方から考えると、益田氏が朝鮮と直接貿易をしたり、博多など北部九州の港津で間接的に交易したりする諸条件は十分整っていたといえる。

どちらにせよ、虎皮や銅銭・緞子などの外来品を入手するのは、容易なことであった。国衆益田氏は、東アジア規模で展開する海洋領主的性格をも有していたのであり、その様相は諸活動から明らかにみてとれる。伝統的な石見国衆として、またこうした強大な経済的基盤を有していたからこそ、大内氏時代には重臣陶氏と婚姻関係を重ね、陶隆房の挙兵に際しては、藤兼は隆房に協力し、周布氏も与同させた。

さきに中国山間部地域を本拠とする国衆佐波氏についても指摘したが、国衆ら領主層を農林業生産の構造面からのみみるとすれば、その実態や性格等々を大きく見誤るおそれがある。

輝元は「屋形様」　いま重要なことは、その益田氏が吉田に出頭した時の「御礼儀の次第」の冒頭に次のように記されていることである。

屋形様へ

一御太刀　御馬現　御具足甲　幷万疋　従藤兼様

一御太刀　御馬現　従次郎殿様

一御太刀　御馬現　御鎧甲　幷三千疋　従次郎殿様　御元服之御礼儀

一御太刀　御馬現　従藤兼様　次郎殿様御元服之御礼儀

初参の礼儀と元服の礼儀は分けてあるが、この「屋形様」は毛利輝元のことである。屋形号は守護のなかでも特に限られたものの呼称であるが、益田氏がこの出頭にあたって毛利氏の当主輝元を「屋形様」という意識で臨んでいたことがわかる。

もちろん元就の記事もある。

元就様へ
一御太刀　御馬現　御具足甲　幷万疋　従藤兼様
一御太刀　御馬現　御具足甲　幷三千疋　従次郎殿様　御元服御字の御案内
一御太刀　御馬代　従藤兼様　二郎殿様御元服御字の御礼儀
一御太刀　御馬代　従二郎殿様　初而御参之御礼儀

馬が一部馬代になっているほかは、輝元への礼儀とほぼ同様である。

この吉田出頭は、益田藤兼が時代を見極め、これからは毛利氏のもとで生きていくしかないと覚悟し、その姿勢を広く示した証左と考えられる。

いくつか事例をたどってきたが、毛利元就がその視座から国衆との間でそれぞれの機会をとらえて書違の「奉公」を「申談」と言い換え、観念的にその地位の上昇をはかり、それが行きついた結果が「屋形様」であったことがわかる。これは法的機構的な制度づくりとは異なるが、それら統治上の秩序を根底から支える意識改革であった。ただ、こうした急速な変化のなかで家の伝統的な誇りを損なわれた国衆も存在したのであり、その心中が察せられる。

言葉には、時代とともに特定の地域に生まれ、そしてまた時代の変革のなかで消えていくものがある。そうした意味においては、「書違」という言葉は、実は消えた言葉である。合せて「奉公」の対等な横の関係における意味も消え去った。現在もなお『日本国語大辞典』にもみられない。それは、分権というか、もっと強く言えば、まさに在地領主制下の地域主権の戦国時代の境目地域における権力構造とその特質をきわめて的確に言い表した言葉である。

しかし、そうであるがゆえに、この言葉は、秀吉政権以後の列島における中央集権化の諸政策の深化の過程で消え去ってしまった。構造的にみると、盟約の重要な基盤であった婚姻が統制された影響は大きかった。

書違は、まさに地域性・時代性の所産である。

第二章　屋形様の「国家」から「天下」のもとの「国家」へ

大内氏下の厳島社と元就の援助

国一宮の造営普請等は、国の公権力が行うのが通例であった。前章をうけて、ここでは安芸国一宮の厳島社の造営を通して、毛利氏が国衆の統合者としての地位を確立する過程をたどってみたい。

鎌倉時代の藤原親実から続く藤原姓神主家は、天文十年（一五四一）四月に大内氏によって討滅された。前年から毛利氏を郡山城に攻めていた尼子氏が、救援した陶隆房率いる大内氏軍と毛利氏側の反撃によって正月に撤退したため、孤立したのである。五月には同じく武田氏も金山城に滅ぼされている。また、この月には厳島で「大水山河クつれ、社頭廻砂ハマル」災害が発生している。

その後の厳島社の復興・祭祀は大内氏が司ることになり、藤原姓神主家の直轄領などを没収してそうした諸経費に充て、また杉隆真（佐伯景教と改む）を神主職に就けた。

毛利元就は、いわゆる三子教訓状において、その厳島信仰の具体的契機として天文二十三年六月に安芸国佐西郡折敷畑で宮川甲斐守率いる陶氏軍を破った合戦の際、厳島社の棚守房顕の使者石田六郎左衛門尉から御久米・巻数を届けられたことをあげて「さてハ神変と存知、合戦弥すゝめ候て勝利候」と記すとともに、その後の厳島要害の普請の際に敵舟と合戦に及んで討取ったことをあげて、そのとき「大利奇瑞」が得られ、「大明神御加護」もあると安堵したことを述べ、厳島信仰が肝要であると諭している。

この天文二十三年は、三月十二日に隆元が竺雲恵心に宛て胸念を述べた自筆書状のなかで「国家ヲ可保事」を油断しないとしており、陶晴賢との断交によって、こうした厳島社の宗教性がもつ意味は大きくなっていたと思われる。

しかし、元就が語るように折敷畑合戦が厳島信仰の具体的契機かというと、政治的にはそれより十数年ほど遡って、郡山合戦にあったと考えられる。

棚守房顕の記録である「房顕覚書」には、郡山合戦中の天文九年のことであるが、毛利氏の救援に向かう陶隆房率いる大内氏軍が厳島を経て海田から中郡道を吉田へ進軍している記事に続いて、棚守房顕が陶隆房の家臣深野文祝の調法によって元就の御師となっていたこと、合戦中の九月二十八日に元就に初めて巻数を届けたこと、元就は使者の熊野民部丞・石田六郎左衛門尉と対面の場において、その日の合戦で討取った首級を座敷に持来たり、その勝利を厳島大明神の加護によるものと喜悦したことなどが記されている。

ここには陶隆房の意向もみられるが、こうした房顕から元就への積極的な行動があってこそ、その後に両者の緊密な関係も築かれていった。

大内義隆のもとで厳島社の祭祀の復興や社殿の造営が進められたが、房顕は元就にもそれへの協力を求めた。

手日記

一毎月御供壱ケ度宛入目為半御供七拾弐貫文　朔幣の御供、同中の朔幣の毎月御供者従（大内義隆）御屋形様新　御寄進の条、日限の儀は、御存分たるべく候歟、

一六月十七夜船管絃入目弐拾貫余

一大鳥居の事、彼　御寄進の地四五ケ年調置かれ、仰付けらるべく候歟、

以上

右三ケ条、御名代満願寺江具に申談じ候、

天文十一

三月八日　　　厳島社御師棚守左近衛将監

房顕（花押）

満願寺

第一条は毎月の御供、第二条は六月十七日夜の船管絃、第三条は大鳥居の再建の各費用を援助してほしいとする。なお、毎月の御供は、「御屋形様」、すなわち大内義隆からの寄進分を補うものである。「御名代満願寺」とある宛書の満願寺は、たとえば大永三年（一五二三）七月二十五日に満願寺栄秀

が、家督を相続した元就の多治比から郡山城への登城の吉日を卜定している。もともと郡山の麓は高宮郡衙の所在地であり、山中には密教寺院があり、南北朝時代には「郡山坊主権大僧都」と呼称される僧がいた（毛利家文書一五）。また、もと郡山の東の峰の堂から移されて満願寺境内に安置されていたと伝えられる一〇世紀頃の作の千手観音立像が遺存している（安芸高田市の清住寺）。この満願寺は郡山の山中に伽藍をそなえていたのであり、こうした事情からみて、毛利元就の名代であったと考えられる。

この棚守房顕手日記（毛利家文庫遠用物）は、毛利元就に神事や社殿の復興資金を一部援助してほしいと依頼したものである。

千手観音立像（安芸高田市 清住寺蔵）
高さは152cm。

船管絃は、それまで厳島社の供僧と社家がその費用を分担して共同で催行する慣行であったが、ここでは房顕は元就に二〇貫文余の援助を求めている。この問題は、天文十九年（一五五〇）になって元就が厳島社に吉田の小山七五貫文・西浦七五貫文をその費用として寄進し（巻子本厳島文書二〇）、落着する。ただ、この小山・西浦は、室町時代に毛利熙元が押領した元厳島社領であった（同一五）。

大鳥居は、その規模は詳らかでないが、天文十五年に造立が始められている。二月二十三日に大内氏奉行人は、「厳島大鳥居事、久しく断絶せしめ候条、建立せしむべきの由、大願寺尊海言上候、尤も然るべきの由、御下知成され候」と、大鳥居が存在しないので建立すべきとの大願寺尊海の申請をうけて大内義隆が下知したことを東西条代官弘中隆兼、佐東金山城督麻生土佐守・右田隆康、東山城督、大田城督らに宛て、用木の採用や運送を命じている。大内氏主導の造立は確かなことであるが、ただ彼ら大内氏代官・城督のほかに毛利元就も同様に採用を命じられており（大願寺文書四四）、房顕手日記の内容に合致する。

翌十六年十月十日に大内義隆は厳島社に太刀を寄進するが、その寄進状（同四九）の包紙ウハ書には、次のように記入されている。

御屋形様当社大鳥居御成就之時御寄進之御書御太刀一腰　杉民部入道宗長御承ニ候、　大願寺尊海

大願寺は厳島社の造営関係を職掌としていたため、そのもとには多くの番匠・鍛冶・檜皮師らの職人集団が属していた。尊海は、彼らを動員して順調に仕上げたものと思われる。

大内氏は、郡山合戦後の天文十一年からの出雲国富田城の尼子氏攻めなどで多額の軍事費を必要とし、厳島社の復興資金の全てを支出することは困難な財政状況におかれていた。たとえば、なかには

房顕が吉田兼右から月次神事を伝授される費用は一〇〇〇貫文というものもあった。

大内氏に全てを頼ることはできない状況のなかで棚守房顕は、新たな援助者として安芸国衆連合の盟主である毛利元就を選んだ。

この時期の大内氏と尼子氏の戦争中、厳島社の供僧や社家のうちには、大内氏方として行動した棚守房顕とは異なり、藤原姓神主家のもとで尼子氏方として行動し、また尼子氏に与するよう安芸国衆を調略する活動を行った田兵衛尉のような人物がいた。房顕は、以後こうした人物らを押えたり、懐柔したり、また排除をはかりながら、自己のもとに供僧・社家の一本化を進め、大内氏が新しく補任した神主に代わって実質上の司祭者となっていく。

それに強力な支援を行ったのが毛利元就である。元就は、こうして厳島社に関わることによって、安芸国の公権力としての立場を鮮明にし、それを国衆統合の拠とした。

毛利元就と棚守房顕の結びつきは、相互に享受するものが合致し、それゆえにその強い結びつきによってお互いがその力を増す結果につながっていったのである。

天文十九年に尊海は円海に大願寺を譲渡し、大内義隆がそれを安堵する（同五五）。そして、毛利氏が支配下におさめた同二十三年の九月五日には、毛利元就・隆元連署一行を円海に与え、その所領・所職を安堵した（同七八・七九・八〇）。

厳島大明神への祈願とお礼

さきの尊海造立の大鳥居がどうなったか詳らかでないが、毛利氏は永禄四年（一五六一）十一月二十八日に大鳥居の棟上を成就している（同三二五）。

真柱として長さ一一尋の楠二本を能美島の中村の能美氏氏社・中村八幡宮から伐り出したのをはじめ、同一三尋の笠木は周防国山代の宇佐、脇柱四本は仁保島・岩国の白崎八幡宮、脇貫四丁は周防国玖珂郡の多田八幡宮など、山間部の宇佐のほかは全て広島湾岸で調達され、木出しにも、渡海にも、棟上にも、多くの人夫・船・職人らが動員されている。たとえば、能美島に約二箇月逗留して真柱二本を伐り出した延人数は五一七三人、船数は桂元澄の六端帆一艘を含め大小三九艘に及んでいる。

このための飯米・酒・味噌・塩などの諸物資・諸経費は、毛利元就・隆元、小早川隆景・吉川元春・宍戸隆家・熊谷信直・阿曾沼広秀・天野元定・天野隆重・平賀広相・三吉隆亮ら国衆、桂元澄・口羽通良ら毛利氏家臣、棚守房顕ら社家・供僧、また堺商人衆、廿日市の商人らの合力であった。

永禄四年十月四日に大願寺円海が記した大鳥居棟札写（同一一九）には、次のようにある。

奉建立大鳥居壱基　　当旦那吉田住人毛利大江右馬頭元就
　　　　　　　　　　当屋形毛利備中守大江朝臣隆元
　　　　　　　　　　　拾箇国之大将也、

また、同年十一月二十八日に大願寺円海が記した大鳥居棟上祝儀宛行目録写（同三一五）にも「当屋形大膳大夫隆元建立之」とある。

この関係史料中には、「大殿様」「尾崎若殿様」という呼称もみられるが、棟札には、毛利氏の当主隆元は「屋形」がふさわしかったといえる。

これは厳島社側が現実をみた意識をあらわすが、こうした序列化は、国衆が毛利氏への服属度を増すにつれて一般化していく。前章における永禄十一年に益田氏が吉田へ出頭した際の事例は、こうした流れの延長線上に位置づけられる。地域社会が集権化へ移行していく際にみられる個々の意識上の変化を示す一事象である。

それでは、緊迫した戦時下に元就と房顕がどのような関係を取り結んだか、みてみたい。

敬白御願書事

御玉殿　可在御立替事

御宝殿　右御同前事

神事御祭礼　如往古可在馳走事

当島御法度　可在先例事

御社参　御帰陣之時、可在致召事

右為者、天長地久御願円満、殊者信心御大旦那丁巳(毛利元就)御歳、癸丑(輝元)御歳、庚刁(吉川元春)御歳、癸巳(小早川隆景)御歳、壬子(毛利元秋)御歳、甲刁御歳、戊申(吉川元長)御歳、此外備芸石之御国衆、御息災延命、御武運御長久ニ諸軍勢被召連、於御帰陣者、御願文之前可在馳走事、如件、

永禄十弐年十月五日　棚守房顕白敬

この願書（原文のまま）は、棚守房顕が厳島大明神に奉納したものである（厳島野坂文書一五七二）。大旦那毛利元就、輝元、吉川元春、小早川隆景ら一族、ほか備芸石三箇国の国衆の息災延命、武運長久と諸軍勢の無事帰還を祈願し、それが果たされたならば、玉殿や宝殿（大宮本殿）の立替などの五箇条を約束事として明記している。いわば厳島大明神の神慮にすがっての戦勝ならびに将兵の人命尊重の祈願と、その成就お礼としての社殿の造営等が組み合せになっている。こうした場合には、通常は事前に大旦那である元就や輝元にその立願の趣旨、その内容と約束事等をうかがい、確かめる手続を経るので、元就の了承は得ていると考えてよい。

この時期は、前年から吉川元春・小早川隆景率いる毛利氏と国衆の連合軍が北部九州へ出陣し、大友氏と立花城の攻防戦中であったが、またこの年五月には尼子勝久が出雲国に攻め入り、八月頃からは大友氏の若林水軍がたびたび周防国秋穂浦へ侵入を繰り返し、きわめて不安定な軍事情勢であった。そしてこの直後の十月十一日に大内輝弘が豊後国から秋穂に上陸し、山口へ侵攻する。長府にあった元就は、急遽九州派遣軍を全面撤退させ、輝弘を追いつめる。輝弘は、退路を断たれ、二十五日頃のことと推察されるが、富海《とのみ》で自刃する。

こうして重大な危機をのりきった元就は、厳島大明神に約束していた祈願成就のお礼をすることになる。

永禄十二年の十一月二十日と十二月二十六日の大願寺円海による二通の造営材木注文（大願寺文書一五五・一五七）は、厳島社の玉殿と大宮本殿の再建のためのものであり、これによって元就が願書の趣旨に迅速に対応したことがわかる。この再建は順調に進み、元就死没後の元亀二年（一五七一）十二月に吉田兼右も下向して遷宮が行われ、その多額の経費にはとくに石見銀山銀を充てている（野坂文書九七。桂文書二・三・四。厳島野坂文書四九三・四九四）。

こうした経緯で造営されたのが、現在ユネスコの世界文化遺産に登録されている厳島神社である。これは典型的な事例であろうが、元就と房顕が相互に享受するものとは何であったか、とりわけ明瞭な形で読みとれる。何よりも領国統治者としての元就が、厳島大明神を尊崇し、神慮の意義を強く意識して行動していたことがうかがわれる。

天下の命令は国家の一大事

天正十年（一五八二）六月二十九日に毛利元清（輝元の叔父）は棚守房顕・元行父子に書状を認め、管絃祭法会の巻数・久米の礼のあと、「誠先日も申入候ごとく、今度京都不慮の儀候、御神慮眼前候」と述べている（厳島野坂文書一三三一）。これは、織田信長の横死についてのこの時期の毛利氏関係者の一般的な「神慮」観であろう。

ところが、こうした神慮に託した崇高ともいえる精神性は、秀吉政権が成立すると大きく減退していく。

高松城講和後に毛利輝元は、秀吉のもとへたびたび太刀・馬・銀子を贈るなどして誼を通じていたが、天正十一年四月に越前国で秀吉が柴田勝家に勝利したあとに領界画定を強く迫られ、その交渉に応じるにあたって、次のように動いている。

先に五月二十九日に輝元が棚守元行に宛てた書状（同五三九）をあげる。

今度羽筑江礼儀として寄進刀の内吉平申請け候、その返進として領地弐拾貫幷一腰進納候、

次に同じく六月二十一日の書状（同五三〇）をあげる。

今度京芸和平の儀につき、安国寺差上せ候、然間一種の名物上せ候ハてハ、叶わざるの儀候、いかにも左様の物これなく候条、宝蔵ニ籠置き候吉平の刀申請け、差遣すべく候、然はその替として領地弐十石、幷刀一腰長光宝納せしめ候、彼吉平の儀は、此者に御渡あるべく候、その意を得らるべく候、

ここで輝元は、「羽筑」、すなわち羽柴筑前守秀吉への贈りものとしては、この際「名物」でなければならず、宝蔵に籠置かれた吉平を請出して献上するとしている。

永禄年間頃に将軍足利義輝は毛利元就・隆元に宝蔵の荒波の刀をみたいとの奉書をたびたび下したが、その話を聞かされた棚守房顕は、「平家清盛御時代の事ハ申すに及ばず、頼朝以来御代々にハ、天下ヨリ銘物ノ御太刀刀共ヲ御寄進こそ候へ、御神物御所望ノ御事ハ神慮ヲ存ぜざるの由ヲ度々申上」（房顕覚書）と、将軍の意に応じていない。また大内義隆は、父義興が寄進した一文字の太刀を請出そうとしたが、籤がおりず叶わなかった例もある（同）。

天正十年十二月に房顕から家督を譲与された元行としては、こうした経緯もあり、宝蔵に籠置かれ

た神物の請出しは神慮を存ぜざる行為として、この吉平の請出しには大きなためらいがあったと思われる。一箇月近く思案のすえ、安国寺恵瓊の大坂行きが差迫っていたのであろう、再度の輝元の要請をうけてこれに応じることになる。

この後、宝蔵に籠置かれていた刀剣類は、事あるごとに請出されて秀吉に献上される。たとえば、天正十五年三月十四日に島津氏攻めに出陣中の輝元は厳島社の大聖院・大願寺・棚守元行に重ねて書状（厳島野坂文書五四五）を認め、「関白様」（秀吉は天正十三年七月に就く）が岡山まで下向とのことであるから、急ぎ礼儀用の千鳥の刀を昼夜兼行で持下るよう、早船で催促している。また、六月五日に輝元は棚守元行に宛て、淀殿の出産祝儀について「進物の太刀刀の事、通例の物相成らず候、宝蔵の御物少々申請くべく候」と述べ、その見合のため注文に荒波・菊一文字・荒身国行・長光・とつこ国俊の五点を指定し、差越すよう求めている（同五五三・五五二）。

やや遡る天正十年四月八日に棚守房顕・元行、大聖院らが作成した注文（同一五八四・一五八五・一五八七）には、これはいわゆる沖家騒動で宝蔵の神物を桜尾城に緊急に避難させた時のものであるが、吉平は隆元、千鳥・荒波・菊一文字は元就・隆元父子が寄進したとある。

なお、こうした寄進物の請出しの事例はしばしばみられ、そのなかには慶長元年（一五九六）のことであるが、堅田元慶寄進の保昌五郎の刀を毛利元康が請出そうとし、棚守元行が難渋したこともある（同九九一・一四五四・一五九七）。

寄進物は宝蔵に籠置かれた神物であり、それを請出して代物を寄進したとしても、厳島大明神の神慮をないがしろにする行為であった。従来の相互関係に変化が起こったのである。法と統治においては自立した権力を確立した戦国大名は、自らの領国を「国家」と称して覇権を争った。秀吉は、自らの「天下」のもとにこれらの戦国大名の各「国家」を統合し、その主権的権力を奪取また制限し、列島に統一政権を樹立することを推し進めた。こうして毛利氏「国家」が秀吉の「天下」のもとに組み込まれ、序列化が進むと、「神慮」よりも「国家」の大事が優先され、「神物」の請出しが行われて秀吉へ献上されたのである。毛利氏は、いわば「天下」のもとで自らの「国家」の存続をはかるため、その意思・都合を「神慮」に優先させ、神慮を押え込んだといえる。「羽筑」から「関白様」へと呼称が変わったことに象徴されるように、政治的には地域主権の戦国時代から中央集権の近世へと移行し、それによってさまざまなものが動き出した。

たとえば、天正十三年（一五八五）五月二十三日に小早川隆景は、秀吉が企てた長宗我部氏攻めに伊予国へ渡海するため、二階藤左衛門尉の舟を引き続いて徴発するにあたって、「誠国家一大事の儀候」（閥閲録一三四）とし、また同十六年九月二十五日には輝元は多賀彦四郎に宛て、秀吉から京都東山の方広寺大仏殿の造営材木を早く搬送するよう催促されたことをあげ、「誠国家一大事の儀ニ候」とし、年内の津出を申付け、安芸国中郡の三田・秋山へ早く伐出しに出向くよう命じている（閥閲録遺漏一ノ二）。

同年の八月十一日に輝元は備後国衆の湯浅将宗に宛て、秀吉から聚楽に屋敷地を与えられ、諸大名衆の立柄美麗な家作に劣らぬ一廉のものを造作すべく仰付けられたことをうけ、その役を配当し、

「国家のため候の間」急ぎ調えるよう命じている（閥閲録一〇四）。

文禄四年（一五九五）十一月二十八日の毛利輝元厳島社頭掟（厳島野坂文書五五六）の第六条には次のように記されている。

一社家三方ニ宛行の島中屋敷以下、諸天役免除すべく候、但天下御用の時は、国家のため候の間、
　別て理をもって馳走すべき事、

これは、社家三方（社家・供僧・内侍）に給与した島内の屋敷以下の諸天役を免除すること、但し、秀吉の御用の時は、毛利氏国家のためであるから納めるべきであるとする。

これまでも「天下」は存在した。しかし、秀吉政権は、それまでの京都政権と異なって、大名の改替・転封などの強制力を行使したため、大名側はその命令ごとに危機感をもってうけとめ、行動したのである。「誠国家一大事之儀候」「為国家候」という文言は、輝元の意識をあらわすとともに、領国内の国衆領や各種所領内の百姓層までをも一様に動員できる論拠になりうるものであった。輝元は、秀吉政権の命令を毛利氏「国家」維持のうえで深刻な事態としてうけとめ、その衝撃を正面にすえ、それを領国支配の論理にすりかえ、かつそれを深化させたのである。

もはや戦国大名「国家」を維持することは、構造的に無理な状況に陥っていた。あらゆる面において秀吉政権のもとでこうした論理に基づいて強い緊張感をもって即時対応可能な新しい体制への変革

が必要となった。毛利氏は、天正十五～十八年に惣国検地を実施し、家臣の知行高の決定と知行替、また本領からは切り離せなかったが国衆の減知と軍役増を断行し、合せて彼ら国衆をも包摂した新しい家中を形成し、領国支配体制の刷新を進めた。従来の家中が広がり、盟約関係にあった国衆が入り込んだ形となり、一本化が果たされたのである。惣国検地は、秀吉の朝鮮侵攻をひかえ、天下の号令のもとで領国内の軍役動員を制度的に基礎づけるものであったが、領国支配上重要な変革をもたらすものであった。

「君臣の道」意識と徳川氏への姿勢

最後に、時代の流れをつかむため、毛利氏の防長両国移封後のことを一点あげておく。

間もない慶長九年十二月に吉見広長が出奔した。石見国津和野を本拠とし、長門国阿武郡も領有していた吉見正頼は、毛利元就の大内氏討滅に協力し、それによって嫡子広頼に隆元の娘（輝元姉〈毛利家文書一一九五・一一九六〉）を妻《めあ》わせ、盟約を結んだ国衆であった。広頼の嫡子元頼は、朝鮮へ渡海したが、文禄三年（一五九四）六月に死没し、弟広長が相続した。移封後は、萩の指月山城にあったが、慶長九年（一六〇四）三月には毛利氏の本城を築城するため取上げられた。

広長の出奔をうけて輝元は、翌十年正月二十三日に三箇条の掟書（同一一八九）を布令し、第二条に次のように記している。

一家中の者共、長二郎（広長）に対し内々指立異見をも申、その上承引なく候ハヽ、彼悪行の所をも一同ニ此方へ申届、いづれの道ニも家の相続をも仕るべき儀候、是もその儀なく候、又さなく候ハヽ、長二郎同前身上を替べき儀候処、さやうもこれなく残居候事、君臣の道も相違、沙汰の限候条、各追放申付候事、

輝元は、吉見氏家中の者どもは、広長に内々異見を申立て、それが承引されなかった場合にはその悪行を毛利氏に届け、どうにかして家の存続をはかるべきであったが、それをなさなかった。それなら出奔した広長同様に身上を替えるべきであるのに、それもせずにそのまま家中に残っていることは、「君臣の道」に相違しているので、追放を申付ける、とする。

また、輝元は、元就・正頼以来の婚姻関係と盟約、広長の数々の不行儀を一三箇条の覚書（同一二九四）に認めているが、そのなかで「君臣の法儀無曲候の条、各追放申付候」としながらも、広頼や家中でも元就が盟約してきた者は許容するとしている。

広長は出奔時に七・八人であったが、輝元は残留した家中の者どもを召出し、「走候題目、初中後」（出奔の理由、一部始終）を究明し、一々書付け、起請文でもって白状させている。

輝元によれば、広長は五年前の移封頃から出奔する心底で「此方へ種々難題申懸、殊知行の儀頻愁訴候」状態であったという（同一二九五）。慶長七年六月十九日に広長は奉行人佐世元嘉に宛て、輝元・秀就への奉公を誓い、元嘉の異見に従う旨の起請文（同一二八六）を差出しているので、この頃には大きな問題となっていたと考えられる。

さきの一三箇条の輝元覚書には、広長が毛利氏公役を緩怠し、父広頼の再三の異見にも従わなかったため隠居させられ、広頼が公役を勤めたこともあったが、心持も改まったということで当主に復帰させたところ、ほどなくかつての懲らしめを遺恨とし、近年は普請ほかの公役を緩怠し、毛利氏家来の法度を破るなどの行動があったため、見過ごせなくなったと記されている。

また、輝元書状とその広頼請書（同一二八八・一二九〇）には、広長が関ケ原の戦いで徳川氏に通じたこと、しかし輝元はそれよりも縁辺による盟約を維持する覚悟ができたこと、ところが広長が九州の諸大名に仕官しようとしていると聞き及んだこと、その使となった残留の家臣がそれは事実であると白状したこと、輝元はそれを「義理筋目をも存ぜられず、言語道断の刑《(行)》儀共にて候」と断じたことなどが記され、双方で認めている。

輝元としては、優恤を加えたことが全く無躰にされ、困惑しながらもたび重なる非儀を難じている。この事件は、輝元が慶長十七年十二月十三日に広頼の娘と吉川広家の二男彦次郎（就頼）を結婚させ、広頼に与えていた知行一一三九石余を相続させて落着する（閥閲録六）。この系譜が大野毛利氏である。そして広頼は翌十八年六月に七九歳で死没する。

なお、広長は元和三年（一六一七）になって歎願がみのり、輝元に赦免される。無二の奉公を血判起請文で誓約した（毛利家文書一二九二・一二九三）ものの、翌四年八月二十五日には討たれた。享年三八歳であった。

この事件は、関ケ原の戦いによって大禄を得た城持大名が増える激動期に起こった。毛利氏は移封後に家臣の知行高を旧来の五分の一に減知せざるをえなかったが、彼ら家臣のなかには他大名から招かれたり、仕えたりするものもあり、知行問題の不満は多かった。しかし、どのような事情があるにせよ、限られた総石高のもとにあって所与の条件での存続をはかることが家臣の勤めであるとし、そうした家中統制の規範、また法意識として、「君臣之道」「君臣之法儀」という新しい支配論理があらわれた。そして、それが現実に適用され、吉見氏惣領家は断絶させられた。

この事件は、慶長十年に起こった熊谷元直誅伐事件とともに、毛利氏家中を震撼させたと思われる。これによって、家中に国衆連合的性格がなお強く残り、事あるごとに婚姻関係を軸に深刻な対立を抱えていた毛利氏権力は、構造的に大きく変革されていくことになる。

前章を合せていえば、大永五年（一五二五）の「書違」（毛利元就と天野興定）から、この慶長十年（一六〇五）の「君臣之道」まで、丁度八〇年間の社会構造の移り変わりを史料中の言葉でもってたどってきた。それはまさに横の相互関係から縦の序列化への道であった。そしてそれぞれの背景を解くことによって、毛利氏の権力構造や領国支配秩序のなかに位置づけた。時代が、自立的な「国家」から、「天下」の統制や干渉のもとに他律的に動かされる「国家」になったことがよくわかる。また、こうした集権化が、国衆らの序列化を進める大名「国家」の内部構造の変革と、深い関係性をもつものであったこともよくわかる。

この現実の過程では、敗者や弱者の苦い思いや厳しい結末もあったが、勝ち残った政治権力の側からすればそれぞれに歴史的意義を見出せるということであろう。

こうしてみると、毛利元就が現実を直視して立てた課題と方法、その意識、そのため企てた宗教的権威の尊崇のあり方、そして何から優先させて行動したか等々が、変革期における一連の流れのなかに位置づけられ、また評価も可能になる。

しかし、毛利氏は関ケ原の戦いの敗者であった。輝元は時勢の大きな変化を踏まえて在江戸の嫡子秀就の思惟・思案不足や行規を心配し、その訓誨・教育について毛利秀元らに細々と述べ、ためらいや用捨なく異見を加えるようたびたび頼んでいる（毛利家文書一一五四〜一一五七）。

そのなかで徳川氏に対する基本的姿勢として、たとえば慶長十八年（一六一三）十二月に秀元と福原広俊に宛てた二一箇条におよぶきわめて長文の書状（同一一五七）の第一条で次のように述べている。

> 只々我等存じ候は、当時両　御所様御信仰成され候大名衆、又は別て御目を懸けられ候御家中衆の行規、是か何よりの手本にてあるべきの条、是を見まね候ハヽ、何たる儀ニも相増すべく候、又上様御気色に合わざる人の見まね、少の儀も無用候、此二つニ相極り候と存じ候、

そして「とかく当世の事も、上様の御気色ニ合わざる儀ハ無用候、たゝ世間の心遣、よろずその心がけ肝要迄候、此一事に極候」（第二一条）とも述べている。また人の異見を忘れないことが肝要であると、「その段よく思惟の所、君臣の間のいのちにて候、もはや長門（秀就）事二十ニ成り候、物ごとニその

心付ばかりを寝てもおきても心がけ専一候」（第一九条）とし、秀就の分別を求めている。
この長文の切々たる輝元書状の末尾には、次のように記されている。

御ためらい御用捨勿論ながらこれあるべからず候、あたりはづれ御異見頼存じ候、それにて長門分別悪しく候は、互の御時刻と思召さるべく候、

秀元と広俊に諸事について訓誨を託しながら、それでも秀就が分別よからぬようなら毛利家は滅亡すると思ってくれというところからは、輝元が抱く重大な危機感がうかがわれる。

ただ、こうした訓誨によって秀就の分別が一気に深まるわけでもなかろう。これよりやや遡る同年の四月十一日に輝元が秀元に宛てた書状（同一一五五）には、秀就への説諭として「只ちか道の分別は、両御所様別て御信仰候て、御気色ニあひ候仁の行規似せ候ハヽ、是ニまさる鏡はあるまじく候と申聞せ候つる」としているので、「鏡」、すなわち手本としたあり方は、近道の分別であったことがわかる。そうはいっても、この輝元の判断は、時勢を直視したものであり、毛利家の存続という現実的な問題からみると、大坂の陣が起こる直前とはいえ、将来を見すえた妥当なものであった。

このような輝元が徳川家康・秀忠に対する姿勢として示した意識は、さきの毛利氏家中における「君臣之道」と共通するものである。こうして集権の時代に相応しい新しい政治社会思想がつくられていく。

第三章　毛利氏が用いた文書様式と主従関係

内々の約束としての捻文

天文十五年（一五四六）頃の元就の家督譲与が、家臣への褒賞が滞って家中の不信・不満が高まったため、隆元を主君として人心を一新し、毛利氏の弓箭方を再興することをねらったものであったことは、さきに述べた。

打ち続く戦争によって毛利氏の財政は、借銭・借米に依存する構造的悪循環に陥っていた。大内氏・尼子氏を討滅してその領国を奪取したといっても、防長両国や出雲国内の味方国衆への安堵はあるし、忠勤を励んだ家臣や国衆らに給地を与えなければならなかった。また戦争しても、郡山合戦のような防衛戦争とか、つづいて出雲国へ攻め込んだものの敗退したとか、北部九州からの全面撤退とか、織田信長との戦線が備作地域で膠着してほぼ引分けで終るとか、占領地が全くない場合もあった。そのため借銭・借米に依存する構造は、改善されなかったばかりか、同様に厳しい状況下におかれ軍役を負担していた家臣に対して褒賞を十分に行うことができず、主従間の双務性を欠く状況は拡大の方向にあった。褒賞に充てる所領等が不足している以上、物質的な方法によって多数の家臣を満足させることは、現実的に不可能であった。

こうした状況は元就以前の時期からあったと思われるが、元就はこの問題にどう対応したのか、そしてそれは毛利氏の主従関係を維持していく基本的な文書様式にどう反映されたか、またそれをうけ家臣はどういう行動をとったか、それぞれの意識と思考の有様をたどってみたい。

毛利氏権力の最終的決定を示す判物は、「仍一行如件」と書き止めるいわゆる一行である。手続き上、この一行の前に発給される捻文とともに、毛利氏権力の主従関係を規定する文書様式である。捻文は、その封式が書状の上部を捻った捻封であることに由来する。

その事例を二通あげる。一つは、十二月四日に元就が国司新右衛門・同雅楽允に宛てた書状（閥閲録五五）である。

今度隆元防州逗留中相届け候、神妙此事候、然る間爰元存分に任せ候は、別て扶持を加うべく候、聊爾あるまじく候、後日のため捻遣し候、

二つは、八月十七日に元就が粟屋掃部助・児玉小二郎に宛てた書状（同七二）である。

中村新右衛門尉書状具に披見候、申通尤もその心を得候、戦場の習、用にも立ち候者跡目の事、そ

の身中旨ニ聊も疎略なく申付くべく候、その段においては、誠心安く存じ候へと能々申聞かすべく
候、後日のため捻遣し候、

前文書は給地の宛行、後文書は合戦で討死した者の跡目安堵という、主従間の基本的関係に属する内容である。なお、後文書は宛書の両人から中村氏に交付された。

ここで注目されるのは、両文書ともに「後日のため」に遣わされた元就の「捻」であることである。この意味合いは、元就が国司氏ならびに中村氏に対し、それぞれへの捻の内容を後日に実現すると事前に内々に約束したところにある。これは政治権力の行使の有様であり、ここには捻文がもつ固有の機能とその性格をみてとれる。

なお、前文書は、このたびの隆元山口逗留中の勤仕への褒賞であると明記しているので、天文十年頃のものと思われ、元就が用いた捻文としては早い時期のものである。また後文書は、中村新右衛門尉が郡山合戦や折敷畑の戦いで感状を与えられているので、その後のものである。

この捻文は、国司氏・中村氏にとっては、書状形式ではあるが権利書である。したがって、後日その内容が達成されるまで愁訴を行う根拠となるものであった。

引き継がれる捻文と一行

このような元就捻文の機能とその性格は、隆元、そして輝元についても同様であった。

たとえば、永禄十一年（一五六八）の七月二十三日に輝元は佐藤元実に宛て、下口（この場合は豊

前・筑前両国）へ急用の使者として命じたところ苦情なく承知したことを喜ぶとともに、「その方事、常栄《(隆元)》御時別て御目を懸けられ候、然は御やくそく《(約束)》とも候哉、御捻の辻具に披見候、罷り上るにおいては、則ち調え遣すべく候、弥向後の儀相易らず奉公候は、別て褒美すべく候」（同九七）と述べている。佐藤元実は、たとえば永禄初年に人返の多数国衆間協約締結のための使者となったように、隆元の側近として信頼が篤く、また小使として毛利氏領国の内外を問わず行政・軍事・外交等々の多方面にわたって重要な活動を行っていた。輝元は、急用の使者を命じたことにからみ、隆元が存命中に「やくそく」を書き記した「御捻」を提出すること、また今後も奉公を続ければ褒賞するとした。

また、六月九日に元就は粟屋元種に宛て、「隆元約束の愁訴の事、我等に対し連続候て申す旨その心を得候、然る間、船木《(安芸国)》の内赤川二郎左衛門尉上分弐十貫、内藤段銭方上分として五拾石、以上七拾石遺置くべく候、弥隆元約束の辻連々をもって相調うべく候、輝元ニ申聞せ一行遣すべく候」（同九）と述べている。元就は五人奉行の粟屋元種の愁訴に対し、隆元が存命中に約束した件は自分が引き継ぐとし、在所等を指定してまず七〇石を給与することを決め、それを最終的に確定するため当主の輝元に指示して「一行」を発給させるとした。

「一行」が「仍一行如件」を書き止め文言とする毛利氏判物であることは述べた。毛利氏は、戦国時代の永正十一年（一五一四）三月十一日の元就一行（家督は兄興元〈吉川家中幷寺社文書〉）から、江戸時代の寛文九年（一六六九）二月二十八日の萩藩主毛利綱広一行（閥閲録三〇）まで、約一五〇年間にわたって知行宛行や家督安堵に用いている。なお、一行のあとは、藩中枢の老臣連署状による形へ移

毛利氏一行の書式の変化

三通の一行を比べると、署判の位置と宛書の位置関係、宛書が「殿」から「とのへ」、字体も大きくなるなど、尊大化の傾向が読み取れ、書式上から主従関係の変化がわかる。

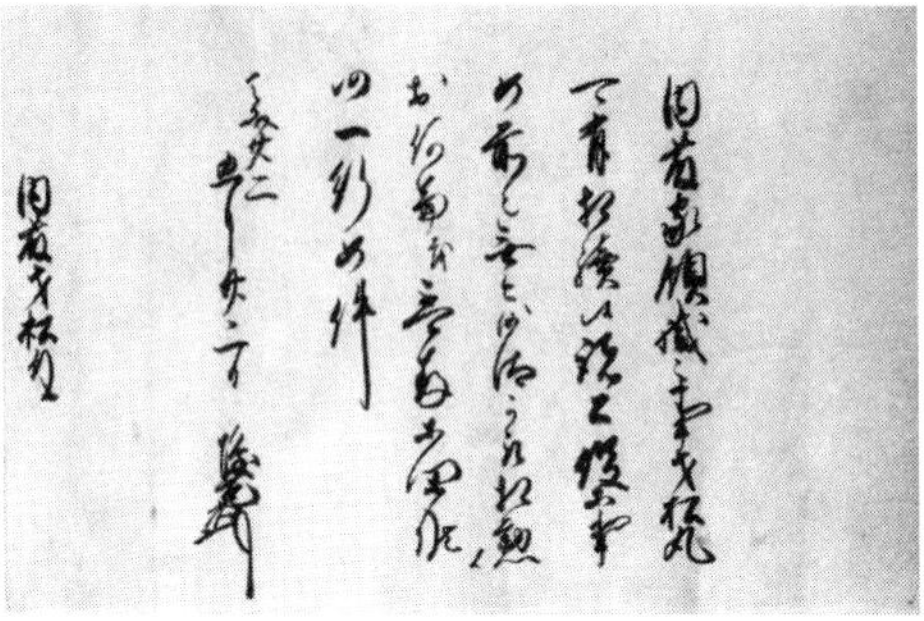

毛利隆元一行　天文22年５月22日（内藤家文書）

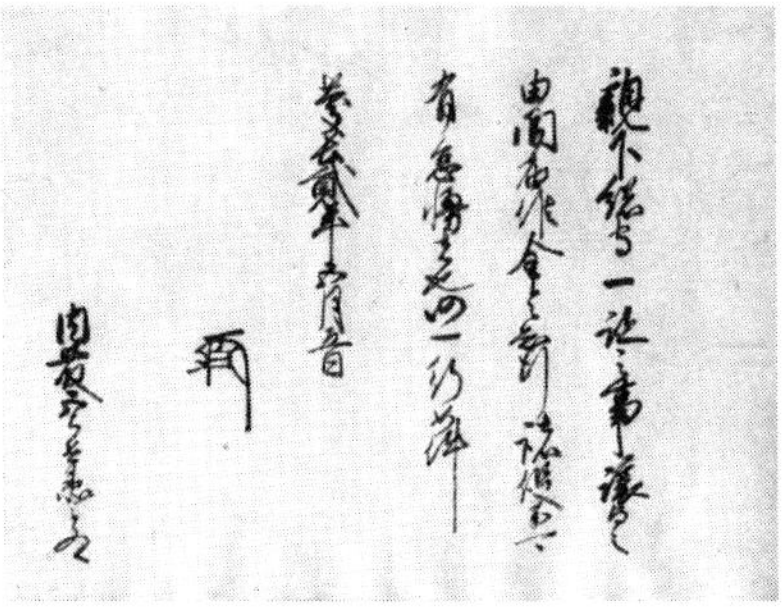

毛利輝元一行　慶長２年５月５日（内藤家文書）

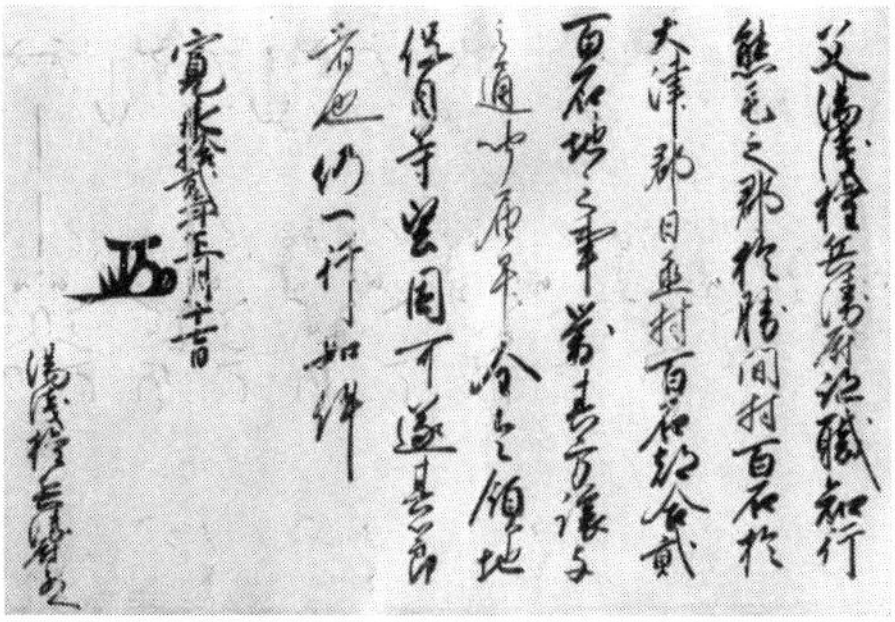

毛利秀就一行　寛永12年正月17日（萩博物館蔵 湯浅家文書）

行する。

元亀二年（一五七一）六月に元就が死没すると、輝元は、隆元の約束に加えて元就が約束しながら果たしていない事案をも引継ぐ。たとえば元亀二年の十月十二日に輝元は児玉元良ら奉行人に宛て「去々年富田籠城候中間衆二十人の事、洞春《（元就）》御捻の辻忘却なく申付べく候、此由七郎右衛門に申聞かすべく候」と述べ、富田城に籠城して尼子勝久軍を防いだ元就直属の宇多田七郎右衛門尉らの「鉄砲はなしの中間衆」への約束を引継いでいる（同一七）。

こうして輝元代には、隆元・元就の捻文による約束が累積し、そのためその実現にはそれなりの年月を要することになる。天正七年（一五七九）二月二十二日に輝元は児玉元村に宛て「末武・豊井反銭の事、日頼《（元就）》捻の旨に任せ、その方裁判候て堅固相調うべき事肝要候」（同一九）と述べているが、文書様式は書状である。

そして輝元もまた多くの捻文を認めている。

永禄末年の北部九州における大友氏との戦争中に「所帯裁判奉行」に任じられた井上就貞（同五五）は、大内輝弘事件の永禄十二年（一五六九）十月十二日に山口平野において討死した（同一二六）。

元就は就貞の兄井上元継に宛て、まず元亀元年（一五七〇）の正月十七日に就貞娘に一所を与えるので明所（給人がいない在所）を見つけて申請するよう認め、五月八日には周防国小鯖内の温科氏先給一五石を給与することとし、「輝元談合候て、一行の事聴て調遣すべく候」と述べている。この件は、元就死没後に輝元に引継がれる。輝元は、元亀三年九月十一日に井上元忠（元継の二男。就貞娘と結婚し養子となる）に宛て、位牌免のうちにある出米（増分）を給与することとして「そのため捻遣し候」、翌四年八月十九日には井上元継に宛て温科氏先給一五石の内の出米四石の知行について「そのため重て捻遣し候」としている。これらは井上氏側の愁訴に基づくものであるが、こうした再三の輝元捻文による内々の約束をへて、天正六年（一五七八）正月二十三日に輝元が井上元忠を就貞跡目に申付けるとともに諸給地の安堵を下知し、小鯖荘内一五石を含むその目録に袖判をすえてようやく落着する。就貞の討死から一〇年を過ぎようとしていた。

また十月二十九日に輝元は平佐就之に宛て、就之の跡目を千法師（粟屋就貞の嫡子元貞）に譲与したいとの申請をうけて「何と成りともその方存分に任せ、申付くべく候、このため捻をもって申遣し候」とし、林就長・児玉就方の両奉行人もそのことを輝元に披露した結果として、「少も御余儀あるべからず候の由、仰出され候、それにつき御捻遣され候、尤も目出候」と述べている。この件に関しては、十二月二十五日の小早川隆景・吉川元春連署書状があり、そのなかに平佐就之が内存を伝えて援助を求め、両人はそれを了承して輝元捻文が下されるよう動いていることが記されている（同五九）。

この輝元捻文は、千法師（元貞）が慶長十九年（一六一四）に四二歳で死没しているので天正初年の生まれと考えられること、元服したのが天正十三年（一五八五）であること、同十二年頃には平佐就之は石見銀山奉行であったことなどから、おおよその時期がうかがわれる。

平佐就之は元就の側近として信頼の篤い人物であった。その跡目（養子）について就之が希望をあげて愁訴し、政権枢要にあった小早川隆景・吉川元春も支援して輝元捻文が下されたことは、政権全体、毛利氏家中として捻文がそなえる固有の機能とその性格について意識と評価を共有していることを示している。なお、家督相続にはさまざまなあり方がみられるが、実子相続の場合は、こうした養子縁組とは異なり、比較的順調に進められた。ただ毛利氏権力にとっては、それによって軍役勤仕が可能かどうかがその重要な基準であった。

捻文は、給地宛行が圧倒的に多い。それは、明所の慢性的ともいえる不足状況のなかで頻発する家臣の愁訴を内々の約束という方法によってでも鎮めなければならないという事情があったためである。それも一件につき捻文を一通発給すれば解決するという問題ではなかった。しかし、この方法は、知行高を越えて「分過」、すなわち過重な軍役を勤仕し、双務性を著しく欠いた場合（同一一三）には、一通であっても、褒賞分をとりあえず埋め合せるという意味で有効であった。

湯浅氏の愁訴と政権枢要

毛利氏家中がいわば愁訴社会の様相にあった状況が明らかになったが、関係する原文書によってその一連の動きをたどってみたい。

湯浅殿御愁訴につき仰せを蒙り候、則ち隆景と談合致し候、吉田において涯分仰せ操らるべきの由候、下地御座なく候は、浮銭をもってなりとも、進ぜらるべく候由をも、申すべきの由候、委細児三《（児玉元良）》右申すべく候、恐々謹言、

十一月十三日　　　　通良（花押）

「（捻封ウハ書）
（墨引）元将まいる人々
申給へ
（口羽下野守）
口下
通良」

湯浅美濃守愁訴の事、心得申し候、何も各支配の時、等閑あるべからず候、恐々謹言、
五月十九日　輝元（花押）
「（捻封ウハ書）
少太
（墨引）下野守殿御返事　輝元」

両文書（湯浅家文書。一九八五年の調査時は萩市郷土博物館蔵）とも、備後国世羅郡太田荘内の伊尾に本拠をおいた湯浅家に相伝された。

まず確認しておかなければならないことは、口羽通良書状は上原元将宛、毛利輝元書状は口羽通良宛であるにもかかわらず、ともに湯浅家が所蔵していることについてである。この事実は、中世の家わけ文書にみられることであるが、両文書が湯浅家にとって政治的にきわめて重要な価値を有するものであったため、口羽通良・上原元将を通して湯浅家に交付されたことを示している。そして、この両文書とも、捻封の捻文であることが注目される。

口羽通良書状は、通良が湯浅美濃守の愁訴について上原元将からその取成を依頼されたこと、そこで通良はその件について小早川隆景と談合したこと、隆景は吉田の毛利氏中枢において周旋すること

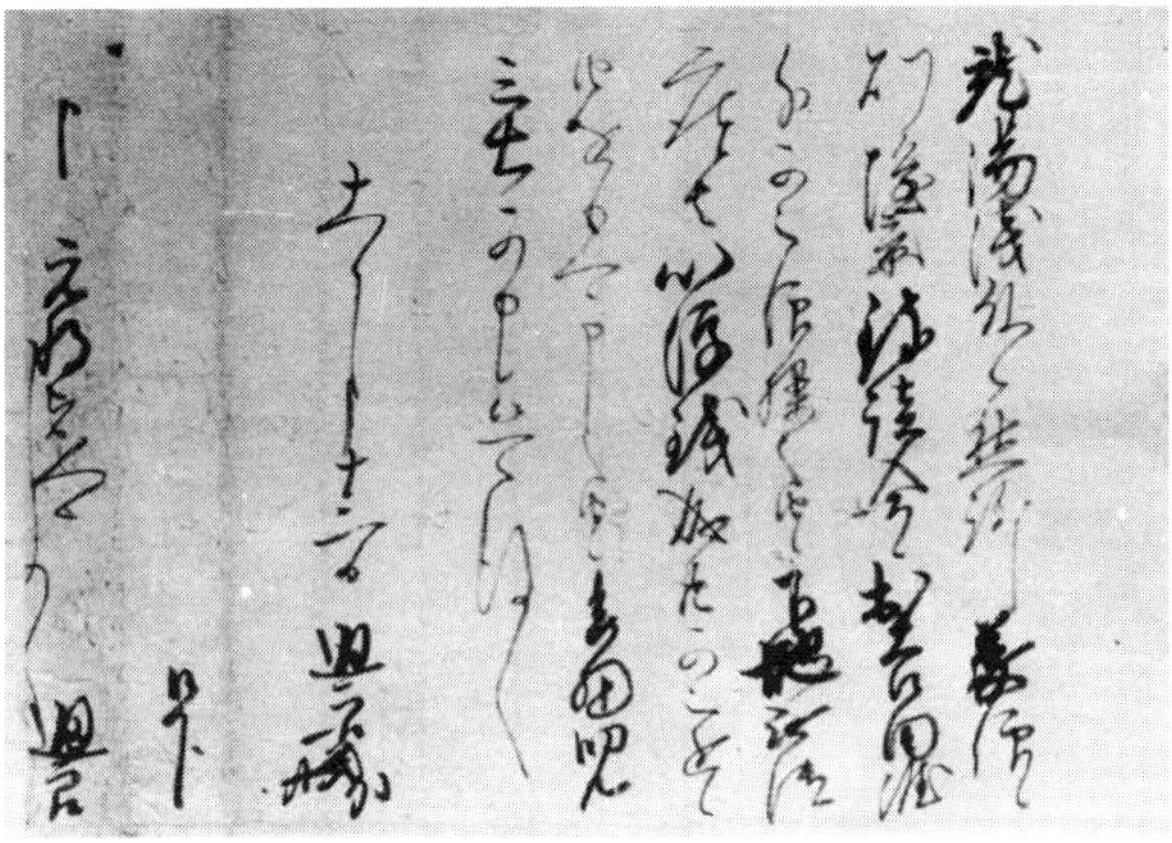

口羽通良書状　11月13日（萩博物館蔵 湯浅家文書）

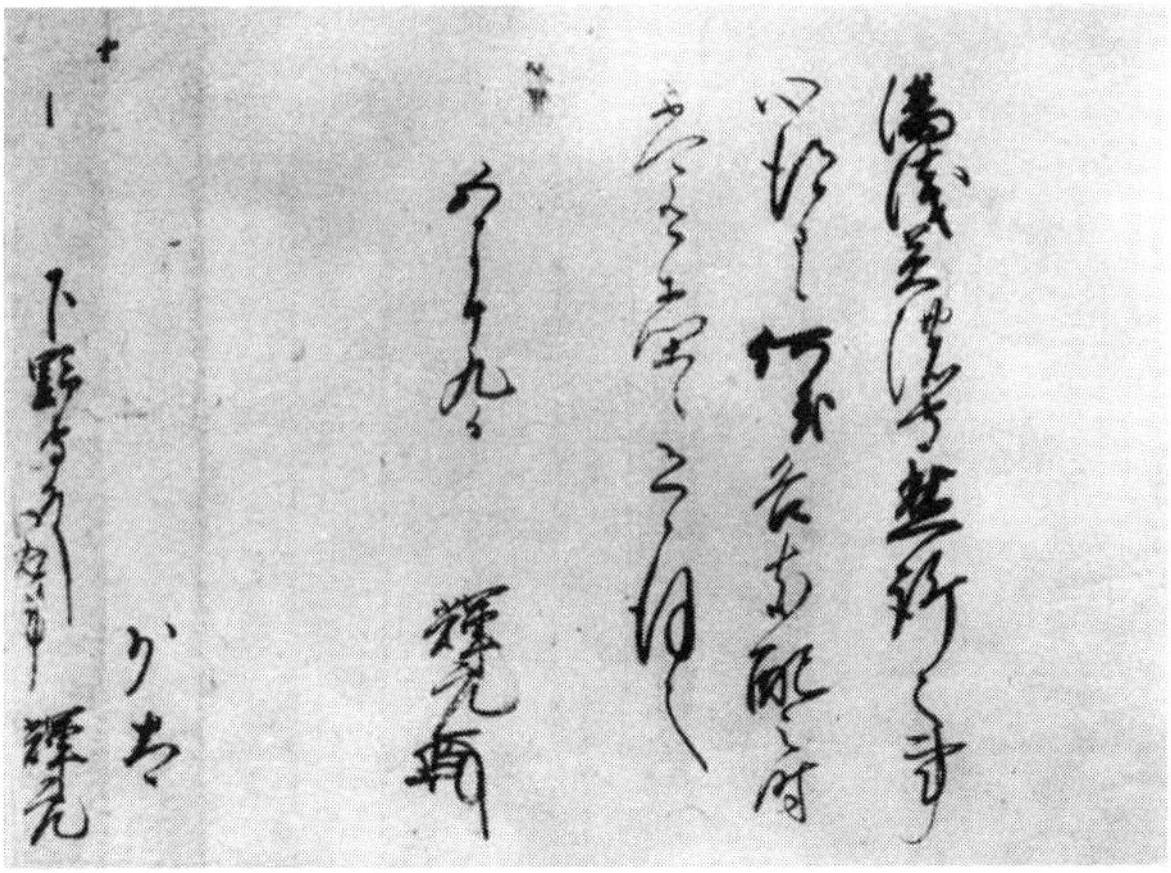

毛利輝元書状　5月19日（萩博物館蔵 湯浅家文書）

を約束し、その際に給与すべき下地がない場合には浮銭（土地付きの年貢銭ではなく一時支給銭）をもってしても給付すべきであると進言するとしたこと等々を述べている。

また毛利輝元書状は、自筆ではないが、輝元が湯浅美濃守元宗の愁訴の内容について心得たこと、各家臣への「支配」、すなわち給地配分の時に湯浅氏に対しても給与すると述べている。

両書状とも、湯浅元宗が給地宛行を愁訴したことに対応して発給されたものである。これによって、この愁訴が、湯浅元宗→上原元将→口羽通良→毛利輝元のルートで上申されたことが知られる。

戦国大名毛利氏家中における愁訴は、寄親や寄親的存在、姻戚関係などによる枢要の縁故者、地域の公的な支配者などとの結びつきを最大限に活用して個別的に行われていた。愁訴の取次者は、制度上の上申ルートに位置することはもちろんであるが、何よりもそれを実現する強力な援助者でなければならなかった。

上原元将は世羅郡の国衆であり、湯浅元宗の寄親的存在であった。しかも、上原元将室は元就の娘にあたり、その濃い姻戚関係は彼の信頼度を高めた。

また口羽通良は、石見国口羽を本拠とし、この時期には毛利輝元を輔佐する「御四人」の地位にあった。旧高橋氏領を支配して諸領主を統轄したが、備後国内にもあった旧高橋氏領関係の領主層の意向をも毛利氏中枢において代弁する役割を負っていた。

湯浅元宗は元就代から備後・備中・出雲各国内において軍役を勤仕しているが、その褒賞が手当されていなかったのであろう。他にも愁訴の関係史料があり、同様に口羽通良がその取次にあたっている。

この愁訴は、天正六年（一五七八）十二月二十三日に輝元が湯浅将宗（元宗養子）に備中国において三〇貫文の地を給与した（閥閲録一〇四）ことによって、ひとまず落着したと思われる。この輝元書状には「旨儀においては、隆景・元春并福原（貞俊）・口羽（通良）申すべく候」とあり、同年月日の彼ら四人連署書状、また奉行人児玉元良が湯浅元宗・将宗父子に宛てた副状もある。

さきの五月十九日の毛利輝元書状は、その花押の形状等から天正初年のものと思われるが、この愁訴に関係するものであり、主君として給地の宛行を事前に内々に約束した性格をもつ。また口羽通良書状も、この愁訴実現のため小早川隆景と談合したことや隆景の周旋策を明記することによって、政権枢要で働きかけることを内示した性格のものである。

こうした両文書の性格からするならば、それを保持することによって最大の価値を生みだす愁訴者湯浅氏に交付されたことはうなづける。それはいわば権利書であり、以後の愁訴実現の過程において湯浅元宗の拠としてきわめて重要な役割を果たしたと考えられる。

あらためて指摘するが、両書状は文書封が捻封の捻文である。とりわけ毛利輝元書状は、毛利氏使用の捻文の用途のなかではその内容の公的性格と固有の機能ゆえにその典型的な用例といえる。

毛利氏家中は、その領域・領国の拡大にともなって、家臣の出自も性格も多様である。こうしたそれぞれ異なる系譜を引く家蔵文書を筆者が長年にわたって多数調査・研究してきた経験からいうと、毛利氏発給の捻文は家蔵文書全体にしめる数も多く、その割合も高い。そしてその用途は、給地宛行・家督安堵のほか、感状、諸役の免除、本領の替地、番仕えの交替、郷村役人（草使）への任命などの約束事に関わるもの、なかには病気の療治を勧めたもの（おそらく公休証明と思われる）、鶩を贈られた礼のようにやや私的な内容と思われるものまでみられる。また、こうした家中の主従関係におけるもののほか、毛利輝元と熊谷信直（熊谷家文書一五一）、小早川秀包と湯浅将宗の人返協約という、領国秩序維持に関わる国衆間協約にも捻文は用いられている。

あらためてこうした捻文を多用する主従の意識について考えてみる。

戦争が打ち続く時代状況のなかにおいては、防衛戦争あるいは領国拡大のため軍役勤仕は絶え間なく求められるが、一方でその褒賞に充当する土地等は慢性的に不足していた。したがって、愁訴を行ってもその実現への道は遠いものであった。

それでは家中に不信や不満が充満することになるので、このような内々に約束するという捻文があみだされ、重要な役割を果たすことになった。初め頃はこの方法に家中は疑念をもったのではないかと察せられるが、愁訴で獲得した捻文が再度発給されたり、代々引き継がれ、またそのなかで一部に実現した事例もみられたこともあって、実際は先送りであっても、家臣側にもひとまず捻文を求め、それを下されることによって、事態を実現に向けて一歩進めたという意識が生じてきたと思われる。まさにそこには捻文を主君の意思表示と認識する観念が存在した。愁訴に対して捻文が下されたからといって直ちに問題が解決されるわけでもないが、それにもかかわらず捻文が愁訴によって惹起された主君と家臣の間の一種緊迫した事態について一定の収拾機能を果たしている現実は注目しなければならない。そこには、主従が歴史的にその個別的関係の展開のなかで形成し、成熟させてきた捻文の用途と価値に関する意識と評価の存在をみてとれる。

政治権力としての最終決定を示す下知状形式の判物たる一行とは異なり、書状形式のなかに細やかな心遣いを表わし、意識の次元にまで立入ってその心を掌握しようとする捻文は、毛利氏領国において、その主従関係や領国秩序を当事者の心の次元において維持するうえで重要な役割を果たした基本的な文書様式であった。判物たる一行と合せ、その公的な文書様式として注目する所以である。

輝元、岡元良の腹立を自筆書状で宥める

政治権力としては、主従の間に存在するこうした緊張関係は重大事であった。のちの織田信長との戦争中のことであるが、こうしたことを具体的にたどれる事例がある（閥閲録八〇）。その当事者の毛利輝元と岡元良は、どのような意識でどのように向き合っていたか、みてみたい。

十月二十日に輝元は岡元良に宛て、備中国佐井田城籠城を褒賞し、「備前一着の上をもって」一五〇石の給地を宛行うと約束し、在番を堅固に勤めるよう命じている。これは、宇喜多氏・羽柴氏との戦争に勝利し、備前国を占領できたならば可能になる意味合いをもつ。萩市江向の岡滋氏所蔵（一九八七年の調査時）の原文書によれば、文書封は捻封の捻文（竪紙）である。この時期には、前線の備前・美作地域が膠着状態になり、勝利できる戦況ではなかったが、それを前提にして在所を特定せずに宛行約束をしたいわば窮余の方策である。こうした事例はほかにもみられる。

ところが、同じ十月二十日に輝元は岡元良に宛て、「内々別て志候間、弓矢静謐の上、約束の外」

岡元良の愁訴と輝元の対応

毛利輝元書状（竪紙）　10月20日（岡家文書）

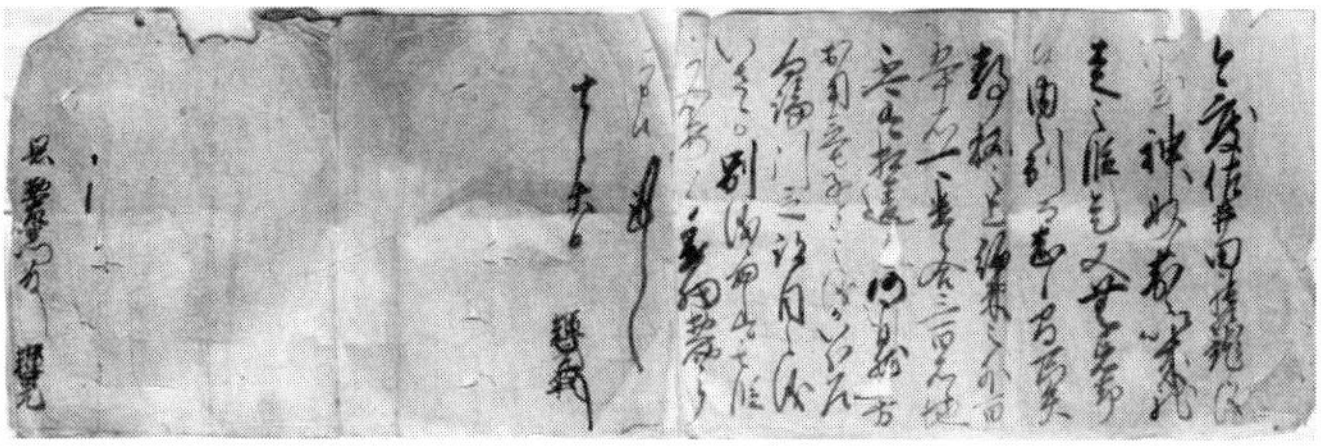

毛利輝元書状（礼紙付）　10月20日（岡家文書）

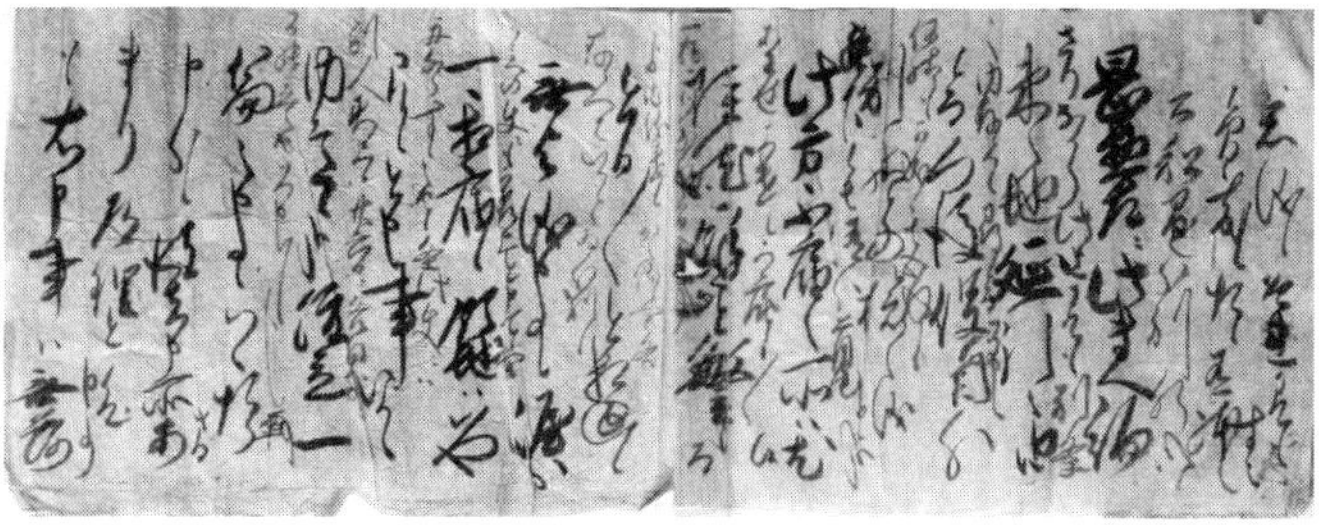

毛利輝元自筆書状（岡家文書）

日付は無い。左方下に輝元の花押がすえられている。

に一五〇石を加え、合せ三〇〇石にすること、元良が戦死をした場合には子供を引立てて跡目とすること、委細は側近の神田元忠が述べるとしている。原文書によれば、この書状は二紙（礼紙付）からなり、鄭重な様式とされるものである。

両文書は同年月日のものであるが、先に発給されたのは前文書であったと考えられる。岡元良はこの輝元捻文を読み、全く意にそわないものであると腹立したと思われる。この場合、岡元良は捻文を与えられたからひとまずこれでよかろうという意識ではなかったようである。そのことを聞き知った輝元は、即座に約束の給地高を倍増し、また戦死した場合の跡目の安堵を保証することとし、側近の神田元忠を使者として元良を宥めにかかった。そのことを示すのが後文書である。

しかし、これで岡元良の腹立がおさまったわけではなかった。その後の推移を具体的に語ってくれる輝元書状がある。この書状は、「其方」に宛てたものである。

いささか長い書状であるが、これによると、輝元は、元良が以前の約束の地が延引している事態をうけて「向後役目分別候様との捻の儀申し候哉」、すなわち今後軍役を軽減する内容の捻文を要求したことを知り、「此方不届の所ハ尤に候」と詫びを述べ、実はとても多忙で「今日〳〵と相延候」「与儀なき申事候」と、言い訳をする。さらに給与しようとする領地を元良が「いやにて候と申事」はどのような内意かと問い、「腹立一篇の申事候ハヽ、たらざる申分候」と断じる一方で、元良の言い分は「あまり道理と候」と正当性があるとし、そのためにこの件は「落着なき儀候」と、解決がむずかしいことを指摘する。つづいて輝元は、「それにてもすみ候まじく候、たヽ有躰の公私間の分別肝心候、さりながら此上にても別条の内存候ハ、尋候て申すべく候」と、未解決のままではすまない案件であるからともに分別すべきことを述べ、「罷下り候は、随分首尾あわせ遣すべく候」「一種二ツ少分候間、其方より内儀遣すべく候」と命じている。

「其方」は、この案件について岡元良との交渉にあたり、事態の収拾に向けてその内存を尋ねて「首尾あわせ」を行うことを命じられていることからみて、輝元に近仕する側近である。この経緯からして神田元忠の可能性が高い。「其方」は、この輝元書状を岡元良に交付し、輝元の真意を伝え、そして対策を講じたのである。それゆえに岡家文書として伝来した。

この文書は、二紙からなる。行間にもびっしりと書き連ねたものであり、輝元の花押のみがすえられている。この内容からは、約束の土地を給与してくれないなら軍役を軽減する捻文を発給されるよう求めた岡元良の強硬な要求ぶり、その真正面からの道理ある言い分に輝元が落着の行方もみえず苦慮する様子、この問題をどう調整し、収拾するか、縷々述べたその真意が、感覚的にもひしひしと伝わってくる。

それは、原文書によって確かめられるように、この特徴ある字体の書状が、毛利輝元の自筆書状であるからである。なお、さきの十月二十日の両通の毛利輝元書状は右筆書きである。

輝元は自筆で細やかに配慮しながら書き連ねて真意を述べ、この書状が腹立している岡元良に手交されることによってあらわれる効果を見込み、「首尾あわせ」、すなわち双方の言い分を何とか調整し、事態を収拾しようと方向性を定めた。

ここには、軍役と褒賞が不均衡になり、危機に陥った主従関係について、輝元が自筆書状でもってその復元をはかっていこうと努めている有様がみてとれる。厳しい戦況のもとでは、軍役負担を軽減するという内容の捻文など発給できるわけもなかった。そしてまた前線のほかの在番衆への影響を考えると、何とか収拾し、厭戦気分が家中全体に広がることを防ぐ必要もあった。

ここには主従関係の双務的性格、しかもそれがきわめて大きな不均衡を生じた場合の状況があらわれている。家臣を前線の城に在番させて忠勤を求め、それに対して主君が相当する給地等を褒賞として与えるのは、主従関係上は当然のことである。そうして主従関係は維持される。しかし、「備前一着の上をもって」とか「弓矢静謐の上」という方策は、現実には意味をもちえないものであった。こうした危機的な状況に陥った主従関係を何とか取り繕ったのが、輝元自筆の書状や捻文の発給であった。この岡元良の事例は、主君が全く手詰り状態のなかで最後は何をしたか、何ができたかを示している。輝元は、家臣の不安な気持や怒りを少しでも和らげ、宥めるため自筆書状等でもって人間的な心のつながりによる信頼感に訴えたのである。

この輝元の対応は、岡元良がこのあと足守川最上流の忍山城に在番し、近麓の郷村調略を行い、味方に引き入れた地下人と協力しながら羽柴秀吉方と最前線で対峙しているので、効を奏したものと思われる。

惣国検地により捻文は反古となる

しかし、多くの家臣にそれなりの期待をもたせた「備前一着の上をもって」という方策は、天正十年（一五八二）の本能寺の変後、秀吉との領界画定交渉の結果、同十三年に入って宇喜多氏との領国境が備中国高梁川と決ったことによって、全て反古となったと思われる。

備中国一宮吉備津神社のある宮内村は、天正十年四月には毛利氏と羽柴氏の「半納の在所」となっていた（岡山県古文書集二　備中吉備津神社文書）。「半納」とは、その郷村年貢の半分宛を対峙する大名権力の双方へ納付することを意味するが、緊迫した軍事状況は、前線にいわば両属の郷村をつくり出したのである。

秀吉はこうした境界を幅とする中世的秩序の存在を認めず、境界は線引きによって画定した。戦国時代には領国境の領主層のたえざる向背をまねき、それによって領国は拡大もすれば縮小もしたのであるが、時代は、そうしたあり方を変革し、近世的領国形成へ向っていた。半納の破棄は、分権の中世から秀吉権力による集権の近世への移行を進める支配政策のうちの一つであった。

天正二十年（一五九二）二月九日に蔵田就貞は佐世元嘉・二宮就辰の両奉行人に宛て、一二箇条の覚書を提出し、輝元への取成を依頼している（閥閲録一二六）。そのなかに次のような箇条がある。

（第八条）一飯山御在番所勤の時、御約束の地の事、
　付、御捻これあり、
（第九条）一内々分過の馳走、各御存知の事、
（第一二条）一土田千石望申す事、

付、高麗御公役、勿論ながら堅固ニ相勤むべきの事、

毛利氏が天正十五〜十八年に惣国検地を実施し、十九年に知行高を確定して給地の打渡を行ったことは、これまでもふれた。『八箇国御時代分限帳』によれば、蔵田就貞は、安芸・備後・長門・出雲国内の六箇所において三〇八石余を給与されている。ところが、就貞は、このように十数年前の対織田戦争時の備中国飯山在番に関する捻文の履行を愁訴し、長年にわたる分過の軍役勤仕は明らかであるとして知行地一〇〇〇石の加増を要求している。ただ当面する朝鮮攻めの軍役は勤めるとした。

惣国検地は、毛利氏領国内において秀吉の朝鮮侵攻に加担する動員体制を構築することにあったが、それによって国衆領内の収公や家臣の大幅な知行替を実施したため、領国内の各知行地は固定した。そしてそれは結果的に従来から主従間に継続されてきた捻文を拠とする給地宛行約束の不履行という課題を制度的にも実態的にも全く断ち切り、それを総合的に処理してしまった。

惣国検地が実施され、各家臣がおかれた状態の認識は現実のものでありながら、それでもなお過去の経緯をもちだして捻文を拠に加増を要求する意識の存在は、それまで主従間に継続されてきたこの課題が惣国検地の実施で全く反古になったにもかかわらず、それがたやすく払拭できるようなものではなかったことをよくあらわしている。

中世的なものの断絶は、政治構造や経済構造、そして意識構造など、そのさまざまな分野によって時間的に多少のずれが生じる。それはまさに近世的なものの成立のずれでもあった。時代の構造は、

もはや蔵田就貞のような個別の主張に応じる状況にはなかった。

時代の政治構造の変革が、同時に当事者の意識面において同様の変革をもたらすものでないことは、いつの場合も同じことである。これは、変革期にしばしばみられる政治権力によるいわば総合的な踏み倒しであるが、軍役続きで疲弊した家臣たちの意識がこれに慣らされ、定着していくまでには、中世的秩序から近世的統治への移行期におけるそれなりに長い時間が必要であった。

事実、さきにあげた吉見広長事件に関わる毛利輝元覚書（毛利家文書一一九五）に次のように記されている。

一長二郎（広長）事、五年以前身上も相かへはしり候ずる心底にて、此方へ種々難題申懸け、殊に知行の儀頻に愁訴候、相ならずと申候へハ、はや逐電候条、先ず当座の仕延ニ、知行遣すべきの由、捻つかハし候、但し又心持も相違なく、役目等をさへ仕候ハヽ、勿論加増の地遣すべきと存候つる、

この事件についてはさきに述べたが、注目されるのは、輝元が吉見広長の愁訴に捻文で対応していることである。広長が改心し、役目を勤めるなら加増もするとするが、捻文によるものはいわば宥和をねらった宛行約束である。防長両国移封後に毛利氏家中においては、旧来の五分の一に減知する方針で知行割が行われたが、それについては不満も生じた。これは、そうした事態のなかでの新たな捻文の発給である。主従間の矛盾を調整する機能を有するという捻文の性格はなおみてとれる。

しかし、藩の統治体制が整備されるにつれ、主君自らが動くこうしたあり方は消え去り、捻はただの書状という意味合いになっていく。

毛利元就が創出し、機能させた捻文・一行という戦国大名毛利氏が用いた基本的な文書様式は、その公的性格と固有の機能を時代の構造変革のなかで消失させるのである。

第四章　元就と隆元

元就の蟄居問題と撤回後の仕組み

元就は、弘治三年（一五五七）に大内氏を討滅したあと、「蟄居」（政務から引退）すると言い出した。隆元は、それを必死になって阻止しようとする。元就が蟄居しても、隆元も同様の行動をとったならば、元就は心安く過ごすことはできず、まして現状は蟄居さえできないほど家も国も危機的であるとの認識を示している（毛利家文書六五八）。

そして隆元は、吉川元春・小早川隆景に宛て七箇条の書状を認め、その揺れ動く心のうちを明かしている。すなわち、安芸・備後両国支配でも過分であったのに、防長両国を加えて五箇国の太守になったいま、隆元一人では無器用・無才覚ゆえ「長久ニ家を保ち、分国をおさめ候」ことはむずかしいこと、元就が蟄居するなら、家督を幸鶴（輝元）に譲って後継の「難」を遁れたいこと、幸鶴の代に能くなろうが悪くなろうがそれはかまわないこと、「元就の只次を相続すべき事ハゆ〱敷事候」、毛利家滅亡時の人躰にはなりたくないとする。そうかと思うと、第六条には、元就にあわせて隆元も蟄居したら、元就は幸鶴を取立て後見をせざるをえないのだから、同じことなら自分が人躰として元就の後見をえて「国家」を保ってみたいとも述べている（同六五六）。

隆元が元就の蟄居を阻止しようとした背景には、領国支配機構を担う人材の不足、家中の習いの悪さなどがあった。そのため隆元は元就に宛て、これからもたえず諸事について談合したいこと、元春や隆景にもたびたび吉田に逗留してもらって相談したいことなどを述べている（同六五七）。

弘治三年八月十五日に隆元が元就側近の桂元忠に宛てた自筆書状によれば、元就の内存を伝えられた隆元は、いま元就が蟄居したならば毛利家は政務が行えなくなる、その時は隆元も蟄居する覚悟である、「是非とも、諸事仰付けられ候て、下さるべき迄候」と懇望している（同六六〇）。

これはきわめて重大な問題であり、それゆえになかなか決着しなかったが、元就の方から折れ、隆元は安堵した（同六六二）。この十一月には、防長両国内各地において大内氏遺臣らが一揆を起こし、緊迫した軍事情勢のなかで元就・隆元は下向している。

ところで、元就は隆元に宛ててその蟄居の理由として、大内氏を討滅しても世上ではそれを隆元の粉骨とも家中の衆の粉骨とも言わず、元就の粉骨とばかりされることを憂えたためとしている（同四〇九）。

しかし、隆元はこうした毛利氏の実績は全て元就の傑出した才覚・器量によるものと認識していた。元就の蟄居を阻止するため強く迫ったのは、自ら人躰としての責任を心底覚えながらも、家中統制や領国統治・外交のうえでこれまで元就にほぼ頼り切ってきた意識が生み出したものと思われる。

白鷺図 毛利隆元筆（毛利博物館蔵）
隆元筆には，枇杷に鷹図や自画像がある。

それでは、この蟄居事件が落着したあと、元就・隆元父子はどのようにして政務を行ったのであろうか。父子の間で交わされた自筆書状や自筆覚書によってみてみたい。

軍事編成やそれを議する際に親類衆が思うように動かなかったことは既述した。永禄元年（一五五八）に隆元は十箇条の自筆覚書を記しているが、第九条に「親類衆年寄衆前にても、談合の時、ちとさて右左へも一言も是ハいか、候ハんやとも申さず候て、わが思候分を申候て、人が存分申候へ共、取上げざる事」（同六七八）とある。後述するように、事前に元就と十分に調整して臨む評定であるから、他の意見は聞かず自らの思いを述べてそれを徹底する場にしたいというのである。これがそのまま実行できたかどうかは別にして、隆元の性格の一面がうかがわれる。

こうした隆元の姿勢とか態度とかは、実は元就がたびたび細事にいたるまで注意を与え、それを隆元が真摯に受けとめることを積み重ねて形成されたものである。

永禄元年十一月のものであるが、元就と隆元の二通の自筆覚書がある。元就のものは隆元に対する三箇条の注意事項（同六四九）、隆元のものはその請書に相当する十箇条が記されている（同六五〇）。

元就自筆覚書は、次の通りである。

一隆元諸篇の行跡付て、我等然るべからずと存候ずる事ハ、斟酌なく、向後申すべきやの事、
一隆元心がさの事、
　一かうほね（骨）まじらざる事、
一元就申候共、さハあるまじきと存ぜらるべき事ハ、さかひ（逆）候て、承、再往談合申すべき事、

次に、隆元自筆覚書のうちこの三箇条に対応する箇条をあげる。

一（第一条）隆元心がさの事、
　付、事ニより用捨内談の事、
（後略）
一（第七条）隆元諸篇の行跡ニ付て、我等然るべからずと存候ずる事ハ、斟酌なく、向後申すべきやの事、
　此条、此のごとき御意こそおろかにて御座候へ、誠少も御ためらいなく仰聞さるべき事、
一（第八条）隆元心がさ事、
　一かうほねまじらざる事、
　此条、弥もって其旨を存ずべき事、

一（第九条）元就申候共、さハあるまじきと存ぜらるべき事ハ、さかい候て、承、再往談合申すべき事、
　此条、用捨なく申上ぐべき事、

このほかにも、重要な箇条がある。

一（第三条）防長の儀付て、極たらざる事、
　是ハ、此前の儀ハ是非に及ばず、只今より以後の儀はたと極むべき事、談合申べき事、それにつき五人衆の外にて公事愁訴披露の儀、停止すべき事、

一（第四条）一おきてはたと申さるべき事、
　付、是ハ内談の事、
　是ハ、只今より以後らうぜき以下非法の儀候ハん時、はたと誅罰の儀申付べき事、
　是ハ各へ一届がきと申届候て、その上をもって申付べき事、

各条の後半の小文字が、元就の注意に対する隆元の請書にあたる。こうした形式による父子間における意思の疎通は、『毛利家文書』中には他にも見うけられる。

このほかにも「長々敷儀然るべからざる事」（第五条）、「入らざる事然るべからざる事」（第六条）

などの心構えについての箇条もあり、隆元はいずれも「此条、分別致し候」としている。

このなかでとくに注目すべきことは、「内談」（「談合」とも）の存在である。元就がそれを注意事項としていることは、この時期の父子間の有様を語るうえに不可欠の問題であるが、あとで具体的に述べたい。

ところで、防長両国の平定にともなって生じた統治上の課題については別にして、隆元の心構えや態度についての注意は、繰り返し何度も行われている。たとえば、天文十九年（一五五〇）の井上元兼一族の誅伐事件に関わる七月二十日の隆元自筆書状（同七一二）では、これは元就への返書にあたるが、さきにあげたように同様のことを重視している。

元就は、政権枢要の福原貞俊・桂元澄らとの評定の場において緩みが生じている現状を問題視し、それは隆元のはっきりしない言動、その場を取り繕うような発言が侮られる要因であるから、「ほね」、すなわち骨、議題の基本的・根本的なところについて存分に発言するようにと注意したのであり、それをうけて隆元は「御意尤も承伏致し候」と心得ている。

骨がないから骨をもてと元就に注意され、それは尤なことであると隆元が承伏しても、隆元が一気に骨のある人物になるわけでもなかろう。それゆえに永禄元年になっても元就は同様の注意を行い、隆元はそのように励むとしているのである。これは一例であるが、元就が隆元を人躰として育てあげるために同じ注意を何度も繰り返していたことを示している。

右の永禄元年十一月の二通の覚書をみると、蟄居を撤回した元就が、隆元教育に厳しく臨んだことが知られる。父子間において自筆書状が多く交わされ、また内談が頻繁に行われていることは、情勢解析や政務の意見調整、その決定に有効に機能した面はもちろんあるが、それを通して隆元の人躰としての成長をはかる面もあった。

永禄元年のものであるが、隆元が心境を述べた短い自筆書状がある（同六四五）。隆元は前日の元就書状を再三読み、なお具に読んでやがて返信すると約束したあと、「とかく当家の儀ハ我々代にてはたと相果候ずると存迄候、諸事我々代ニ悪しくなり候てはて候ずると相定りたる趣と存候」と述べる一方、猶書では「成らざる迄も、その勢いをハ入申、短息仕、諸事堅く申付べき事ハ、油断仕るべき儀ニあらず候」と、揺れ動く心のうちをあらわしている。それは、自らを責め、また鼓舞しているようにも見うけられる。

実は、隆元自筆書状にみられるこうした構成や心境の表現方法は、たとえば天文二十三年（一五五四）三月十二日に竺雲恵心に宛て胸念を述べた一五箇条の長文の自筆書状（同七六二）と共通している。これは陶晴賢と断交することを毛利氏としてほぼ決めていた頃のものである。そこで隆元は、自らの無才覚・無器量によって毛利家は元就代限りとし、「我等よりハハヤ家連尽き終り候マテニ候、是も因果の道理ニ当り候」と記し、また元就に到底及ばないのに「家ニ賢佐良弼ナク候」と歎き、「偏ニ灯消ントテ光マスタトヘニテ候、家運此時マテ候歟、此理ハ能クサトリ申候」と予言する。しかし、こうした心境をさらけ出したあとの第一〇条に「右内心申尽し候訖」とし、つづく第一一条には「此ノゴトク存候トテ、国家ヲ保ツベキ事油断スベキトノ事ニテハ努々之ナク候、涯分成ラザル迄も心ガケ短息致スベク候トコソ存置候、其段少も疎心ナク候」と、毛利氏国家を保つ自覚と決意を示している。そしてそのあとに「盛者心衰」「生者必滅」「会者定離」の理は悉く覚ったと記す。ここには隆元の揺れ動く胸念が尽くされている。こうした表現の方法は、それが隆元の思考の手順ということでもある。

隆元は、人躰としての立場に重い責任を感じ、厳しい現実のなかで自らを責めながらも、毛利氏の家運が自分の代で窮まらないよう自覚しすぎるほど自覚していたのではなかろうか。日常的に元就の自筆書状や覚書を真摯に読みかえして思慮を重ねている隆元の姿が目に浮ぶようである。

永禄元年といえば、防長両国を平定したものの、領国の東部地域には尼子氏、西部地域には大友氏の脅威をうけ、まさに武略・計略・調略が欠かせない軍事的緊張下にあった。元就は六二歳に達しており、おそらく余命を思いながら隆元の人躰教育を機会をとらえながら急いだのである。

先ず内談

その場合、家督は隆元であるから、元就のいわば口出しの仕方もその仕組みを考えなければならなかった。さきにあげた「内談」がそれにあたる。

このことに関して、次のような元就自筆覚書（同四一二）がある。第一～第五条まであげる。

一談合等、余所への使者などに、向後は、隆元おし立申聞さるべき事、

付、元就助言の事、

付、先ず内談の事、

一余所への状、日夜共、隆元認めさせらるべき事、
一隆元直に申付らるべき事を、誰々も更異儀えゆひ候まじき事、
（付、略）
一隆元の儀、世上の操ニ片時も隙はあるまじく候間、少もたゝいられ候事ハあるまじき事、
一物事急の事、

談合等、他所への使者には、今後は隆元が命じること、他所への書状は昼夜とも隆元が認めること、隆元の直命には誰も異議を言わないことをあげる。こうして元就から隆元へ権限委譲が行われたと考えられるが、元就は隆元に政務を片時も隙なく行うよう求め、ただ居るだけの人躰であってはならないとしている。そうした役割をなさない人躰は、組織にとって無用であるとする元就の意思のあらわれである。ここでは、元就の助言、内談が規定されていることに注目したい。

この覚書によって、元就の「助言」と「先ず内談」は制度化された。ただ両者の区別にはあいまいなところも残る。そこでそれぞれ実態を復元して考えてみたい。

さきに「先ず内談」の具体例をあげる。

たとえば、元就は隆元に宛て、「夜前の御両通披見申候、何も面にあらずば申述がたく候の条、面談申すべく候、唯今成共、ちと後に成とも、御あがりあるべく候、面談申すべく候、御両通をば留申候」（同四六八）とか、「御状披見申候、明日は天気わるく候共、御出あるべく候や、何も明日の天気

ニよるべく候〱、申談ずべく候」（同五三二）とか、返事を認めている。これは、まず隆元が元就のもとに案件を書状にして届け、それについて元就が面談を呼びかけ、約束した日時に隆元が嵩《かさ》に上って直談にいたるという手順を示している。

直談を重視する元就は、そのことを自筆書状で隆元に「彼返事のごとく、大小事共ニ、縦分別候事なりとも、我々にミつ〱ニて尋ぬべき事肝要候〱、勿論、分別なき事は申すにあたわず候、さ候間、密々の儀、更尋ぬべき使候ハず候、文などニても、一とをりこそ候へ、返て申談儀ならざるもの候間、多分は自身かる〱と罷上候て、面談ならでハなるまじく候〱、此心持たるべく候〱」（この猶書には「本城よりさへ日々上られ候間、早朝又暮に及び候ても、用〱ハ、上られ候て、面談ならでハあるまじく候」とある）（同四一五）とか、あるいはまた「書状以上九通、其内又うちへ入れ候状一通、以上十通歟、いづれも〱隙々すき〱に能々御覧候て、元就申儀にも、謂ざる事と思召候ハん儀は、はたと非を御入候て、承るべく候〱、さ候て、又々たゝかひ候て申候てこそ、物のわけ理非聞え候へ、思召候ても、仰あらハれ候ハて、心底ニこめられ候計にてハ、旨儀すミ候まじく候〱」（同四一六）とか認め、その意義を強調している。

元就は隆元に分別できていない案件はもちろんのこと、たとえ分別できていることであっても密々に相談することが肝要であること（要するに大小事ともに万事相談せよとする）、書状などではひととおりのものにすぎないとし、隆元自身が早朝でも暮でも軽々と嵩へ上ってきて面談すること、その心持を大切にすること、またあるいは一度に一〇通もの文書を隆元のもとに届け、その案件を検討させるとともに、元就の意見に異議があれば「非」を申すこと、そして意見をたたかわせ、討議を重ねてこそ、「物のわけ理非」が決まること、隆元が意見を申さず心底にかくしたのでは旨儀はすまないと、議定の過程において慎重な姿勢と運びが大切であることを語りかけている。

こうした元就と隆元の内談に他家の吉川元春・小早川隆景を加える場合がみられる。たとえば、隆元は元就の側近桂元忠に宛て、両人を呼び寄せて「彼是内外共ニ千万談合仕りたく候」「何事もしかと申談じたく候」とし、元就書状を彼らに遣わしてほしいとする。案件については、「世上の趣、うつろ（洞）の喧嘩以下、只事ならざる仕合迄候、是非に及ばず候、昨日御返書ニ御意のごとく、東西弓矢の趣ニ、うつろのせゝり公事等、彼是さし合候事、せうし千万の儀迄候、一身ニもだえ存知たる計にてハ、更一事も調わざる儀計候、悪事出来候ハん時ハ、のかれ間敷候、（中略）自滅すべき躰迄候、猶参上候て申上べく候」（同七〇一）と、尼子氏・大友氏との戦争、毛利氏家中の喧嘩や公事、とりわけ所領の差合（相論）などをあげている。

この時隆元は、一身に悶え苦しむばかりで一件の政務も片付けられず、これでは自滅するという重圧のなかにあった。

この返事にあたる元就自筆書状（同四二九）がある。それには、元春・隆景を呼ぶのならば一日も急ぐべきこと、元就所よりも伝えること、家中の諸人の心持も、世上の儀も悪事のみの心許ない時は、誰も頼まず、ただ兄弟三人の結束だけであること、また備中国で大敗しては備後国が危ういから備中・備前両国の操が肝心であること、届けてもらった三村家親からの書状は重大な内容であるので談合をしたいこと、そのため赤川元保・口羽通良そのほか奉行衆らをも集めて所存を尋ねること、石見国小笠原表の合戦もあるが、備中国で何かあってはどの方面への影響も甚大であり、また尼子氏が出兵してくるということで不慮の事態も起こりうると懸念を示し、元春・隆景を急ぎ呼ぶよう述べている。

このような詳細な内容を拠にして『新裁軍記』では、この書状を永禄四年（一五六一）に比定している。さきの隆元自筆書状も同年のものということになり、隆元がおかれた苦境を具体的に知ることができ、その重圧もうかがわれる。

助言

「内談」は毛利氏としての意思の統一をはかる方法であったが、次に、「助言」の具体例について考えてみたい。

国衆への儀、二度も三度も、かる〳〵と節々御出候てこそ、然るべく肝要の儀候へ〳〵、今の趣は然るべからず候〳〵、いつも〳〵ミな〳〵とこの申事候〳〵（同四四〇）、

雲州へはこの度公事あるまじく候、たゝ〳〵礼儀計ニて候の間、永興《（永興寺）》までも候ハず候、彼仁ハ御たしなミ候て、何方へなりともやられ候べく候間、先ず雲へハ別人然るべく候（同四八七）、

両文書とも、元就から隆元への返事である。

前文書は、国衆のもとへたびたび訪れるようその重要性を喚起している。毛利氏の権力構造の中核は国衆連合であったが、元就は隆元に宛て、大内氏討滅後の現状について「備芸衆も当家よかれと内心共ニ存候衆ハ更に覚えず候〳〵、我々等輩の毛利ニしたがいまいり候事、偏〳〵口惜やけなまじく、日夜存居らるべく候」との認識を示し、こうした懸念が「政道法度」を滞らせる要因であることを述べる（同四一八）。隆元に各国衆との人間的交流を重ねて関係を深めることを求め、それによって毛利氏への求心性を強めることを期待したと思われる。

元就は義理に篤い人物であった。たとえば、のちの永禄十二年（一五六九）四月十六日に輝元に宛て、筑前国立花城攻防戦中の吉川元春・小早川隆景を支援するため出陣中の備芸石三国の国衆に気遣いし、病気療養中であったにもかかわらず、三国の国衆との義理を欠かないために下関まで下向し、談合なりともしなければとしたこと（同五四九）は、さきに述べた。国衆と義理を尽くして交流し、関係を深め、その信用を高め、一方で合理性を発揮して新しい法的機構的な制度づくりを進める、それが元就の真骨頂であったが、こうした元就からみると、隆元の国衆との付き合いは不十分なものであった。

後文書は、尼子氏への使者として隆元が永興寺周端を起用しようとしたのに対し、別人を充てるよう述べたものである。理由としてこのたびは政治がらみではなく、唯の礼儀であることをあげる。

なお、禅僧の活動は、永禄三年（一五六〇）に正親町天皇の即位料を献上して元就が陸奥守、隆元が大膳大夫に任じられた際の外交にあたった竺雲恵心や、隆元が脇差を厳島社に寄進し宝蔵に籠めるため副える事書を策雲玄龍に書かせたいとして元就の助言を求めていること（同六九五）など、多様である。

ただ、これらの事例は、隆元からの問いかけへの元就の返事であり、そのやり取りのどの断面を示すものか、断定することはむずかしい。その点にあいまいさも残るが、助言の事例とした。

また、助言よりも指示と言ってよいものもある。たとえば、弘治三年（一五五七）十一月十四日に元就は隆元に宛て、既に連絡しているように来る十八日に隆元の陣替必定であること、元就も出陣すること、「惣家中へ能々御触させ候べく候、毎事ふれおとしなどありげニ候、いつぞやも、入江の福原善五郎などニハ一向触ざる事共度々候つる歟」（同四二五）とする。防長両国において一揆が勃発していたことへの対応である。

また、元就は隆元に宛て、「吉見杉伯使者ニハ朝食たるべく候と、児三右《(児玉就忠)》申候つる、さてハそれへ申さず候や、いかにも早々仰付られ然るべく候、夕食たるべく候〱」（同四八九）と認め、吉見氏・杉伯耆守の使者を夕食で接待するよう指示している。個別的事案であるが、元就はそれを毛利氏の評判に関わることととらえ、助言したと考えられる。

元就が隆元に宛てた自筆書状には長文のものも多いが、こうした短文の中に必要なことだけを指示したものも多い。

「三《(吉)》好所への儀、書状も文言等多かるまじく候条、聴て〱認進べく候」（同四九四）とか、「備芸衆へ状の案、進せ候、認させられ、早々遣さるべく候、少も御延引あるまじく候、此事急ぎ第一候

〳〵」(同四九八)とか、他所への書状の送付に関してもみられる。備後・安芸両国の国衆への書状の案文を示し、それを隆元のもとで正式な書状に認め、急ぎ届けよとの指示は、さきの元就自筆覚書第二条の「余所への状、日夜共、隆元認めさせらるべき事」との隆元権限には立ち入っていないものの、元就が実権を掌握して行動していることを示している。この急げというのは、同覚書の第五条に「物事急の事」とあったが、元就の基本的な行動意識であり、とりわけ支配機構を担う家臣には強く求められた(同五一八)。たとえば、大内氏討滅後に元就は隆元に宛て、「誠手ひろく五ケ国十ケ国の操調にて候、然処、操手なども分別者等もすくなく候て、今日ニ調うべき事ハ、五日十日ニ延、今月たるべき事ハ、来月さ来月へなり候様に候の間、勝事の儀候〳〵」(同四一八)と、彼らの実務能力の欠如による物事の先送りを歎いている。事務の迅速な遂行は大きな課題であった。

また元就は隆元に宛て「沼田へ此のごとき書状認候、御判候て、則可給候〳〵」(同五二二)とだけ記す。別に元就が作成した小早川隆景宛の書状に隆元の花押をすえるよう指示している。これが、隆元単独の書状か、元就との連署書状かは判然としないが、とくに奇異な行動ともいえない。

永禄六年(一五六三)の七月十八日、これは八月四日の隆元の死没直前にあたるが、山口逗留中の竺雲恵心に宛てた長文の書状がある(同六三八)。恵心が大友氏との和平に尽力したことを謝し、なお門司城、香春嶽城、規矩・田川両郡、牢人問題などの懸案が残っているので一層の尽力を頼み、京都からの使者聖護院道増との交渉も託し、大友氏との戦争を欲しない毛利氏側の覚悟や備えなどについて述べたものである。

この書状は、出雲国の陣中にあった元就の自筆にかかり、日下は隆元で花押がすえてあり（防府から出雲国への途次、この頃郡山城近くの多治比・佐々部あたりにいた）、連署の元就は花押をすえていない。恵心が諸報告のため元就のもとへ来訪するのを不用であると、急ぎ伝える必要があったとはいえ、あとで隆元が花押をすえて了承してはいるが、元就が実権を掌握して諸事を取り仕切っているあり方をみてとれる。

実権を握る元就の人躾教育

それにしても、元就が多くの情報をえて、それら大中小の諸事について、隆元と先ず内談、また助言・指示等を行っていることは、注目される。それは、小事を適宜的確に判断して処理すること、その積み重ねが、より大きいものを生み出すという元就の考え方によるが、万事総合的な判断力の差から生じた。

隆元が家督を相続した直後における策雲玄龍の進言に引用された、元就があまりに何事をも行い過ぎるという世評は、大内氏討滅後も変わらない現実であり、むしろ元就の蟄居撤回後に仕組みとしても実態としてもより強化されているように思われる。防長両国の平定にともなって領国統治や家中統制の事案は増加したわけであるから、諸事について父子間で意思疎通を細やかにすることは欠かせないことであった。いわゆる三子教訓状の場合と同様、元就が重要な課題を示し、隆元が請書を呈する形の人躾教育、そのなかで先ず内談、助言というあり方を制度化し、元就の意向が十分に受け容れられるようになったことは注目される。

家中においても、国衆連合においても、隆元の存在感を高めること、その求心性を強めることが、元就の人躰教育のねらいであった。ところが、大内氏討滅後の元就による家臣評は、「仁不肖共ニ大分限ニなりつれ、又大分限になりたがり候て、はたと諸人の心底も替り候」「上つらハかりの慇懃、面むきハかりのなり計と見え候、其実すくなくなりゆき候ハんやと見えたる計候」（同四一八）であった。戦争に勝って褒賞を与えられ、奢侈に流れる風潮については隆元も同様の認識をもち、弘治三年の五月七日に策雲玄龍に宛てた自筆書状（同七五五）で「当家中上下人の心持、猥ニ三毒を身ニまといたる為躰、中〳〵言語道断の仕合のミ迄候」（三毒とは、貪欲・瞋恚《しんい》・愚痴）と述べている。

元就は隆元にこうした家臣評につづけて隆元・元春・隆景三兄弟に宍戸隆家を加えた結束を重視する（同四一八）。

此家中の者共をば、隆景・元春・隆家の力をもってしかれ候ハでハ、面むきハおそれ申様なるなりにて候共、内儀はかろしめ申べく候、又三人四人はたと今のごとく取分何事も仰談らるの趣ニ見え候は、内心共ニ諸人侮申候事ハあるまじく候と存計候〳〵、もとより又当家の力をもって、元春・隆景・隆家も我々家中をも治らるべく候、互の覚悟是にて候〳〵、

（中略）

三人四人はたと候は、自余の国衆、恐れながら珍事ハあるまじく候、

弘治三年十一月二十五日のいわゆる三子教訓状と隆元だけに宛てた元就自筆書状（同四〇五・四〇

六）の前提には、こうした現状認識と、それに三人四人が結束して対応することが既に意識されていた。元就は、そうした枠組をもって人躰隆元の資質向上をはかった。

元就が隆元に宛てた自筆書状のなかには、ときに「火中〳〵」（同四一七など）と記されたものがある。またしばしば「御披見の後、返給べく候」（同四〇六・四三三など）と記されたものも見出される。

そして隆元が桂元忠に宛て、元就からの書状を手元に留めて具に拝見しているとした五箇条の自筆書状（同五四二）には、次のようにある。

（第四条）一少も隆景・元春・我々（隆元）間しぶ〳〵の心中候ハヽ、悉もって滅亡と存べき由、誠金言の御意と承伏仕候、此段涯分忘却なく存置べく候〳〵、

一此通去年御書具に拝見仕、今に此のごとく御書所持仕候、細々拝見致し候て、心得をも仕、守にと存、留申候、去りながら、書状ハ大事の物にて候との御事、いつも仰申さる事候間、只今返上仕迄候、此辻〳〵計をケ条のやうに書留申候ておき申候、ふかく取て置申、拝見仕候ずると存候て、此分ニ候〳〵、

隆元が元就書状の返却を延ばしていたこと、それは細々読んで心得とし、「守」にと思って手元に留めていたこと、しかし返却を求められ、その要点を箇条書きのように書留めたことなどが知られる。

この第一条〜第三条では、さきの元就の教訓を遵守し、何事も三人四人で面談し結束すべしとの仰せ

を承知し分別するとしている。「書状ハ大事の物にて候」との説諭を承諾して返上し、しかもその要点を書留めるなどしていることからは、隆元が元就書状をいかに価値あるものと受けとめていたかがうかがわれる。

『毛利家文書』中には、隆元に宛てた元就自筆書状の原文書は見あたらないが、隆元の筆写にかかるものとして残っている例がある。たとえば、四〇九は弘治三年のもので、大内氏討滅後の褒賞知行地の配当に関する元就の意見を述べたもの。四一〇は翌四年（永禄元年）八月のもので、領国は拡大したが支配機構を担う人材を欠いていること、家臣が奢侈に流れ、そのうえ褒賞を求めて恣に愁訴をすることなどをあげ、隆元に「ちとハ先度も申候ごとく、ほねを御まぜ候ハでハ、更もってなるまじく候哉と存候」、既に井上元兼一族を誅伐したのだからと、家中に強硬に命じるよう求めたもので、「惣別国を治ハ、御存知のごとく、賞罰の二ならでハにて候、物のおきて成敗と申事候ハでハ、いかでおさまり申べく候哉」とする行からは、罰の比重が軽いとする元就の意識がうかがわれる。いずれも長文のものであるが、家中の勝手次第の振舞にためらいなく強くのぞむべしとした内容であったため、原文書は返却し、それを正確に書写して手元に置いたものと思われる。四五〇は、永禄五年のものかと思われるが、吉川元春が石見国衆福屋隆兼跡を所望した（代りに河本辺〈旧小笠原長雄領〉を返す）ことについて、与えるか与えないか、一身の覚悟をもって決断するよう迫り、この密事の返事を求めたものである。これについては、隆元は端裏捻封ウハ書の差出書（「もと就」）、宛書（「隆元まいる申給へ」）も筆写して復元しており、その律儀な性格がうかがわれる。

これらの原文書は、元就のもとに返却され、おそらく焼却されたものと思われる。きわめて重要な内容で微妙な人間関係に関わるものであることから、元就としては返却を求め、隆元としてもそれに応じたが、たえず手元において細々読んで心得とするため、全文を筆写したものであろう。

元就と隆元が交わした書状や覚書からは、元就が隆元に統治者として心得るべきことを懇切・丁寧に説諭する様相が描き出される。しかも同じ事や類似の事を繰り返し諭していることは、そうした事が一度で簡単に身につくようなものではなかったこと、また覚悟も必要であったこと等々、人躰教育、いわば人間教育であるが、そのむずかしさを示している。

隆元が「涯分成ラザル迄も心ガケ」（同七六二）と限定詞をつけて毛利氏国家を保つ決意を述べ、また元就の蟄居を阻止して政務・軍事等の総攬を委ね、元就との内談や助言を制度化してたえず意見調整をし、運営を行っていることは、負わされた役割とともに自らの限界を十分に自覚していたことのあらわれである。隆元の実直な性格は、元就の矢継ぎ早の訓戒を素直に受入れたのであり、それは、実態的には少しずつではあろうが、限界に挑み埋めていく智恵と力になったと考えられる。

隆元の行動指針と『太平記』

隆元には「行跡」と題し、まず「仰仏神ノ応護ヲ、保ツ国家ヲ」と記した自筆覚書（同七五六）がある。これは、「国家」主としての立場から自ら心がけるべき行跡として箇条書きに連記したものである。

それらは、中国の古典や『太平記』に拠っている。隆元はこれらの関係諸本を直接に読書し、いわば座右の銘としてふさわしい箇所を引用した。これは、一五歳から山口の豊かな文化的環境のなかで生活し、多種の文献を蒐集・読書した文人肌の隆元が、毛利氏国家の人躰として心得た統治の指針といえる。

その箇条は、「憂《ハ》万人《ノ》先《ニ》憂《ヘ》、楽《ハ》万人《ノ》後《ニ》楽《ム》」（典拠は范仲淹「岳陽楼記」）、「日《ニ》三度顧《ヨ》吾身《ヲ》」（『論語』学而）のような内観にあたるものから、「可成大功《ノ》策《ヲ》」（『列子』楊朱）、「刑上《ノ》極《ク》賞下《ノ》通」（『説苑』説叢）、「周公旦《ノ》三握三吐」（『史記』巻三三・魯周公世家第三）のようにまさに統治者の意識まで多様である。また、「智道《ニ》不《ズ》違《ハ》、仁恩《ヲ》不《ズ》忘《レ》、勇当《テ》レ節《ニ》死《ス》、三徳《ナリ》」は『論語』（憲問）よりも、『太平記』（巻一六・正成兄弟討死事）の記事に類似している。

『太平記』と同文のものは、「賞当其功《ニ》則有忠者進《ミ》、罰当其罪則有咎者退《ク》」（『太平記』巻一三・龍馬進奏事）、「現大勢《ノ》忿怒身《ヲ》、刑罰《ヲ》為《ト》宗」（巻一二・公家一統政道事）、「威《イ》万人《ノ》上《ニ》雖蒙《シム》、位四品《ノ》間《ヲ》不超、謙居《ニシテ》仁恩施《ヲシ》、己責《ヲテ》礼儀《ニ》止《マル》、是《コヽ》以《ヲ》雖高《シト》不《ス》レ危、雖《トモ》レ満《ト》不《ス》レ溢《アフラ》」（巻一・後醍醐天皇御治世事付武家繁昌事）、また『太平記』に酷似するものは、「良将《ハ》先定制《ムヲ》、先定制則《ヲハ》士不乱、士不乱則刑罰明也」（巻一六・小山田太郎高家刈青麦事）、「賢可《ヲ》弁《シ》」（巻一二・北山殿謀反事）、「大事《ノ》大事、小事《ノ》小事、小事《ノ》大事、大事《ノ》小事」（巻九・足利殿御上洛事）、「守《ル》二弓馬《ノ》義理《ヲ》一」（巻一〇・新田義貞謀反事付天狗催越後勢事）などである。

この自筆覚書には、このほか「以文《ヲ》治《メ》、以武《ヲ》守」など周知の格言もみられるが、全てについて合点があり、また抹消したり、そのうえで書き改めた箇所もある。隆元が典拠と校合したことを示すと思われる。

毛利氏領国の武将らの『太平記』への関心は高かった。

小早川隆景が、永禄四年（一五六一）三月に元就・隆元父子を沼田の雄高山に招いて饗応した際の『太平記』読み（同四〇三）や、吉川元春が、尼子氏攻めの陣中の永禄六年閏十二月から同八年八月にかけて書写した四〇巻は著名であるが、この前後の時期の伝存するものとして、永禄三年六月二十七日の口羽通良書写の巻二六、同十年六月二十八日の出羽元実書写の巻一六の断簡（いずれも山口県文書館蔵）がある。

それは、『太平記』が、南北朝動乱期の単なる軍記物語ではなく、時代の変革期に生きた人々の多様な活動を題材にして、それぞれの行動規範や歴史の教訓などについて、漢籍を含め古典から多くの故事を盛り込んで編纂されていたからである。それゆえに隆元にとっても読書・学習の対象として高い価値を有していた。

ある時元就は志道広良（弘治三年〈一五五七〉死没）に宛て、隆元の孝行ぶりや信仰は見事であると評価する一方、当世は隆元のように全く正直ばかりでは行かねるとし、政務については万事よく見極めて優先順位を付けて処理する分別が薄いとし、その原因として「是と申も、稽古なき故にて候歟」と指摘し、「ひとへニ〳〵武略計略調略がたの事までにて候」「然間、万事を抛ち、隆元けいこ候ハでハ、無興迄候〳〵、此等の趣、隆元ニ具に御物がたり候て給べく候」（同四一三）と、隆元の輔導を依頼している。元就が、家中統制や領国支配、軍事等に関して隆元の稽古不足を懸念していたことがわかる。

しかし、隆元自筆の書状や覚書からは、人躰として現実の重圧に呻吟しながら毛利氏国家を保持する覚悟を固め、日頃から古典に親しみ、禅僧らと交流を重ね、そうした学問のなかから究むべき根本を会得し、合理的思考を養って自覚を深め、自らの限界を認識して真摯に稽古に励む姿もうかがわれる。

元就の数多の訓誨や内談・助言は、そうした内なる営みと関わり合う形で行われ、その蟄居事件の前も後も、この稽古不足を埋めるものとして機能した。隆元の人柄は何事も真正面から受けとめることを容易にし、それらは隆元の思慮によって確かな経験となり、人間形成のうえに役立ったと思われる。

隆元の稽古とそれに基づく人躰としての総合力の高まりが、元就にとって満足できる程度のものでなかったにせよ、そのたえざる自己変革の営みは見のがしてはならない。

隆元の死

元就が大きな期待をかけた隆元は、永禄六年八月四日に安芸国佐々部で急死した。前夜、和智誠春の佐々部の宅で接待を受けた翌日のことであった。大友氏との和平を調えて防府から出雲国の元就陣へ向かう途中の出来事である。隆元は前年の下向時の十二月二十一日に厳島大明神へ願書を奉納し、元就の身体賢固と寿命延長、もし元就に難があれば隆元が代りに蒙ると祈願している（毛利文書七五九）。元就の難を一身を犠牲にして受けとめることを起請したことが、まさに現実のものとなったのである。和智氏は享禄二年（一五二九）の高橋氏討滅に協力しており、その褒賞として所領を佐々部に与えられていたと思われる。和智氏は備後国中部の領主連合の盟主の地位にあり、誠春の妻は福原広俊娘、隆元の祖母とは姉妹、さらに誠春の嫡子元郷の妻は内藤興盛娘、隆元の正室尾崎局とは姉妹の間柄であった。毛利氏とはきわめて濃い姻戚にあたる。

隆元の急死は、元就にとって痛恨の極みであった。後日のことであるが、元就は、小早川隆景を介して竺雲恵心から数通の隆元自筆書状を受取り（同七六三）、恵心に宛て「隆元書置の儀、御上せ候、日々披見候、言語道断、感涙に堪え候、和尚の儀、是程ニ憑申べしとハ存当たらず候、感存候〳〵」（同七六四）と謝している。

この数通は、さきにあげた天文二十三年三月十二日の自らの無才覚・無器量によって毛利家は元就限りと内心を申尽すとともに国家を保つ自覚と決意を示した一五箇条のもの（同七六一）、「名将の子ニハ必ず不運の者が生れ候と申候事、存知当り候」と述べたもの（同七六二）、それに六月十七日の念仏する時に目前に置く阿弥陀画像の作成を依頼したもの（同七六〇）の三通かと思われる。名将の子云々の自筆書状には「一見已後、則火中〳〵」とあるが、受取った恵心は焼却していなかった。

元就は、隆元が心の師と仰いだ恵心に吐露した胸念を知って感泣し、恵心と内々に相談し、隆元の菩提を弔うため吉田に一寺を建立することとした（同七六五）。

元就は、六七歳になっていたが、再び毛利氏の全てを双肩に負うこととなった。富田城に籠城した尼子氏攻めの最中であり、それは当然の成行きであった。

そうしたなかで人躰としての教育は、新たに孫の輝元に向けられることになる。

第五章　元就と輝元

元就の蟄居と福原貞俊

時期は下るが、大坂の陣直前の慶長十八年（一六一三）十二月に宗瑞（輝元）は、在江戸の毛利秀元・福原広俊に二一箇条の長文の自筆書状（毛利家文書一一五七）を宛て、一九歳の嫡子秀就の行規の緩みを懸念して訓誨を託し、ためらいや用捨のない異見をするよう依頼している。そのなかで自らの少年時代を回顧して次のように述べている。

十一（第四条のうち）にて親にはなれ、十三にて島根陣へ召寄られ、罷出候て、日頼様（元就）御そばに相詰、十九ニ成候まで、御そばはなれず御奉公申て候、終ニ人躰達毛頭仕らず、よくもあしくも日頼様御意うかゝい、ほうそんをおき、親子の間、是こそうへなしの振舞なと、思召され候ハんこと仕らず候、日頼様御折檻は、内々大形ならぬ事ニ候つる、

（第二条のうち）右申候様、我等事　日頼様余御折檻候上ニ、隆景・元春さし（差）合種々異見達申され、はや此分にてハ身上続まじきなど丶、存ほどの事、幾重も候つる、

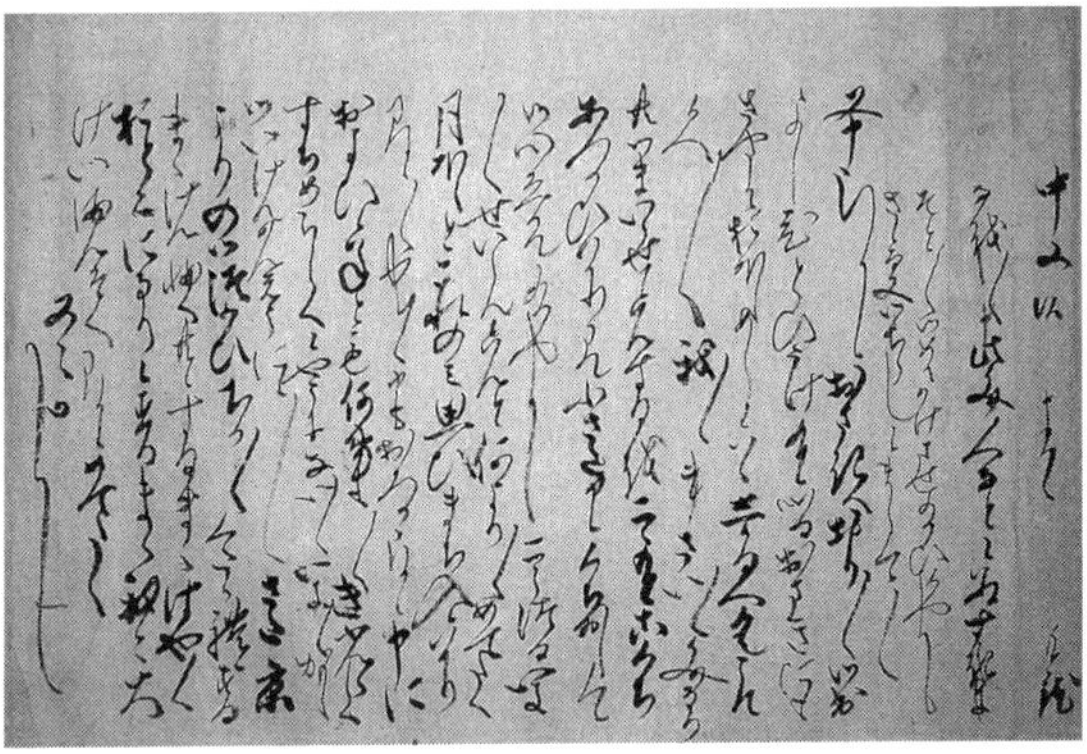

毛利元就自筆書状　永禄８年（毛利博物館蔵 毛利家文書）
元就が側室の中の丸に宛て，島根陣からこうつる（輝元）の成人を喜び，元服について申し送ったもの。

輝元は、永禄八年（一五六五）二月十六日に一三歳で元服し、元就の洗合陣に入ったのは翌三月のことである。それから元就の死没までの七年間、その側に詰めてたえず指示を仰ぎ、そのうえ吉川元春や小早川隆景も加わり、きわめて厳しい人躰教育が行われたことが知られる。

尼子氏が九年十一月に富田城を開城し、翌十年二月には元就、やや遅れて輝元・隆景は吉田に帰還する。この直前の正月十日に輝元は元就の側近桂元忠のもとに起請文（同二四〇）を差出し、その第一条で元就から承った儀は他言しない、第二条ではおとな衆・もり衆・奉行以下の近習らが申す儀は全て大小事ともに元就にうかがうと誓約している。右の輝元が記述した内容と一致する。

吉田へ帰還した元就は、間もなく三月に赤川元保を誅伐する。さきに元就自筆書状によってその理由や経緯等については述べた。なお、その時に弟元久ら近親者も殺害されたが、のちに本家の赤川元秀の弟元之が跡目を相続している。

また、備後国衆で安芸国佐々部の所領内の屋敷で隆元を接待した和智誠春は、厳島に拘禁後の永禄十二年正月に殺害された。跡目は、同十一年二月十六日に元就宛に血判起請文（神文以下は那智瀧宝印を用いる）を差出し、誠春との親子義絶、異心なきことを誓約していた和智元郷であった。元就と元郷を周旋したのは、元郷起請文（同二四二）の冒頭に「我等内証の儀、淵底局存知の儀候の間、中上らるべく候、それにつき、弥心底の儀申上べきの由、局申聞され候の間、恐ながら心底残らず申上候」とあることから、「局」、すなわち和智元郷室であった内藤興盛の娘、毛利隆元夫人尾崎局の妹であったことが知られる。戦国時代の毛利氏領国においては、こうしたむずかしい外交の局面で婚姻関係を活用して調停することがしばしば行われたが、ここにも女性が果たす重要な役割をみてとれる。

元就は高齢で病気がちのなか、輝元の時代を見すえて、内外の不穏な勢力を取除くとともに、新たな領国支配機構を構築する必要に迫られていた。いつまでも政務・軍事を総攬するわけにはいかない状況にあった。

この頃元就が福原貞俊書状を読んで認めた七箇条にわたる長文の自筆の返書（同六四〇）がある。

第一条では、吉川元春と小早川隆景を毛利家の運営に参画させ、何事も談合させる方法を示したところ、貞俊は了承したこと、ところが家中の宿老共が他家になった者をなぜかと嫌っていること、だからといって吉川・小早川両家なしの家中の者共ばかりでは戦争を乗り切ることも不可能と思うが貞俊はどう思うかと問いかける。第二条では、貞俊と元春・隆景が三人同前に運営に参画して操ってこそ力になるのであり、そうでないと喧嘩にすぎないと述べている。

こうしたことから知られることは、元就が元春・隆景を法制的に毛利氏家中の運営上に位置づけ、参画させることをはかっていることである。

このことは、永禄十年に吉田に帰還した元就が蟄居することを表明し、それを輝元に申聞かせたことに関わる。第三条は、その間の事情を語っている。まずその前半部をあげる。

元就進退付て申儀候、其趣は、此間我等よし田へ罷帰候は、大小事世上しらずニてきうそく仕候てあるべく候、此段をば分別候へ、そうべつの儀は、輝元廿にもなり分別候ずる間の事、又元就いきはのかよひ候ハん間の儀は、何事も〳〵輝元同前ニ異見かいしやくをも申べき事にて候、第一隆元ニ届にて候ほどにと存置候へども、我等年至極候と申、結句病気の事候間、心得分候へと申聞せ候、

元就は、輝元が二〇歳にもなり分別がつくまで、また自分の息が通う限りは、何事も異見・介錯を行うこと、それは隆元への届、追善供養と思っていること、しかし自分も高齢で病気ゆえ、蟄居を聞き分けてほしいと、輝元に話したのである。

この元就の意向に輝元は真っ向から反対した。その後半部分には、次のようにある。

毛利輝元画像（毛利博物館蔵）
袴は，一ニ三ツ星の家紋入り。

然処ニ、輝元中事、近比おもひの外なる元就存分候、なさけなく候、すでに隆元事ハ四十までさへ元就によろづまかせられたる事候、只今十五ニこそやう〳〵罷成候事候処、御存知あるまじきとの事ハ、中事なく候、然共それもくるしからず候、輝元毛利ニてあるまじく候、何かたになりとも、もと就御入候ずる所へ罷越候てあるべきまでにて候〳〵、佐東へならばさとう、たちい《(多治比)》へならばたちい、もと就御座候する所ニあるべきまでにて候、あまりニ〳〵なさけなくくちおしき儀ニ候よし、にが〳〵しく中候、

輝元は、父隆元は四〇歳まで元就に万事任せたのに、自分はまだ一五歳だ、それを知らないはずは

なかろうとし、それでも蟄居するなら輝元も退き、元就が郡山城から向う場所、佐東へなら佐東、多治比へなら多治比、どこまでも付いて行って仕えるまでだとし、この話はあまりに情けなく口惜しいと、苦々しく申したというのである。

元就はつづける。

此のごとく候時は、我等心安あなねずミしてい候ハんと申候へば、てる元と我等ぎせつニも罷成、隆元にの届もなく候、さて〳〵仕かねおろしかねたる事候、此年に罷成候ても、進退すてかね候て、気づかい仕候〳〵、

元就は、これでは穴ねずみ、すなわち蟄居しようとすれば輝元と義絶することになるし、隆元への届にもならないし、この年齢になっても進退を捨てかねて気遣いしていると歎息している。そして第四条では、この件を少しでも話すことができる者は他にいないとし、貞俊は正路の人で自分に少しも表裏がないから話すと、その信頼が篤いことを述べている。

第五条では、いまの毛利氏を築きあげた自負からか、次のように述べる。

悴家の事、我等五十年および主人に罷成、此のごとく相かゝハり候、あまさへ（剰）近年国五ケ国十年（マヽ）国及も此分候、諸家の事ハ、大小共たへ申、すたれ申候へ共、ふしぎの事にて、当家今に此分候、

あせかましき申事にて候へ共、此段元就かせとやうか、忰武略にてもあるべく候や、

そして第六条では、家中の緩みをあげ、「我等あなねずミ仕、隆景・元春他家人にて、何事も引のき候てい候ハヽ、家中の躰ハ何と〳〵あるべきと御らん候哉、世上の弓矢には勝候、家中の事ハ大小事此時一大事にてもあるべく候や〳〵」と危機感を顕わにしている。

この自筆書状からは、高齢になった元就が、五〇年にわたって自らの武略で築きあげた大領国が若年の輝元のもとでは滅亡するおそれがあると不安視し、新しい支配機構を構築することに必死であったことがひしひしと伝わってくる。

元春・隆景、毛利氏の運営に参画

この問題は、永禄十年中にはまとまった。

十二月二十九日に福原貞俊は元就側近の平佐就之に宛て、元就書状への返書（福原家文書）を認めている。三箇条の一は、家中を元春・隆景・貞俊で操れとの仰せは承知したこと、ただ、面談の際に何度も申したように、扱うべき儀を指示してもらえたら聊も油断しない、二は以後万事について元春・隆景・貞俊の後盾になってもらいたい、三は元就と輝元が諸事について談合することが重要であると述べている。

既に九月四日に輝元は吉川元春に起請文（吉川家文書一九三）を差出し、「三家の儀、申合候ハて叶わざる儀候」とし、隆元代のごとく「無二の御馳走」を頼み、相互の仲について虚説がある時は直に「内談」すること、重要な題目は何事も「直談」して決定することを誓約している。この使者は竺雲

恵心がつとめている。

こうして毛利・吉川・小早川三家の間において、毛利氏家中を運営するための盟約が成立した。翌十一年六月七日に輝元は自筆書状（同一一八二）を吉川元春に宛て、伊予国から帰陣したばかりなのにまた九州へ渡海する打ち続く辛労を謝し、生得の無器用・無才覚で生れつきの無器用は稽古してもなおらないものとしたあと、毛利家を相続することになったので「かなわぬまでも涯分御両人御指南おもって、其気遣仕るべく候」と、元春・隆景両人の指南を乞うている。

これをうけて六月九日に元春は長文の自筆書状（毛利家文書七九二）を輝元に返し、隆元から特別に目を懸けられたことは忘却していないこと、輝元へ奉公して隆元の恩に報いたいこと、何事も輝元から密々に仰下され、元春から密々に申上げる相互関係にしたいことなどを述べている。ところで、こうした新しい支配機構を構築する提言に対し、家中の宿老共が嫌ったことは指摘したが、その宿老とは誰のことか、またそれはどう落着したのであろうか。

この時期の判物をみると、輝元が出雲国の元就本営に入るまでは、元就・元春・隆景連署か、元就単独で発給されている。たとえば、三人連署は永禄七年六月十四日の児玉肥前守に持船の諸関勘過役を出雲国出陣中は免許するとした下知状（閥閲録一四四）、単独は同年八月二十八日の吉田興禅寺住持策雲玄龍の跡目を元楊首座に安堵した一行（なお、文中に「幸鶴に対し申聞すべく候」とある〈長府毛利家文書〉）などである。

輝元が本営に入ってからの最大事は、尼子氏との和談であった。尼子氏からの起請文の提出をうけ、永禄九年十一月二十一日に元就・隆景・元春・輝元連署、また同二十六日には福原貞俊・口羽通良・桂元重連署の血判起請文（どちらも那智瀧宝印を翻して書かれている。『島根県史七』〈一九二八年〉に写真図版が掲載されている）が、それぞれ尼子義久・秀久・倫久に宛てられた（閥閲録二九）。こうして起請文の交換がすみ、約束通り尼子義久らは同二十八日に富田城を退去して安芸国長田の内藤元泰領内の収容先に向った。

この起請文に毛利氏家中を代表して署判した福原貞俊・口羽通良・桂元重の三名は、宿老のなかでも高い地位にあったことがわかる。

新しい支配機構の構築にあたって、元就は筆頭の福原貞俊を頼みとしたが、口羽通良は、かつて隆元から福原貞俊・桂元澄・赤川元保らとともに酷評された人物であった。桂元重は、桂元澄（永禄十二年〈一五六九〉七月五日に七五歳で死没）の孫にあたる（同一二）。

さきに元就が死没した直後の元亀二年（一五七一）六月二十六日の温泉銀山公領・防長両国段銭に関わる領国法については述べたが、それは元就の遺言を遵守する形で隆景・貞俊・通良・元春の四人が連署したものであった。この「御四人」と称される毛利氏の最高意思決定機関は、当初元就が予定した三人に口羽通良が加わってできている。

こうしたことを考えると、毛利氏家中の運営に他家の吉川元春・小早川隆景を参画させる元就の提案を嫌った宿老共のなかで最も強硬であった人物は、口羽通良の可能性が高い。

四人の年齢を永禄十年の時点でみると、吉川元春は享禄三年（一五三〇）生れの三八歳、小早川隆景は天文二年（一五三三）生れの三五歳、福原貞俊は系譜書によれば文禄二年（一五九三）に八二歳で死没しているので、永正九年（一五一二）生れの五六歳であった。そして口羽通良は、弘治四年（一五五八）四月の石見国阿須那の天神宮宝殿建立の棟札に願主として「壬申歳刑部大輔通良」とあり、「壬申歳」、すなわち永正九年生れと知られるので、福原貞俊と同年の五六歳となる。

隆元が「刑太事ハ、家中において悉親子親るいにて候、福事小舅にて候、志道事おいなりむこなり」（毛利家文書七〇三）としたように、志道氏出身の通良の室は福原広俊の娘、貞俊とは義兄弟にあたる。また隆元が酷評する理由には、性格が気嵩で威勢がよく、隆元を押し込む行動があった。

高橋口羽氏を襲い、旧高橋氏領の石見国側・備後国側を領有し、高橋氏と周辺領主層との関係を継承した通良にとって、自らを除外した三人制に反対する条件は十分であった。しかも、管轄地域からいうと、貞俊は主に防長両国に関わっていて通良との関係はうすいが、元春と隆景は、それぞれおよそ山陰道側、山陽道・瀬戸内海側であり、どちらも通良と重なる部分がある。通良がはずされると、権力中枢において管轄地域の領主層（方角衆という。さきにあげた湯浅氏の愁訴は一つの事例である）の権益について代弁できないことになり、その真価を問われる不利な事態となる。

通良については、かつて隆元が、その資質・態度の悪さとともに、一方に贔屓して評定を曲げるなど政務を公正に担えるかどうか疑念を示したことがあった（同六八一）。しかし、家中の宿老共のなかでは貞俊に次ぐ存在であった。元就はむずかしい選択を迫られたと思われる。その結果、枢要に取り込んで自覚をもって働かせるのが得策と判断し、登用に踏み切ったものであろう。ただ同時に元就は、異なり対立する見解を突き合せ、闘わせることによってこそ、精緻な議論が可能になり、調整されかつ合理的な結論が生まれることについて、よく理解していた。

口羽通良を加え、「御四人」制へ

その時期は、永禄十一年のことであった。同年に元就は大友氏とは和談か戦争かという事案を諮問するが、その談合衆に元春・隆景・貞俊とともに通良がみられる（同七四二）。また、同年に元就は隆景に宛て、海から離れ、舟が活用できない遠国遠路の美作国は所務しがたいとの隆景の提起に助言し、次の箇条で「此段御儀定においては、元春所へ仰遣さるべく候〳〵、福原・刑太所へも仰遣さるべく候〳〵」と返書している（同五七九）。

こうして四人による談合や緊密な連絡が行われ、少しずつ組織的に動き出した。

四人が連署した文書は、永禄十三年（元亀元年）三月十六日に宇山善五郎に宛て、尼子勝久軍に攻められた富田城に籠城した褒賞として約束した一〇〇〇貫文地について、明所がないので六〇〇貫文余を吉田において調えるとしたもの（閥閲録八八）など、元就存命中にみられる。ただ、こうした四人の行動は、あくまで元就の諮問や指示によるものであった。

しかし、さきにあげた元就死没直後の元亀二年六月二十六日に布令された温泉銀山公領と防長両国段銭に関わる領国法は、それまでとは異なる。

元就の遺言を遵守するとして四人が決めたこれらの事案は、布令しても布令者自らが例外をつくらないことが重要であること、そうしてこそ実際の法度として機能するとし、それゆえ輝元はそのことを分別し、それに同意する返事、言い換えると四人の決定に従うとの返事をもらいたいとするものである。

ここには、輝元と四人の法的制度的関係の基本が明確にあらわれている。輝元は四人の決定に規制されること、四人は毛利氏の最高意思決定機関であるということである。まさに元就の死没を機として即座に新しい法的機構的な動きが始まった。元就の遺言とあるが、こうしたタイミングも含めて、元就の病床に近仕した隆景が聞き取ったものであろうかと思われる。輝元はこの時一九歳であり、むしろ当然のことと受けとったことであろう。領国の拡大にともない、歴史的特質が異なる地域をかかえたことを前提にして、それぞれの方角衆の声を四人に代弁させながら、元就が領国の法的支配の充実をいかに総合的に行おうとめざしていたかがうかがわれる。

こうした「御四人」制は、のちの織田信長方との戦争時まで運営中枢として有効に機能した。元就は、五〇年もの間、毛利家の主人となって五箇国も一〇箇国も支配することになったが、それは自らの武略によるものであると厚かましくもと言いながら自負した。隆元・輝元両代を通して家中支配、領国の政治・軍事・外交等を総攬し、死を予期しては死後の支配体制を創出し、遺言では政策を法治で行うこと、当然人躰もそれに規制されること等々を具体的に示した。

在地領主制下の血縁・地縁等による縛りの強さのなかで粘り強く変革に立ち向い、統治者として実績をあげた元就であったからこそ、蟄居しようとした際、隆元も、輝元も、それを阻止しようと、恥かしさをも覚えるような言動をも振り回して抵抗したのである。こうした阻止行動そのものが、まさに元就が傑出した人物であることを語っている。

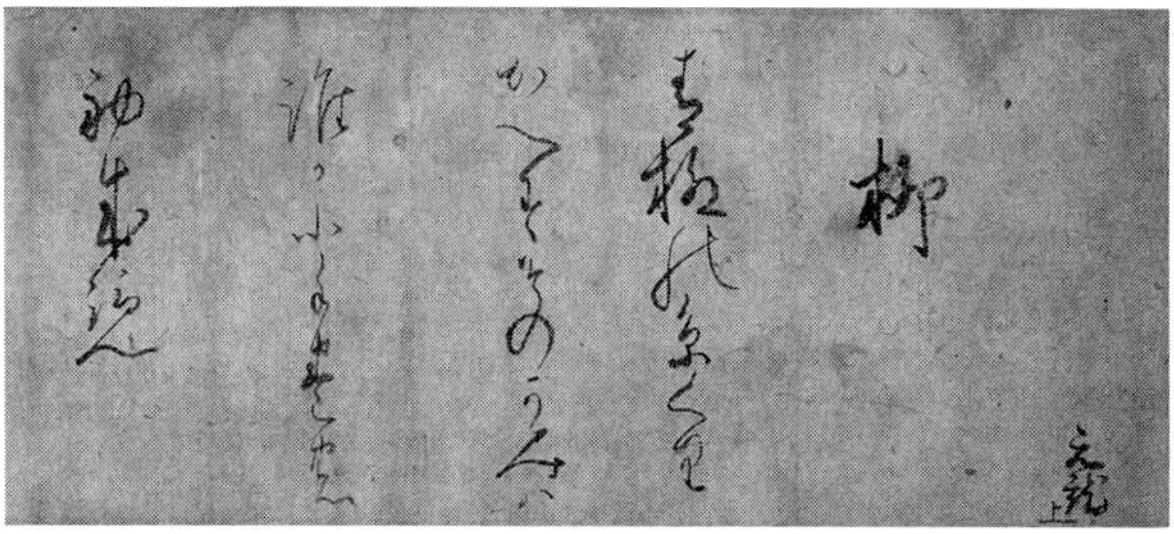

毛利元就青柳詠草（毛利博物館蔵）

大内氏討滅後のことであるが、隆元自筆覚書（毛利家文書六四六）には、「偏ニ元就累年武功ニヨツテノ儀候」「剰元就数年の百慮の案を尽し、武功自国他国ニ其隠なきの家名にて候」とし、こうした毛利家を長男とはいえ無才覚・無器量ゆえ相続できないと記している。元就の凄さはその思慮深さにあるという意識が、隆元のなかには心底広がっていたのであろう。

元就の人物像を具体的に復元してきたいま、そのことは容易に了解できる。人間の思考の程度は、何事を行うにせよ、正確な情報の集約、その現状解析、判断、そして対応にあらわれるが、隆元としてはそこに元就との間の埋めがたい大きな差を実感していたのである。

元就が死没し、隆元夫人尾崎局は消息（同一三二六）を吉川元春に宛て、「てるもとの御事、ひとへに〳〵それさまと、たか景さまとたのミ申候、おやに御なり候て、御ちからにも御なり候てくだされ候べく候、うちたのミ申候〳〵」と依託している。こうした母親の思いやりはありながら、高齢と病気の元就にどうにかして縋りつこうとした輝元にとっては、この現実はやはり厳しいものであったと思われる。

また、小早川隆景は八月五日に輝元に宛て起請文（同三二六）を提出している。

元亀二年六月十四日の元就の死に際して、大内氏旧臣から元就直臣に取立てられていた大庭賢兼は、翌日に剃髪して宗分と称し、その死去・葬儀・法要を情深く詠じ、同年十一月十三日に歌集の形で残している（『宗分歌集』〈山口県立山口図書館蔵〉）。なお、元就は賢兼の古典文学に関する学識や歌才を当初から高く評価しており、両者間において和歌の贈答はしばしば行われていた。

元就は、文芸への造詣が深く、歌人でもあった。元亀三年には、聖護院道澄・里村紹巴・三条西実澄らによって、『春霞集』という元就歌集が編集されている。また、元就自筆・自詠のものとしては、「青柳の糸くりかへすそのかみハ誰か小手巻の初成覧」（青柳詠草）がある（いずれも毛利博物館蔵）。

以上二章にわたって述べてきた元就と隆元・輝元の関係に基づいて、本書の叙述は、隆元への家督譲与後の時期についても、元就の時代史として一貫して行った。

終章　元就が遺したもの

元就は、家中や領国の病理・病根を直視し、思案をたやさず、対処すべきことにはすぐさま対処した。それは、法的機構的にも、また支配思想や意識のもち方の面においても、同様であった。

家中の驕奢と曲直瀬道三の建言

統治者として領国の拡大とその安定につとめながら、そのなかでたえず懸念したことは、領国統治上その支配機構ともなる家中の者たちの驕奢《きょうしゃ》の問題であった。

大内氏討滅後に元就は自筆書状（毛利家文書四一八）を隆元に宛て、そのなかで家中の様相について次のように述べている。

仁不肖共ニ大分限ニなりつれ、又大分限になりたがり候て、はたと諸人の心底も替り候、沙汰に及ばず候〳〵、大篇の弓矢に勝候間、主人に位こそつよくなり行べき事にて候の処、結句将の位はうすく、下〱諸卒の奢恣の存分ニ内儀なりたる躰候哉、左候て、上つらハかりの慇懃、面むきハかりのなり計と見え候、其実すくなくなり行候ハんやと見えたる計候〱、

また、隆元は、福屋隆兼討滅直後の永禄五年二月十五日に石見国小石見の陣所で自筆書状（同七三三）を元就に宛て、「此のごとく世上弓矢ハ近比見事迄候、家来の諸事の趣ニおいてハ、日ニまし夜ニまし悪事のミ出来候」と歎息し、「防長取候より、此のごとく人の心持なり行候」と、領国拡大にともなう褒賞がそのような変化を生じさせたとしている。戦争が常態化し、国家総動員で他国へ侵攻して勝利した結果、家臣たちは分限が増え、さらに分限増の愁訴も行い、奢侈に走った。

この事例のほかにもいろいろな機会に危機感を顕わにしているが、問題の核心は、一つには元就が言うように、こうした事態を放置すると主従関係の内実が崩れ去るおそれがあったことである。逆に厳しく対処すると戦事体制に支障が生じることになる。このような内外の憂患は、権力そのものの存立をおびやかすものであり、元就は苦慮した。

家中の驕奢は、尼子氏を富田城に追い詰め、籠城させた包囲戦中においても、目に余るものであったようである。

尼子氏降伏後の永禄十年二月九日に曲直瀬道三は元就らに九箇条の意見書（同八六四）を言上している。これは、元就の病気治療のため先年来京都より洗合に下向していた道三が、回復した元就から出雲国内見聞の褒貶《ほうへん》を腹蔵なく注進するよう求められ、和漢の古典を引用し、為政者としての治国の

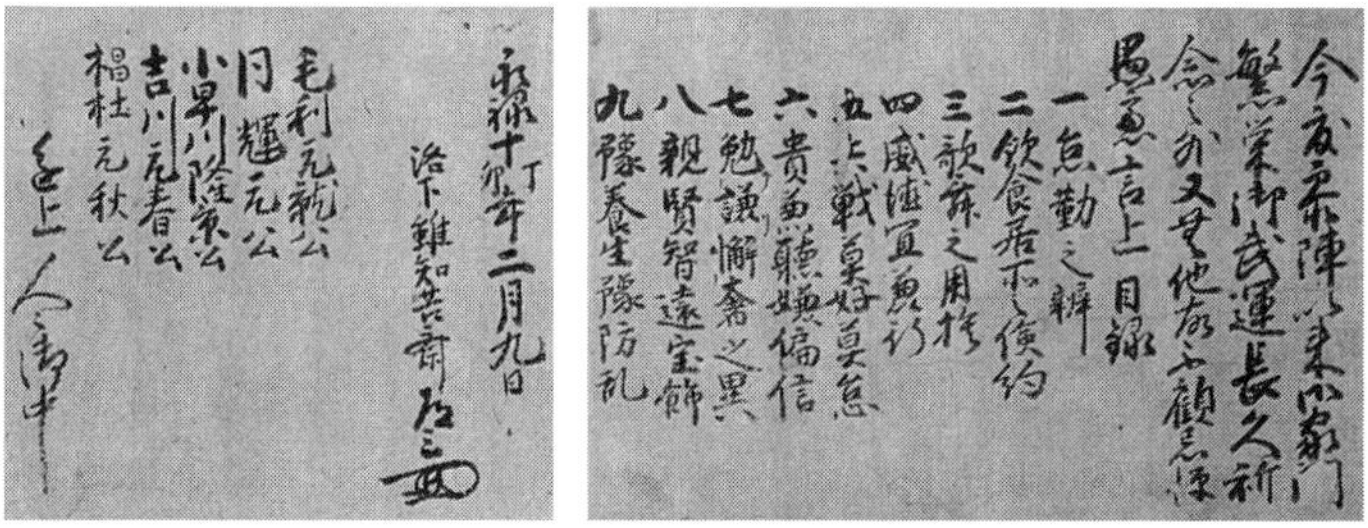
今度参陣以来御家門繁栄御武運長久祈念之外更無他存不顧忌憚愚意言上　目録
一　怠勤之弁
二　飲食居不便約
三　歌舞之用捨
四　威徳宜兼行
五　兵戦莫好莫怠
六　貴無聴無偏信
七　勉謙懈奢之異
八　親賢智遠窒餝
九　豫養生豫防乱
永禄十丁卯年二月九日
洛下雑知苦斎　道三（花押）
毛利元就公
同　輝元公
小早川隆景公
吉川元春公
椙杜元秋公
進上　人々御中

曲直瀬道三意見書 巻首と巻末　永禄10年２月９日（毛利博物館蔵 毛利家文書）

政道について心得を九箇条にまとめ、元就、輝元、小早川隆景、吉川元春、椙杜元秋（元就五男。富田城将）に宛てたものである。原文は漢文体であるので、口語訳を行い、適宜註記も加えて紹介する。

今度の参陣以来、毛利氏の家門繁栄と武運長久を祈念するほか、他意はないので、忌憚《きたん》を顧みず、自分の考えを言上する。

一怠勤の弁

毛利氏は連年の武略の勤に怠慢がなかったので、中国を悉く従えた。殊に此度の富田城攻略は、天道の感応、冥慮の加護によることは疑いない。泰平の世となったいま、武略の深慮、政道の明察にいよいよ勤めることが専要である。

養生の書に曰く、病気は快方に向かった時に油断して重くなり、乱は治まっていることに安んじて油断するところから起こる。

大鑑禅師[註]曰く、怠惰は衆生の病であり、勤しむことは衆生の薬である。

註、大鑑禅師は清拙正澄（一二七四〜一三三九）。嘉暦元年（一三二六）に来日し、南禅寺の住持。

二飲食・居所の倹約

歳暮・年頭にあたって祝詞を述べようと諸陣へ行ったところ、新たに氈席を営み、厳しく屏障を飾り、ならびに珍肴の豊足、祝酒の酩酊がみられた。遠隔地へ出陣し、人馬が苦しむ長陣においては、よくないのではないか。

堯帝でさえも、垂木は美しく加工せず、屋根の茅は切りそろえず、舟や車は飾り立てず、衣服には飾りがなかった。

論語に曰く、君子は、飽食することを求めず、安楽な家に住むことを求めない。

三歌舞の用捨

連歌は遊客・桑門の家業であり、乱舞は同朋・猿楽の勤むる芸である。しかしながら、武略の遠慮、政道慇懃の休息には一時の催興は行ってもかまわないだろう。これを諸将の武芸のように覚悟することはよくない。

論語に曰く、異端を研究するのは、ただ害があるだけだ。

四威徳を兼ね行うべし

毛利氏の武威が天下無双であることはその隠れないところである。だから山陰・山陽は皆従った。しかしながら、下民御憐愍の文徳は未だ承るに及んでいない。

説苑に曰く、文があって武がないときは、下々の者を従わせられない、武があって文がないときは、民は畏れて親しまない、文武がともにあれば、威厳も徳教もできあがる。

近年の名将はこの理を知らないため、武威をもって一旦国を取り民を得ても、文徳が足らないので、持世の長久は殷の湯王や周の武王註のようには保つことができない。

註、湯王や武王はともにその君を討って天下を得たが、よく人の諫めを聞き入れたので、その国が栄えたという故事。

論語に曰く、徳ある者は孤立しない、必ず親しい仲間ができる。

五兵戦好むなかれ忘るなかれ

剛強をもって敵に勝ち、武勇をもって国を奪うの勤は、他に異るのみ。しかしながら、漢書に曰く、兵は凶器であり、戦は危険な事である。

史記に曰く、国が大きくても、戦を好むと必ず滅亡し、天下が平穏でも、戦のことを忘れると必ず危うくなる。

六兼聴を貴び、偏信を嫌う

諸訴においては一方の所説のみを信じてはいけない。普く兼聴すれば、すなわち政法は必ず明かとなる。

新論に曰く、君主が聡明で国が治るのは、広く人の意見を聴くからである。君主が暗愚で国が乱れるのは、偏った人の意見だけを信ずるからである。

臣範に曰く、君主を助け人々を慈しむ者は、最高の忠をもつ深遠な謀である。下の者を傷つけ上の人にへつらう者は、人臣としての浅はかな考えである。

七勉謙と懈奢の差異

貧賤なる者も道を学び、業を勤むれば、すなわち必ず富貴となる。富貴なる者も情を恣にし、行を怠れば、すなわち必ず貧賤となる。

韓氏(詩)外伝に曰く、昔を鏡とすれば、歴史をみて世の中の興亡を知ることができる。人を鏡とすれば、それを手本として善悪を知ることができる。

近年都鄙において自分がひそかに窺うところによれば、勤むる者はそれぞれ出身し、懈怠なる者は悉く没溺している。また慎謙なる者は遠近ともにこれをうやまい、慢奢なる者は貴賤ともにこれを憎んでいる。

八賢智に親しみ、宝飾を遠ざく

賢人を仰ぎ、智人に親しみ、勇士を賞し、下民を憐むべきであるが、いまはそうなっていない。讒を信じ、佞を貴び、遊興・伎巧を専らにし、珍翫・珠玉を事としている。そのため苛政が行われて財を貯えている。

貞観政要に曰く、珍奇なもて遊び物や巧みな細工物は、国を滅ぼす斧であり、珠玉や美しい錦の織物は、心を迷わす猛毒である。

欲を恣にし、遊を事とすれば、すなわち必ず民は貧しくなり国は費る。宝を貴び飾を専らにすれば、すなわち必ず政を怠って国は敗れる。

九養生と乱の予防

平生に飲食を節制し、淫事を慎めば、すなわち病は生じない。安世に政道を正し、武略を専らにすれば、すなわち乱はおこらない。

序例に曰く、賢人はできあがった形をみてものごとを理解し、愚者は病気を目の前にしてもそれがわからない。

中庸に曰く、君子は中庸には一定の実態がなく、それを決定するのは自分であることを知っているので、そのため目に見えないものにも自戒謹慎し、耳に聞えないものにも戦々恐々とする。

この九箇条は、自分が出雲国で見聞した褒貶を心底のこさず注進するようにと承ったので、斟酌浅らずといえども、禿筆を染めて録した。

永禄十丁卯年二月九日

洛下雖知苦齋道三（花押）

毛利元就公
同　輝元公
小早川隆景公
吉川元春公
椙杜元秋公
進上　人々御中

尼子氏の富田開城は永禄九年十一月のことであった。この建言は、富田城攻めの最終段階から出雲国内の視察を行っていた道三の卒直な思いである。

道三が目撃した毛利氏陣中の驕奢の風は、余りにもひどかったと考えられる。侵攻権力が合戦に勝利したあと、在地諸勢力を懐柔し、また抱え込み、統治を長続きさせるためには、為政者として家中の放恣を戒め、断ち切り、全体として服務の引き締めをはからなければならなかった。

その意味からして第四条はとりわけ重要である。ここには、為政者としての原点というか、統治の根本が指摘してある。「下民御憐愍の文徳」が欠如している、それでは湯王や武王のようにはなれないと断じている。

戦国時代の戦争は、前線となった郷村の争奪戦であった。「下民」という用語に時代性はみられるものの、打ち続く戦争が在地領主制下の郷村の地下人たちに何をもたらしたか、そうした視点から現実の様相を確認したうえでのことである。これを勝者の横暴による政道の乱れを記した第一〜三条の次の第四条に置いたことについて思慮するならば、戦陣でそれほど驕奢な行動がとれるのなら、それをいささかでも慎むことによって、「下民御憐愍の文徳」があるならば何がしか具体的に活かされるのではないかという、道三の心のうちがうかがわれるように思われる。

道三は元就らに宛て、戦争が終った現実をどうとらえたか、また何を考えているか、そして戦後には何が大切か、率直に述べた。これはいわゆる三子教訓状や「張良か一巻の書」にみられる権力中枢の結束を説諭したものとは異なり、いわば毛利氏領国の統治のための指針であり、施政方針としての意義を負うものである。

第八条にもみられるが、下民を憐むべき心持を欠くと苛政が行われ、民は貧しくなり国が滅ぶとする。このことは、いつの時代の為政者も決して忘れてはならない、そして具体的にたえず追い求め、かつ達成しなければならない責任を負わされた普遍的な課題である。為政者は、そうした責任を果たし、社会を安定させてこそその存在意義がある。

道三は、元就の治療を行って回復させ、また地域社会を現実におおう病理を直視して治国の道を説き、下向した役割を果たした。道三としては、戦時下の現実とはいえ、侵攻した勝者が郷村の地下人らをどこまで苛酷な状態に陥れうるか見聞し、それへの違和感から元就らに厳しい警告を発せざるをえなかった。また元就は、日常的に道三との対話を通して、その学識、あるいは京畿における諸情報等、学び知るところが多かったのではないかと思われる。

主従関係の双務性は、政治権力の内部の問題である。しかし、社会構成のうえから考えると、その政治権力の目線は、当然被支配者層、とりわけ郷村の生産者層にあてられた。そうした社会関係からすれば、支配機構を担う家中に蔓延する驕奢の風や服務規律の弛緩等は、領国統治の安定をはかるにあたっての緊急事であり、先送りできるような問題ではなかった。

元就としては、何よりも「人の心持」の有様を重視し、大内氏討滅後から昂じた家中の驕奢の風を歎息していただけに、道三意見書を真摯に受けとめたものと考えられる。

隆元が、ある事案を口羽通良と赤川元保に専ら取扱わせたところ、通良は、「偏ニ桂一篇のひいきにて候」という扱いさまで、また隆元と内談もしなかったため、「近比わるき心持と存候」と酷評したこと（同六八二）は、さきに述べた。それは、桂・口羽・赤川三氏の盟約関係がまねいた結果であったが、そうした贔屓によって評定が曲げられる状況を除かないと、政治権力の公正性や公平性を保つことはむずかしく、それによって家臣間の矛盾も拡大することになる。支配機構中枢の奉行人組織等の服務規律の弛緩の背景には、個人個人の資質や態度の悪さはもちろんであるが、こうした在地領主制下に著しい血縁・地縁・盟約という人間関係を重視して身近な利得に動く有様が横たわっていたからである。

隆元が元就のあとを輝元に相続させたらよいと言い張った自筆覚書（同六四六）には、家中に人なく、諸人無道比興の振舞にて、家や主人を思う心は一切無いと記し、つづいて「万事身のよく（欲）専の事」「諸事ニ付て、ひいきへん（贔屓偏頗）はのミの事」と歎息しているが、それはまさにこうした状態を的確に表している。

支配機構中枢の服務に関する元就代のものとして、次のような覚書（同六一六）がある。

覚

一各油断なく、諸公事等取操べき事、

一何方よりの使者飛脚到来の時、はねあい候ハて、見かけ次第、取次披露仕るべき事、

一各そろい候ハず候共、一人しても承、披露申すべき事、
一是ハなにがしどの丶御取次などとて、使者飛脚またせまじき事、
一各半の事、
一若輩なり共、存知あたりたる儀は口才申すべく候、過候後ニ、我等ハ加様存知たるなど丶申候てハ、曲事たるべきの事、
一家人愁訴の事、上の御きげんは丶からず候共、披露申すべく候、御扶助の段は、上の御しらべたるべく候、
一方々番くばりの事、諸人うらミなき様ニ、まわりこニ申付べき事、

第一条は各人が油断なく政務にあたるべしとの自覚と責任についてであるが、以下は実態に応じてきわめて具体的である。

第二条の使者・飛脚到来時には譲り合わず見かけ次第に取次・披露すべしにつづいて、第三条に全員揃わなくても一人でも承って披露するとか、第四条にはこれは誰々の担当であるとか言って待たせてはいけないとか、取次機能の重要性を認識し、それを共同かつ迅速に行うべく細かく規定している。

第五条で各人の関係を記しながら、第六条では若輩であっても遠慮なく存知あたりのことは意見を申述べること、事後に「自分はこのように思っていた」などというのは曲事であるとし、その立場に責任をもつことを説き、第七条は、家臣からの愁訴は元就の機嫌の如何にかかわらず披露すべきこと、

扶助するかどうかは元就の調査次第であるとする。

何事であっても、正確な情報として迅速に元就のもとに披露すべきことが定められている。

こうした数々の経験から積み重ねられた規定をまとめた形の掟（同四〇四）が、元就死没の翌元亀三年十二月一日に布令された。

　年寄衆奉行の者に申聞す条々の事

一在城の事、

一親子同名縁類をいわず、贔屓偏頗すべからざるの事、

一自国他国より、使者飛脚到来の時は、其取次〳〵、何たる去りがたき私の用候共、其使飛脚召つれ罷出、返事相調、差返すべく候、但又各相談の上をもって、相澄儀においては、評定衆相揃べき間、使者飛脚、其取次の者、懇に会釈すべきの事、

付、番手の時は、何たる自用の儀候者、聢と祗候仕るべきの事、若相煩儀候は、検使申請、養生の趣を見せるべき事、

付、談合の時は、番手ハ勿論、非番の者も悉罷出、祗候すべき事、

一申出す儀、はねあわず、身に引懸、執操るべきの事、

付、一命を惜まず、人のにくみを受て、公儀ために然るべき様、裁判仕るべきの事、

一諸公事并諸愁訴等の儀、其取次に別人相副、聞候て、其上をもって各談合申すべき事、

付、奉行の外、つきもなき衆申儀候共、聞入間敷事、
一法度に漏、緩怠の者、許容すべからざる事、
付、贔屓の者、同罪の事、
一喧嘩仕出すの輩においては、上下共に、相手向に申付べきの事、
一召仕者の次第、上中下共に、相定の前、猥の族においては、各として申聞すべき事、
付、若承引なくば、披露を遂げ、一途申付べき事、
一方々江差遣使、相定申聞すの日限延引致すにおいては、給地召放すべき事、
一与力一所の者、公儀に随うべき事、
付、与力一所の者給地明所の儀、寄親手裁判、曲事たるべきの事、
一又小者下知、其主々堅申付べく候、其上をもって猥候は、成敗を加うべき事、
右条々の旨、旁として御心得成され、年寄幷奉行の者に堅仰聞され、合点の趣書載られ、これを承り、其心を得べき者也、

十二月朔日

元亀三年壬申

隆景

（福原貞俊）
左近允殿

（口羽通良）
下野守殿

元春

右御条数の段、四人において承知致し、尤に存候、御年寄衆并奉行衆江堅これを申渡、其旨を存ずの通、左に載られ訖、

十二月二日

左近允　貞俊（花押）
下野守　通良（花押）
駿河守　元春（花押）
左衛門佐　隆景（花押）

赤川十郎左衛門尉殿（就秀）
平佐藤右衛門尉殿（就之）
児玉周防守殿（就方）
国司飛騨守殿（有相）
粟屋縫殿允殿（元宗）

この条数一一箇条は、もちろん輝元が布令主体であり、「御四人」が遵行した。つづいて翌十二月三日には、この宛書にある赤川就秀ら五名のほかに桂就宣・国司元相・児玉元良・粟屋就秀・同元

種・同元信・同元真の七名が加わり、一二名連署で奉命している。したがって、この一二名が年寄衆・奉行衆にあたる。

この条数とは別に十二月十三日には、輝元は兼重元続ら二一名に「各々申聞する条々」八箇条を布令し、各人は署判して奉命している。

この八箇条は、条数一一箇条と同じ内容もあるが、第一条の「在城の事」や第四・五・八条に相当する箇条はなく、逆に条数にはない「客来の時、罷上り、召仕らるべき事」という箇条が加えられている。

このことから考えると、親子同名縁類をいわず贔屓偏頗をしないことなどは共通するが、年寄衆・奉行衆がつねに在城し、身命を惜まず公儀のために勤仕し、公事や愁訴は複数でよく聞きかつ談合し、また紊乱《びんらん》者の処分も披露を遂げたうえで行うなどの中枢機能を負わされているのに対し、この二一名の者は、当番も使者も急ぎの供も役目はあるが、客来の時に登城して勤仕するところにその特徴がみられる。

年寄衆・奉行衆、そしてまた二一名の者のなかには、かつて元就が育成・登用した直臣たちも多くみられる。彼らは元就の死没後に輝元のもとに譜代家臣と統合されたが、元就が拡大した領国各方面に張りめぐらせた人間関係の輪の担い手として機能させる必要もあった。

元就の死没後、既に約一年半になる。尼子勝久が出雲国新山城から隠岐島へ遁れたのが元亀二年八月であること、その後も隆景らは讃岐国や備前国へ転戦し、宇喜多直家と和睦したのが同三年の秋であったことなどを考慮すると、緊迫した軍事情勢が条数布令の日延べ理由と思われる。

政治的・軍事的に情勢がひとまず落着いたこの時期に輝元は、「御四人」の輔佐のもとに、元就代からの諸規定をまとめた形の掟を作成し、権力中枢における管理運営の公儀性の質を高めるべく、罰則規定も合せて布令したのである。

時代は下るが、江戸時代の万治三年（一六六〇）九月十四日に萩藩主毛利綱広が布令した、いわゆる万治の制法（「当家制法条々」〈山口県史 史料編近世2〉）には、元就の制法に拠ったところがいくつかみられる。

第一条は「天下諸事の御制法」を守るべしとするが、第二条に「義理を専として公儀をうやまひ法度を守り、（中略）元就公の制詞たり」とあり、第四条では「当奉行をさしおき、強縁をもって申理り、承引有間敷との禁法ハ元就公の掟たり」と訴人はもちろん取次の者をも戒め、また第五条では、これまで訴訟が恣に行われてきたが停止するとし、「此法元就公制法の時、元春・隆景・貞俊・通良是をうけたまハって相禁ずる所の例をもって」戒めるとしている。さらに第九条では諸役の者が守るべきこととして「親子同名縁類をいわず、贔屓偏頗なく、常に無欲廉直を専として万事取行べし、且又相役に対し遺恨ありといえども、公用においてハ互ニ隔心を挟まず、申出ス旨身に引懸、一命を惜まず、人のにくミをうけ、当家のためよろしきやうに裁判すべし、是又元就公の厳法たり」とある。

ここには、さきの条数の第二・四条が引用されている。

当家制法は、天下のもとでの萩藩の家中秩序に関わる基本法である。綱広は、戦国時代の気風の残淬もなおある現実を直視し、かつて元就が見すえた在地領主制下の家中の有様とほぼ同様の認識をもって対処し、あわせて婚姻が家臣間の盟約の形成と展開の基盤になっていたことも踏まえて、その統制について具体的に規定した（第二四条）。政治権力にとって支配機構を担う者たちの公正なる服務は時代を問わず大きな課題であるが、それを実態的に行うためには構成員のたえざる意識改革の営みを促すことが欠かせなかった。

公的誓約と那智瀧宝印

いわゆる三子教訓状に厳島信仰の大切さが述べてあること、また永禄一二年十月五日の棚守房顕願書に元就ら一族、備芸石国衆の息災延命と武運長久、九州出陣中の諸軍勢の帰還を祈願し、それが果たされたら社殿を建替えるべしと記されていること、その直後に起こった大内輝弘の山口侵攻にあたって元就が迅速に将兵を帰還させ、大内輝弘を討って危機を脱したこと、そして願書通りに早速社殿の造営に取りかかったことは、さきに指摘した。厳島大明神の神慮にすがって誓約した重みがうかがわれる一件である。

こうした仏神への尊崇の念は、時勢に応じて有形・無形いろいろな形であらわれる。将兵への対応としては、永禄九年に尼子義久が富田城を開城した直後のことであるが、元就が吉田郡山の満願寺に宛てた次の願文からもうかがわれる。

願文

毎日護摩供之事

為天下大平国家安全
毎日光明真言法之事
於戦場親疎死亡為追福、右当家不怠、可令修行候也、
永禄九年十一月日　　大願主敬白

この元就願文（原文のまま）は、満願寺に天下大平・国家安全のために毎日の護摩供とともに、親疎を問わず戦没者の追善のため毎日の光明真言法を修行せしめたものである（満願寺什書。毛利氏四代実録考証論断）。なお、この考証論断の按には、以後も歴代の住持がこの願文を直に渡す作法で受け継ぎ、勤行を怠らずいまに続けてきたと記されている。

経費の多寡を気にすることなく、厳島大明神に将兵の無事帰還を祈願し、それを無事に果たすことに主眼をおき、また戦没者将兵の菩提を弔うことを満願寺の毎日の行事とし、後代の寺主にも遵守させるよう定めたことには、人命の価値に対する元就の意識の一端を見てとれる。

三子教訓状の厳島信仰の条の前条には、元就が一一歳の時に井上光兼（元兼父）の所に客僧が一人来て念仏の大事を授かるというので大方殿（父弘元の側室）に連れられて出向き、伝授されたこと、以来毎朝祈っていること、これは朝日を拝み念仏一〇篇ずつ唱えれば、後生はもちろん今生の祈禱となると授かったので、今生の願いも朝日へ申していること、そうしたことが一身の守にもなるかと思うと、三人にもすすめている。

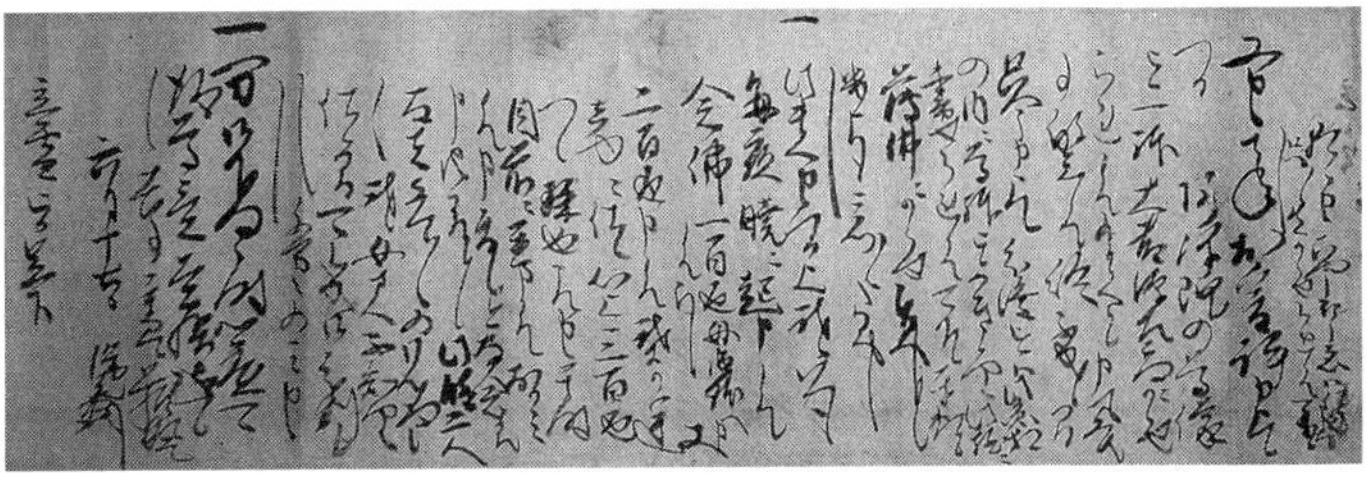

毛利隆元自筆書状（毛利博物館蔵 毛利家文書）

ある時、隆元は恵心に宛て、阿弥陀の画像を依頼している。隆元は、毎夜暁に起きて、念仏を母のために一〇〇篇、また自身の逆修に二〇〇篇、合せて三〇〇篇ずつ繰返しているが、その時に目前に置いて拝みたいのでこの円相の内に尊躰を書いてくれるようにと述べている（毛利家文書七六〇）。

毛利氏の菩提寺は禅宗であるが、元就の信仰世界はほかに広がっていた。ただ、それは個人の心性にすぎないものだけではない。たとえば地域秩序や権力構造を支える国衆間の契約にしても、家中の誓約にしても、起請詞のみの起請文もあれば、神文は牛玉宝印の裏を翻して認めたものもある。そうしてそれらの誓約度は、いわば公的な性格を強めることになる。

室町時代中頃になると瀬戸内海沿岸・島嶼地域において熊野参詣が盛んに行われた。熊野には本宮大社・速玉大社（新宮）・那智大社の三社があり、それぞれ牛玉宝印をもつが、戦国時代に安芸国衆や毛利氏家中、元就らは起請文に那智瀧宝印を用いている。

既に指摘したその事例をいくつかあげる。

永正九年（一五一二）三月三日の安芸国衆一揆契状（毛利興元ら九名署

判）、その翌十年三月十九日に毛利元就が毛利氏執権の志道広良に宛てた書違の片方にあたる起請文、また天文十九年（一五五〇）七月二十日の福原貞俊以下家臣連署起請文は那智瀧宝印である。さきに述べたが、いずれも政治情勢がきわめて緊張した時期のものである。

そして、永禄六年（一五六三）三月二十五日に益田藤兼に宛てた元就起請文も、同八年十二月二十八日に益田藤兼起請文に応えた吉川元春起請文も那智瀧宝印を用いている。

また、尼子氏降伏の際に尼子義久らに宛てた永禄九年十一月二十一日の元就・小早川隆景・吉川元春・輝元連署起請文、同二十六日の福原貞俊・口羽通良・桂元重連署起請文もどちらも那智瀧宝印である。

元就がこうした重事の際の起請文に那智瀧宝印を用いたことは、それが、元就にとってはもちろん、この地域の大名、国衆ら領主層にとっても、誓約を固めるに際してその認識を強く共有できるものであったからであると考えられる。なお、これらの那智瀧宝印はそれぞれ異なる版木によっている。

元就は速玉大社とも関係をつくりあげる。

此熊野比丘尼、其許徘徊のため罷下り候、其につき状の事申候間、遣し候、引廻さるべき事肝要候、
謹言、

卯月二十七日　元就（花押）

赤川左京亮（元保）殿

粟屋右京亮殿《(元親)》
児玉三郎右衛門尉殿《(就忠)》
国司右京亮殿《(元相)》
桂左衛門大夫殿《(元忠)》

この書状（熊野新宮本願庵主文書〈熊野本願所史料〉）は、元就が毛利氏五人奉行に宛てたものであり、その成立から考えて天文二十年以降の四月のものとできる。なお、児玉就忠が永禄五年四月二十九日に死没していることは、さきにもふれた。熊野比丘尼の初見史料である。熊野比丘尼は、熊野観心十界曼荼羅や那智参詣曼荼羅などの絵解きをしながら各地で勧進活動を行い、寄進者にお札や牛玉宝印などを配る宗教者である。

元就は比丘尼と会い、比丘尼が「其許」（五人奉行が居る吉田）に徘徊（勧進活動）のため下向するに際し、その申請によって引廻の指示書を遣わしたのである。勧進活動の許可書にあたり、熊野側にとってはいわば権利書である。元就は比丘尼と吉田とは別の在所で会っていたことになる。

この書状を収める「熊野新宮本願庵主文書」には、ほかにも毛利氏関係文書がある。

七月二十二日の元就書状と小早川隆景書状はほぼ同内容である。御戸開きの立願に名代を社参させたが、箕島氏の妨害にあい滞っていること、泰地次郎左衛門尉は小早川家の取次であるからその旨に任せ、諸願成就するよう庵主から下知を加えるべく求めている。泰地氏は那智大社に近い太地浦の領主であり、社家的活動を行っていたと思われる。箕島氏は紀淡海峡の南部にある箕島（有田市）を本拠とする領主であり、ここで通航を妨害されると、那智への海の道は閉されてしまう。

三月十四日の児玉就忠書状は、矢根一〇の到来を謝し、元就・隆元への矢根三〇の礼状は直に下されるとする。十月十三日の児玉就方（就忠弟。毛利氏水軍の将）書状には、毎年名代を社参させているが、来年は必ず参宮するとある。

正月十六日に吉田郡山の多門坊宗秀が新宮庵主に宛てた返書もある。尼子氏攻めのための出雲国の陣中に僧を下向させたことを謝し、所願の儀があって熊野三山の御戸開銭として銀子三六〇貫文を寄進し、名代感神院を社参させたこと、祈念の趣は庚寅歳（吉川元春）・癸巳歳（小早川隆景）・丁巳歳（毛利元就）の寿命長遠・武運長久であること、このことを本宮大社・那智大社にもよくよく伝えるよう求めている。猶書には「御巻数・牛玉長紙送下され候、毎度御懇の儀、過分の至候、必参宮仕り、連々の儀申上べく候」とあり、こうした使僧による往来が日頃から吉田と熊野の間にあり、そうした際に牛玉宝印が到来していたことも知られる。この書状は、隆元の祈念について記されてないので、隆元死没後から尼子氏降伏までの正月十六日、すなわち永禄七・八・九年のいずれかのものである。

これらの事実をさきの熊野比丘尼による勧進活動の成果と考えれば、熊野新宮本願のねらいはひとまず果たされたといえる。

しかし、元就と那智大社の関係は、その牛玉宝印の料紙の使用からみて、速玉大社よりも早い。それは、那智近辺の海洋領主層が早くから畿内辺や瀬戸内海の交通・流通と緊密に関わっていたからである。

熊野参詣は室町時代中頃には広く郷村の諸階層を含めて盛んに行われるが、それは瀬戸内海沿岸・島嶼地域においても同様であった。たとえば享徳二年（一四五三）に尾道の千光寺空真・土屋政宗は那智山の坊から一〇貫文の料足を借用しているが、それは堺から那智の割符（為替）を取寄せて先達に渡す方法をとっている（熊野那智大社文書〈潮崎稜威主文書〉）。堺と尾道の金融業者の日常的な活動のなかで那智大社参詣も動いていた。

また、さらに遡って暦応三年（一三四〇）三月十四日に足利尊氏は、那智の泰地氏、塩崎氏（本拠は潮岬）からの申請に基づいて尊氏に味方した褒賞として、周防国上関から尼崎までの海路の西国運送船・廻船の警固、その代償としての櫓別銭一〇〇文を兵粮料足として兵庫島で徴収する特権を与えている（同米良文書）。

熊野の海洋領主層の活動は古来より有名であるが、動乱期にこうした政治的権益も獲得して瀬戸内海を往返し、沿岸や島嶼、海上通航の各地の領主層・廻船業者等と緊密な関係を積み重ね、また参詣の取次となって便宜をはかったりして結びつきを強めていったと思われる。

熊野は浄土の地とみなされ、修験道の霊場でもあったが、そのなかで那智大社は観世音菩薩の補陀落浄土であった。現実に観音浄土をめざして那智から補陀落渡海した人々もいた。那智山青岸渡寺は、畿内近国の観音霊場三三箇所の第一番札所であることもあって多くの信仰を集めたのである。

那智と似通った地として厳島があげられる。厳島は内海一の要港であり、厳島社は安芸国一宮として崇敬された。長寛二年（一一六四）九月の平清盛願文には「当社是観世音菩薩の化現也」とあり、修験の場でもあった。

戦国時代には厳島に法会の時はもちろん、日常的にも内海往返の領主層・廻船業者・文化人・芸能者らが寄港・滞在した。そのなかには各地の戦乱で敗れて遁れてきた者もいた。たとえば、元就の出雲国支配を担った小倉元悦は永禄十年（一五六七）に二九歳で死没しているが、岩夜叉と称した幼少期に近江国から厳島座主を頼んで下向し、元就と対面する。一五、六歳になって吉田へ召寄せられ、以来元就側近として昼夜奉公したと伝えられる（閥閲録一一二）。

また、そうしたなかに熊野比丘尼もいた。便船で来訪し、元就に面会して勧進活動の許可をえ、吉田へ下向する。その実態を想像しても、その精力的な生活の営みぶりは注目される。

元就が那智瀧宝印をどこから入手したか、その経路を確かめることはむずかしいが、こうした日常的な交通・流通の活発化のなかで到来したものであろうことは察せられる。

那智瀧宝印は、以後においても重大事の誓約にあたっては必ず用いられている。

広域的な海上支配権を確立していた能島村上氏は、永禄十二年（一五六九）十月に大内輝弘が豊後国から周防国秋穂へ上陸して山口へ攻め込んだ時、海上で阻止行動をとらなかったのであろう、毛利氏・小早川氏水軍によって能島城を攻撃された。その和談後の永禄十三年九月二十日に村上武吉は毛利元就・輝元に無二の馳走を誓約した起請文（毛利家文書二四四）を差出し、これをうけて同二十五日に元就・輝元・小早川隆景は村上武吉に起請文（村上家文書）を送り、盟約を再確認している。その料紙がどちらも那智瀧宝印であることは、さきにあげた。

熊野信仰については、いわゆる三子教訓状に朝日信仰・厳島信仰が条文化されているのに対し、見あたらない。しかし、元就起請文、国衆の連署起請文、毛利氏家臣連署起請文、和智元郷起請文、村上武吉起請文等々、それぞれ緊張した情勢下のきわめて重大事に関わる誓約には必ず那智瀧宝印が用いられている事実は注目しなければならない。

この事実は、多様な広がりをもつ個人的な崇拝・信仰は別にして、公的な重大事の誓約履行の護符として那智瀧宝印を用いることが、この地域社会における当事者の意識として共有されていたことを示している。このことは、熊野の神々が、個別の崇拝・信仰を超えた「日本大（第）一」の権威ある存在として崇敬されていたこと、とりわけ那智は、大滝の威容に神の宿在を意識し、それに青岸渡寺の観世音信仰がからんで霊験あらたかな霊場であると広く認識されていたことによる。

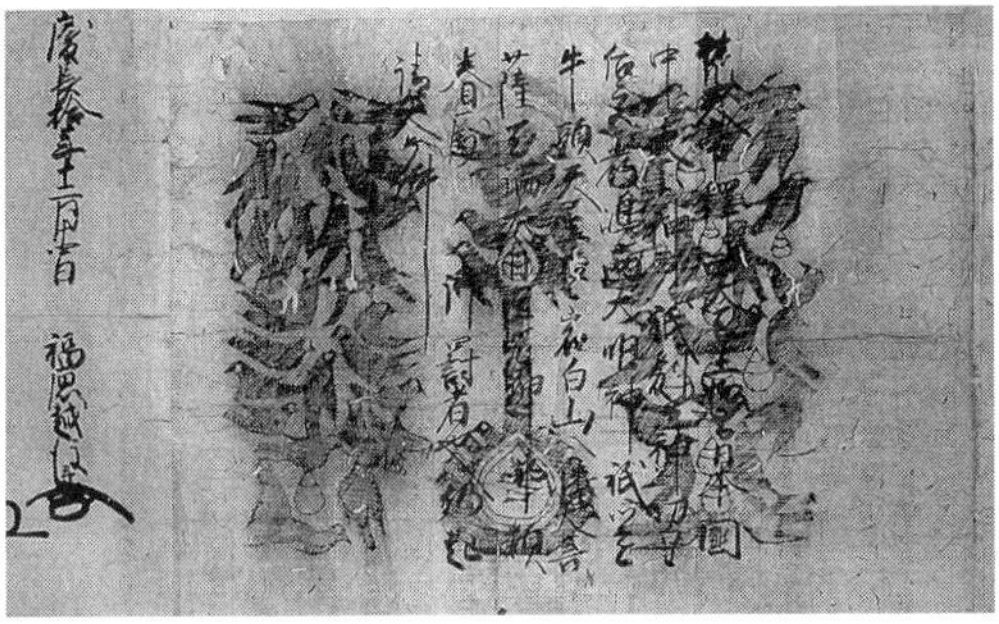

福原広俊以下家臣連署起請文 那智瀧宝印の部分
慶長10年12月14日（毛利博物館蔵 毛利家文書）

萩藩政初期の那智瀧宝印

那智瀧宝印の重要性は、時期が下って防長両国移封後も変わらなかった。主な事例を二点あげる。

一つは、慶長十年（一六〇五）十二月十四日の福原広俊以下八二〇名の家臣連署起請文である（毛利家文書一一八四）。この起請文は、同年七月に起こった熊谷元直誅伐事件をうけて作成された。

この事件は、萩城築城工事中の砂利盗難をめぐる天野元信（熊谷元直の女婿）と益田元祥の間における紛争が激化し、その訴訟で盗まれた側の天野元信が不利になり、熊谷元直は吉川広家の異見を却け（元直は広家の母方の従兄弟）、その結果、元直も元信もともに襲撃されて殺害された。

毛利輝元自筆の熊谷元直罪状書（同一一七九）によれば、元直に専恣の振舞があったとし、それらを「存分の条々」一三箇条として列挙している。たとえば、第一条に毛利秀元妹（元直の嫡子直貞の寡婦）を細川忠興に嫁《か》す約束を届出なくしたこと、第二条に穂田元清（秀元の父）に佐波広忠の娘（元直の姪）を配したことなどの婚姻関係のほか、高麗陣において毛利元政の面目を失わせたこと、同陣の普請等において輝元の申付さまを非難したこと、なかにはキリスト教の信仰をやめなかったこともあげられている。

近親者・縁者の婚姻の仲介は、中世的な盟約の観念に基づく行為であるが、既に決着済みのことをあげていることは、戦国時代的気風をなお強く遺し、元清・秀元父子の筋から毛利氏中枢に力を伸ばしていた熊谷元直の存在を否定する姿勢を打ち出したものといえる。

そのことは大名家中における無届の婚姻を統制する政策表現であるが、輝元は罪状書のなかで「家中縁辺の儀、各存知のごとく、洞春様以来、悉く国の者親類共引合せ相定事候処」と、重大視している。また元直が広家の異見を却けた時、「結句、御家の御えんつき候て、御奉公なるまじき」と述べたとされることにも堪忍できなかった。

こうして毛利元就が強く意識して盟約した宍戸氏・熊谷氏・益田氏のうちから熊谷氏が脱落し、この事件を機に益田元祥（室は吉川広家の姉）が萩藩権力機構の中枢で力を伸していく。益田氏の動向は、萩藩成立過程における抗争史の焦点といえる。中世的なものの保全と近世的なものの創出、その担い手たちの相剋のなかに輝元のもとへの集権化の動きが進められた。

起請文は「言上条々」一七箇条からなるが、その第一・二条をあげる。

一今度熊谷豊前守上意を軽じ、大小事恣に振舞候の故、誅伐を遂げられ候、それにつき、天野五郎右衛門尉、熊谷次郎兵衛尉、其外歴々仰付られ候の段、御尤に存じ奉り候、茲により、各聊も表裏別心存ずべからざる事、

一洞春様《元就》御代、井上一門の者共御誅伐の時、御家頼衆言上の条数、拝見致し候、当時の御法度御同前の御置目と存じ奉り候事、

これによって、この起請文が、元就代の天文十九年七月二十日の井上元兼一族の誅伐に関わる家臣二三八名の連署起請文に倣った法度であることが知られる。内容も、傍輩中の喧嘩の禁止、宿怨があっても公儀においては参会・談合すること、人沙汰、越境して作物を食う牛馬の処置、井手領のこと、里落や射殺した鹿の取得のことなど同様の箇条が多い。異なるのは、署判者数が大幅に増加したこと、

そのなかに益田元祥・山内広通・宍戸元続ら有力国衆系の者が含まれていることである。豊臣政権下の毛利氏惣国検地において国衆領内の収公や知行替などが行われ、国衆をも包摂した新しい毛利氏家中の形成が進んだことは、さきにあげた。こうして領国支配体制は、国衆連合という横の関係から縦の関係へと刷新されていくが、個々の国衆系の者の意識は、一気には改まらなかったと思われる。

この起請文は、いわば拡大した毛利氏家中において、全家臣が、第一条にあるように輝元の「上意」誅伐権の行使を尤であると確認するとともに、列挙した一七箇条のあとにこれらに違犯の輩には輝元の「御下知」が成されることは忝《かたじけな》いと明記し、天文十九年の井上元兼一族の誅伐時の先規を遵守したものである。

ただ、七月の熊谷元直誅伐からこの起請文まで約五箇月を要していることは、その政治動態から時を移さず法度の制定へとは言いがたいが、輝元もまた元就に倣って統制に従わない人物を誅伐し、主君の地位・権限を強化する法的整備を行い、それによって上意のもとに家臣の意識を服させて集権化をはかったのである。なお、こうしたあり方は、さきに第Ⅲ部二章で述べたように、輝元が秀就に厳しく訓誨した徳川家康・秀忠父子への行規上の意識のもち方と連動する。

こうしたことからすると、この起請文は、時代の大きな変革のなかの萩藩政成立期にその主従関係の基礎を固めたものといえるが、その神文部分は那智瀧宝印の裏を翻して書かれている。

もう一つは、慶長二十年（一六一五）四月十四日に宗瑞（輝元）・秀就・秀元・元鎮・元倶・元宣、吉川広家・広正、繁沢立節・元景、宍戸元続、阿曾沼元随の一門・一族一二名が傘連判形式に署判した起請文（同一〇三八）である。

関ケ原の戦いのあとも、西国大名にとって国制上における豊臣家の存在は大きかった。輝元は、大坂の陣に際して徳川氏と豊臣氏の両方をみた。

慶長十九年十月に出陣命令をうけた輝元は、十一月十七日に兵庫へ到着したが、この冬の陣は、間もない十二月には講和が成立する。ただ輝元は、極秘裡に宍戸元続をしてその実弟にあたる内藤元盛を佐野道可と改名させて大坂城に入れた。しかし、次第に露顕し、家中が動揺する事態となったため、内部に対立を抱えつつも徳川氏を支援する方針を立て、吉川広家が筆者となってこの起請文を作成し、結束したのである。

起請文は三箇条からなるが、第一条に次のようにある。

一日頼様《（元就）》御書置の辻を守り、各無二ニ申談じ、毛利御家に対し別心存ずべからざるの事、

毛利氏一門・一族は、元就のいわゆる三子教訓状の精神をもって家の危機をのり切った。夏の陣は四月末に始まり、五月八日の大坂城陥落、秀頼母子の死で終った。その後に輝元は、徳川家康から佐野道可の件を問い詰められ、道可父子を自刃せしめて釈明し、大きな犠牲をはらって事態を収拾した。激動のなか、しかも緊迫したギリギリの時宜で、元就の遺訓は孫たちの結束を果たす最高の指針と

毛利輝元・秀就外一門連署起請文
慶長20年4月14日（毛利博物館蔵 毛利家文書）

して機能し、毛利氏を救ったといえる。

元就が、三子教訓状の第六条に「孫の代までも、此しめしこそあらまほしく候、さ候は、三家数代を保たるべく候」とし、これに副えた隆元宛の自筆書状に「たゝ〳〵此儀定かため、御方両人のためハ申あたわず、子共迄の守たるべく候」と諭したことは、まさに現実のものとなった。

この起請文は、その神文と傘連判部分が那智瀧宝印二枚を継ぎ、その裏を翻して書かれている。

輝元の死と子女への訓誨

翌元和二年（一六一六）七月に輝元は、娘を吉川広正に嫁がせるが、自筆の教訓書（同一一八六）を与え、そのなかでこの縁組を不足と思っているだろうが、毛利家にとっては秀元と吉川家が肝要であると述べ、この結婚がもつ意義について説諭している。

輝元は、元和五年五月の将軍秀忠の上洛に際し、健康の悪化をも顧みずあえて上洛し、八月二十五日に二条城で秀忠に謁見し、大坂の陣以来の毛利氏に対する厚意を謝すとともに、将来において格別の配慮を下されるよう依頼している。隠居するにあたって、将軍家への挨拶をすませたのである。

そして同七年十一月三日には、秀就に宛て二一箇条にわたる自筆の訓誨を認める（同一一五三）。最後の箇条に分別が重要であること、分別が強ければ、将軍家への奉公、また毛利家の存続もなり、それは自分の元就・隆元へのこのうえない供養になると述べている。奥には、秀就の請書が加えられている。

同九年九月十日に秀就は萩城に入城し、家督を譲受ける儀式が行われた。輝元は病気療養中であり、この年の将軍秀忠、家光の上洛には吉川広正を名代として派遣した。そして二年後の寛永二年（一六二五）に七三歳でその生涯を閉じた。

輝元もまた元就と同じく約半世紀にわたって当主の座にあり、激動期を生き抜いた。その生涯は、少年期に元就による領国拡大を目のあたりにし、壮年期に天下のもとで自主性の喪失に直面し、老年期に敗者として移封された。厖大な人的、物的、そして精神的損害や社会混乱をともなって勝取った版図《はんと》は、数十年を経て結果的に同様な犠牲のもとに地域は移るが元に戻った。輝元は、こうした体験を問い直すことを通して、次代の秀就へたびたび訓誨を与え、人躰としての分別を求めた。これからは、こうして生きていくしかないという現実の確認であった。輝元の死は、元就が日常的に直接厳しく教育した人躰の死であるという意味からして、毛利家にとっては大きな画期であった。

中世から近世へと時代が移行すると、在地領主制に基づく社会構造は崩壊していくわけであるから、時代の構造的特質は当然変革されていく。しかし、そうした断絶はあっても、政治権力としては継承すべきところもあった。すなわち、主君のもとに一族が誓約して結束し、支配機構を担う家中を上意に服させ、贔屓偏頗な判断や運営を排し、それによって議論を合理的に深め理非を糺して公儀性を高め、そして下層民憐愍の施策を行い、成果をあげていく、そうした一連の行為における服務意識の根本的有様は、どの時代の政治権力にとっても大筋似通った共通する課題であった。それは、構成員個々の資質としても、総合力としても、その政治権力の質や統治能力の程度をおしはかるうえで欠かせない、普遍的な問題であったからである。

輝元死後の萩藩政において、元就は、諸々の事績やその精神性でもって、始祖のごとき立場からそうした課題になお具体的な形で発信を行った、きわめて高い存在価値を有した人物であった。

それにしても、元就の存在感は大きい。こうしたあり方が、さきにあげた『閥閲録』、『新裁軍記』、あるいはまた『毛利三代実録』（同考証）、『毛利四代実録』（同考証論断）などに集約される萩藩の豊かな編纂事業につながることになる。

元就が家督相続にあたって「毛利の家わしのはを次脇柱」と発句を詠んだことは、さきに述べた。その脇柱は、こうして時代を超えて毛利氏の導きの主柱となった。

参考文献

伝記

三卿伝編纂所編『毛利元就卿伝』（マツノ書店、一九八四年）

関連する読みやすい著作（毛利氏一族の通史）

河合正治『安芸毛利一族』（吉川弘文館、二〇一四年〈再版〉。初版は一九八四年）

引用史料を収めた主な史料集

大日本古文書家わけの『毛利家文書』『吉川家文書』『小早川家文書』ほか
『萩藩閥閲録』一～四、同遺漏（一九六七～七一年）
『広島県史　古代中世資料編』Ⅰ～Ⅴ（一九七四～八〇年）
『山口県史　史料編』中世1～4（一九九六～二〇〇八年）
＊なお、尼子氏については、『大社町史 史料編』古代・中世（一九九七年）、『出雲尼子史料集』（広瀬町、二〇〇三年）、『松江市史 史料編』4中世Ⅱ（二〇一四年）がある。

著者が書いた関連著作

便宜上『大名領国の構成的展開』はA書、『大名領国の経済構造』はB書、『大名領国の政治と意識』はC書と記し、新稿の場合を除き、それぞれ初出年を付す。

▽はじめに

「解説」〈岸田編『中国大名の研究』〈吉川弘文館、一九八四年〉〉
「統合へ向かう西国地域」（C書の一編二章。初出は二〇〇三年）
＊なお、この両著作は全体に関わり、以下においても活用した。
「「人沙汰」補考――長州藩編纂事業と現代修史小考」（B書の序章二。初出は一九九五年）
「大名領国関係史料の調査と研究――写本と原文書の差異」（龍谷大学『国史学研究』三二、二〇〇八年）
▽序章
「中国」（『日本史大事典』4〈平凡社、一九九三年〉）
「安芸国人一揆の形成とその崩壊」（A書の三編四章。初出は一九七八年）
「室町幕府・守護と荘園」（C書の一編一章。初出は一九九九年）
「南北朝室町期在地領主の惣庶関係」（A書の三編一章。初出は一九八〇年）
「守護支配の展開と知行制の変質」（A書の一編三章。初出は一九七三年）
『広島県史　中世』（広島県、一九八四年）のⅢの四（武田氏と山名氏）、五（守護勢力と荘園・国衙領）、六（国人領主の成長）
「芸石国人領主連合の展開」（A書の三編六章）
▽第Ⅰ部一章
「芸石国人領主連合の展開」（前出）の二「高橋氏と芸石国人領主連合」
▽第Ⅰ部二章、三章
「大内義隆代における武家故実書と毛利氏「国家」成立史」（C書の二編三章）
＊なお、三章の具足注文については秋山伸隆「戦国大名毛利氏の軍事力編成の展開」（『戦国大名毛利氏の研究』〈吉川弘文館、一九九八年〉所収。初出は一九八〇年）がある。

▽第Ⅰ部四章
「陶隆房の挙兵と毛利元就」（C書の二編一章。初出は一九九一年）
「毛利元就直轄領佐東の研究」（B書の三章）
「戦国大名毛利家政所における日用品の調達」（B書の二章）
＊なお、稲薙については山本浩樹「放火・稲薙・麦薙と戦国社会」（『日本歴史』五二一、一九九一年）がある。
▽第Ⅰ部五章
「毛利元就直轄領佐東の研究」（前出）
「境目の盟主・毛利元就の意識――国衆との連合、そして統合に向けて」（『毛利元就展――その時代と至宝』〈NHK・NHKプロモーション、一九九七年〉）
「戦国期安芸国における農民緊縛の歴史的発展」（A書の三編五章。初出は一九七八年）
「「人沙汰」補考――長州藩編纂事業と現代修史小考」（前出）
「『八箇国御時代分限帳』にみる毛利氏の朝鮮への動員体制」（C書の四編三章。初出は二〇〇三年）
＊なお、厳島社領友田郷については松浦義則「豊臣期における毛利氏領国の農民支配の性格」（『史学研究』一二九、一九七五年）がある。
▽第Ⅰ部六章
「毛利元就と『張良か一巻之書』」（C書二編四章。初出は二〇一〇年）
＊なお、張良一巻書の伝授については大谷節子「『張良一巻書』伝授譚考」（徳江元正編『室町芸文論攷』〈三弥井書店、一九九一年〉所収）がある。
▽第Ⅰ部七章
「大内氏滅亡後の防長旧臣層と毛利氏」（C書三篇一章。初出は一九九三年）

「毛利氏の惣国検地と足利尊氏公役免除の判物」（C書の四編一章。一九九五年）
▽第Ⅱ部一章
「大名領国下における赤間関支配と問丸役佐甲氏」（B書の六章。初出は一九八八年）
＊なお、中丸山城守については岸田「人物で描く　中世の内海流通と大名権力」（『商人たちの瀬戸内』〈広島県立歴史博物館、一九九六年〉）に述べた。
▽第Ⅱ部二章
「大名領国下における赤間関支配と問丸役佐甲氏」（前出）
＊なお、船幕については岸田「海の大名能島村上氏の海上支配権の構造」（B書の一〇章）の三「過所旗と紋幕」に述べた。
▽第Ⅱ部三章
「国人領主の財政と流通支配——戦国時代の雲芸攻防における山間地域領主層の性格」（B書の四章。初出は一九八六年）
「戦国時代の神戸川沿い」（B書の九章。初出は一九九二年）
「大名領国下における杵築相物親方坪内氏の性格と動向」（B書の七章。初出は一九八九年）
▽第Ⅱ部四章
「国人領主の財政と流通支配」（前出）
＊なお、倉本については秋山伸隆「戦国大名毛利氏の流通支配の性格」（秋山前掲書。初出は一九八二年）がある。
▽第Ⅱ部五章
「中世後期の地方経済と都市」（B書の一章。初出は一九八五年）

「備後国相方城と毛利氏――『八箇国御時代分限帳』を読む」（C書の四編二章。初出は一九九六年）
「戦国時代の戦争と流通経済」（B書の序章二）
「京都の「天下」と戦国大名「国家」」（C書の序章一）
＊なお、毛利氏の鉄砲については秋山伸隆「戦国大名毛利氏と鉄炮」（秋山前掲書。初出は一九八二年）がある。
▽第Ⅱ部六章
「海の大名能島村上氏の海上支配権の構造――海に生きる人々の視座から」（B書の一〇章）
「能島村上武吉・元吉と統一政権――「海賊」の停止をめぐって」（B書の一一章）
▽第Ⅲ部一章
「芸石国人領主連合の展開」（前出）
「境目の盟主・毛利元就の意識」（前出）
「中世後期の地方経済と都市」（前出）
「石見益田氏の海洋領主的性格」（B書の五章。初出は一九九三年）
▽第Ⅲ部二章
「厳島神社の祭祀と毛利元就」（C書の二編二章。初出は二〇〇九年）
「厳島の歴史と文化財――保存史の断面」（『平家納経と厳島の宝物』〈広島県立美術館、一九九七年〉）
＊なお、天文十五年に始まる大鳥居の建立については坂村香苗「中世末・近世初頭中国地方における造営事業と木材流通」（『史学研究』二一〇、一九九五年）、神物の請出は松井輝昭「厳島神社の宝蔵信仰について」（『広島県立文書館紀要』二、一九九〇年）、永禄十二年の願書は松井「戦国時代後・末期の厳島神社における宝蔵納置文書の請出し」（『厳島文書伝来の研究』〈吉川弘文館、二〇〇八年〉所収。初出は二〇〇六年）、

豊臣期の「国家」は秋山伸隆「戦国大名毛利氏領国の支配構造」（秋山前掲書。初出は一九八五年）、吉見広長については柴原直樹「豊臣政権下における毛利氏の国衆支配——石見国衆吉見氏をめぐって」（『中国四国歴史学地理学協会年報』二、二〇〇六年）がある。

▽第Ⅲ部三章
「毛利氏が用いた文書様式と主従関係」（C書の二編五章。初出は一九九〇年）
「戦国最末期の備作境目地域における戦争と郷村秩序」（C書の三編三章。初出は一九九三年）
＊なお、半納については秋山伸隆「戦国大名領国の「境目」と「半納」」（秋山前掲書。初出は一九八〇年）がある。

▽第Ⅲ部四章
「永禄三年の口羽通良書写『太平記巻第廿六』」（C書の二編六章。初出は二〇〇三年）
「大内義隆代における武家故実書と毛利氏「国家」成立史」（前出）

▽第Ⅲ部五章
＊なお、大庭賢兼については和田秀作「毛利氏の領国支配機構と大内氏旧臣大庭賢兼」（『山口県地方史研究』六四、一九九〇年）がある。

本書に関係する著者の編著として『毛利元就と地域社会』（中国新聞社、二〇〇七年）がある。執筆者九名（章立て順に岸田、本多博之、秋山伸隆、西本寮子、柴原直樹、松井輝昭、木村信幸、和田秀作、長谷川博史）が、それぞれ専門的立場から毛利氏の政治、財政、軍事、文芸、文化財、宗教、城館・寺院遺跡など、また大内氏・尼子氏についてその実態と特徴を平易に解き明かしたものである。あわせて参照いただければ幸いである。

おわりに

二〇一二年二月十二日のことであるが、快晴であったので吉田へ出かけた。郡山城跡へ登った。誰もいない静寂の冷気のなかに氷雪を踏みしめるザクザクという足音が響いた。元就が何度も登り下りしたところである。

大きな仕事も片付いたし、さて新たに本書に取り組もうと、正月から目次や概要等を構想していたが、多少ためらいも残しての山登りであった。

頂きの一郭跡に着き、汗をふき、雪玉をつくって投げた時、元就の声を聞いたような気がした。

我等の生きざまを真剣に問う準備はできたか

かねて私のなかには、厳しい現実に生涯身をさらしてきた為政者元就の体験に対する自らの想像力の不足とでもいうようなものをたえず問う気持があった。そうしたいわば埋めがたい思いが、心の隙間に元就の声として湧き起こってきたのであろうか。

書き終えて、元就は物事のはこびが万事についてきわめて慎重であったとあらためて思わされる。それはもともとの資質・性格によるものであろうが、とにかくよく見て考える。その思考の基点はゼロならぬマイナスベースから始まるし、その行動にあたっては綻びがない。それは、元就の思考の仕方が、ある事柄を判断することによって起こる事態、起こりうる様相の具体的実態についてきわめて豊かで的確な想像力をそなえていたことによると思われる。その理由として思いあたることは、元就の戦争体験であり、敗戦体験である。たとえば、天文十一年（一五四二）に大内義隆の出雲国富田城の尼子氏攻めに随ったものの、翌年には敗退する。この時大内義隆は嫡子晴持を失い、以後政務から急速に離れた。大内義隆もまさか敗れると思って始めた戦いではなかったであろうが、戦争は当事者の思うようにはいかない。元就は、この敗者として体験した凄惨な実態を踏まえて鑢とし砥石とし、思考をより研ぎ澄まし、行動したのではなかろうか。

体験は同じことであっても、関係する人間皆が同様の認識に立つということはない。人それぞれの見方があり、また知的営みが加わって、以後の行動にも差異が起こる。それはおそらくその諸相の根本を深く思考するかどうかにかかっているように思われる。この時代は家の存続が最優先の課題であり、元就にはその負わされた責任を果たすという自覚が人一倍強かった。そして自らの政治権力をより強化して将来の世代へ伝える行動も具体的に行った。

敗退後に元就は、毛利氏の弓箭方の再興をめざし、人心一新のため家督は隆元に譲与する。ただ実権は手放さず総攬した。在地領主制の時代であるから、協力を求めるために多くの譲歩も堪忍もしたが、持ち前の義理と合理性でもって家中統制にしろ、領国統治にしろ、卓越した総合力を発揮した。寄らば大樹のかげ型の人物ではない。ましてよきに計らえとばかりに重臣に任せるとか、言い換えると大事小事とも思考力・行動力に欠けるような統率力を欠いた人物ではなかった。現実と思い描く構想との間を具体的にていねいに埋めていく、そのために人躰の隆元、輝元の教育を怠らず、吉川元春・小早川隆景を輔弼者とし、これを支える有能な実務家臣を育成・登用し、法的機構的な整備とその施行等に心をくだき、権力中枢が空洞化しないようたえず力を傾注した。その結果が、中国地域の制覇であり、それがまた戦国最末期における織田信長との戦争の基盤をも準備した。

ところで、境目地域の盟主毛利元就の国家づくりから何が語れるか。

大名間の領界は戦国時代は幅であり、秀吉の統一政権下では線引きで行われた。また大名軍事力も秀吉の布令で強制的に動員されるあり方に変わった。本書では、そうした集権化へ向かう時代のなかでの元就の位置がよくわかるように、時間軸を前後にやや長くとった。それはその変革の要素等を遡りながら一つ一つ剝がしていくと、個別の地域社会や地域権力が主権的権利を行使できた時代の主要な要素も明らかになるということである。

また、元就は、いわば日和見しない境目地域をめざした。いま仮に同心円が中心軸から「中央」「境目」「辺境」と三つあるとする。「辺境」は隣国の外縁部（＝「辺境」）と重なる国際性豊かな地域である。これを動態的にみると、境目が中央とともに行動すると「辺境」は圧迫され、逆に境目が「辺境」とともに行動すると中央の政権は弱体化し、崩壊する。真中の境目地域がどう動くか、膨らむか狭まるか、そしてまた中央・「辺境」のどちらの動きと協同するか、それによって時代は変わる。境目地域は、中央と「辺境」がともに活動的であればその動きを制約されるが、自ら結束して力を高めれば、時に激しく敵対もする両方の架け橋という大きな役割を果たしうる。元就は、それを歴史上為し遂げた人物である。

現在も石見・安芸・芸予諸島・伊予東部地域は境目である。地域性は歴史の所産であり、そう簡単に消え去るものではない。それを活かす現代版の工夫と手立てを講じたい。

なお、こうした境目地域論は、社会層をおおよそ三つに分けて図式化し、その動態を思慮するにあたっても当てはまる。

本書が刊行されたら、また郡山城跡へ登ろう。そして元就へささやきかけよう。生きざまは真剣に問うた、と。

ただ、この執筆は必ずしも順調ではなかった。それは、たびたび立ち止ってあらためて昭和の戦争期や引き揚げ期の手記類を読みふけったことによる。戦国時代とはもちろん武器などが大きく異なるが、その惨禍（手記類を書くことなく逝った人もいる）は、その記録類の多さからして胸に迫りくるものは戦国時代の比ではなく、正気では読みづらく、また心に重くのしかかってきた。惨状について語る拠るべき具体的史料は断片的であるが、戦国時代の様相もまたその骨格はおおよそ同様であったと思われる。なお、たとえば、戦国時代にもやはり遺書を認めて跡目と所領の相続、そして母や妻女ら家族の生活を心配して出陣する将兵もいた（西郷家文書。閥閲録八七）。

こうした手記類は、小さくとも存在した日常の生活の営みを根底から壊された普通の人間が絞り出した叫びの記録であり、その惨状と苦痛は多くの人々に読みつがれ語りつがれ、そして考えつがれるべきものである。あらためて学び取る機会をえたことには、大きな意味があった。

そのいくつかを記しておきたい。

戦国時代が秀吉の統一政権を生み出す地域ブロックごとの集権であったとしても、敗者や弱者はもちろん、その勝者もまた大きな人的、物的、精神的損害を蒙った。それは現代を生きる私たちにとってはより身近な昭和の戦争期も同様である。しかし、元就が厖大な損害と混乱のうえに獲得・拡大した版図も、数十年後には、実はまた大きな混乱と損害をともなって、地域こそ移るがほぼ元に戻っている。こうした事象もまた昭和の時代に似通っている。

それならば、戦争に動員された総力については、どのように評価したらよいのであろうか。戦争には資源の争奪という性格が色濃くあるため、侵攻して領有した時期における地域の資源に価値を見出して戦争の意味を語る向きもあろうが、そこでは戦争の費《つい》えとなった諸相をどう解析し、そこにどのような価値を見出すのであろうか。

そのためには、語られ記録された個別具体的な戦災実態について体系的に総合化し、戦争を遂行した国家の意思との関係において十分理解できるようにする必要がある。そうして誰もが戦災と真剣に向き合い、そのことを検証できる環境をつくり、教育や広報を行い、またそれを避けるべき方法等を考えていくよう工夫したい。大切なことは、普通の人間がその尊厳を欠くことなく生き続けることを否定しようとする脅威に対してどのような意識と姿勢を共有するかであろう。戦災の反省が深ければ、それだけ新たな社会を創造する責任は大きいものになると思われる。

戦争のあと、時代の構造が変革される局面で時の政治権力や普通の人間がどう動いたか、前近代と近代で時代の制約は異なるものの、このことはとりわけ注目される。

本書で取上げた毛利元就の場合には、諮問した曲直瀬道三から名指しで核心をついた現状解析と建言が宛てられた。道三が、勝者の驕奢の風を戒め、「下民」を憐む心持を欠くと苛政が行われて民は貧しくなり国が滅びるとしたその内容は、為政者が心得るべき施政の原点といえる。まさに政治権力の自省を促すものであった。そしてつづいて生前の元就の意を受け継いだ形で支配機構中枢の服務を厳重に規定した毛利氏掟が初めて布令されている。

こうした動きは、昭和の戦後諸改革の場合も同様であろう。国内的には言うまでもなく日本国憲法、国際的にはいまユネスコに注目する。

日本国憲法には基本的にあいまいな部分も残るが、その前文には、次の記述がある。

政府の行為によつて再び戦争の惨禍が起ることのないやうにすることを決意し、ここに主権が国民に存することを宣言し、この憲法を確定する。

この行は、周知のところであるが、主権が国民に存する本質的な意義、歴史の反省に基づいて換言すれば、平和を確保するのは誰か、その所在を明記したものである。したがって、根源的な国民の自由権などに関わる各条文を理解するためには、ここに当事者として対置された為政者と国民の関係性においてその本質を読み取ることになる。法規の制定は即その意識の定着とはならないが、国民が不断に努力することによって次第に成熟し、またそれが政治に科学性を加え、政治の貧困化を避けることにもつながる。

広島にはユネスコの世界文化遺産として、一九九六年に登録された毛利元就が本社本殿を造営した厳島神社と原爆ドーム（広島平和記念碑）の二件がある。ユネスコがいわゆる世界遺産条約を採択したのは一九七二年のことであるが、日本国が批准したのは、それから二〇年を経た一九九二年であった。条約は、遺産を保護し、保存し、整備し及び将来の世代へ伝えることが、国家・国民、国際社会の責務であるとし、登録によって世界的に顕著な普遍的価値を有する遺産の損傷や滅失を防ごうとしている。世界遺産はいわば危機遺産なのである。

一九四五年十一月十六日のユネスコ憲章の前文は、第二次世界大戦の反省を踏まえて、「戦争は人の心の中で生れるものであるから、人の心の中に平和のとりでを築かなければならない。（中略）政府の政治的及び経済的取極のみに基く平和は、世界の諸人民の、一致した、しかも永続する誠実な支持を確保できる平和ではない。よって平和は、失われないためには、人類の知的及び精神的連帯の上に築かなければならない（以下略）」と述べ、第一条でその目的を「教育、科学及び文化を通じて諸国民の間の協力を促進することによって、平和及び安全に貢献することである」と明記している。この目的を実現するための行動の一つとして、世界の遺産の保護・保存がある。

こうした個別の行動の影響はその観光振興のための資源化と相俟って大きく広がっている。ただ、ユネスコ憲章の理念からすれば、さらに戦災記録の調査・収集・整理・活用等を一層進め、平和と安全のとりでづくりへの共感の輪を広げ、戦争災害を防ぎ、平和実現に向けた大きな指針として広く普及させていくことが大切であろう。まさに歴史の反省が歴史への責任を生み出したのであり、こうした崇高な理念とその行動は、これからも創造のための重要な道標になると考える。

昭和の戦争は、原子力の破壊力によって、元就代はもちろんそれまでとは大きく異なり、戦災の実態も概念も、また平和な生活を守る術についても、変化・変質させてしまった。

日本国憲法やユネスコ憲章の理念と現実社会の乖離は生じるし、政治権力と普通の人間の現状認識や行動の一致も儘ならないが、そうであるからこそ現状に流されるのではなく、あるべき姿を見失わないために、尊重すべき普遍的有様が示されていることは貴重だと思う。

いつの時代のことであれ、戦災史を自分の問題として向き合い、社会の大きな課題として学び取ることは、人間が現実に生き延びるため、また社会がより良く続くために欠かせないことであるとあらためて肝に銘じた。

元就はどう生きたか、その生きざまを人間が生きるということはどういうことかといま問い直してみると、あらためて現在生きている自分や社会の有様を考えることができる。人間の営みは、その地域に視座をすえて歴史の一コマ一コマをていねいに復元し、その置かれた環境全体のなかに位置づけて実態的に描いてこそ、そうした過去と現在のつながり、その対話も保ちうる。

歴史を忘れる者はその歴史を繰り返すという。過去と現在を行きつ戻りつしながら語る歴史は、その人固有の問いかけ方をもって、まさに問いかけた人ひとりひとりの身近なところに描き出される。そうして戦国時代史も、それぞれの両親や祖父母、もっと遡った先祖のことと同じくらいに身近で切実な感性と課題を与えてくれると思われる。そうなれば、歴史は人間が創造的に生き続けるための宝蔵になり、歴史を学ぶことが確かな人づくりとなる。

歴史上の人々は、普遍的価値をも見通しながら継承すべきものと断ち切るべきものを区別し、断絶のあとに創造する、そうした知的営みをたえず繰り返し、厳しい綱引のなかで変革の方向性を選択してきた。そこに戦争が起こった。これからも社会構造の変革は起こり来るとしても、その取組みは、人的、物的、精神的損害をどれほど少ない状態で為し遂げるか、におかなければならないというのは誰しも共通する思いであろう。

歴史に真正面から向き合い真摯に学ぶ姿勢を通して自分づくり人づくりが行われるならば、それが地域社会や時代に寄与するところは大きいと思われる。

最後になったが、これまで長年にわたって史料の蒐集調査に便宜をはかっていただいた毛利博物館、山口県文書館をはじめとする所蔵機関、ならびに多くの個人所蔵者各位の御厚情は忘れがたい。新出文書との出会いは、私が持ち続けていた研究課題の一つ一つに実証を与えるものであった。その一つの家わけ文書、またその一つの括りが、そのまま一つの論文になった場合もある。そうした成果の積み重ねによって、さきの三部作を著し、そしてそれをもとに本書が叙述できた。関係者の方々にはあらためて厚くお礼を申し上げたい。

本叢書は、読者対象が「一般、学生、専門・研究者」、内容の程度が「単に読み物になるだけでなく、その人物に関する最新の研究書ともなりうる」と、幅広いため、叙述の仕方としてはややむずかしいところがあった。しかしながら、歴史は常に具体的な動きをする。そして背景にはさまざまな関係性がある。そのことに鑑み、豊富な関係史資料をして元就という人間の生きざまの骨格を具体的に語らせ、そして地域社会や時代の流れのなかに位置づける方法をとった。

多くの読者を得て、毛利元就、彼が生きた地域の戦国時代史、そしてその江戸時代初期への変革の有様等について、思索いただければ幸いである。

この企画のお話をいただいてから、はや十数年になるが、やっと責任を果たすことができた。ミネルヴァ書房には、ずいぶん待っていただくことになった。お世話になった編集部の大木雄太氏にも合せて深甚なる謝意を表したい。

二〇一四年九月十一日　初校を終えて

岸田裕之

毛利元就年譜

和暦	西暦	齢	関係事項	一般事項
明応六	一四九七	1	3・14元就誕生。弘元の二子、母は福原広俊の娘。	
九	一五〇〇	4		3月前将軍足利義尹(のち義稙)、山口へ下向。
文亀元	一五〇一	5	12・8母死没。	
永正三	一五〇六	10	1・21父死没。	
四	一五〇七	11	兄興元、前将軍足利義尹を擁した大内義興の上洛に随い、翌年入京。	
八	一五一一	15	8月興元・高橋元光・吉川元経、京都から闕落。	
九	一五一二	16	3・3安芸国衆九名が契約。	
一三	一五一六	20	8・25興元死没。嫡子幸松丸が嗣ぐ。	4・19大内義興、渡唐船について足利義稙御内書を与えられる。
一五	一五一八	22	10月大内義興、山口へ帰る。	
一六	一五一九	23		10月大内義興、島津忠朝に渡唐船について援助を求める。

大永三	一五二三	27	6月元就、尼子経久の鏡山城攻めに随う。7・15幸松丸死没。7・27元就の家督相続が決まる。この年隆元誕生。	寧波の乱。
四	一五二四	28		大内義興・義隆、安芸国へ攻入る。
五	一五二五	29	毛利氏、尼子氏と断ち、大内氏方となる。	
享禄元	一五二八	32		12・20大内義興死没。
二	一五二九	33	毛利氏・大内氏らの連合軍、高橋氏を討つ。	前年備後国北部に侵攻した尼子氏、7月に多賀山氏を攻略。
三	一五三〇	34	この年元春誕生。	
天文元	一五三二	36	7・13福原広俊以下家臣連署起請文が提出される。	
二	一五三三	37	この年隆景誕生。	
三	一五三四	38	前年に盟約した宍戸元源の孫隆家と二女（のち五竜局）婚約。	この頃神谷寿禎、灰吹き法で銀を精錬。
六	一五三七	41	3月元就、大宰府に下向。12月隆元、山口へ出頭して大内義隆に謁し、元服。	
九	一五四〇	44	9月尼子晴久、郡山城を攻める。	
一〇	一五四一	45	1月元就、陶隆房率いる大内氏軍の援助によって尼子氏を撃退。4月厳島神主家滅亡。5月武田氏滅亡、大内義隆金山城に入る。隆景、竹原小早川興景の後	

			嗣となる。	11・13尼子経久死没。
一一	一五四二	46	大内義隆出雲国へ侵攻し、富田城を攻める。元就随う。	11・3大内義隆、肥前国松浦隆信に波多氏の家督について伝える。
一二	一五四三	47	大内氏軍敗れ、義隆山口へ帰る。元就も敗退。	種子島へ鉄砲伝来。
一三	一五四四	48	隆景、竹原小早川家へ入る。	
一四	一五四五	49	11・30妻妙玖死没。	
一五	一五四六	50	堀越惣中と盟約。この頃元就、家督を隆元に譲る。	
一六	一五四七	51	2月元春、吉川家養子の約束が成る。大内氏・毛利氏ら備後国山名理興の神辺城攻めを始める。	
一八	一五四九	53	元就、元春・隆景をともない山口に下向し、3・1大内義隆に謁す。	ザビエル、鹿児島へ来航。
一九	一五五〇	54	元春、大朝新荘に入部。7月元就、井上元兼一族を誅伐す。7・20福原貞俊以下家臣連署起請文が提出される。毛利氏五人奉行の設置。この年隆景、沼田小早川家を相続す。	2月大友義鎮、家督を相続。
二〇	一五五一	55	8月毛利氏、金山城・鏡山城・桜尾城の大内氏城督を追放す。四子元清誕生（母は乃美氏）。	3月ザビエル、山口へ再来し、キリスト教を布教す。陶隆房挙兵し、9・1大内義隆自刃。家督は大友義鎮の弟晴英（義長）。

二一	一五五二	56	五子元秋誕生（母は三吉氏）。7月備後国志川滝山城の宮氏を討滅。	12・4島津貴久、一族の六名と連署契約。
二二	一五五三	57	1・22孫輝元誕生。10月備後国旗返城の江田氏を討滅。12月備後国北部の山内氏・多賀山氏が服属す。	
二三	一五五四	58	元就、陶晴賢と断交し、6・5折敷畑の戦いで撃退。	
弘治 元	一五五五	59	元就、厳島の戦いで勝利し、防長両国へ侵攻。石見・出雲国境地域を領域とする佐波氏が服属す。六子元倶誕生（母は三吉氏）。	
二	一五五六	60	周防国山代の地下人一揆を鎮圧。11月堀立直正、赤間関鍋城を攻略。	
三	一五五七	61	3月周防国沼城、つづいて若山城を攻略。4月長門国且山城を攻略。大内義長、長府で自刃。11・25元就、三子に教訓状を宛てる。12・2軍勢狼藉停止について国衆と契約、ならびに福原貞俊以下家臣連署起請文が提出される。	
永禄 元	一五五八	62	尼子氏と石見銀山をめぐる攻防が始まる。この頃安芸国衆間で人返契約が成立。	豊後国府内にポルトガル人来航。
二	一五五九	63	正親町天皇の即位料を献上。七子元政誕生（母は乃美氏）。	織田信長上洛し、足利義輝に謁す。

三	一五六〇	64	元就が陸奥守、隆元が大膳大夫に任じられる。つづいて元就、錦の直垂を与えられる。八子元康誕生（母は三吉氏）。	大友義鎮、足利義輝に三〇〇〇貫文を献上し、左衛門督に任じられ、桐の紋を与えられる。12・24尼子晴久死没、義久が相続す。
四	一五六一	65	元就・隆元、小早川隆景に招かれ、沼田の雄高山に遊ぶ。大友氏と北部九州をめぐる攻防が始まる。	
五	一五六二	66	2月石見国福屋氏を討滅。7・27隆元、朝鮮への使僧・正寿院に外交印を渡す。9月島根半島の湯原春綱、毛利氏に服属す。11月本城常光を討ち、石見銀山を領す。12月元就、宍道湖畔の洗合に陣を進め、尼子氏と戦う。12・21隆元、厳島大明神に願書をもって祈願す。	
六	一五六三	67	足利義輝、毛利氏に尼子氏・大友氏との和平を勧める。聖護院道増の周旋により大友氏と和平成立。8・4隆元、安芸国佐々部で死没。	
七	一五六四	68	7月元就ら、大友宗麟と起請文を交換して和睦。	
八	一五六五	69	2・16輝元元服。元就、側室中の丸に輝元の元服につき賀詞を送る。3月輝元、洗合の元就陣に赴く。吉川元春、太平記全巻の書写を果たす。	5・19足利義輝死没。7・5正親町天皇、キリシタンの追放を命じる。

九	一五六六	70	尼子義久・倫久・秀久兄弟、降伏して付人とともに安芸国内藤元泰領に預けられる。元就、吉田の満願寺において敵味方戦没者の供養を行う。	
一〇	一五六七	71	元就の病気治療のため出雲国滞在中の曲直瀬道三、2・9元就らに意見書を提出。2月元就、つづいて輝元・小早川隆景吉田へ帰る。3月赤川元保を誅伐す。九子秀包誕生（母は乃美氏）。	
一一	一五六八	72	1月益田藤兼父子吉田へ出頭、次郎元服して元祥と名乗る。2月元春・隆景ら河野通直の援助に伊予国へ入る。伊予国は平定するも、大友氏との和平が破れたため元春・隆景ら九州へ渡海し、転戦す。	9月織田信長、足利義昭と上洛。
一二	一五六九	73	1月和智誠春を殺害す。5月元就・輝元、長府・赤間関に出陣す。毛利氏軍筑前国立花城を攻略す。尼子勝久、出雲国へ攻入る。6月元政、天野元定跡を嗣ぐ。10月大内輝弘、豊後国から山口へ攻入るも、九州から急遽撤退した毛利氏軍に敗れ、防府茶臼山で自刃。呼応した吉田興種らも討たれる。11月厳島社本殿の造営事業始まる。	4月フロイス、織田信長・足利義昭から京都でのキリスト教の布教を許される。
元亀元	一五七〇	74	1月輝元・元春・隆景ら尼子勝久攻めに出雲国に入る。9月元就・輝元・隆景、村上武吉と起請文を交	6月織田信長、姉川で浅井・朝倉両氏の連合軍を破る。9月信

			換して盟約を確認す。	長、石山本願寺攻めを始める。
二	一五七一	75	6・14元就死没。大庭賢兼、元就の死から葬儀までを『宗分歌集』に詠む。6・26毛利氏の最高意思決定を担う「御四人」、元就の遺言を法度として布令す。8月尼子勝久敗れて隠岐国へ遁れる。12月厳島社の遷宮。	9月織田信長、比叡山を焼打。
三	一五七二		4月聖護院道澄、里村紹巴・三条西実澄の協力をえ、元就の歌集『春霞集』を編む。12・1輝元、「御四人」、年寄衆・奉行衆の掟条数を布令す。	

人名索引

あ　行

さ　行

た 行

な　行

は　行

ま　行

や　行

ら・わ行

人名索引

《著者紹介》

岸田裕之（きしだ・ひろし）

1942年　岡山県生まれ。

1970年　広島大学大学院文学研究科博士課程単位修得。

広島大学文学部助教授，同教授，同大学院文学研究科教授，龍谷大学文学部教授を経て，

現　在　広島大学名誉教授。文学博士。専攻は日本中世史。

著　書　『大名領国の構成的展開』吉川弘文館，1983年。

『中国大名の研究』編著，吉川弘文館，1984年。

『中国の盟主・毛利元就』監修，日本放送出版協会，1997年。

『広島県の歴史』編著，山川出版社，1999年。

『大名領国の経済構造』岩波書店，2001年。

『中国地域と対外関係』編著，山川出版社，2003年。

『毛利元就と地域社会』編著，中国新聞社，2007年。

『大名領国の政治と意識』吉川弘文館，2011年，ほか。

ミネルヴァ日本評伝選

毛《もう》利《り》元《もと》就《なり》

——武威天下無双，下民憐愍の文徳は未だ——

2014年11月10日　初版第1刷発行　〈検印省略〉
2017年6月15日　初版第2刷発行

定価はカバーに
表示しています

著　者　岸　田　裕　之

発行者　杉　田　啓　三

印刷者　江　戸　孝　典

発行所　株式会社　ミネルヴァ書房

607-8494 京都市山科区日ノ岡堤谷町1
電話代表（075）581-5191
振替口座 01020-0-8076

共同印刷工業・新生製本

ISBN978-4-623-07224-8

Printed in Japan

刊行のことば

歴史を動かすものは人間であり、興趣に富んだ人間の動きを通じて、世の移り変わりを考えるのは、歴史に接する醍醐味である。

しかし過去の歴史学を顧みるとき、人間不在という批判さえ見られたように、歴史における人間のすがたが、必ずしも十分に描かれてきたとはいえない。二十一世紀を迎えた今、歴史の中の人物像を蘇生させようとの要請はいよいよ強く、またそのための条件もしだいに熟してきている。

この「ミネルヴァ日本評伝選」は、正確な史実に基づいて書かれるのはいうまでもないが、単に経歴の羅列にとどまらず、歴史を動かしてきたすぐれた個性をいきいきとよみがえらせたいと考える。そのためには、対象とした人物とじっくりと対話し、ときにはきびしく対決していくことも必要になるだろう。

今日の歴史学が直面している困難の一つに、研究の過度の細分化、瑣末化が挙げられる。それは緻密さを求めるが故に陥った弊害といえるが、その結果として、歴史の大きな見通しが失われ、歴史学を通しての社会への働きかけの途が閉ざされ、人々の歴史への関心を弱める危険性がある。今こそ歴史が何のためにあるのかという、基本的な課題に応える必要があろう。評伝という興味ある方法を通じて、解決の手がかりを見出せないだろうかというのも、この企画の一つのねらいである。

狭義の歴史学の研究者だけでなく、多くの分野ですぐれた業績をあげている著者たちを迎えて、従来見られなかった規模の大きな人物史の叢書として、「ミネルヴァ日本評伝選」の刊行を開始したい。

平成十五年（二〇〇三）九月

ミネルヴァ書房

ミネルヴァ日本評伝選

上代

*俾弥呼　古田武彦
日本武尊　西宮秀紀
仁徳天皇　若井敏明
雄略天皇　吉村武彦
*蘇我氏四代　遠山美都男
推古天皇　義江明子
聖徳太子　仁藤敦史
斉明天皇　武田佐知子
小野妹子・毛人　大橋信弥
*額田王　梶川信行
弘文天皇　遠山美都男
天武天皇　新川登亀男
持統天皇　丸山裕美子
阿倍比羅夫　熊田亮介
*藤原四子　木本好信
柿本人麻呂　古橋信孝
*元明天皇・元正天皇　渡部育子
聖武天皇　本郷真紹
光明皇后　寺崎保広
*孝謙・称徳天皇　勝浦令子
藤原不比等　荒木敏夫
吉備真備　今津勝紀
*藤原仲麻呂　木本好信
道　鏡　吉川真司
大伴家持　和田　萃
*行　基　吉田靖雄

平安

*桓武天皇　井上満郎
嵯峨天皇　西別府元日
宇多天皇　古藤真平
醍醐天皇　石上英一
村上天皇　京樂真帆子
花山天皇　上島　享
*三条天皇　倉本一宏
藤原薬子　中野渡俊治
小野小町　錦　仁
藤原良房・基経　瀧浪貞子
菅原道真　竹居明男
*紀貫之　神田龍身
源高明　所　功
*安倍晴明　斎藤英喜
藤原実資　橋本義則
*藤原道長　朧谷　寿
藤原伊周・隆家　倉本一宏
藤原定子　山本淳子
紫式部　竹西寛子
和泉式部　ツベタナ・クリステワ
大江匡房　小峯和明
*阿弖流為　樋口知志
坂上田村麻呂　熊谷公男
*源満仲・頼光　元木泰雄
平将門　西山良平
藤原純友　寺内　浩
空　海　頼富本宏
最　澄　吉田一彦
円　珍　岡野浩二
*空　也　石井義長
奝　然　上川通夫
*源　信　小原　仁
後白河天皇　美川　圭
式子内親王　奥野陽子
建礼門院　生形貴重
藤原秀衡　入間田宣夫
平時子・時忠　元木泰雄
平維盛　根井　浄
守覚法親王　阿部泰郎
藤原隆信・信実　山本陽子

鎌倉

源頼朝　川合　康
*源義経　近藤好和
源実朝　神田龍身
後鳥羽天皇　五味文彦
九条道家　上横手雅敬
北条時政　野口　実
熊谷直実　佐伯真一
*北条政子　関　幸彦
北条義時　岡田清一
曾我十郎・五郎　杉橋隆夫
北条時宗　近藤成一
安達泰盛　山陰加春夫
平頼綱　細川重男
竹崎季長　堀本一繁
西　行　光田和伸
藤原定家　赤瀬信吾
*京極為兼　今谷　明
*兼　好　島内裕子

重源 横内裕人
*運慶 根立研介
快慶 井上一稔
法然 今堀太逸
慈円 大隅和雄
明恵 西山　厚
親鸞 末木文美士
恵信尼・覚信尼 西口順子
覚如 今井雅晴
*道元 船岡　誠
叡尊 細川涼一
*忍性 松尾剛次
*日蓮 佐藤弘夫
一遍 蒲池勢至
*宗峰妙超 竹貫元勝

南北朝・室町

後醍醐天皇 上横手雅敬
護良親王 新井孝重
*赤松氏五代 渡邊大門
*北畠親房 岡野友彦
楠正成 兵藤裕己
*新田義貞 山本隆志
*光厳天皇 深津睦夫
足利尊氏 市沢　哲
佐々木道誉 下坂　守
円観・文観 田中貴子
足利義詮 早島大祐
足利義満 川嶋將生
足利義持 吉田賢司
足利義教 横井　清
大内義弘 平瀬直樹
伏見宮貞成親王 松薗　斉
山名宗全 山本隆志
細川勝元・政元 古野　貢
日野富子 脇田晴子
世阿弥 西野春雄
雪舟等楊 河合正朝
宗祇 鶴崎裕雄
*満済 森　茂暁
一休宗純 原田正俊
蓮如 岡村喜史

戦国・織豊

北条早雲 家永遵嗣
*毛利元就 岸田裕之
毛利輝元 光成準治
*今川義元 小和田哲男
*武田信玄 笹本正治
*武田勝頼 笹本正治
*真田氏三代 笹本正治
*三好長慶 天野忠幸
*宇喜多直家・秀家 渡邊大門
*上杉謙信 矢田俊文
島津義久・義弘 福島金治
長宗我部元親・盛親 平井上総
吉田兼倶 西山　克
山科言継 松薗　斉
*雪村周継 赤澤英二
織田信長 三鬼清一郎
豊臣秀吉 藤井讓治
*北政所おね 田端泰子
*淀殿 福田千鶴
前田利家 東四柳史明
*黒田如水 小和田哲男
*蒲生氏郷 藤田達生
*細川ガラシャ 田端泰子
伊達政宗 伊藤喜良
*支倉常長 田中英道
*長谷川等伯 宮島新一
顕如 神田千里
教如 安藤　弥

江戸

徳川家康 笠谷和比古
*徳川家光 野村　玄
徳川吉宗 横田冬彦
*後水尾天皇 久保貴子
光格天皇 藤田　覚
崇伝 杣田善雄
春日局 福田千鶴
*池田光政 倉地克直
シャクシャイン 岩崎奈緒子
*田沼意次 藤田　覚
*二宮尊徳 小林惟司
末次平蔵 岡美穂子
*高田屋嘉兵衛 生田美智子
*林羅山 鈴木健一
吉野太夫 渡辺憲司
中江藤樹 辻本雅史
*山崎闇斎 澤井啓一
山鹿素行 前田　勉
*北村季吟 島内景二
貝原益軒 辻本雅史
松尾芭蕉 楠元六男
*ケンペル B・M・ボダルト＝ベイリー
荻生徂徠 柴田　純
*雨森芳洲 上田正昭
石田梅岩 高野秀晴
前野良沢 松田　清
平賀源内 石上　敏
本居宣長 田尻祐一郎
杉田玄白 吉田　忠
木村蒹葭堂 有坂道子
*大田南畝 沓掛良彦
菅江真澄 赤坂憲雄
*鶴屋南北 諏訪春雄
良寛 阿部龍一
*山東京伝 佐藤至子
*滝沢馬琴 高田　衛
平田篤胤 山下久夫
シーボルト 宮坂正英
本阿弥光悦 岡　佳子
小堀遠州 中村利則
狩野探幽・山雪 山下善也
尾形光琳・乾山 河野元昭
*二代目市川團十郎 田口章子
与謝蕪村 佐々木丞平
伊藤若冲 狩野博幸
鈴木春信 小林　忠
円山応挙 佐々木正子
*佐竹曙山 成瀬不二雄
葛飾北斎 岸　文和
酒井抱一 玉蟲敏子
孝明天皇 青山忠正
*和宮 辻ミチ子

徳川慶喜 大庭邦彦
島津斉彬 原口 泉
*古賀謹一郎 小野寺龍太
*栗本鋤雲 小野寺龍太
西郷隆盛 家近良樹
*塚本明毅 塚本 学
*月 性 海原 徹
*吉田松陰 海原 徹
*高杉晋作 海原 徹
ペリー 遠藤泰生
オールコック 佐野真由子
アーネスト・サトウ 奈良岡聰智
緒方洪庵 米田該典
冷泉為恭 中部義隆

近代

*明治天皇 伊藤之雄
*大正天皇 F・R・ディキンソン
*昭憲皇太后・貞明皇后 小田部雄次
大久保利通 三谷太一郎
山県有朋 鳥海 靖
木戸孝允 落合弘樹
井上 馨 伊藤之雄
*松方正義 室山義正
北垣国道 小林丈広
板垣退助 小川原正道
長与専斎 笠原英彦
大隈重信 五百旗頭薫
伊藤博文 坂本一登
井上 毅 大石 眞
*井上 勝 老川慶喜
*桂 太郎 小林道彦
渡辺洪基 瀧井一博
*乃木希典 佐々木英昭
*児玉源太郎 小林道彦
*高宗・閔妃 木村 幹
山本権兵衛 室山義正
*金子堅太郎 松村正義
高橋是清 鈴木俊夫
小村寿太郎 簑原俊洋
*犬養 毅 小林惟司
*加藤高明 櫻井良樹
加藤友三郎・寛治 麻田貞雄
牧野伸顕 小宮一夫
田中義一 黒沢文貴
内田康哉 高橋勝浩
石井菊次郎 廣部 泉
平沼騏一郎 堀田慎一郎
宇垣一成 北岡伸一
*宮崎滔天 榎本泰子
*浜口雄幸 川田 稔
幣原喜重郎 西田敏宏
関 一 玉井金五
水野広徳 片山慶隆
広田弘毅 井上寿一
安重根 上垣外憲一
*グルー 廣部 泉
*永田鉄山 森 靖夫
東條英機 牛村 圭
今村 均 前田雅之
蔣介石 劉 岸偉
石原莞爾 山室信一
木戸幸一 波多野澄雄
*岩崎弥太郎 武田晴人
伊藤忠兵衛 末永國紀
五代友厚 田付茉莉子
大倉喜八郎 村上勝彦
*安田善次郎 由井常彦
渋沢栄一 武田晴人
益田 孝 鈴木邦夫
山辺丈夫 宮本又郎
武藤山治 阿部武司・桑原哲也
西原亀三 森川正則
小林一三 橋爪紳也
大倉恒吉 石川健次郎
大原孫三郎 猪木武徳
*河竹黙阿弥 今尾哲也
イザベラ・バード 加納孝代
*林 忠正 木々康子
*森 鷗外 小堀桂一郎
*二葉亭四迷 ヨコタ村上孝之
夏目漱石 佐々木英昭
巌谷小波 千葉信胤
樋口一葉 佐伯順子
*島崎藤村 十川信介
泉 鏡花 東郷克美
*有島武郎 亀井俊介
永井荷風 川本三郎
北原白秋 平石典子
菊池 寛 山本芳明
宮澤賢治 千葉一幹
正岡子規 夏石番矢
高浜虚子 坪内稔典
与謝野晶子 佐伯順子
*種田山頭火 村上 護
*斎藤茂吉 品田悦一
*高村光太郎 湯原かの子
萩原朔太郎 エリス俊子
*原阿佐緒 秋山佐和子
*狩野芳崖・高橋由一 古田 亮
*小堀鞆音 小堀桂一郎
竹内栖鳳 北澤憲昭
黒田清輝 高階秀爾
中村不折 石川九楊
横山大観 高階秀爾
*橋本関雪 西原大輔
小出楢重 芳賀 徹
土田麦僊 天野一夫
岸田劉生 北澤憲昭
*山田耕筰 後藤暢子
松旭斎天勝 川添 裕
中山みき 鎌田東二
佐田介石 谷川 穣
*ニコライ 中村健之介
出口なお・王仁三郎 川村邦光
島地黙雷 阪本是丸
*新島 襄 太田雄三
木下広次 冨岡 勝
嘉納治五郎 クリストファー・スピルマン
柏木義円 片野真佐子
津田梅子 田中智子
*澤柳政太郎 新田義之
河口慧海 高山龍三
山室軍平 室田保夫

大谷光瑞　白須淨眞
*久米邦武　髙田誠二
フェノロサ　伊藤　豊
三宅雪嶺　長妻三佐雄
*岡倉天心　木下長宏
志賀重昂　中野目徹
徳富蘇峰　杉原志啓
竹越與三郎　西田　毅
内藤湖南・桑原隲蔵　礪波　護
岩村　透　今橋映子
*西田幾多郎　大橋良介
*金沢庄三郎　石川遼子
柳田国男　鶴見太郎
厨川白村　張　競
天野貞祐　貝塚茂樹
大川周明　山内昌之
西田直二郎　林　淳
折口信夫　斎藤英喜
辰野　隆　金沢公子
シュタイン　瀧井一博
*西　周　清水多吉
*福澤諭吉　平山　洋
福地桜痴　山田俊治
田口卯吉　鈴木栄樹
*陸　羯南　松田宏一郎
黒岩涙香　奥　武則
*吉野作造　田澤晴子

山川　均　米原　謙
*岩波茂雄　十重田裕一
*北　一輝　岡本幸治
*穂積重遠　大村敦志
中野正剛　吉田則昭
満川亀太郎　福家崇洋
*北里柴三郎　福田眞人
高峰譲吉　木村昌人
田辺朔郎　秋元せき
*南方熊楠　飯倉照平
寺田寅彦　金森　修
石原　純　金子　務
辰野金吾　河上眞理・清水重敦
*七代目小川治兵衛　尼崎博正
ブルーノ・タウト　北村昌史

現代

昭和天皇　御厨　貴
高松宮宣仁親王　後藤致人
*李方子　小田部雄次
吉田　茂　中西　寛
マッカーサー　柴山　太
石橋湛山　増田　弘

重光　葵　武田知己
市川房枝　村井良太
*池田勇人　藤井信幸
高野　実　篠田　徹
和田博雄　庄司俊作
朴正熙　木村　幹
竹下　登　真渕　勝
*松永安左エ門　橘川武郎
鮎川義介　井口治夫
*出光佐三　橘川武郎
松下幸之助　米倉誠一郎
渋沢敬三　井上　潤
*本田宗一郎　伊丹敬之
井深　大　武田　徹
*佐治敬三　小玉　武
幸田家の人々　金井景子
*正宗白鳥　大嶋　仁
大佛次郎　福島行一
*川端康成　大久保喬樹
*薩摩治郎八　小林　茂
松本清張　杉原志啓
安部公房　鳥羽耕史
*三島由紀夫　島内景二
井上ひさし　成田龍一

R・H・ブライス　菅原克也
柳　宗悦　熊倉功夫
バーナード・リーチ　鈴木禎宏
イサム・ノグチ　酒井忠康
川端龍子　岡部昌幸
藤田嗣治　林　洋子
*井上有一　海上雅臣
*手塚治虫　竹内オサム
古賀政男　藍川由美
*吉田　正　金子　勇
武満　徹　船山　隆
*八代目坂東三津五郎　田口章子
*力道山　岡村正史
*西田天香　宮田昌明
安倍能成　中根隆行
サンソム夫妻　平川祐弘・牧野陽子
和辻哲郎　小坂国継
矢代幸雄　稲賀繁美
石田幹之助　岡本さえ
*平泉　澄　若井敏明
安岡正篤　片山杜秀
島田謹二　小林信行

田中美知太郎　川久保剛
前嶋信次　杉田英明
保田與重郎　谷崎昭男
*福田恆存　川久保剛
井筒俊彦　安藤礼二
佐々木惣一　松尾尊兊
*瀧川幸辰　伊藤孝夫
矢内原忠雄　等松春夫
*フランク・ロイド・ライト　大久保美春
大宅壮一　有馬　学
今西錦司　山極寿一

*は既刊
二〇一四年一一月現在